Kentucky 1860 Agricultural Census

Volume 1

Transcribed and Compiled by
Linda L. Green

WILLOW BEND BOOKS
2011

WILLOW BEND BOOKS
AN IMPRINT OF HERITAGE BOOKS, INC.

Books, CDs, and more—Worldwide

For our listing of thousands of titles see our website
at
www.HeritageBooks.com

Published 2011 by
HERITAGE BOOKS, INC.
Publishing Division
100 Railroad Ave. #104
Westminster, Maryland 21157

Copyright © 2003 Linda L. Green

All rights reserved. No part of this book may be reproduced or transmitted in any form or by any means, electronic or mechanical, including photocopying, recording or by any information storage and retrieval system without written permission from the author, except for the inclusion of brief quotations in a review.

International Standard Book Numbers
Paperbound: 978-1-58549-889-5
Clothbound: 978-0-7884-8938-9

Table of Contents

Counties	Page
Floyd	1
Franklin	12
Fulton	25
Gallatin	32
Garrard	40
Grant	50
Graves	66
Grayson	98
Green	114
Greenup	127
Hancock	135
Hardin	144
Harlin	169
Index	181

Introduction

This census names only the head of the household. Often times when an individual was missed on the regular U. S. Census, they would appear on this agricultural census. So you might try checking this census for your missing relatives. Unfortunately many of the Agricultural census have not survived. But, they do yield unique information about how people lived. There are 46 columns of information. I chose to transcribe only six of the columns. The six are: Name of Owner, Improved Acreage, Unimproved Acreage, Cash Value of the Farm, Value of Farm Implements and Machinery, and Value of Livestock. Below is a list of other types of information available on this census.

Linda L. Green
13950 Ruler Court
Woodbridge, VA 22193
703-680-4071

Other Data Columns

Column/Title

6. Horses
7. Asses and Mules
8. Milch Cows
9. Working Oxen
10. Other Cattle
11. Sheep
12. Swine
14. Wheat, bushels of
15. Rye, bushels of
16. Indian Corn, bushels of
17. Oats, bushels of
18. Rice, lbs. Of
19. Tobacco, lbs. Of
20. Ginned Cotton, bales of 400 lbs each
21. Wool, lbs. Of
22. Peas and beans, bushels of
23. Irish Potatoes, bushels of
24. Sweet Potatoes, bushels of
25. Barley, bushels of
26. Buckwheat, bushels of
27. Value of Orchard Products in dollars
28. Wine, gallons of
29. Value of Product of Market Gardens
30. Butter, lbs of
31. Cheese, lbs of
32. Hay, tons of
33. Clover Seed, bushels of
34. Other Grass Seeds, bushels of
35. Hops, lbs of
36. Dew Rotten Hemp, tons of
37. Water Rotted Hemp, tons of
38. Flax, lbs of
39. Flaxseed, bushels of
40. Silk Cocoons, lbs of
41. Maple Sugar, lbs of
42. Cane Sugar, hunds of 1,000 lbs.
43. Molasses, gallons of
44. Beeswax and Honey, lbs of
45. Value of Home Made Manufactures
46. Value of Animals Slaughtered

FLOYD COUNTY KENTUCKY
1860 AGRICULTURAL CENSUS

The Agricultural Census for Kentucky for 1860 was filmed for the University of North Carolina from originals held by the Duke University Library, Durham North Carolina.

There are some forty-six columns of information on each individual. Only the head of the household is addressed. I have chosen to use only six columns. These are shown below.

1. Owner
2. Acres of Improved Land
3. Acres of Unimproved Land
4. Cash Value of Farm
5. Value of Farm Implements and Machinery
13. Value of Livestock

Thus, the numbers following the names represent, 2, 3, 4, 5, 13.

The following symbol is used to maintain spacing: (-)

S. W. Porter, 40, 300, 2800, 5, 2100
Jno. P. Martin, 3500, 3500, 20000, 150, 350
E. Walker, 75, 225, 1200, 100, 800
Henry Ford, 30, -, 600, 15, 500
M. Feruso, 80, 30, 2500, 100, 955
Tolbert Durossett, 35, 450, 1500, 10, 800
Jas. McGackey, 50, 400, 1500, 5, 100
Jno. M. Deeners, 20, 1070, 3000, 5, 375
Jas. Hammons, 45, 10, 600, 8, 830
Jno. W. Mays (Mazo), 75, 400, 2000, 200, 250
Mial Mays (Mazo), 50, 350, 1500, 150, 800
Josh Bingham, 5, 5, 250, -, 80
Wm. Lafarty, 25, -, 400, 8, 510
Jno. B. Harris, 80, 540, 3000, 20, 300
Andrew Baldridge, 55, 595, 1200, 20, 600

John George, 100, 500, 1300, 25, 500
Jas. George, 12, 125, 200, -, 175
Owen Wilson, 25, 100, 400, 10, 200
Robert George, 20, 100, 300, 10, 150
Jas. Adams, 18, 88, 400, 10, 250
A. Musie (Music), 15, 135, 400, 15, 250
Harman Hager, 75, 800, 1200, 25, 500
Shelton Leek, 16, 600, 800, 10, 250
Elizabeth Robinson, 15, 287, 400, 5, 100
Henry Walker, 15, 200, 300, 6, 150
John Musie (Music), 80, 890, 1200, 12, 250
Geo. W. Musie (Music), 25, 500, 600, 8, 200
Emanuel Moles, 20, 300, 450, 5, 250
Jas. Yates, 75, 325, 1000, 50, 250
Lucke Yates, 40, 960, 990, 15, 100
Joseph Dawson, 11, 200, 325, 10, 150

Jas. H. Hereford, 150, 650, 1000, 50, 800
John Grizzle, -, 100, 100, 10, 75
Saml. May, 130, 420, 4550, 100, 350
Wm. May, 100, 700, 5500, 100, 1700
Thos. Pitts, 30, 400, 450, 10, 250
Preston Hall, 14, 200, 250, 8, 80
Micager S__nadlier, 8, 500, 500, 10, 75
Phebe Patton, 40, 800, 1000, 80, 250
Christy Patton, 20, 200, 400, -, -
Marion Osbourne, 20, 180, 300, 10, 200
J. J. Brown, 15, 100, 350, 8, 100
J. J. Hamilton, 35, 300, 100, 15, 159
Adesa Shirt, 20, 200, 350, 5, 150
Ruth Burely (Bemly), 35, 60, 900, 8, 150
Rod Hall, 25, 174, 500, 5, 100
Nelson Hall, 30, 550, 700, 15, 500
Bur___Slone, 60, 940, 1700, 50, 500
Martin Slone, 25, 250, 500, 8, 250
Irena Hill, 40, 260, 1000, 10, 150
Ira Russell, 15, 150, 300, 3, 160
Frederick Baldridge, 10, 200, 500, 5, 200
Abner Hackworth, 45, 600, 1800, 10, 200
Mary Brown, 10, 100, 300, 2, 75
Elijah Hall, 40, 159, 600, 10, 200
Thos Conly, 90, 950, 1200, 25, 250
Saml. May, 10, 250, 350, -, -
Wm. Durham, 15, 175, 200, 4, 73
Danl. Ruland, 30, 400, 450, 8, 175
Geo. Collins, 25, 200, 600, 10, 80
Wm. Fitzpatrick, 15, 350, 350, 5, 100
Stephen Mow, 15, 250, 1000, 10, 200
Nancy P. Harris, 45, 105, 1000, 5, 250
Gilbert Wireman, 20, -, -, -, 75
Elizabeth McGey, 80, 250, 300, 4, 100
John Yates, 7, 30, 200, 3, 100
Wm. Hilin, 5, 250, 300, 4, 75
Sq___ D. Hall, 70, 400, 1000, 60, 300
Lille___ Hall, 15, 50, 200, 5, 75
Thos. Alley, 22, 150, 300, 4, 80
Thos. Stanly, 80, 700, 1000, 20, 300
Ira Kilgore, 8, 150, 250, 1, 3
Elias Prater, 20, 175, 300, 4, 130
Cynthia Hamilton, 80, 550, 1250, 15, 300
Henry Hausland, 10, -, 150, 3, 100
John Duncan, 12, 20, 300, 4, 125
Stephen Hamilton, 12, 250, 300, -, 100
Wm. Tussey, 6, -, 200, -, 150
T. F. Spradlin, 50, 250, 2500, 20, 400
Charles Johnson, 10, 50, 200, 4, 30
Reubin Stephens, 35, 100, 500, 2, 125
Thos. Spradlin, 100, 200, 2500, 150, 800
Robt. Hagwood, 75, 800, 2700, 20, 240
Wm. Hubbard, 40, 100, 900, 12, 100
Joel Crisp, 40, 1000, 800, 10, 325
Geo. Dillion, 18, 132, 300, 2, 100
Elisha Dixon, 10, 100, 300, 2, 50
Robert Baldridge, 40, 460, 2000, 25, 900
Robt. Hagwood, 10, -, 500, -, 100
Lewis Hagwood, 30, 220, 1000, 25, 300
James Johnson, 12, -, 500, 5, 60
Charles Baldridge, 30, 250, 600, 10, 500
Wm. Criss, 10, 90, 150, 1, 125
Wm. Baldridge, 7, 100, 150, 2, 100
Benj. Hackworth, 25, 200, 600, 2, 150
Jno. F. Slous, 18, 440, 550, 2, -
Jas. Hale (Hall), 30, 200, 1000, 2, 100
Jane Wadkins, 15, 30, 200, 2, 20
James Poe, 6, 100, 100, 2, -
Geo. Hackworth, 45, 200, 1200, 15, -

L. M. Dotson, 50, 550, 1500, 10, 500
Da___ Richardson, 15, 500, 200, 25, 1000
Jas. Brown, 150, 50, 200, 2, 75
Jeremiah Hackworth, 20, 200, 500, 2, 75
Benedict Wadkins, 50, 100, 450, 125, -
Daniel Rhey, 40, 60, 250, 4, 400
Wm. Rhey, 30, 20, 250, 4, 300
John Barnett, 30, 70 300, 1, 25
Keilseg Holbrooks, 30, 700, 600, 2, 300
Jas. Spradlin, 7, 43, 75, 1, 50
Wm. M Coroly, 135, 765, 500, 10, 40
Charles Stone, 35, 100, 700, 5, 150
Robbin May, 25, 200, 500, 5, 150
Harry Tillerig, 40, 200, 900, 10, 600
Hamilton Holbrooks, 10, 50, 200, 2, 100
David (Daniel) Adams, 50, 100, 700, 5, 300
Wm. Adams, 20, 170, 300, 2, 120
Jas. Fitzpatrick, 20, 200, 400, 4, 150
Jas. P. Harris, 20, 1100, 3500, 2, 150
Saml. Banks, 30, 100, 800, 3, 100
David Brooks, 10, 100, 250, 2, 100
Shelvy Wallace, 7, 100, 300, 2, 50
Marshall Hubbard, 20, 100, 800, 2, 40
Wm. Bradley, 75, 225, 1000, 15, 250
Andrew Hanshoe, 15, 180, 1000, 2, 125
Geo. Stephens, 45, 350, 800, 7, 150
Jno. C. Johnson, 60, 740, 1200, 15, 450
Wm. Tussy, 5, 6, 60, -, 115
Jas. Langlegs (Langley), 10, 300, 600, 5, 150
Wm. Frazier, 75, 300, 600, 5, 250
Jno. S. Fleming, 12, 500, 200, 1, 100
Jas. Dingus, 35, 200, 700, 5, 500
Saml. Stephens, 200, 600, 5000, 50, 1000
James P. Stephens, 35, 65, 900, 5, 250
Wm. D. Stephens, 12, -, 200, 4, 150
Wm. Clide, 4, 20, 50, 2, 30
Henry Patton, 40, 100, 600, 2, 150
Jackson Justice, 15, 85, 300, 2, 150
Felix Allen, 75, 500, 2000, 15, 600
Joel Allen, 20, 10, 300, 5, 300
David Stephens, 20, 30, 700, 5,3 00
Andrew Canady, 15, 100, 600, 2, 60
John Hoover, 7, 300, 300, 5, 100
Saml. Patton Jr., 15, 200, 400, 6, 60
James Patton, 8, 80, 150, 2, 40
John May, 15, 120, 300, 50, -
Geo May, 40, 180, 700, 5, 250
Sally May, 25, 100, 900, 10, 130
A. J. May, 35, 100, 700, 6, 120
Henry Patton, 25, 50, 600, 3, 60
Geo. Willis, 30, 100, 1000, 10, 87
Abe Justice, 40, 200, 600, 5, 200
Ed Justice, 9, 50, 200, 2, 60
Wm. Ratliff, 33, 200, 1000, 10, 300
Reubin J. Warren, 6, 50, 100, 1, 50
Robt. J. Ratliff, 13, 15, 500, 4, 75
Pleasant Goodman, 11, 50, 300, 2, -
Henry Patton, 6, 25, 150, 1, 25
Robt. Brown, 50, 400, 1000, 10, 800
Baly Criss, 30, 150, 1500, 3, 300
H. D. Brown, 12, 200, 300, 5, 300
Aaron Brown, 40, 200, 10, 5, 300
Hiram Hicks, 200, 500, 7000, 25, 500
Barbary Watkins, 20, 100, 300, 2,3 00
Sol Hicks, 40, 400, 1000, 10, 500
Geo Brown, 8, 200, 300, 2, 200
Sylvester Watkins, 30, 300, 1000, 20, 1000
George Allen, 16, 275, 300, 5, 300
Greenville Slone, 40, 200, 1700, 50, 1000
Edi Hawood, 20, 380, 800, 5, 350
Jona. Skeans, 27, 100, 500, 7, 200
Joseph Skeans, 27, 100, 600, 8, 50
Matthew Langley, 15, 100, 60, 5, 35

David Hamilton, 60, 120, 400, 10, 200
Stephen Hamilton 40, 200, 750, 5, 50
Harry H. Prater, 20, 150, 600, 8, 100
Benj. Hamilton, 30, 100, 800, 5, 800
Saml. Hagwood, 10, 200, 450, 125, -
Wm. Joseph, 12, 100, 600, 5, 150
David Hamilton, 5, 50, 200, 3, 50
Wm. Whitaker, 10, 2000, 400, 5, 200
Elias Bradly, 150, 2000, 3500, 15, 800
Thos. Prater, 7, 30, 100, 5, 125
Carlile Tussy, 20, 200, 500, 10, 300
Thos. Prater, 15, 300, 300, 5, 100
David W. Allen, 55, 800, 1000, 15, 700
Wm. Hicks, 7, 200, 225, 7, -
Wilson Barnett, 10, 100, 150, 100, 100
Nelson Barnett, 20, 400, 300, 3, 100
Benja. Owsley, 40, 360, 600, 7, 200
Thos. Stephens, 15, 300, 600, 10, 140
David Martin, 75, 600, 1600, 15, 600
Raney Salyet, 25, 500, 800, 5, 150
Geo. Sizemore, 35, 600, 600, 3, 100
Jno. Trasher, 5, 70, 100, 2, 25
Adam Allen, 50, 600, 1500, 5, 225
Sylvester Shepherd, 15, 285, 300, 4, 200
David Shepherd, 10, 300, 300, 3, 60
John C. Coburne, 55, 400, 800, 10, 125
John P. Coburne, 3, 100, 180, 2, 15
Wm. Anez, 30, 1200, 300, 5, 200
Jackson Patrick, 20, 200, 250, 5, 200
Sampson Couly, 45, 400, 300, 5, 300
David Couly, 8, 200, 250, 2, 40
David Cobourne, 50, 400, 1000, 15, 400
Brice Shepherd, 20, 130, 200, 5, 130
Peter Wade, 13, 37, 200, 3, 70
Richard Martin, 60, 400, 800, 10, 150
Adam Gearheart, 40, 760, 800, 5, 250
Michael Craigen, 18, 100, 500, 1, 250
Jas. Craigen, 30, 50, 800, 1, 60
Robt. Hunter, 25, 175, 250, 5, 200
Wily Patton, 25, 250, 600, 12, 50
Joel Martin, 40, 180, 200, 15, 300
Reubin Salyer, 30, 50, 500, 5, 125
John Martin Jr., 75, 300, 1400, 15, 540
Robt. Baldridge, 15, 100, 500, 10, 200
Rachael Triplett, 50, 300, 1200, 10, 400
Wm. G. Parker, 50, 100, 300, 5, 50
John Martin, 100, 500, 1500, 25, 400
Enoch Tho__berg, 8, 50, 50, 5, 50
Robbin Wright, 20, 100, 500, 5, 85
Jno. Guffy, 40, 700, 800, 10, 200
Hansford Walston (Watson), 10, 50, 125, 3, 75
Wm. Martin, 70, 600, 1600, 25, 800
Saml. Chafins, 15, 85, 250, 2, 125
Henry Jacobs, 10, 100, 100, 2, 35
John Hays, 50, 200, 800, 6, 500
Jas. Combs, 10, -, 100, 2, 35
Hezekiah W. Nitt, 25, 1500, 700, 100
John Begly, 8, 25, 200, -, 50
Daniel Hays, 25, 400, 800, 10, 100
John B. Whitt, 40, 250, 600, 10, 250
Jas. Hunter, 16, 100, 500, 3, 125
Archie Moore, 30, 800, 400, 3, 200
David Click, 20, 40, 700, 5, 150
James F. Duncan, 10, 100, 1000, 5, 500
Allen Oney, 12, 100, 500, 4, 100
Isaac Flanery, 25, 150, 1500, 4, 203
Thos. Osbourn, 100, 200, 3000, 30, 200
Sarah Allen, 40, 200, 1000, 10,3 00
Hezekiah Webb, 80, 560, 1500, 10, 350
Richard Webb, 30, 130, 500, 20, 200
John Owsley, 25, 100, 500, 3, 75
Wm. Sizemore, 35, 250, 800, 5, 300
Jona. Webb Jr., 35, 100, 800, 8, 400

Wm. Allen, 20, 25, 800, 10, 300
Geo. J. Allen, 20, 50, 1000, 5, 300
Woodson Gearheart, 25, 475, 1200, 10, 500
Geo. Cobourn, 20, 100, 500, 2, 100
Wm. Prater, 12, 100, 100, 3, 35
Adam Prater, 20, 200, 200, 5, 30
Jno. B. Gearhart, 50, 150, 1000, 15, 600
Newman Prater, 12, 100, 100, 6, 40
John Shepherd, 45, 600, 700, 8, 250
Toliver Hughs, 6, 50, 100, 2, 10
Henja. Shepherd, 10, 180, 400, 3, 400
Joseph Prater, 70, 300, 700, 30, 400
Jas. Prater, 35, 300, 600, 7, 125
Henry Castle, 8, 50, 180, 3, 8
Joseph Gearheart, 180, 600, 4000, 25, 1210
John Neal, 75, 180, 1500, 5, 500
John Boland, 30, 180, 500, 3, 75
Preston Wallace, 30, 100, 1800, 5, 150
Malinda Goodman, 20, 30, 200, 1, -
Harrison Ha___, 12, 75, 600, 3, 50
Alex Cobourn, 30, 250, 350, 3, 225
Elizabeth Martin, 60, 600, 1000, 10, 500
Nathan Workman, 5, -, 50, 1, 40
Lewis Sutton, 15, 100, 400, 4, 175
Zachariah Morris, 12, 45, 500, 10, 135
John Hays, 40, 200, 2100, 15, 600
Jesse Wicken (Wicker), 20, -, 500, 5, 150
John Martin, 100, 1000, 5000, 25, 690
L. B. Collins, 20, 100, 300, 5, 100
Wm. J. Martin, 30, 200, 1000, 8, 550
Jno. H. Martin, 30, 270, 500, 5, 425
Morgan Slone, 46, 150, 1200, 16, 500
Jas. Justice, 40, 250, 1500, 5, 500
Jacob Slone, 8, 100, 700, 2, 42
Reuben Slone, 40, 350, 1000, 10, 150
John Slone, 12, 50, 200, 1, 35
Pleasant Slone, 15, 100, 300, 5, 150
Archibald Madden, 15, 15, 100, 125, 4, 175
Shaderach Slone, 30, 60, 700, 10, 300
Elizabeth Cordle, 40, 60, 350, 4, 150
Wm. Stone, 25, 150, 250, 10, 150
Archelus Vanover, 10, 25, 100, 5, 35
Jas. Slone, 10, 50, 200, 2, 25
Isham Slone Jr., 6, 25, 180, 3, 40
Shade Slone, 30, 100, 700, 5, 100
Isham Slone Sr., 40, 350, 1000, 10, 300
Ira G. Workman, 30, 220, 250, 10, 125
Wilson Triplett, 40, 800, 100, 5, 500
Wm. Huff, 30, 100, 500, 15, 170
Leonard Gipson, 40, 200, 400, 3, 100
Geo. Thornbery, 19, 225, 250, 3, 100
Wm. Terry, 30, 200, 300, 5, 100
Thos. Terry, 17, 25, 275, 4, 75
Jno. Slone & Ricks Son, 10, 25, 150, 2, 50
Alex Slone, 12, 50, 100, 5, 90
Wyatt Martin, 50, 300, 1500, 10, 400
Milly Jones, 20, 200, 500, 5, 100
Martin Thornberg, 20, 280, 400, 5, 200
Wm. Bently, 14, 136, 200, 2, 50
Geo. Martin, 35, 350, 1200, 4, 300
Milly Martin, 8, 25, 150, 3, 150
Alexander Martin, 35, 800, 2000, 5, 250
Jno. W. Vance, 40, 200, 2000, 5, 750
Jas. Thornberg, 80, 400, 1200, 5, 400
Jacob Harris, 15, 150, 200, 3, 100
David Bryant, 8, 20, 350, 2, 76
Monroe Slone, 20, 100, 300, 5, 200
Owen Mulins, 10, 40, 250, 2, 100
Jno. W. Bates, 70, 400, 2000, 100, 440
Wm. D. Hall, 35, 700, 1500, 10, 500
Tandy L. King, 25, 100, 700, 3, 150
Esom Davis, 12, 300, 350, 3, 35
Lewis King, 50, 700, 1800, 5, 400

Sam. Isaacs, 40, 360, 1000, 5, 200
Jas. R. Boland, 12, 200, 300, 10, 75
Wm. Mullins, 25, 200, 800, 10, 300
Eliott Mullins, 4, -, 100, 2, 30
Peyton Johnson, 10, 150, 400, 2, 75
Wm. J. Hall, 20, 130, 600, 15, 350
Riley Hall Sr., 100, 1000, 3000, 10, 400
Alfred Hall, 25, 30, 500, 25, 300
Riley Hall Jr., 25, 125, 500, 18, 200
Rhod_ Mead, 15, 230, 300, 5, 330
Miles Hall, 20, 50, 250, 10, 125
Jas. Hall, 20, 100, 300, 5, 100
Jno. W. Hall, 15, 200, 650, 5, 100
Thos. Davis, 12, -, 150, 3, 100
Wm. Hall Sr., 10, -, 100, 15, 200
Wm. Isaacs Jr., 12, 100, 380, 3, 125
Jessee Cordle, 40, 175, 600, 5, 100
Elisha Johnson, 20, 40, 300, 5, 180
Ode Roberts, 20, 50, 1000, 4, 200
Alfred Cordle, 25, 150, 800, 10, 200
Harry Johnson, 30, 200, 1500, 5, 200
John Hall, 8, 100, 500, 2, 500
David Johnson, 25, 200, 700, 5, 400
Abner Caudle, 60, 300, 1800, 15, 300
Jas. Little, 45, 300, 1500, 30, 300
Stephen Hammons, 50, 400, 1400, 10, 200
Isaac Little, 30, 300, 800, 10, 160
Peyton Johnson, 12, 100, 400, 3, 50
Thos. Mead, 25, 200, 500, 2, 300
Riley Hall No. 3, 15, -, 150, 2, 30
Hamilton Reynolds, 40, 200, 1000, 25, 300
Osborn Wesly, 15, 500, 1000, 3, 25
Russell Hamilton, 30, 970, 1000, 2, 250
Wm. Reynolds, 6, 50, 100, 3, 100
Jas. Newman, 50, 700, 1500, 10, 300
Allen Gearheart, 17, 34, 350, 3, 414
Alison Justice, 60, 90, 1500, 10, 300
D. W. May, 50, 350, 1000, 10, 350
Andrew Moore, 20, 100, 400, 5, 100
Edward D. Moore, 30, 100, 600, 4, 5
Henderson Moore, 30, 200, 400, 4, 150
John Moore, 30, 100, 600, 2, 150
Edward Moore Jr., 9, 25, 50, 2, 110
Nathaniel Mosly, 7, 43, 75, 1, 16
Morgan Turner, 20, -, 300, 10, 300
G. W. Spencer, 50, 800, 1500, 15, 500
Jarzg Hall, 40, 600, 1500, 10, 500
Owen Hall, 25, -, 700, 5, 150
Moses Beatty, 10, 290, 800, 10, 70
Salisberry B. Osbourn, 15, 100, 300, 5, 185
John Hall, 15, 100, 450, 5, 300
Lewis Brown, 20, 115, 500, 5, 75
Jno Stermbough, 20, 25, 500, 5, 300
Saml. Bently, 300, 100, 755, 15, 300
Christopher Gearheart, 20, 80, 300, 5, 86
Fred Stermbough, 80, 500, 5000, 25, 1800
Elizabeth Stermbo, 10, -, 200, 3, 300
Adam Turner, 20, 200, 500, 5, 50
John B. Burnett, 30, 350, 1000, 10, 500
Lewis Sizemore, 100, 400, 2000, 25, 1500
Alexander Turner, 15, 185, 300, 3, 300
Simpson Martin, 30, 150, 500, 10, 250
John Stanly, 5, -, 100, 2, 1
Joel Martin, 75, 200, 2500, 5, 600
Jno. B. Turner, 40, 180, 1800, 15, 300
Wm. Turner, 50, 180, 800, 5, 150
Green Turner, 15, -, 300, 5, 400
Job Martin, 40, 150, 1800, 15, 600
John Flanery, 10, 90, 250, 7, 100
Robert Salisberg, 30, 100, 800, 10, 300
Neal Justice, 22, -, 800, 5, 84
Green Salisberg, 45, 300, 1500, 8, 400
Henry Crum, 35, 100, 1500, 15, 100
John Hall, 20, 130, 400, 5, 188

Ansel Jarrel, 15, 36, 250, 5, 150
Smith Hale, 12, 100, 100, 2, 25
Wm. Mosley, 15, 200, 300, 5, 100
Polly Moore, 15, 50, 300, 1, 75
Jackson Moore, 3, 100, 200, 2, 50
Obediah Moore, 4, 100, 200, 4, 140
Wm. Lafarty Jr., 40, 100, 1000, 5, 100
Soloman Derrossett, 40, 200, 1000, 15, 300
Jonathan Webb, 75, 800, 3000, 50, 750
Harry Boyd, 17, -, 700, 2, 45
James Boyd, 41, 200, 1000, 8, 250
Michael Crum Jr., 8, 50, 200, 8, 100
Alex Wood, 10, 50, 200, 3, 50
Michael Crum Sr., 10, 50, 200, 20, 350
Michael Crum, 10, 50, 200, 1, 100
Martin Jarrel, 8, 20, 100, 3, 130
R__al Jarrel, 15, 100, 300, 5, 25
Oliver P. Mace, 30, 50, 500, 5, 25
Wm. R. Boyd, 16, 50, 100, 3, 125
John Boyd, 40, 100, 600, 20, 500
Elijah Hall, 50, 500, 1350, 20, 450
Henry C. Watson, 30, 120, 700, 5, 287
Thomas Cecil, 50, 400, 1000, 15, 380
James Johnson, 30, 100, 500, 10, 305
Alex Jarrel, 9, 50, 250, -, 140
Ira Conn, 45, 400, 1000, 5, 200
Wm. Marshall, 10, 100, 500, 5, 100
Wm. J. Lusk (Lisk), 15, 100, 300, 4, 100
Jonathan Watson, 40, 300, 800, 12, 400
Morgan Jarrel, 12, 100, 150, 4, 50
Wm. Crum, 30, 120, 400, 5, 200
John Salmons, 5, 80, 100, 3, 25
Jeff Robinson, 5, 50, 100, 3, 100
Thos. Salmons, 40, 100, 800, 10, 300
Hiram Jarrel, 15, -, 100, 5, 150
Alex Click, 18, 100, 400, 8, 100
Carter Salmons, 40, 160, 400, 10, 350
Wm. Mullins, 40, 60, 1500, 15, 400
John Click, 30, -, 600, 10, 200
James Click Jr., 10, 300, 300, 10, 125
Wm. Holbert, 30, 100, 800, 20, 325
David Dingus, 39, 200, 2000, 6, 455
Saml. Dingus, 35, 200, 2000, 5, 357
Richard P. Hinton, 4, 50, 500, 2, 6
E. L. Osbourn, 55, 500, 2000, 15, 600
Calvin Preston, 25, 50, 700, 3, 400
Al & M. Salisberg, 210, 300, 1500, 10, 300
Elijah Salisberg, 4, 50, 200, 5, 30
Jas. H. McCoy, 27, 100, 800, 10, 275
Joshua Tackett, 20, 100, 50, 250
John Holbert Jr., 30, 100, 500, 5, 600
Wm. Holderfield, 20, 150, 500, 5, 150
Wm. Tackett, 28, 100, 100, 10, 350
Jas. Roberts, 20, 300, 100, 5, 75
Andrew J. Yates, 15, 235, 525, 3, 80
John Hollister, 30, 50, 300, 10, 130
Hiram _. Spanslak, 75, 250, 3500, 15, 450
Wm. Hunter, 40, 200, 1800, 10, 150
Robt. Mullins, 20, 300, 300, 10, 40
Wm. Jallagos, 70, 400, 1800, 100, 1500
Wm. Criss Jr., 30, 700, 1000, 15, 400
James Click Sr., 100, 900, 2000, 100, 800
Harrison Robinson, 5, 300, 500, 4, 9
Franklin Hale, 7, 100, 300, 3, 25
Saml. Mosley, 10, 100, 500, 4, 100
Wm. Roberson, 20, 75, 400, 5, 75
Rebecca Clark, 20, 80, 500, 3, 250
Geo. W. Allen, 40, 50, 1000, 6, 225
Henry Crum, 20, 25, 300, 3, 75
A J. Hatcher, 10, -, 500, 3, 732
Saml McGuin, 30, 300, 500, 18, 130
Isaac McGuin, 25, 300, 500, 5, 82
Wm. W. Harman, 40, -, 1800, 15, 350
Parks Martin, 50, 100, 1500, 3, 100
Wm. Owsley, 30, -, 500, 10, -

H. S. Reynolds, 47, 150, 600, 20, 600
Palmer Scutchfield, 12, 50, 100, 4, 50
Wm. J. Keathe, 40, 100, 1500, 15, 354
Harman Freeman, 12, -, 600, 10, 200
Allen P. Osbourne, 175, 950, 3000, 50, 1000
Jas. Evans, 20, 50, 500, 5, 40
Jas. Langley Jr., 25, 50, 450, 15, 500
Wm. _. Allen, 30, 150, 500, 7, 150
_. C. Fitzpatrick, 50, 700, 1500, 20, 700
Geo. W. Alexander, 130, 170, 3000, 150, 460
Saml. Hatfield, 15, 185, 600, 15, 65
Charles Bays, -, -, -, 10, 350
Thomas Davis, 2, 1, 100, 8, 75
William Frazier, 6, 45, 900, -, 15
Wm. H. Fitzpatrick, 120, 700, 3000, 25, 825
John Baldridge, 8, 42, 200, 3, 75
Wm. Stephenson, 14, 150, 400, 5, 92
Gilbert Minnan, 75, 225, 1500, 5, 160
Robert George, 75, 600, 4000, 35, 260
Martin Johnson, 20, 100, 300, 5, 61
John Bays, 100, 400, 3000, 12, 25
L. D. Harman, 50, 100, 800, 9, 43
Benj. Fraly, 12, 75, 500, 5, 20
Abraham Wireman, 100, 2500, 3000, 50, 385
William Sparks, 80, 80, 1800, 5, 18
Morgan Hager, 15, 180, 500, 150, 384
Wm. J. Berockett, 90, 50, 1800, 25, 670
Timothy Cunningham, 30, 270, 1000, 5, 225
Green Waller, ½, ½, 200, 10, 30
Jeremiah Gobble, 15, 100, 1000, 15, 55
James Delong (Delancy), 134, 400, 4000, 60, 953
John Porter, 100, 400, 2000, 15, 325
Sylvester Webb, 40, 40, 600, 3, 104
Alexander Webb, 40, 40, 600, 75, 510
Hargis Baus, 45, 200, 800, 6, 212
Morgan Clark, 200, 400, 5000, 100, 1858
L. D. Clark Jr., 50, 100, 1000, 20, 500
Thomas Burchett, 80, 150, 900, 100, 700
Jesse Burchett, 60, 300, 700, 15, 400
James Baus, 19, 100, 250, 5, 100
Thomas J. Burchett, 60, 1000, 1500, 10, 300
Joseph Ratliff, 70, 250, 1200, 15, 400
Louis B. Peery, 25, 20, 300, 15, 100
D. F. Burchett, 100, 500, 1500, 115, 964
John Meritt, 20, 100, 800, 10, 265
Tandy L. Strallan, 60, 740, 1500, 125, 788
Andrew Hatfield, 40, 100, 700, 20, 300
John Tompson, 40, 200, 1000, 50, 655
Bernnell, Tompson, 17, 40, 300, 2, 150
William Tompson, 30, 500, 300, 5, 200
William Mills, 140, 1675, 3000, 400, 1002
Mathew Clay, 22, 150, 450, 3, 212
Jacob Gobble, 50, 400, 1000, 6, 210
John Letser, 25, 200, 300, 10, 125
John Crider, 100,3 00, 1200, 50, 200
Reese Crider, 25, 400, 500, 35, 198
William Crider, 25, 80, 600, 5, 250
William Manard, 20, 180, 400, 3, 178
George Waller, 35, 110, 400, 4, 650
John A. Smith, 25, 125, 600, 5, 225
Henry Tayler, 8, 100, 200, 2, 72
Robert Clay, 16, 100, 400, 5, 175
Soloman Clay, 12, 200, 400, 5, 100

James Sellards, 35, 360, 800, 5, 225
Marcus Manard, 10, 290, 230, 5, 130
John Fraly, 150, 1600, 3000, 200, 1050
Lydia Dawson, 25, 125, 450, 3, 92
William James, 25, 400, 500, 5, 128
James Campton (Compton), 18, 135, 500, 3, 129
John Ross (Roos), 10, 140, 500, 3, 585
Sarah Blackbored, 10, 100, 300, 4, 145
Penina James, 40, 490, 700, 20, 480
John Priest, 16, 80, 400, 3, 85
Henry Runyard, 30, 40, 600, 10, 400
Hiram G. Clark, 50, 1000, 2000, 5, 590
John Sellards, 30, 450, 1400, 8, 300
Thomas A. Sellards, 15, 135, 350, 6, 165
Chrisly Gobble, 20, 185, 600, 5, 140
John Collins, 6, 300, 200, 3, 40
John Crider, 8, 160, 600, 3, 150
James L. Jarvis, 30, 570, 500, 5, 200
Drury Burchett, 25, 200, 500, 30, 350
Drury Burchett Jr., 25, 200, 600, 5, 200
James Herald, 40, 200, 800, 20, 310
William Gobble, 40, 110, 500, 70, 288
Armsted Burchett, 50, 500, 1500, 5, 200
James Burchett, 10, 200, 200, 5, 100
Wright Justice, 25, 100, 1400, 3, 50
James G. Hutton, 40, 100, 2500, 15, 540
James Campbell, 7, 200, 200, 3, 50
John B. Harris, 135, 1400, 4000, 110, 460
David Bannon, 90, 360, 3500, 110, 1550
Elijah Gobble, 15, 285, 500, 10, 250
James K. Leslie, 200, 600, 5000, 50, 809

Lewis P. Mays, 200, 1000, 3000, 100, 1000
Thomas P. Johns, 160, 890, 6000, 100, 1200
Sophia Nesbit, 100, 2 00, 4000, 12, 725
William N. Cecil, 60, 250, 3200, 100, 760
John L. Layne, 100, 500, 2000, 10, 420
Wenks Solmans, 60, 100, 1500, 10, 313
Jacob P. Aken, 25, 250, 800, 10, 280
Judette Davidson, 100, 480, 4000, 40, 1080
Middleton Garrett, 12, 37, 300, -, 125
William Hunt, 13, 50, 1000, 10, 150
James Hunt, 30, 300, 1000, 10, 160
Thomas Lewis, 15, 35, 100, 2, 90
Soloman Baldwin, 50, 180, 600, 3, 200
Jesse Sturgill, 100, 300, 2300, 15, 300
Samuel Bradshaw, 85, 300, 3500, 15, 505
John W. Powell, 70, 200, 3500, 12, 600
William Rice, 35, 200, 900, 10, 300
Moses Mead, 30, 50, 1000, 5, 400
John J. Stratton, 100, 200, 2000, 75, 765
Elizabeth L. Layne, 35, 200, 1500, 50, 850
Soloman Stratton, 20, 250, 800, 5, 400
James Stratton, 18, 82, 250, 180, 200
Tandy Stratton, 20, 40, 500, 8, 180
H. G. Stratton, 25, 200, 250, 10, 200
Hezekiah Stratton, 9, 60, 75, 1, 125
James S. Layne, 150, 200, 4000, 100, 1043
Elizabeth M. Layne, 60, 290, 2500, 30, 460
Isaac Williams, 30, 75, 1300, 35, 230

A. W. Hatcher, 75, 135, 3500, 50, 500
James W. Cecil, 25, 75, 600, 20, 200
Lindsey McCawro (McCarr__), 60, 150, 2000, 10, -
Christiana, 80, 200, 4000, 75, 1150
Stephen Harvell (Howell), 17, 700, 800, 4, 110
Thomas Howell (Harvell), 100, 200, 2000, 50, 600
Robert Gearheart, 90, 700, 1500, 10, 625
Jonathan Akers, 50, 600, 900, 10, 250
John Harvell (Hansell), 30, 400, 750, 10, 400
Harrison Boothe, 25, 400, 1350, 10, 120
James A. Reynolds, 35, 15, 800, 10, 385
Lorenzo Clark, 100, 500, 2000, 100, 800
Austin Generell, 20, 100, 500, 5, 125
Geo. W. Lewis, 30, 200, 900, 5, 150
Jackson Williams, 15, 30, 200, 5, 175
John Williams, 35, 200, 1000, 5, 250
George Kidd, 15, 200, 300, 1, 100
John Austin, 40, 200, 500, 6, 150
Rodden Hall, 20, 40, 500, 3, 75
Simeon Alley, 30, 310, 1000, 5, 125
Elisha Alley, 40, 110, 1000, 15, 325
David Howell, 40, 200, 1200, 20, 250
Hiram Clark, 30, 200, 1000, 10, 280
Hiram Akers, 15, 85, 200, 8, 425
Hicklivel Jones, 15, 100, 150, 3, 50
Craig Hamilton, 75, 300, 500, 5, 25
Talbert Akers, 40, 300, 700, 10, 420
Peter McKeddedy, 75, 70, 500, 3, 150
Harvey Slone, 20, 100, 800, 5, 160
Eli Sturgeon, 70, 390, 1500, 10, 275
Jesse Hall, 100, 320, 1000, 10, 360
Henderson Hall, 30, 60, 500, 5, 135
Morgan Hall, 12, 100, 200, 3, 142
Jesse Howell, 26, 74, 275, 3, 190
Marvil Slone, 20, 110, 400, 5, 300
Robert Hall, 15, 85, 200, 5, 175
Samuel Hamilton, 50, 150, 400, 20, 157
Thomas Hamilton, 30, 370, 700, 3, 50
Porter Newsom, 20, 130, 300, 3, 18
Valentine Akers, 25, 75, 400, 3, 100
William Blankenship, 15, 200, 300, 1, 75
Robert Elliotte, 50, 1650, 1000, 10, 460
John Poplin, 15, 100, 200, 5, 60
Jessee Hamilton, 100, 700, 1500, 40, 768
Preston Hamilton, 40, 350, 1000, 5, 174
Joseph Akers, 25, 50, 300, 5, 115
Andrew Mitchell, 100, 290, 1500, 10, 450
Thomas Hamilton, 100, 200, 1300, 10, 350
Mesius Hall, 30, 110, 800, 1, 175
Levi Akers, 15, 135, 350, 3, 160
William Hamilton, 75, 800, 1500, 50, 780
Andrew Akers, 5, 100, 150, 3, 25
Robert Frazier, 100, 700, 2000, 30, 842
Stephen Akers, 20, 100, 250, 5, 100
John Moore, 30, 170, 200, 5, 150
Samuel K. Green (Greer), 30, 700, 700, 3, 27
Daniel (David) Akers, 75, 1800, 1300, 5, 450
John Hamilton, 15, 45, 200, -, 95
Wm. G. Lynch, 12, 150, 400, 3, 92
Rhodes Mead Sr., 30, 300, 1000, 12, 460
Rhodes Mead Jr., 15, 50, 500, 5, 254
Lindsey Layne, 80, 300, 1500, 300, 1930
William Burchett, 15, 85, 200, 5, 100
Squire Lewis, 25, 575, 600, 25, 187
Edward Horn, 35, 200, 1200, 15, 105

William McGuire, 50, 600, 1500, 40, 801
Patrick Vaughan, 25, 100, 500, 2, 173
Polly Clark, 40, 360, 1000, 50, 1021
William McCoy, 25, 975, 500, 2, 60
Samuel Moore, 35, 100, 1500, 5, 380
John Hardin, 25, 275, 500, 10, 551
James P. Kelly, 30, 300, 600, 15, 230
James Rutherford, 15, 150, 500, 2, 100
John Jude, 15, 200, 200, 1, 40
Nathan Frederick, 10, 290, 300, 1, 50
Moses Howard, 18, 90, 400, 3, 300
David Jackson, 30, 10, 300, 2, 35
Daniel Bradly, 30, 200, 500, 3, 125
Tom Collinsworth, 40, 150, 800, 25, 470
John Jones, 35, 600, 100, 2, 167

Moses Parsley, 40, 2160, 2000, 25, 670
Alex Parsley, 20,3 00, 700, 10, 125
William Muncy (Munoy), 15, 10, 300, 3, 250
Jeff Leoord (LeVord), 15, 100, 1000, 3, 15
Thomas Marcund, 20, 400, 600, 2, 60
Moses Stess, 35, 1000, 1500, 10, 135
Wm. Munoy, 12, 380, 400, 5, 290
James Munoy, 10, 300, 300, 3, 180
Henry Davis, 100, 800, 2500, 15, 950
Thomas Kirk, 2, 200, 500, 1, 120
Isaac Brewer, 50, 150, 4000, 1, 250
Elijah Preuett, 35, 300, 600, 1, 375
Samuel Parsley, 2, 30, 300, 1, 145
William J. Mays Jr., 65, 300, 1000, 20, 530

FRANKLIN COUNTY KENTUCKY
1860 AGRICULTURAL CENSUS

The Agricultural Census for Kentucky for 1860 was filmed for the University of North Carolina from originals held by the Duke University Library, Durham North Carolina.

There are some forty-six columns of information on each individual. Only the head of the household is addressed. I have chosen to use only six columns. These are shown below.

1. Owner
2. Acres of Improved Land
3. Acres of Unimproved Land
4. Cash Value of Farm
5. Value of Farm Implements and Machinery
13. Value of Livestock

The following symbol is used to maintain spacing: (-). In some places the census taker used an (x) symbol. I do not know what it stands for.

The numbers following the names represent 2, 3, 4, 5, 13.

Joseph Frazier, 200, 700, 5000, 200, 2500
William Calary, 8, -, 800, -, 100
S. F. J. Trabat, 214, -, 8000, 200, 700
D. C. Freeman, 360, -, 1800, 300, 3200
W. W. Stephens, 70, -, 5250, 50, 500
William Short, 30, 36, 800, 60, 250
John Snelling, 15, -, 400, 25, 280
E. G. Mitchell, 20, -, 3000, 50, 300
William B. Risk, 282, -, 14000, 300, 900
Jno. H. Crutcher, 70, -, 3000, 100, 500
Bartlett Crutcher, 150, -, 7500, 60, 1200
Thomas Pointer, 37, -, 2400, 50, 520
Rheuben Crutcher, 80, -, 5000, 70, 650
Isaic Crutcher (tenant), -, -, -, 80, 500

John R. Scott, 1184, -, 60000, 1000, 4000
Wm. J. Steele, 200, -, 10000, 50, 1500
Joseph J. Quillen, 155, -, 8000, 200, 1200
William French, 223, -, 13000, 100, 1200
James G. Hern, 50, -, 2500, 50, 500
John G. Price, 105, -, 5000, 75, 750
Cadwalader Lewis, 205, -, 12300, 200, 1500
Thomas Stull, 200, -, 15000, 500, 300
John C. Frazier, 192, -, 14000, 300, 1000
B. F. Wilson, 287, -, 14000, 200, 2000
James B. Williamson, 220, -, 10000, 200, 2500
Thos. Dougherty, 23, -, 2000, 75, 500

Jas. Dougherty, 153, -, 6000, 100, 1000
Jas. A. Lyons, 84, -, 2700, 60, 400
H. C. Greenup (tenant), -, -, -, 25, 150
Richd. W. Wood, 165, -, 1500, 60, 600
Thos. W. Jones, 133, -, 7500, 300, 900
J. J. Jones, 100, -, 4000, 150, 1500
Nathan Sullivan, 15, 15, 500, 20, 200
R. F. Jones, 22, -, 600, 1200, 2000
James Carter, 85, -, 2000, 20, 250
H. L. Watkins, 133, -, 5000, 100, 500
Lunsford Graves, 116, -, 5000, 150, 700
Isaic Wilson, 340, -, 15000, 150, 5500
Franklin Chin (Chun), 280, 80, 15500, 200, 2000
J. R. Butler, 570, -, 30000, 700, 8500
Isaic Wingate, 353, -, 20000, 150, 1500
A. S. Ireland, 125, -, 4500, 250, 23
Bob P. Duvall, 204, -, 10500, 100, 1200
H. M. Bedford, 320, -, 11000, 150, 550
Lewellen Holton, 197, -, 8000, 100, 600
William Jones, 380, -, 16500, 300, 4000
Robt. A. Thompson, 180, -, 6500, 100, 400
Alexander Quin, 75, -, 3000, 150, 1400
H. M. Taylor, 250, -, 11000, 150, 4200
Robt. W. Scott, 798, -, 65000, 200, 11120
W. W. Wilkerson, 184, -, 8200, 170, 1200
W. E. Featherston, 290, -, 12000, 400, 800
W. M. Dougherty, 50, -, 3000, 100, 540
Bob Breedwell (tenant), -, -, -, 100, 140
Joseph S. French (tenant), -, -, -, 30, 590
James Bratten, 110, 20, 1500, 80, 1000
Maria M. Noel, 300, -, 6500, 200, 2000
James D. Brown, 550, -, 30000, 600, 4000
James B. West, 44, -, 1000, 10, 400
Elias M. Stowe (tenant), -, -, -, 50, 800
William Church, 64, -, 1000, 50, 500
Preston Hampton, 120, 103, 2500, 50, 600
Zachariah Petty, 192, -, 8500, 200, 10000
William Black (tenant), -, -, -, 150, 6000
Jacob Breedwell (tenant), -, -, -, 50, 1000
Walter Clark, 10, -, 250, 100, 200
Rheuben Selne, 120, 70, 2000, 100, 500
Simon G. Hudson, 120, -, 1200, 100, 500
Francis Carter, 60, -, 1400, 20, 100
El___ Newton, 64, -, 1500, 60, 120
Edward Hall, 40, -, 500, 20, 150
E. O. Stout, 115, -, 2000, 100, 250
Martin Selne, 150, 140, 2000, 50, 350
Jeremiah Tyre, 30, 27, 300, 300, 5, 125
Robt. Jacrug (Jacsug), 135, -, 1400, 150, 200
A. G. Carter, 500, 160, 10000, 200, 3000
Sarah Douthet, 30, -, 400, 20, 200
William H. Fleuirby (tenant), -, -, -, 20, 250
Miles Brock, 40, 40, 800, 50, 400
Addison James (tenant), -, -, -, 10, 100

John Church, 116, 45, 2500, 50, 1000
Strother Pierce, 86, -, 1400, 80, 600
Soloman Dougherty, -, -, -, 100, 600
Rice W. Oliver, 142, -, 4500, 100, 500
William R. Gaines (Goins), 125, 155, 55, 100, 800
F. Satterwhite (tenant), -, -,-, 25, 250
Me__hen Brydon (tenant), -, -, -, 60, 200
James Gatewood, 136, -, 1500, 50, 500
David J. Hockersmith, 60, -, 1200, 60, 500
Nancy Moss, 100, -, 2000, 20, 300
Whitfield West (tenant), -, -, -, 10, x
Gustave Talbolt, 176, -, 8800, 200, 1500
Wm. S. Church, 200, 960, 16700, 200, 1500
Wm. H. Sheets, 128, -, 1025, 25, 650
Jessee G. Crutcher (tenant), -, -, -, 100, 250
John Macklin, 859, -, 17500, 600, 6600
John P. Clark (tenant), -, -, -, 10, 100
J. Q. Robertson, 100, 150, 2500, 200, 700
John _. Witherspoon, 90, -, 2000, 180, 600
Henry Hockersmith, 265, 85, 6000, 50, 400
John Carter, 200, 60, 8000, 100, 800
Thos. S. Carter (tenant), -, -, -, 20, 300
George B. Wood (tenant), -, -, -, 20, 250
Wesly Switzer, 50, -, 1000, 25, 100
A. M. Spicer, 100, -, 1200, 50, 400
Catharine B. Gayle, 70, -, 1400, 25, 350
Cynthia Namard (Neumard), 130, 10, 1000, 40, 400
Jacob Hockersmith, 76, -, 1000, 100, 650
Berry Head, 253, -, 5000, 150, 2500
Mary Buscoe (Briscoe), 60, -, 2400, 10, 200
William L. Crutcher, 270, -, 10000, 150, 1500
James Martin, 240, -, 7500, 150, 1300
Leonard J. Cox, 450, -, 22000, 250, 3500
Ed___ Stedman, 127, -, 20000, 200, 800
Ben F. Graham, 100, -, 1200, 50, 550
John Church, 200, -, 6000, 100, 900
Arma_d W. Smith, 188, 40, 3000, 100, 1000
Wash Hancock, 270, -, 10000, 150, 3000
J. W. Noel (Nall), 180, -, 2500, 100, 1000
Alfred Cox, 121, -, 2500, 50, 500
Allen Baker, 35, 6, 500, 20, 250
Dual Baker (tenant), -, -, -, 50, 300
John Baker, 160, 95, 4500, 100, 1000
Henry Hockersmith, 85, 15, 1000, 100, 650
Willis Baker, 56, -, 700 50, 600
David Trout, 70, 60, 1500, 20, 2000
Benedict Newton, 80, 27, 1500, 50, 600
Elijah Tomlin, 80, -, 800, 10, 50
Sophia Hockersmith, 100, 150, 2500, 25, 500
Thomas Clark, 50, 130, 1000, -, 150
Philip Mifford, 30, 25, 1000, 10, 150
William Owens (tenant), -, -, -, 50, 300
Grace Bolden, 50, 26, 800, 20, 350
Geo. W. Hall, 30, 30, 300, 100, 250
Warren Parker (tenant), -, -, -, 10, 100
Wesly Gaines, 90, 50, 1500, 50, 800
Wyatt (Myatt) Parker, 400, 900, 13000, 100, 1000
Martha J. Riddle, 117, -, 1500, 60, 500

J. H. Poindexter, 300, 1700, 20000, 10, 3600
F. Estin, 240, -, 3000, 25, 800
Graves Hancock, 72, -, 1400, 25, 300
J. C. Jackson, 100, 82, 1500, 20, 300
Jasper Clayton, 150, -, 2250, 30, 400
Waren Bramlett (tenant), -, -, -, 50, 250
Thomas Hancock, 190, -, 1500, 60, 200
Thomas Fightmasters, 150, 50, 1200, 30, 300
Joseph Sames, 150, -, 1000, 50, 400
John J. Sames, 120, 30, 1000, -, 300
Mason Sames, 66, -, 1500, 25, 250
Thomas Parrish, 40, -, 200, 10,1 50
John C. Robertson, 50, 76, 800, 50, 700
Thomas T. Daily, 85, -, 900, 30, 300
Ana__ Wilster, 80, 60, 2000, 80, 600
John W. Graham, 25, 100, 1000, 40, 200
John Poe, 40, 173, 1500, 30, 350
William Wise, 109, -, 250, 40, 450
Garland Breedon (tenant), -, -, -, 40, 150
George C. Triplett, 55, -, 600, 25, 300
T. M. Sulivan, 194, -, 4000, 175, 600
Thomas Bedford, 180, -, 7500, 250, 3000
Saml. S. Clay, 230, -, 11500, 250, 3000
Thomas Holder, 40, -, 2000, 150, 1200
Robt. V. Pollock, 100, 165, 5000, 100, 1000
A. R. Crutcher (tenant), 117, -, x, 300, 1000
William Knight, 600, 300, 20000, 400, 3000
James J. Long, 100, 115, 4000, 60, 1500
Charles P. Owen, 50, 26, 1500, 30, 200
R. L. Thurman, 100, -, 4000, 100, 600
Lewis Christopher, 50, -, 1600, 20, 60
Joohn S. Stedman, 17, -, 3000, 50, 150
James Richfield, 100, -, 4000, 50, 500
Robt. W. Church, 140, 60, 10000, 50, 400
H. J. Morris, 250, -, 7500, 100, 800
F. H. Hodges, 250, -, 11500, 340, 800
L. Y. Hodges, 155, -, 5500, 50, 850
Harris Clark, 25, -, 500, 10, 500
Robt. T. Penny (tenant), -, -, -, 100, 1000
Chesly Buffin, 75, 50, 750, 50, 700
Julia Long, 25, -, 250, 10, 200
Benj. Johnson, 80, -, 800, 20, 150
Rebecca Baldwin, 30, 20, 300, 10, 50
John R. Gay, 50, 150, 4000, 80, 800
William R. Graham, 25, 25, 1000, 50, 300
W. W. Graham (tenant), 300, 400, 13000, 100, 2100
W. W. Scott, 200, 350, 5000, 100, 1500
Mordecai Winter (tenant), -, -, -, 10, 100
F. T. Haydon, 100, 180, 3000, 100, 700
James Wilson (tenant), -, -, -, 10, -
Cordelia Bacon, 50, 10, 1200, 50, 300
Thomas Haydon, 30, 34, 600, 25, 400
William Webster (tenant), -, -, -, 50, 300
An____ McDaniel (tenant), 20, -, 400, 30, 300
Cyrus (Cynes) Calvert, 75, 25, 2500, 10, 1700
Moses Harrod, 150, -, 2300, 50, 800
James Harrod, 150, -, 3000, 50, 500

James McDaniel, 84, -, 1500, 50, 400

Harry Bohanon, 100, 215, 2500, 100, 1100

Elizabeth C. Quarles, 330, -, 3500, 50, 1400

Benj. Arnold, 250, -, 5000, 50, 500

James H. Sutter, 56, -, 1500, 25, 500

Samuel Woodruff, 10, 35, 500, 10, 100

Sally Settle, 57, -, 1500, 100, 600

Alfred Tyler, 64, -, 2000, 50, 550

John F. Poe, 25, -, 300, 10, 200

William Wise Jr., 40, 30, 1000, 20, 300

Joseph Wiley, 56, -, 2400, 75, 1000

William Long, 100, -, 800, 25, 300

Moses Long, 60, 70, 800, 40, 300

Elisha C. Hawkins, 140, 72, 4100, 100, 1000

William D. Johnson, 40, 23, 1200, 50, 650

John T. Arnold, 40, -, 1000, 20, 500

Allen S. Jackson (tenant), -, -, -, 10, 150

Warr__ Baldwin, 50, 50, 600, 20, 200

Benj. Hoyle (Hagle), 75, -, 1000, 50, 300

John S. Hawkins, 130, -, 2000, 100, 500

James W. Flack (tenant), -, -, -, 10, 20

George Penn, 30, 100, 5000, 200, 600

H. J. Innis, 53, -, 2200, 70, 400

James Allen, 40, -, 400, 20, 250

Jonathan Knight, 56, -, 1000, 40, 300

John Dougherty, 100, 27, 1500, 30, 250

John S. Hockersmith, 315, -, 5000, 100, 850

Jack Lewis, 500, 600, 17000, 200, 1300

J. W. French, 160, -, 6500, 100, 1000

W. E. Ashmore, 40, -, 3000, 50, 250

D. M. Bowen, -, -, -, 300, 4200

John W. Mastin (Martin), -, -, -, 300, 750

William West, 48, -, 2000, 10, 150

Chas. McDamil, 12, -, 200, 10, 150

Henry Gillum, 705, -, 21000, 600, 2400

Michal Buckly, 10, -, 1500, 50, 200

Harvy Young, 3, -, 1500, 50, -

Hamuel Mays, 100, -, 2000, 20, 500

George C. Frazier, (tenant), 400, 200, 18000, 200, 3000

John Mullin, 500, -, 15000, 100, 2000

John A. Hatton, 500, -, 25000, 300, 2500

Saml. Bristow, 120, -, 1000, 150, 400

Miles Bristow (tenant), -, -, -, 100, 300

William Morris, 12, -, 1000, 20, 500

Richard C. Anderson, 120, -, 5000, 100, 2000

Robert Lewis, 60, -, 1000, 100, 300

Lysander Hord, 60, -, 7000, 75, 350

C. D. Morris, 275, -, 11000, 200, 2000

Harman Blanton, 450, -, 12000, 300, 800

Davie C. Procton (Proctor), 400, -, 16000, 200, 3200

Martha A. Eastly, 20, -, 1000, 20, 200

L. W. Macey, 250, 70, 6000, 200, 2500

Berry Hawkins, 84, -, 1500, 50, 400

Rice Oliver (tenant), -, -, -, 20, 200

Conrad Piper, 33, -, 800, 20, 150

Adam Redaker, 50, -, 1500, 50, 150

Mary J. Gains, 166, 150, 5000, 100, 1000

Julius Dusall (Duvall), 120, -, 1700, 25, 400

Samuel Suckett (Luckett) (tenant), 342, -, 5000, 100, 1500

George W. Price, 35, -, 200, 20, 200

Elias W. Williams, 210, -, 5000, 100, 1500
Samuel Steele, 200, 100, 6500, 75, 2500
John Mullin, 100, -, 1500, 30, 250
Chas. Ohara, 330, -, 8000, 100, 2000
W. H. Jones, 80, -, 1500, 80, 500
Mary Church, 60, 40, 4000, 50, 300
John Lillis, 33, -, 650, 20, 250
Jeremiah Tracey (tenant), -, -, -, 20, 300
John McDannil, 50, -, 600, 20, 250
Hayden Demarr, 40, -, 600, 150, 300
Dorcus A. Taylor, 166, -, 650, 20, 150
Elizabeth Calvert, 75, -, 650, 20, 300
Alexander Snelling, 75, 5, 500, 40, 300
Orlando Brown, 350, -, 12000, 150, 1200
A. W. Macklin, 800, -, 30000, 300, 17000
E. H. Taylor, 150, -, 7000, 100, 200
R. C. Steele, 180, 170, 7000, 200, 700
C. G. Graham, 250, -, 7000, 150, 1000
L. A. Thomas, 200, 300, 10000, 400, 2000
Robert S. Firmell, 15, -, 300, 20, 100
J. _. B. Vanamandale, 237, -, 7000, 100, 1200
Mason Brown, 600, 800, 30000, 1200, 3000
Joseph Hancock, 50, 60, 1650, 32, 150
James Church (tenant), -, -, -, 40, 300
James F. Bell, 1600, -, 42000, 400, 12000
G. D. Jell (Jem), 156, -, 10000, 150, 2500
Philip Swigert, 1300, -, 30000, 40, 6000
Taylor Graham, 52, -, 2000, 100, 500
Richard Crutcher, 333, -, 12000, 200, 1500

Charles G. Hearn, 75, 50, 2000, 50, 300
S. M. Babbit, 15, -, 300, 10, 150
David A. Thomasson, 20, 80, 1500, 20, 200
Robert A. Thomasson, 50, 50, 1500, 50, 300
Lucian Morris, 160, -, 4500, 30, 150
Levi T. Crutcher, 156, 50, 9150, 200, 400
Thomas Brightwell, 100, 46, 3000, 20, 150
Walker Vaughan, 180, 100, 8000, 50, 800
William Brightwell, 207, 164, 7700, 100, 400
John G. Sanders, 10, -, 200, 15, 200
Robert W. Coddington, 216, -, 10000, 100, 1000
Stephen Scearce, 140, -, 7000, 100, 600
R. W. Woodson, 24, -, 2400, 20, 180
Edward L. Samnet, 70, -, 5000, 150, 1000
Mary A. Hall, 100, 50, 2000, 50, 700
M. A. Gay, 400, 100, 10300, 200, 4000
George Stealey, 60, -, 6000, 100, 300
Thomas S. Page, 630, -, 25000, 600, 4000
John Carter, 127, -, 6500, 70, 1000
Peter Dudley, 263, -, 15000, 500, 2000
A. D. Dudley, 495, -, 19000, 500, 4700
Charles H. Harris, 20, -, 1000, 10, 100
D. S. Crockett, 220, 180, 10000, 500, 1700
Jacob T. Dickinson, 175, 105, 5000, 100, 1000
Soloman Dickerson, 56, -, 800, 25, 400
William Cardwell, 97, -, 2400, 100, 530

William Johnson, 60, 17, 1200, 20, 200
Jefferson Minor, 25, 29, 1500, 10, 150
John L. Scroggin, 80, 45, 1800, 20, 900
Scott Brown, 400, 170, 13000, 200, 4000
James Dillon, 400, 20, 15000, 250, 1000
John S. Latta, 75, 25, 2000, 50, 600
John McKee, 360, 40, 1000, 200, 1000
Sam D. McKee, 95, 98, 4250, 30, 1100
George W. Brown, 25, -, 750, 100, 150
Jesse L. Cheaney, 100, 50, 2000, 80, 300
R. G. Averill, 200, 50, 7500, 300, 1300
William B. White, 100, -, 4000, 250, 1300
John T. Parker, 97, -, 4000, 200, 200
F. M. Parker, 100, -, 4000, 100, 600
John T. Stout, 200, 185, 8000, 100, 200
Cornelius Brown, 60, -, 1500, 20, 150
John E. Paxton, 212, -, 5300, 100, 1000
Reuben A. Hawkins, 70, 30, 1500, 60, 300
Jesse Brown, 50, 30, 1500, 25, 350
R. H. Hawkins, 140, 15, 3000, 100, 1000
Jesse Brown Sr., 80, -, 4000, 100, 400
Aaron Mershon, 33, -, 900, 50, 400
William Pattie, 275, -, 5500, 150, 1200
George Hurst, 160, 4, 4100, 100, 580
Elisha O. Hawkins, 45, -, 1500, 100, 300
Moses Hawkins, 150, -, 2000, 100, 500
William W. Wright, 60, 15, 2000, 50, 275
Daniel Polk, 30, 30, 500, 100, 300
James S. Wilson, 280, -, 5000, 200, 200
James B. Hill, 147, -, 7350, 225, 1800
Joseph Robinson, 228, 18, 7700, 100, 660
James Rabb, 100, 50, 2250, 40, 300
William M. Crutcher, 200, 185, 7700, 100, 600
James A. Richardson, 100, 40, 300, 150, 700
Thomas Rogers, 175, 65, 6000, 200, 7800
William Payne, 50, 15, 1950, 50, 200
Thos. F. Blakemore, 259, 70, 8500, 100, 5000
Richard Allen, 200, 60, 8000, 100, 1000
N. T. Tribble, 130, 10, 3500, 100, 1400
Winston Vaughan, 90, 20, 2200, 50, 600
George Farmer, 80, 20, 1000, 50, 500
Thomas Farmer, 300, 10, 9150, 300, 1300
W. _. Hughes, 100, -, 1500, 100, 500
Benadick Farmer, 170, 20, 3500, 200, 800
Madison Blakemore, 650, -, 35000, 300, 8000
George Blakemore, 571, -, 28400, 100, 7600
Edmund Collins, 194, -, 6000, 200, 1000
Samuel S. Marrs, 70, -, 2000, 25, 500
Thomas L. Wheat, 230, -, 6500, 150, 1500
John Roach, 340, 60, 12000, 400, 3300
Scott Green, 65, -, 3000, 150, 2700

Benjamin Elliott, 195, -, 6000, 70, 400
Joseph Terry, 840, -, 15600, 300, 11000
Robert Hancock, 150, 50, 4500, 100, 1200
Edward Hancock, 75, 40, 3000, 25, -
A. C. Hawkins, 45, 10, 750, 100, 500
T. Y. Collins, 150, -, 3000, 75, 600
Thos. J. Middleton, 180, -, 5400, 100, 500
Owen Tapp, 160, -, 4000, 150, 600
Joseph Parrent, 100, 300, 3000, 100, 800
John Jenkins, 65, 15, 2400, 200, 60
Thomas Morris, 45, 35, 2000, 200, 300
Joseph C. Robson, 113, -, 2500, -, 250
Peter Jett, 40, 30, 2800, 100, 400
R. M. Aldridge, 183, 100, 7000, 200, 2000
Samuel B. Scofield, 300, 100, 5000, 800, 8000
George A. Crockett, 200, -, 4000, 100, 350
James Saterwhite, 107, -, 1700, 80, 500
James B. Roberts, 180, -, 20, 3000, 100, 800
Jack Scanland, 70, 30, 2000, 70, 500
John Hickman, 100, -, 2500, 150, 400
William Hall, 200, 100, 9000, 150, 1400
Alexander Julian, 600, 82, 20460, 400, 11150
Guilford Sanders, 187, -, 5400, 150, 600
Jeptha B. Parrent, 137, 60, 5200, 100, 900
William Mayhall, 100, 156, 2560, 50, 700
Isaac W. Thomas, 50, 20, 1100, 10, 900
Thomas Cogswell, 36, -, 750, 50, 700
H. S. Mayhall, 26, 20, 750, 20, 200
Wm. A. Thomas, 140, -, 2440, 50, 300
John W. Armstrong, 80, 70, 800, 40, 200
Immanuel Armstrong, 100, -, 1700, 50, 300
Abe Armstrong, 40, -, 1200, 50, 300
John Mayhall, 157, -, 3900, 100, 200
T. R. Russell Hawkins, 200, -, 7000, 150, 700
U. V. William, 148, -, 3000, 200, 15700
John Sanders, 136, -, 2700, 100, 600
Churchel Bailey, 96, -, 5000, 100, 2500
S. R. Hieronymus, 20, -, 2000, 100, 250
R. M. Wiggs, 12, -, 1000, 100, 300
Ben Exum, 207, -, 8000, 200, 1000
Noah Goin, 40, -, 600, 60, 500
Anthony Crockett, 30, -, 1200, 100, 1500
John W. Russell, 700, 400, 20000, 500, 4000
A. C. Keenan, 250, -, 7500, 200, 1500
W. J. P. Bierce, 120, -, 12000, 50, 400
Wm. V. Wigginton, 115, 40, 3100, 80, 700
James H. Rogers, 50, -, 1000, 100, 350
John S. Robson, 17, -, 4000, 100, 600
William Reading, 200, -, 3500, 100, 800
William R. Bunten, 111, -, 2200, 120, 500
Charles Tinsley, 120, 100, 2200, 100, 600
J. C. Gibbs, 30, -, 300, 10, 100
James Gibbs, 150, 200, 2000, 100, 500

William Gibbs, 30, -, 400, 50, 200
William Lowen, 75, -, 1900, 130, 670
William Tracy, 50, 43, 1800, 80, 300
William Moore, 30, 10, 800, 30, 300
Philip D. Arnold, 25, 10, 700, 20, 200
John Mulholland, 35, 5, 400, 50, 200
T. B. Johnson, 230, -, 4637, 100, 750
John J. Julian, 900, -, 16000, 100, 7000
Benjamin Armstrong, 40, -, 600, 30, 200
David Hearndon, 50, 100, 1500, 40, 300
Wm. A. Morrison, 70, 120, 4000, 75, 620
Richard Kirk, 50, 100, 1500, 50, 400
James Shouse, 60, 40, 1250, 20, 50
William Anderson, 30, 80, 1500, 50, 450
John S. Morris, 22, 4, 400, 10, 150
Henry Smith, 65, 7, 700, 15, 200
Harley Samples, 80, 100, 1800, 30, 500
Peter Smith, 60, 100, 1500, 50, 300
John Shackelford, 70, 20, 900, 10, 175
William Perkins, 35, 265, 1200, 30, 250
Austin Roberts, 20, 50, 600, 50, 200
Crittenden Wright, 23, -, 550, 50, 150
P. R. Pattie, 150, 94, 3000, 100, 900
Henry White, 10, -, 200, 10, 155
John Hamilton, 30, 40, 800, -, 25
John P. Voris, 120, 166, 4500, 130, 800
John Reddish, 160, 86, 3690, 100, 1100
Elijah Lea (Lee), 100, 6, 1000, 75, 200
William Wilmot, 40, 48, 800, 15, 350
Evan Lee (Lea), 27, -, 500, 10, 200
Abel Armstrong, 50, 4, 1500, 50, 450
William Plaster, 80, 55, 7800, 100, 685
James White, 40, 20, 500, 20, 300
James Rodgers, 50, 20, 600, 200, 400
Jeremiah Strange, 40, 35, 800, 100, 600
Geroge W. Hulett, 59, -, 1180, 100, 350
John Polsgrove, 30, 10, 1400, 20, 450
James W. Russe (Rupe) (Reese), 48, 12, 1000, 40, 350
A. B. Dooley, 110, 55, 2000, 75, 700
John Quin, 100, 10, 600, 100, 500
Hiram Crutcher, 36, -, 700, 7, 200
William B. Bright, 60, 40, 3000, 20, 400
James Milam, 200, 70, 6875, 200, 1200
Thompson M. Taylor, 136, 60, 2350, 200, 500
Solomon Bright, 150, 50, 3500, 100, 900
Martin Morris, 40, 10, 650, 25, 300
James Hyatt, 35, -, 1000, 12, 200
Anderson Powers, 45, 5, 1000, 60, 350
Archibald Taylor, 60, 40, 600, 20, 600
Francis M. Taylor, 60, 40, 600, 35, 500
Thos. Dorton, 55, -, 550, 15, 200
John Riner (River), 200, 110, 4650, 200, 1000
William Armstrong, 90, -, 900, 40, 200
P. H. Mayhall, 157, -, 4700, 200, 900
Robert Bailey, 155, -, 5425, 75, 4000
Wm. F. Parrent, 75, 30, 2500, 150, 1000
John W. Jackson, 171, -, 5130, 150, 1200

James Moore, 140, 110, 1400, 100, 800
Archibald Moore, 200, 182, 3600, 100, 2050
Corburn Hales, 50, 100, 1500, 50, 300
Alex Wilson, 150, -, 6000, 100, 1500
Thos. McQueen, 25, 275, 1800, 10, 300
T. G. Dulin, 80, 45, 2500, 50, 340
John A. Crockett, 150, 100, 3750, 50, 300
Henry Baker, 26, -, 390, 15, 120
Barnett Harrod, 140, 100, 2500, 120, 1000
Joseph Clark, 120, 40, 5300, 100, 900
Lawrence Gordon, 60, 270, 1200, 40, 500
Samuel O. Crockett, 150, 50, 3000, 100, 500
Alfred B. Rend, 110, -, 1650, 50,3 00
Johnson J. Yates, 164, -, 4920, 200, 700
O. P. Daniel, 50, 20, 3000, 100, 300
Walter Major, 86, -, 2300, 100, 700
William Hodges, 300, -, 3600, 300, 2150
Jerry Tracy, 40, 10, 400, 50, 400
John Truell, 20, 6, 450, 20, 300
John Dougherty, 31, -, 450, 30, 275
Thos. S. Dooley, 31, -, 1200, 60, 200
John Sheets, 130, -, 5000, 100, 600
Martin Sheets, 22, 17, 7000, 10, 150
Francis M. Chambers, 80, 8, 1760, 50, 250
Milton Tracy, 50, -, 750, 50, 400
Alvin W. Cromwell, 237, -, 6000, 500, 1500
G. B. Crockett, 90, -, 1800, 50, 300
John H. Vaughan, 149, -, 3000, 150, 650
Nathaniel M. Moore, 23, -, 600, 25, 300
William Moore, 114, 10, 1270, 70, 600
John Moore, 30, -, 600, 50, 200
Nelson Moore, 20, 30, 500, 10, 300
William Pierce, 54, -, 540, 10, 150
Jeptha Robinson, 240, -, 2400, 100, 500
Alexander Morse, 53, -, 530, 10, 300
R. Babbit, 75, 25, 1000, 100, 200
A. T. Hulett, 120, 8, 1900, 20, 700
George Sudduth, 60, 190, 1500, 20, 400
Duenne Sudduth, 35, 21, 336, 10, 150
G. W. Sudduth, 180, 66, 1500, 100, 400
William White, 21, -, 200, 10, 280
Harlan Harrod, 85, 6, 900, 40, 300
John Harrod, 205, 135, 2500, 100, 900
William Brewer, 250, -, 5000, 100, 1440
Thomas Brewer, 50, 50, 1000, 10, 375
Jas. B. Russell, 139, -, 3500, 50, 600
Richard Bravner (Brewer), 25, -, 300, 10, 150
Larkin Chisholm, 100, -, 1000, 150, 800
John M. Pace, 110, 20, 1400, 75, 700
Israel Tharp, 150, -, 1500, 25, 800
Eli Rodgers, 12, -, 960, 100, 300
Harrison Rodgers, 105, -, 3000, 25, 400
William Rodgers, 45, -, 450, 10, 75
Ben F. Stivers, 20, 30, 750, 12, 200
T. M. Hulett, 70, 30, 1000, 150, 500
Charles Sheets, 20, 42, 800, 80, 150
James Hulett, 175, 31, 2500, 150, 750
Thomas C. Wallace, 25, 6, 125, 15, 125
John Warfield, 20, 60, 800,, 60, 300
Elijah Glore, 50, 156, 1200, 100, 400
Thornton Sale, 30, 15, 500, 50, 250
James McQueen, 60, 180, 1920, 10, 300
James Keaton, 40, 60, 1000, 10, 170

Frederic Roberts, 75, 125, 2000, 150, 500
James Lewis, 60, 45, 960, 10, 470
Walker Lewis, 30, 45, 600, 100, 450
Robert Penn, 100, 246, 3460, 100, 800
Cornelius Hackett, 40, 110, 1500, 20, 300
John Ed. Brawner (Brewer), 61, -, 600, 100, 200
William S. Lewis, 100, 100, 1500, 50, 700
William W. Pulliam, 25, 25, 600, 20, 200
Hiram Penn, 60, 70, 1200, 55, 400
Milton Simons, 60, 98, 790, 70, 400
William L. Scott, 145, 134, 500, 130, 620
William Harrod, 120, 60, 1800, 40, 1030
Lot Duvall, 80, 40, 1300, 30, 800
Jesse Gibson, 150, 50, 3000, 50, 400
Wm. B. Onan, 200, 180, 3800, 100, 1340
Ransford Drugin, 50, 56, 1000, 40, 130
Levi H. Scott, 50, 60, 1000, 25, 500
John A. Cox, 125, 155, 2800, 40, 1040
James M. Duvall, 15, 45, 900, 10, 350
C. W. Duvall, 150, 47, 1970, 50, 450
T. G. Gorden, 60, 40, 500, 20, 200
James Robertson, 20, 50, 800, 70, 350
John Gorden, 25, 27, 231, 50, 170
Thomas Hardin, 13, 37, 150, 5, 20
William L. Johnson, 20, 47, 700, 10, 200
Milton Moore, 40, 65, 840, 40, 250
John F. Stanton, 140, -, 2000, 200, 425
Jeptha D. Johnson, 30, 70, 1000, 15, 300
Barnett Harrod, 22, 80, 600, 10, 160
James Moore, 15, 143, 1000, 10, 300
Thomas Ellison, 50, 50, 800, 25, 200
Evan Miles, 9, 16, 350, 5, 152
Catharine Rosell, 90, 110, 2400, 75, 500
Dabney Todd, 150, 50, 6000, 150, 500
James Harrod, 80, 30, 1200, 20, 400
James C. Coleman, 30, -, 1200, 25, 140
R. E. Collins, 125, -, 3500, 100, 1000
Alexander Green, 120, -, 3000, 50, 800
William W. Allen, 45, 155, 2000, 50, 300
William O. Ellis, 68, 68, 1000, 50, 400
William A. Moore, 12, 56, 280, 8, 190
Andrew T. Moore, 100, 199, 1000, 50, 500
Wm. B. M. Smith, 30, 99, 640, 10, 300
Henry Moore, 100, 150, 741, 100, 500
Willis Quin, 35, 17, 315, 10, 200
John H. Smith, 30, 40, 450, 40, 275
Michel Smith, 40, 53, 465, 10, 400
Francis Smith, 12, 82, 380, 10, 280
Jesse Philips, 30, 10, 400, 10, 80
John Warren, 25, 55, 800, 10, 150
Jesse Smith, 25, 25, 250, 30, 400
Willis Brawner, 50, 90, 500, 15, 200
George W. Pulliam, 30, 30, 720, 10, 400
William Pulliam, 50, 50, 450, 15, 300
G. H. Chism, 40, 35, 525, 100, 400
Alexander Quire (Quine), 18, 12, 150, 8, 200
James Quire (Quine), 30, 30, 120, 5, 125
Joseph Quire, 25, 21, 150, 10, 150
Lucinda Tracy, 15, 10, 125, 9, 125
William Britt, 10, 12, 100, 5, 70
William Quire, 15, 30, 225, 5, 55

Elisha Wallen (Wallace), 20, 47, 600, 20, 260
Alexander Warfield, 18, 50, 400, 70, 450
William Lee, 25, 31, 280, 25, 300
Fielding Tracy, 75, 75, 1400, 100, 200
Wm. B. Tracy, 50, 50, 600, 50, 200
Zachariah Lee, 75, 67, 1420, 10, 400
Augustine J. Duncan, 100, 100, 12200, 75, 500
Nicholas Rogers, 100, 100, 1800, 125, 800
George W. Roach, 25, 75, 1000, 25, 150
George D. Rucker, 60, -, 500, 100, 550
William Snook, 125, 75, 2500, 100, 370
Robert Pulliam, 30, 20, 400, 40, 550
Lewis Yunt, 40, 45, 850, 6, 125
Thomas Warren, 40, 20, 300, 70, 400
John Warren, 12, 94, 600, 10, 100
William Allison, 50, 79, 400, 75, 200
William H. Allison, 18, -, 150, 5, 150
John Stigers, 40, 37, 500, 20, 500
Jefferson Hulett, 74, 74, 2450, 6, 1000
Hugh Allen, 136, -, 3400, 150, 7800
Charles Hutchison, 19, 2, 200, 5, 250
Ben & Wm. Harrod, 70, 130, 2500, 70, 750
Edmund S. Bailey, 100, 900, 3000, 150, 300
William Dearinger, 60, 140, 1000, 15, 550
Beverly Arnold, 12, 37, 600, 10, 150
John W. Deakins, 50, 60, 1000, 12, 300
John F. Deakins, 20, 20, 300, 60, 250
Dennis F. Bailey, 30, 112, 700, 50, 300
James Harrod, 75, 45, 2000, 100, 400
William Harrod, 75, 45, 2000, 100, 400
Joseph L. Waits, 50, 82, 660, 30, 500
Henry Polsgrove, 60, 40, 600, 50, 800
William Hutchison, 30, 70, 800, 25, 400
William Christie, 40, 120, 640, 25, 150
Henry R. Johnson, 80, 130, 4000, 200, 400
James M. Harp, 80, 100, 2500, 100, 500
John H. Harrod, 65, 135, 1000, 100, 800
William P. Arnold, 45, 31, 800, 20, 600
Harman Onan, 70, 100, 1000, 50, 200
Clemson Onan, 140, 300, 2200, 100, 1500
Ransford Kinney, 30, 50, 800, 15, 90
Jacob Polsgrove, 125, 125, 3500, 40, 1000
Dennis Onan, 150, 250, 3000, 100, 1030
F. M. Waits, 100, 80, 1800, 50, 800
James Brewer, 50, 50, 1000, 15, 500
William Brewer, 13, 20, 330, 10, 300
Stephen F. Harrod, 50, 75, 1250, 10, 300
John M. Harrod, 96, 40, 1500, 60, 400
William H. Polsgrove, 165, -, 4000, 100, 800
William R. Gorden, 150, 200, 2700, 25, 700
Arthur Carr, 70, 110, 1250, 150, 500
Thomas L. Graves, 75, 130, 2500, 20, 250
John W. Russell, 100, 80, 2700, 100, 800
Lemuel Taylor, 18, 82, 1000, 50, 300
John R. Rogers, 5, 25, 300, -, 75
Leroy Kesler, 65, 179, 2000, 100, 800

James Slattery, 70, 30, 500, 15, 300
Sylvester Jones, 20, -, 200, -, -
Henry Wilson, 20, 30, 400, 10, 120
Jefferson Pulliam, 30, 16, 500, 10, 100
Jesse Gibson, 20, 30, 400, 6, 100
William Burke, 20, -, 200, 50, 150
James Pheers, 100, 100, 1400, 25, 400
Merida Payton, 30, 133, 650, 20, 300
Charles Marshall, 32, 44, 600, 6, 100
George Polsgrove, 100, 150, 3500, 50, 500
James Frazier, 40, 22, 600, 30, 500
Thomas Nash, 80, 80, 1500, 50, 500
David Payton, 65, 232, 600, 75, 300
John Brewer, 25, 75, 900, 50, 200
Thomas Brewer, 72, 25, 2000, 15, 450
Richard Hutchison, 60, 145, 2500, -, 900
William Hutchison, 30, 15, 500, 30, 500
Noel Lee, 15, 44, 500, 20, 320

Ransford Payton, 26, 34, 500, 15, 250
Wm. F. & John T. Snow, 75, 90, 820, 10, 500
John W. Moore, 15, 36, 300, 5, 150
Basell Simpson, 40, 60, 600, 100, 150
Barnett Harrod, 40, 60, 1000, 60, 300
Job Smith, 25, 47, 500, 12, 300
Leroy Wooldbridge, 200, 115, 466, 100, 1790
Edmund Botts, 272, -, 12660, 200, 2000
Thos. A. Theobald, 36, -, 3500, 125, 200
Thos. S. Theobald, 8, -, 1800, 5, 50
N. P. Green (Greer), 750, -, 22500, 250, 8825
Richard E. Crockett, 75, -, 1600, 50, 750
T. J. & W. W. Jett, 225, -, 11250, 100, 1000

FULTON COUNTY KENTUCKY
1860 AGRICULTURAL CENSUS

The Agricultural Census for Kentucky for 1860 was filmed for the University of North Carolina from originals held by the Duke University Library, Durham North Carolina.

There are some forty-six columns of information on each individual. Only the head of the household is addressed. I have chosen to use only six columns. These are shown below.

1. Owner
2. Acres of Improved Land
3. Acres of Unimproved Land
4. Cash Value of Farm
5. Value of Farm Implements and Machinery
13. Value of Livestock

The following symbol is used to maintain spacing: (-)

The numbers following the names represent 2, 3, 4, 5, 13.

Wm. Moxly, 30, 50, 960, 12, 300
Cyrus W. Brevard, 70, 130, 6000, 150, 400
Jas. H. Craig, 80, 78, 3000, 150, 1500
O. W. Miles, 100, 100, 6000, 200, 1000
G. S. Miles, 250, 210, 16000, 250, 1200
John Shepard, 160, 176, 10000, 200, 150
W. H. Polsgrove (tenant), 73, 87, 4000, 15, 200
John A. Board, 70, 41, 1200, 100, 400
Nat Durham, 35, 10, 800, 10, 300
_. W. Caner (Cruev) (tenant), 30, 50, 1600, 10, 100
Aaron Asball, 100, 300, 4000, 100, 500
Lucinda Morrow, 30, 10, 400, -, 100
Mary Bennett (Barnett), 22, 48, 800, 12, 200
John S. Warford, 80, 60, 200, 110, 350
Nancy Polsgrove, 60, 100, 4000, -, 50
P. S. Connelly, 100, 140, 5000, 150, 600
S. G. Warford, 200, 200, 8000, 400, 2000
Elias Kimberlin, 45, 50, 2000, 12, 300
M. L. Herring, 80, 80, 4000, 100, 800
Wm. Wilson (tenant), 22, -, 220, 12, 80
W. _. Mitchell (tenant), 60, 260, 4500, 50, 350
Joel Giffon (Gifford) (tenant), 7, -, 140, -, 50
M. C. Clays (tenant), 18, -, 360, 10, 200
H. L. Wall (tenant), 31, 49, 900, 10, 700

C. W. Handbery, 75, 165, 4800, 100, 550

J. S. Bondurant, 35, 40, 1500, 100, 300

W. W. Bondurant, 90, 40, 2600, 125, 600

Thos. E. Reece, 130, 35, 6000, 150, 2100

J. H. Montgomery, 150, 170, 8000, 300, 1000

B. F. Easley, 80, 80, 4000, 100, 800

Howell Graves (tenant), 14, -, 280, 10, 200

James White, 150, 130, 12000, 100, 1000

W. B. Bondurant, 35, 45, 1200, 10, 220

Wm. J. Straber, 25, 55, 1600, 20, 300

Margaret Blackman, 50, 100, 4000, 20, 2000

Hiram Hawkins, 33, 72, 2100, 120, 550

Cyrus Watson, 36, 45, 1600, 75, 300

Harriet B. Morris, 40, 40, 1600, 50, 700

B. Underwood, 50, 30, 1200, 125, 500

Leander Oliver, 50, 105, 2500, 30, 500

John Graham, 60, 100, 3200, 10, 300

Geo. Wilkinson, 300, 180, 9600, 150, 1000

W. G. McEl__ae (tenant), 10, -, 200, 5, 100

James Crawford, 40, 40, 2400, 50, 300

Isaac W. Cruce (tenant), 15, 20, 600, 50, 150

Margaret Searce, 60, 40, 1500, 60, 4200

J. R. McGehee, 60, 40, 3000, 300, 700

W. B. McGehee, 50, 28, 2000, 200, 600

Thos. A. Tyler, 100, 60, 8000, 200, 1000

S. P. McClellan, 80, 60, 2800, 100, 550

A. H. Searce, 30, 50, 2400, 100, 600

Joshua Nailer, 35, 900, 2500, 100, 500

Thos. J. Mays, 80, 70, 3700, 50, 800

Wm. W. Johnson, 80, 70, 3000, 100, 375

Jno. S. Campbell, 75, 47, 2600, 100, 400

J. S. Mangum, 18, 65, 1600, 10, 500

James G. Johnson, 100, 60, 6000, 300, 600

Elizabeth Tyler, 50, 90, 3200, 60, 300

W. S. Underwood, 12, 38, 1600, 10, 75

E. W. Stephens, 150, 180, 9900, 175, 1150

Henry Carter, 100, 120, 6600, 125, 1415

Isaac Clark, 65, 102, 5000, 60, 600

H. _. Henry (tenant), 47, -, 1410, 30, 250

Elijah Hawkins, 35, 100, 1500, 20, 600

D. B. Baldridge, 23, 57, 2600, 20, 150

Wm. C. Carter, 50, 30, 2000, 100, 550

J. J. Jones (tenant), 18, -, 180, 40, 300

S. F. Henry, 50, 30, 2000, 25, 600

Isaac Barnett, 30, 175, 1500, 75, 500

D. W. Burrus, 65, 95, 5000, 40, 400

J. D. Henry, 50, 30, 2400, 10, 300

W. J. Apperson, 22, 57, 1000, 15, 250

A. L. Shaw, 12, 86, 2000, 10, 500

W. H. Curlin, 80, 9, 2000, 150, 1000

A. Shuck, 200, 170, 11100, 200, 1000

W. H. Roper, 100, 100, 4000, 100, 600

A. Browder, 150, 250, 6000, 200, 1300

J. Whitesell, 84, 116, 5000, 150, 450
A. P. Fields, 50, 90, 2800, 100, 700
B. F. Carr, 150, 150, 6000, 500, 1380
R. J. Wright, 59, 101, 3200, 80, 509
Noah Norman, 300, 340, 13000, 150, 4100
A. Brady, 80, 80, 3200, 125, 350
Tho. Boaze, 75, 85, 2000, 150, 1000
G. W. Paschal, 75, 65, 2000, 150, 1200
Nelson Fields, 70, 70, 2800, 100, 400
David Smith, 60, 145, 4000, 100, 600
John Linder, 30, 50, 1000, 10, 80
J. H. Crutchfield, 20, -, 320, 80, 100
Morgan Davis, 100, 60, 2000, 150, 800
Taylor Bard, 60, 80, 2900, 100, 300
John Finch, 60, 100, 3200, 100, 450
D. S. Wade, 22, 138, 1000, 100, 500
James Ferrell, 50, 35, 1600, 120, 800
W. B. Raby (tenant), 9, -, 90, 5, 60
Adam Cagell (tenant), 19, -, 190, 10, 400
W. L. Weaks, 40, 40, 120, 100, 300
W. B. Gardner (tenant), 25, -, 250, 10, 500
G. W. Corley (tenant), 15, -, 150, 5, 150
Stephen Beard, 100, 68, 3000, 100, 700
West Childers, 25, 56, 900, 10, 100
Jno. Linden, 50, 30, 800, 5, 150
E. D. Collier (tenant), 45, -, 1000, 25, 500
James Newberry, 34, -, 500, 10, 80
Eli Cagill, 20, -, 30, 50, 100
Palina Thompson, 60, 140, 3000, 15, 700
A. P. Thompson, 45, 45, 1800, 150, 700
W. H. Finish, 50, 27, 1500, 100, 230
Elizabeth Finch, 60, 100, 2000, 150, 750
W. C. Roberts, 25, 15, 500, 35, 600

H. N. Nichols, 40, 43, 2000, 50, 380
R. D. McFadden, 125, 355, 5000, 125, 750
A. D. Conner, 50, 110, 2500, 65, 200
Jeremiah Hampton, 12, -, 150, 50, 300
Caroline Brown, 100, 100, 4000, 50, 200
Jas. A. Brawder, 60, 14, 4000, 125, 690
Jane M. Makin, 13, -, 260, 10, 100
Wm. A. Bryan, 25, 15, 800, 30, 200
Wm. Wright, 50, 84, 2600, 150, 400
John Hawkins, 4, -, 64, 5, 50
Robt. Pewitt (Prewitt), 18, 62, 1600, 5, 1400
J. W. Craig, 50, 100, 3200, 50, 50
J. Williams (tenant), 80, -, 1600, 25, 800
N. J. Roach (tenant), 80, -, 1600, 15, 150
J. B. Browder, 26, 54, 1600, 10, 300
Thos. M. Browder, 50, 70, 2200, 15, 300
Russell, 40, 40, 1600, 75, 250
James Bonderbush (tenant), 8, -, 800, 30, 100
M. C. Oliver, 100, 74, 3480, 25, 1200
Wm. Shepard (tenant), 10, -, 200, 5, 250
Nancy Bonduant, 100, 180, 2800, 10, 600
Joseph Mett, 100, 220, 6400, 150, 600
Nancy M. Alexander, 100, 33, 2000, 20, 350
John H. Reed, 70, 80, 3000, 50, 400
Arch Reed, 150, 130, 5000, 200, 1400
W. G. Burnett, 45, 55, 2000, 20, 300
Thos. J. Brown, 60, 100, 3200, 150, 1000
Maynard Davidson, 85, 240, 6400, 150, 1400

H. Prewett (tenant), 125, 105, 4000, 100, 500
Henry Prewett (tenant), 60, 104, 3500, 150, 600
Malachi Prewett (tenant), 15, -, 200, 12, 300
R. A. Blair, 40, 40, 1600, 25, 600
David Browder, 140, 260, 8000, 200, 1338
J. D. Wade, 60, 54, 2200, 20, 470
Jacob Burheart, 35, 45, 1600, 25, 250
Jane L. Wells, 30, 50, 1200, 100, 500
Thos. J. Finch, 40, 40, 1700, 10, 250
Jemina Freeman, 50, 110, 3400, 10, 200
E. J. Lynch, 75, 85, 3200, 75, 800
J. H. Lynch, 55, 30, 1600, 150, 870
Uriah Hill, 60, 29, 2000, 200, 750
John A. Brown, 35, -, 700, 60, 250
Johnathan Lewis, 18, 42, 1200, 5, 100
E. G. Kimbro, 20, 30, 1000, 25, 20
Lewis Roper, 50, 60, 2000, 50, 500
Martha Brown, 60, 50, 2300, 60, 150
Madison Walker, 15, -, 300, 10, 350
John Milner, 255, 225, 9600, 150, 1265
Julia M. Neal, 70, 190, 7000, 20, 300
James Arbell (Asbell), 16, -, 370, 5, 150
C. P. Linder (Linden), 30, 20, 1000, 100, 350
Wm. Parker, 50, 37, 2000, 30, 200
G. J. Binford, 50, 50, 2000, 75, 4000
A. J. Crawford, 65, 110, 1200, 50, 400
Alex Milkins, 30, 73, 1000, 10, 200
E. H. Kindred, 37, 17, 1000, 15, 500
W. J. Cook, 30, 24, 1000, 15, 250
Chas. Campbell, 30, 65, 800, 15, 800
Jno. H. Kindred (tenant), 15, -, 250, 15, 50
Wm. Campbell, 115, 125, 4800, 100, 1000
H. Edmonson, 36, 24, 1200, 100, 400
J. W. & J. G. McMarry, 200, 280, 10000, 380, 4176
W. B. McConnell, 175, 205, 12000, 300, 1814
Minerva McConnell, 150, 130, 8400, 200, 2830
R. B. Alexander, 200, 280, 48600, 300, 3410
Mary Thomas, 80, 80, 3200, 100, 100
Nancy Shaw, 60, 60, 3200, 50, 600
Thos. Prather, 240, 70, 7900, 300, 1300
Mat Kimbolen, 50, 30, 1600, 200, 890
James Hannon, 80, 160, 4800, 100, 890
Jno. G. Harris, 36, 44, 1600, 20, 795
Jackson Brown, 80, -, 1600, 20, 795
Calvin Arrington, 30, 16, 860, 20, 200
Alfred Edmondson, 100, 200, 6000, 250, 1138
James Clark, 45, 55, 2000, 100, 800
Nancy D. Roper, 100, 80, 4000, 100, 785
David W. Mays, 50, 30, 1600, 10, 300
W. D. Johnson, 80, 160, 1800, 200, 1000
J. A. Slone, 100, 140, 7900, 100, 795
J. C. Maddox, 80, 80, 4800, 32, 347
W. D. Hutchison, 45, 105, 2000, 50, 1500
W. Z. Davie, 260, 360, 11600, 350, 3500
J. G. Smith, 40, 70, 2000, 50, 550
J. M. Kirk, 140, 180, 5000, 150, 6000
J. H. Maddox, 50, 24, 2000, 10, 300
G. V. Newton, 200, 120, 10000, 200, 860
J. M. Alexander, 100, 150, 7500, 150, 1400
G. W. Hicks (tenant), 36, -, 720, 30, 250

W. S. Hicks, 65, 87, 3000, 75, 800
E. Weatherspoon, 80, 13, 1800, 60, 790
J. B. Weatherspoon, 30, 115, 2900, 110, 160
Frank Nash (tenant), 20, -, 240, 10, 60
Thos. Gardner, 50, 30, 1600, 20, 780
J. Underwood, 40, 40, 1000, 10, 250
Adeline Gardner, 50, 30, 1000, 15, 400
F. M. Bell, 40, 40, 1000, 75, 200
James Davis, 65, 62, 1500, 15, 40
B. P. Thompson, 30, 70, 1200, 10, 200
Vincent Moore, 40, 40, 800, 25, 250
Riley Elliott, 16, 32, 500, 10, 100
W. L. Robert, 25, 55, 1000, 10, 150
Jno. W. Nichol, 40, 60, 2000, 20, 350
R. H. Binford, 23, 57, 900, 75, 330
B. D. Howell, 15, 25, 400, 10, 300
R. Howell, 75, 85, 1500, 25, 300
J. H. Finch (tenant), 25, -, 900, 10, 300
Josh Williams, 35, 45, 900, 20, 350
R. S. Kimbro, 50, 50, 1000, 30, 260
J. G. Bard, 25, 128, 2000, 20, 500
R. A. Herran (Harrow), 40, 40, 1500, 50, 450
Saml. Elliott, 40, 40, 1500, 50, 350
W. S. Tomlinson, 40, 44, 1500, 100, 600
D. S. Robert, 40, 40, 1000, 100, 1200
J. F. Burheart, 20, 40, 1000, 25, 150
Jno. Lewis, 75, 175, 2000, 25, 200
Wm. Little, 50, -, 600, 20, 300
L. S. Little, 40, 60, 1600, 60, 350
W. A. Crutchford, 65, 95, 2000, 20, 400
Danl. Roscoe, 40, 23, 1000, 100, 40
John C. Lawson, 250, 113, 7260, 100, 1020
John B. Alexander, 50, 110, 3000, 150, 200
Anderson Gibbs, 40, 60, 1500, 40, 250
Martin Wall, 40, 40, 1200, 50, 200
Rufus Dudley, 40, 45, 120, 50, 250
Evaline Burheart, 20, 30, 1500, 50, 500
Elizabeth Hicks, 50, 62, 1600, 70, 300
Jeremiah Veach, 64, 122, 2200, 75, 300
Jeremiah Veach, 60, 110, 1800, 80, 300
Rob Campbell, 35, 30, 800, 20, 450
Jackson Bynam, 50, 69, 1800, 60, 300
James Murphy, 75, 100, 2500, 75, 400
Alfred Allen, 200, 440, 9200, 75, 700
M. A. Bynum, 45, 43, 1500, 50, 478
D. S. Campbell, 35, 22, 1000, 25, 600
Isham Conner (tenant), 22, -, 440, 50, 300
John Salmon, 30, 270, 4500, 150, 1200
Wm. Herrin, 35, 49, 1500, 15, 300
Lucy D. Shuff, 100, 60, 4800, 200, 1360
Mary A. Watson, 230, 100, 10000, 100, 880
H. & W. Maddox, 200, 130, 9900, 200, 900
Wm. Huffman, 60, 20, 2400, 75, 500
P. B. Winston, 200, 250, 15000, 600, 3310
R. R. Powell, 60, 42, 3000, 100, 450
John Barnes, 60, 100, 4800, 100, 800
W. R. McDaniel, 140, 200, 10200, 150, 300
Sabra Carr, 35, 165, 6000, 75, 250
Julia A. Ring, 80, 290, 10000, 70, 400
Levi Clark, 30, 15, 2500, 100, 930
Eliza McDaniel, 80, 80, 6800, 20, 100

Eliza Norman, 50, 30, 1600, 50, 500
Saml. Norman, 70, 30, 2000, 10, 250
Wm. E. Morris (tenant), 15, -, 200, 10, 250
W. Z. Norman, 50, 90, 2800, 70, 1200
A. Lux, 75, 115, 3800, 200, 300
John J. Naylor, 40, 80, 2400, 50, 200
Joseph Crostick, 25, 55, 1600, 100, 500
Wm. Kettle, 15, 50, 1200, 15, 250
B. W. Milner, 70, 105, 3600, 120, 500
G. W. Morris (tenant), 20, -, 240, 10, 300
H. W. Shelby, 100, 283, 6000, 150, 1236
James W. Brown, 90, 175, 5300, 125, 878
John Little, 40, 40, 1600, 25, 418
Martha Stephens, 35, 32, 1200, 15, 380
Thos. Sams, 30, 35, 1200, 30, 400
Mary A. Luton, 125, 195, 9000, 75, 950
Ben J. Davis, 250, 175, 15000, 75, 1054
Wm. Edwards, 70, 110, 5400, 50, 546
James Mahan, 120, 110, 4600, 100, 500
Finly Bynum, 100, 300, 8000, 100, 676
R. H. Lewis, 40, 43, 1600, 20, 200
J. H. Arterberry, 110, 50, 3200, 100, 500
Isaac Maurice, 75, 85, 3200, 100, 500
A. S. Tyler, 140, 200, 10200, 300, 1530
W. H. Milner, 70, 150, 6000, 100, 600
Martha J. Roach, 60, 100, 4800, 100, 400
J. W. Powell, 50, 30, 2400, 40, 250
America Darlin, 35, 140, 2000, 50, 800
Rachel Hamby (Hornby), 40, 126, 2000, 20, 1000
Nancy Cromwell, 50, 270, 5000, 100, 1050
B. D. Maddox, 160, 162, 6260, 150, 1775
Mat Adams, 130, 143, 7190, 150, 875
Levi Maddox, 75, 40, 3000, 40, 150
Saml. Wiles (Miles), 65, -, 1350, 50, 600
Wm. Wade, 14, -, 280, 10, 50
A. Riley, 20, 130, 2000, 10, 100
Ann Rogers, 40, 60, 1500, 75, 400
Robt. Douglass, 13, -, 260, 100, 220
M. G. Gaskins (tenant), 70, 90, 3200, 60, 250
Martha A. Bradly, 30, 30, 1800, 50, 350
Henrietta & E. M. Barnes, 200, 250, 11604, 200, 1800
Eliza Roper, 60, 100, 3200, 75, 1000
W. J. Lunsford, 350, 290, 20200, 400, 3319
S. A. Davie, 80, 80, 3600, 150, 540
J. H. Dodd, 150, 180, 9600, 300, 2090
N. N. Cowgill, 180, 20, 6000, 350, 2230
B. C. Hamby (tenant), 50, -, 500, 10, 400
C. M. Glasscock, 27, 10, 400, 10, -
Thos. R. Upshaw, 220, 600, 20200, 100, 3008
F. M. Shuck (tenant), 20, -, 600, 50, 600
John M. Hamby, 12, -, 200, 20, 400
M. R. Vance, 40, 140, 1400, 40, 600
John Bird, 70, 160, 3000, 100, 1400
R. L. Johnson, 100, 120, 4000, 50, 1800
John Oaks (tenant), 20, 20, 400, 25, 150
Danl. Davis, 80, 400, 4800, 100, 870

J. M. Hunter (tenant), 15, -, 150, 5, 280
Peter Davis, 80, 80, 200, 60, 2000
A. J. Waddle, 25, -, 500, 5, 100
Saml. A. Brown, 60, 100, 2500, 30, 125
John Boyer, 55, -, 2000, 30, 1000
C. J. Coker, 70, 90, 6000, 100, 850
E. A. Newson, 200, 110, 6000, 500, 1339
M. C. McWhorter, 15, -, 150, 10, 150
Mary Combs, 60, 260, 3600, 50, 1000
R. W. Easley, 100, 113, 6000, 200, 1350
A. H. Dickson, 50, 150, 2400, 50, 800
Eddy Campbell, 65, 95, 3000, 75, 1800
J. J. Mitchem, 75, 85, 2000, 50, 350
Wm. & J. Mitchem, 30, 157, 2000, 25, 500
J. C. Allison (tenant), 20, -, 800, 20, 350
J. W. Allison (tenant), 22, -, 360, 10, 40
W. A. Buntly (tenant), 33, -, 1200, 100, 400
Patrick Doile (tenant), 14, -, 280, 5, 150
J. W. Hawkins, 70, 45, 3000, 500, 915
R. E. Everett (tenant), 15, -, 300, 20, 600
Wm. Smithers (tenant), 20, -, 400, 20, 100
Eliza Smithers (tenant), 50, -, 1000, 50, 400
Lawrence Everet, 500, 200, 23000, 500, 1956
J. W. Crown (Crumm) (tenant), 29, -, 870, 50, 300
Jerry Watson (tenant), 27, -, 340, 6, 120
David Simmons (tenant), 20, -, 300, 10, 150
C___ Whitington, 70, 50, 3000, 100, 500
R. D. Watson, 200, 300, 140000, 250, 2750
Margaret Watson, 200, 100, 12000, 700, 2050
Danl. Watson, 800, 1700, 87500, 700, 3450
Caroline Dickinson, 60, 50, 3650, 100, 675
Morrel Jerrett (tenant), 29, -, 400, 20, 900
Obadah Clark, 100, 160, 7800, 60, 1200
C. S. Hubbard, 80, 148, 6800, 237, 960
Moses Stubbs, 75, 85, 6800, 200, 620
Frank Algee (Alger), 25, 75, 1500, 50, -
Jesse Tams, 50, 75, 3600, 30, -
A. Goodheart, 10, -, 2500, 200, -
Wm. R. Thomas, 30, 130, 3200, 25, -
Jno. Shaw, 130, 30, 5000, 30, -
S. Demiers, 84, 91, 3500, 30, -
W. B. Alexander, 25, 8, 600, 50, -
Jno. B. Tyler (tenant), 40, -, 1000, 100, -
J. A. Foulkes, 25, 28, 1000, 25, -
W. P. Robinson (tenant), 100, -, 3000, 40, -
Rebecca Wilson, 30, 20, 1200, 20, -
Henry Henderson (tenant), 100, -, 3000, 200, -
W. L. Alexander, 225, 270, 14850, 300, -
R. C. Prather, 250, 280, 15900, 300, -
John T. Fuqua, 25, 21, 1380, 5, -
Claiborne & French, 160, 600, 7000, 150, -

GALLATIN COUNTY KENTUCKY
1860 AGRICULTURAL CENSUS

The Agricultural Census for Kentucky for 1860 was filmed for the University of North Carolina from originals held by the Duke University Library, Durham North Carolina.

There are some forty-six columns of information on each individual. Only the head of the household is addressed. I have chosen to use only six columns. These are shown below.

1. Owner
2. Acres of Improved Land
3. Acres of Unimproved Land
4. Cash Value of Farm
5. Value of Farm Implements and Machinery
13. Value of Livestock

The following symbol is used to maintain spacing: (-)

The numbers following the names represent 2, 3, 4, 5, 13.

Thomas Blackman, 184, -, 12000, 300, 1200
William Carver, 140, 60, 6000, 400, 600
Hiram P. Clove, 100, 247, 11150, 300, 600
John Ralston, 6, -, 300, 12, 50
J. A. Gridley, 35, 25, 2300, 30, 500
Geo. W. Acre, 45, 15, 1800, 25, 400
Henry North, 51, 50, 3500, 60, 3500
Rebecca Turner, 140, 60, 6000, 60, 500
Robert Turner, 390, 210, 20000, 200, 1000
Dudley Smith, 50, 50, 3500, 200, 300
Moses Danley, -, -, -, 20, 270
J. M. Smith, -, -, -, 50, 247
John A. Gex, 280, 20, 15000, 200, 2000
A. G. Craig, 490, 5700, 44000, 385, 3800
A. Gex, 180, 100, 14000, 350, 1000
Wm. Payne, 248, 110, 17500, 100, 650
Robt. Payne, 340, -, 17000, 250, 1000
John Litterall, 200, 100, 6000, 200, 350
Henry Bruce, 10, 9, 500, 10, 150
John Bruce, 15, 8, 500, 7, 100
Garrett Furnish, 125, 63, 3000, 100, 450
Enoch Kirby, 160, 93, 8000, 300, 1800
Ann Smith, 25, 3, 900, 10, 75
James Cranch(Crouch), 100, 75, 1750, 200, 600
G. W. Berkshire, 60, 10, 1200, 150, 1000
A. J. Williamson, 14, 16, 450, 20, 250
Elijah Smith, 20, 20, 400, 10, 200
Arnton (Anton) Barnhill, 50, 15, 2000, 150, 350
Eli Swango, -, -, -, 6, 178
Truman Swango, 13, 15, 560, 6, 225

Levi Swango, 25, 9, 680, 10, 200
R. H. Orr, 200, 79, 9700, 150, 765
J. W. Leonard, 140, 60, 12000, 500, 600
Sally C. Ritchey, 200, 100, 6000, 50, 250
Nancy Furman, 30, 3 0, 1200, 50, 350
Moses Swango, 60, 15, 1225, 100, 400
James Robinson, 150, 82, 6000, 335, 1000
Wm. H. Gridley, 190, 1110, 12000, 250, 2000
Santfort Burke, 50, 50, 2000, 30, 800
M. C. Hughes, 762, 1000, 125, -, 2000
Urial Kirby, 70, 102, 4300, 225, 800
Ralph Bright, 180, 160, 8500, 100, 1000
Theodore North, 70, 10, 2400, 100, 700
Joseph North, 235, 15, 7000, 250, 2500
Wm. Kirby, 157, -, 4500, 100, 1000
Susan A. Craig, 200, 70, 12000, 140, 400
Thomas Craig, 16, 19, 1100, 100, 300
J. F. Rosell, 180, 15, 4400, 3500, 1600
Z. S. Gardner, 130, 40, 3500, 90, 1240
Wm. Winn, 110, 38, 4000, 75, 1200
Jas. H. Sayre, 200, 50, 10000, 300, 1200
Robt. S. Tearman, 7, -, 1000, 100, 600
Geo. Glenn, 200, 40, 12000, 300, 2000
John Remington, 115, 65, 2700, 60, 1000
David Grigsby, -, -, -, 50, 350
James Scipum, 6, 19, 375, 100, 200
P. C. Lillard, 90, 50, 3000, 50, 200
Jas. Turley, 300, -, 9000, 200, 2000
Wm. Dean, 200, 170, 5500, 100, 1500
B. F. Davis, -, -, -, 25, 175
T. J. Tinley, 200, 260, 10000, 500, 4000
Andrew Henry, 35, 15, 1250, 100, 400
Robt. Jones, -, -, -, 45, 205
John J. Edward, 80, 20, 2000, 100, 700
Saml. Waganer, -, -, -, 30, 400
Wm. Patterson, -, -, -, 100, 700
John Furnish, 147, 17, 2415, 75, 900
David B. Farrish, -, -, -, 5, 250
Wm. H. Brock, 190, 57, 65, 175, 1800
Timothy Hixon, 150, 59, 5500, 100, 1200
Harris Bales, 20, 15, 700, 25, 120
James Craig, 27, -, 710, 75, 400
Jas. H. Taylor, -, -, -, 20, 120
Sylvester Carter, 104, -, 1600, 100, 800
J. F. Morgan, -, -, -, 5, 150
Allen Breeden, 30, 16, 690, 4, 55
Moses Furguson, 85, 33, 2500, 150, 3200
Wm. Rogers, 160, 46, 4120, 100, 1000
Oliver Carver, 150, 15, 4325, 100, 1600
John Boggs, -, 244, 1220, 100, 310
Tarlton Taylor, 100, 40, 3500, 200, 700
Sally Crunch (Crouch), 175, 75, 5000, 50, 800
B. F. Beall, 68, -, 3425, 200, 700
Wm. Glenn, -, -, -, 200, 300
Clifton Hayes, 100, 50, 6000, 75, 500
H. Clements, 275, 1225, 8000, 400, 2200
E. Q. Jacobs, 25, -, 600, 10, 350
Jabes Swango, 35, 15, 1250, 15, 300
J. O. Hamilton, 600, 460, 21280, 1500, 4000

F. Webber, -, -, -, 25, 250
J. A. Cragville, 60, 48, 2300, 25, 365
Wm. Hamilton, 200, 30, 6000, 100, 2000
G. W. Sanders, 150, 50, 4000, 600, 1200
N. L. Thompson, 150, 47, 5860, 61, 460
James Bales, 100, 14, 2000, 60, 700
H. C. Ford, -, -, -, 25, 225
J. W. Holton, 160, 65, 3600, 100, 250
Wm. Kidwell, 40, 20, 600, 20, 350
G. Deatherage, 410, 95, 2000, 100, 400
E. Breedon, 75, 93, 3000, 50, 700
John Bolin, 80, 22, 1530, 400, 973
Duncan Fuller, -, -, -, 20, 280
W. Pinkston, 50, 34, 1000, 200, 485
S. McDanell, 250, 214, 5570, 200, 1750
Warren Brock, 150, 65, 4000, 100, 1157
E. W. West, -, -, -, 75, 230
James Levell, 45, 26, 1224, 35, 300
Joseph Flack, -, -, -, 40, 300
David Goins (Gains), -, -, -, 10, 200
James Ross, 35, 16, 1000, 24, 250
John A. Goins, 50, 50, 2000, 70, 500
Eliza Weldon, 22, 22, 660, 40, 250
Joseph Spencer, 110, 114, 6095, 150, 1400
Henry Swango, 25, 10, 700, 15, 4000
Harriet Litterall, 40, 57, 1700, 50, 500
J. L. Furnish, 344, 4, 684, 50, 475
S. F. Cox, 50, 11, 1270, 75, 825
Vincent Wheeler, 81, -, 1224, 150, 1014
Bales Foley, -, -, -, 7, 225
T. J. Winn, 25, 47, 864, 50, 340
Charity Anesmith, 15, 15, 450, 10, 150
John P. Keene, 50, 94, 2880, 100, 1000
Isaiah Smith, 40, 20, 900, 10, 250
William Milton, 30, 17, 900, 85, 325
William Gilbert, -, -, -, 50, 350
William Carroll, 22, 8, 375, 40, 400
S. M. Bledsoe, 85, 200, 3360, 75, 800
T. R. Rosell, 110, 111, 4000, 150, 1000
Scott Noel, 40, 90, 1950, 20, 400
Robert Messick, 125, 75, 3200, 75, 1300
Mary A. Berkshire, 144, -, 2880, 100, 900
William Hoggins, 120, 90, 5250, 100, 1200
John Gardner, 50, 20, 1200, 25, 200
Robert Bledsoe, 50, 20, 1050, 15, 300
John See, 30, 24, 972, 75, 800
Erasmus See, -, -, -, 75, 550
James Hoggins, 275, 24, 8500, 150, 1400
Elijah Searles, 200, 33, 700, 150, 1000
B. Hopkins, 170, -, 5000, 75, 700
Mary Tade, 20, 10, 600, 20, 400
Johnson Hoaglen, 100, 26, 2000, 30, 700
Thomas Curlier, 250, 59, 6200, 150, 1000
A. Breeden, 50, 30, 1600, 25, 415
Joseph Satchwell, 208, -, 4160, 150, 1200
Sarah Rosell, 100, -, 1500, 25, 800
E. H. Jacobs, 30, 20, 1000, 30, 500
David Lilly, 80, 27, 1284, 125, 350
Wm. H. Keene, 307, -, 6500, 600, 3500
Jacob Hussong, -, -, -, 40, 140
Reuben Jackson, 80, 80, 2400, 80, 300
Jacob Burke (Bruce), 60, 64, 2000, 75, 500
John Rice, 130, 30, 3200, 50, 1400
David Rice, 90, -, 2000, 50, 690
Alvin Rice, 210, -, 4200, 35, 1000
Geo. Ross, 90, 100, 3500, 100, 700

John Glenn, 45, 20, 1000, 50, 800
Ambrose Rea, 100, 61, 3220, 150, 1020
Arthur Warren, 35, 15, 1000, 20, 700
J. C. Hopkins, 100, 137, 4700, 100, 1000
B. F. Hopkins, -, -, -, 90, 400
Wm. Buckhanan, 80, 20, 1200, 60, 200
A. Lemaster, 35, 24, 1180, 20, 400
J. G. Kidwell, -, -, -, 30, 275
Wm. Carver Jr., 45, 10, 1200, 30, 800
T. Y. Story, -, -, -, `0, 100
S. J. Gains, -, -, -, 15, 500
W. W. Rosell, 170, 146, 4900, 100, 1552
Wm. C. Brown, 200, 100, 6000, 200, 910
B. F. Griffin, 200, 50, 74000, 100, 800
Richd. Anderson, -, -, -, 10, 100
Wm. J. Brightwell, 225, 45, 9000, 300, 11000
F. Baldwin, 70, 10, 4000, 150, 380
Jacob Carver, 60, -, 2000, 40, 300
Wm. Carlile, 80, 46, 3700, 250, 600
B. T. Moore, 49, -, 1200, 25, 250
J. W. Cox, -, -, -, 15, 225
J. R. Cox, 35, 15, 1000, 50, 130
Hiram Waganer, -, -, -, 50, 175
A. Fuller, -, -, -, 50, 350
Roger Robinson, 80, 49, 2590, 200, 800
Reuben Crutcher, 110, 70, 4500, 150, 1000
Joseph Gleam, 150, 89, 5880, 40, 1500
Drury Knox, 227, 105, 8000, 50, 550
Wm. Boggs, 20, -, 700, 8, 255
Wm. Buoy, -, -, -, 20, 200
James Moore, 30, 20, 1200, 10, 200
M. C. Ross, 80, 35, 2500, 100, 660
Thos. O'Neal, 37, -, 3000, 25, 350
Thos. Mylor, -, -, -, 50, 378
Milton Angletine, -, -, -, 5, 130

James Dancey, -, -, -, 14, 250
John Barr, 18, -, 1300, 15, 320
Henrietta Dupray, 15, -, 1400, 15, 150
Wm. F. Graham, 35, 15, 1200, 5, 250
H. Montgomery, 173, -, 5000, 300, 1000
A. Waters, -, -, -, 25, 140
John Beard, 200, 20, 5500, 200, 1000
John Fathergall, 154, -, 3750, 200, 1500
Wm. Montgomery, 134, 50, 4650, 150, 2000
John S. Heady, 100, 30, 3000, 40, 600
John Montgomery, 280, -, 5660, 100, 850
Sally Montgomery, 75, -, 1500, 50, 500
Abraham Bledsoe, 15, -, 300, 15, 300
John Tompkins, 300, -, 10000, 400, 1800
John Bradking, 80, -, 1600, 70, 300
Jacob Furnish, 40, 20, 1200, 25, 350
Alfred Kemper, 75, 75, 3750, 75, 600
F. Kemper, 100, 70, 3900, 100, 1800
Wm. McKitrick, 105, -, 2100, 100, 6500
H. C. Beall, 104, -, 1560, 75, 1400
Sal Ellis, 60, 28, 3700, 15, 500
Mary Ellis, 75, 35, 2500, 100, 600
Wm. Hicks, 4, -, 75, 10, 178
N. Lindsay, 299, -, 8265, 50, 400
Sol Nave, -, -, -, 20, 100
Robert Band, 200, 32, 6500, 175, 1000
Wm. M. Ribelin, 20, 48, 1000, 15, 500
June Ribelin, 180, 40, 5600, 25, 500
G. Brock, 100, 42, 3600, 250, 800
Henry Gullian, 275, 225, 15000, 300, 5480
D. L. Green, 60, 43, 3000, 75, 300

Wm. Davis, 8, 7, 200, 5, 200
J. B. Breeden, -, -, -, 5, 110
N. G. Thomas, 90, 54, 2300, 40, 350
L. P. Thomas, 40, 129, 2740, 35, 350
Peter Dorman, 125, 65, 4750, 60, 900
Wm. G. Swango, -, -, -, 12, 275
F. M. See, -, -, -, 15, 300
Moses Bruce (Burke), -, -, -, 10, 225
H. C. Castleman, 180, 173, 9170, 250, 2350
M. J. Williams, 300, 79, 10000, 200, 2800
Augustus Branen, 75, 25, 2000, 25, 350
T. J. Bromfield, 60, 73, 2660, 75, 800
Clayton Skirvin (S. Kirvin), 150, 173, 7940, 100, 780
Edward Spencer, 150, 10, 3445, 75, 800
A. B. Smith, 20, 20, 600, 20, 200
Pleasant Carlton, 237, 100, 3370, 100, 800
James E. Carlton, 54, 10, 1000, 25, 75
Rhoda Langsdale, 25, 7, 1000, 5, 300
James Kinkead, -, -, -, 6, 150
Wm. Carlton, 70, 42, 2240, 25, 300
John C. Carlton, -, -, -, 15, 250
R. R. Skirvin, 130, 140, 5000, 150, 1200
B. W. Boaz, 70, 60, 2600, 100, 1200
Wm. Ellis, 100, 100, 4500, 150, 1000
James Courtney, -, -, -, 100, 450
Duncan Courtney, 40, 60, 1600, 75, 400
Henry Winn, 25, 29, 1860, 20, 200
Edward Clifford, 65, 45, 3000, 150, 500
Van S. Brashears, -, -, -, 35, 460
Joseph Boggs, -, -, -, 20, 100
John Green, -, -, -, 20, 175
John Bruce (Burke), 6, -, 60, 4, 128
Jacob Waters, 80, 80, 1400, 20, 150
Elizabeth Jackson, 20, 7, 270, 5, 150
John Davis, -, -, -, 5, 150
Wm. B. Simmons, 140, 160, 10000, 20, 200
Garrett Goins, -, -, -, 40, 300
Wm. B. Brickhanan, -, -, -, 50, 150
Oliver Elmore, 85, 27, 2750, 250, 1000
Nimrod Hussang, 53, -, 800, 30,2 00
Theophalus Webber, -, -, -, 13, 60
Wm. Swango, 75, 57, 2000, 50, 600
J. J. Peak, 100, 100, 3000, 40, 650
Joseph Britt, 250,1 00, 7000, 250, 2000
J. P. Harvard, 125, 115, 4800, 400, 1400
J. L. Harvard, 100, 40, 1700, 50, 150
J. S. Duncan, -, -, -, 55, 650
Alf Anesmith, 100, 60, 3500, 350, 1000
Calvin Courtney, 30, 24, 800, 85, 500
E. D. Crunch, 75, 30, 2000, 200, 600
Joseph Miller, 70, 30, 2000, 60, 650
Benj. Duncan, 80, 45, 2000, 60, 525
J. A. Poland, 30, 47, 1200, 60, 240
Thos. Cox, 15, 7, 400, 10, 140
Wm. M. Boggs, -, -, -, 5, 70
Levi Griffin, 25, 15, 1600, 30, 270
Noah Crunch, 150, 24, 3450, 100, 800
Thomas Ellis, 100, 71, 2700, 75, 300
Josiah Ellis, 75, 400, 1800, 100, 600
Geo. W. Reed, 70, 20, 1500, 40, 450
Willis Hanse, 60, 36, 1400, 100, 450
T. H. Boaz, 60, 49, 1200, 20, 425
B. J. Smith, 12, 18, 400, 20, 200
Llewellen Crunch, -, -, -, 15, 175
Nelson Hendron, 35, 11, 800, 15, 250
Rebecca Tilley, 30, 44, 1400, 10, 200
M. D. Cayton, 63, 10, 1460, 5, 250
A. M. Hackett, 30, 37, 816, 50, 278
Wm. Lantz, 75, 32, 3000, 50, 370
H. J. Gullian, 50, 58, 1460, 10, 125

L. Eaglin, 40, 10, 1000, 40, 500
John Powell, 35, 15, 1000, 40, 200
David Clements, 150, 107, 8000, 50, 600
W. D. Lindsay, 25, 10, 1000, 100, 400
Joel Robbins, -, -, -, 100, 100
Alex Judy, 170, 26, 4500, 150, 1000
R. T. Smawley, 30, 29, 800, 50, 475
Howard Jackson, -, -, -, 200, 700
J. Howe, 263, 363, 25184, 200, 1246
Henry Scipon 200, 42, 4000, 200, 400
A. L. Scipon (Scipum), 55, 36, 1600, 100, 475
E__ Scipon, 40, 22, 2300, 125, 400
John P. Batez, 12, 33, 700, 10, 150
J. W. Burke, 50, 17, 1340, 45, 200
Joshua Leathers, 75, 60, 2000, 100, 250
Elizabeth Henaman, 60, 22, 2460, 10, 350
Eliza Courtney, -, 20, 200, 12, 350
G. W. Lindsay, -, -, -, 10, 280
J. V. Lindsay, 250, 30, 7000, 150, 515
Morris Hamilton, 40, 60, 3000, 100, 400
Robt. Furnish, -, -, -, 25, 250
Weeden Sleet, 50, 27, 2700 100, 800
W. C. Sleet, 175, 75, 6000, 100, 1315
N. S. Holton, 175, 133, 4500, 140, 640
Wm. P. Holton, 85, 17, 1700, 25, 400
Wm. Eaglin, 47, -, 1300, 50, 200
Fred Green, 50, 56, 2120, 30, 350
Martin Edwards, -, -, -, 100, 450
Danl. Anderson, -, -, -, 10, 200
John Huston, -, -, -, 10, 350
Cornelius Harrigan, -, -, -, 5, 80
Jacob River (Rider), -, -, -, 50, 250
Robt. Waters, 40, 28, 1000, 10, 100
Libeas Brophy, 70, 60, 4000, 50, 500
Bennett Stewart, 60, 10, 1800, 50, 665
James D. Alphin, 225, 80, 6000, 120, 1400
John Turner, -, -, -, 10, 175
James Moore, 100, 72, 3440, 50, 800
Arkansas Rust (Rost), -, -, -, 12, 75
Michael Hughes, -, -, -, 60, 478
John Howlett Sr., 100, 116, 4540, 100, 850
John Stahl, 60, 20, 1600, 100, 850
John Howlett Jr., -, -, -, 50, 900
James Farmer, -, -, -, 10, 150
Francis Hess, 50, -, 1000, 20, 250
James Johnson, 40, -, 800, 100, 750
John Runnels, -, -, -, 5, 100
Alex James, 80, -, 3200, 50, 350
Wm. Keneday, -, -, -, 50, 350
M. V. Cayton, -, -, -, 10, 130
Addison Gibson, 340, 325, 28450, 300, 1938
Johnson Frank, 300, -, 15000, 225, 1250
Samuel Johnson, -, -, -, 75, 300
John Smith, -, -, -, 10, 150
Jas. Spillman, -, -, -, 12, 200
Wm. Dingean (Durgen), -, -, -, 210, 320
J. Kirpenberger, 80, 32, 3000, 100, 600
John Willifford, 150, 150, 4500, 15, 100
David Clements, -, -, -, 10, 400
Robt. Moore, 45, 36, 2000, 25, 500
J. V. Dean, -, -, -, 10, 280
J. D. Dean, -, -, -, 125, 750
J. VanHunten, 50, 12, 2000, 50, 275
Jun VanHunten, 50, 12, 2000, 50, 275
C. F. Violett, 120, 30, 2500, 120, 1200
Robt. Grubbs, 200, 60, 6700, 40, 1200
W. H. Clements, 55, 20, 1500, 40, 600
Ephram Smith, -, -, -, 5, 150

V. Webber, -, -, -, 15, 150
G. M. Conley, 150, 145, 4000, 450, 775
Sam. C. Conley, -, -, -, 25, 315
John McElley, -, -, -, 7, 600
Cornelius Cayton, -, -, -, 10, 140
G. W. Sparks, -, -, -, 15, 200
P. Kippenberger, 40, 30, 2000, 50, 350
Christopher Densler, -, -, -, 10, 450
Wm. Miles, -, -, -, 30, 200
Avery Miles, -, -, -, 30, 202
Gary Longfellow, -, -, -, 20, 130
Martin Gatt, 75, 25, 2000, 100, 1000
Stephen Lucan (Lucas, 25, 6, 700, 15, 300
B. F. Stewart, 30, 17, 1000, 15, 200
James Dudgean, -, -, -, 15, 200
John Mitchell, -, -, -, 10, 250
Wm. House, 200, 70, 7000, 10, 500
W. C. Clements, 200, 70, 7500, 80, 1000
David Clements, -, -, -, 10, 400
Wm. T. Moore, -, -, -, 30, 460
Nancy Moore, 80, 50, 3600, 75, 800
J. F. Allen, 40, 15, 1200, 20, 550
Geo. McCandlass, 120, 43, 3000, 100, 700
E. J. Kelley, 75, 46, 2500, 15, 125
J. W. Hughes, 35, 15, 800, 15, 450
A. D. Whitson, 400, 250, 9750, 200, 3300
J. W. Whitsee, -, -, -, 20, 300
James Hughes, 156, 156, 4950, 75, 1515
Michael Boyer, -, -, -, 20, 490
Uriah McGinnis, -, -, -, 25, 170
Orlon Steete (Steele), 110, 70, 7200, 75, 900
Jeremiah Winters,-, -, -, 10, 300
Sol Ellis, 90, 34, 2500, 10, 140
Robt. Hendron, 20, 28, 1000, 15, 175
Jackson Raney, 15, 17, 620, 10, 140
Chas. Richards, -, -, -, 40, 120
John Burton, -, -, -, 10, 130
Wm. George, -, -, -, 8, 200

Calvin Lyttle, 20, 6, 770, 100, 300
Julius Batty (Batly), -, -, -, 50, 148
Nathan Swope, 50, 30, 2000, 15, 450
Saml. McGinnis, -, -, -, 150, 500
Isaac Jackson, 25, 2, 600, 10, 250
Noel Robinson, 170, 135, 3700, 200, 800
Wm. Robinson, -, -, -, 25, 800
E. N. Casey, 100, 25, 4000, 230, 1200
Dilaway Dawley, 230, 10, 8000, 100, 1600
Wm. Edwards, 55, 5, 1100, 25, 200
Lewis Sheets, 125, 40, 3500, 40, 250
Larkin Berkshire, 80, 57, 2500, 25, 600
James J. Arnold, 85, 21, 2000, 60, 900
Ad Robbins, -, -, -, 60, 200
Perry Tilley, -, -, -, 20, 300
Sol Hostetler, 130, 10, 2800, 10, 700
J. J. Hostetler, -, -, -, 3, 100
Danl. K. Hon, 125, 167, 5460, 100, 900
John Ringo, 150, 214, 8000, 100, 1000
Danl. Ringo, 75, 23, 1800, 100, 500
Jas H. Jackson, 40, 42, 1700, 100, 600
M. J. Marcy, 30, 10, 1200, 40, 2400
John Husten, -, -, -, 75, 600
Joseph Ambrose, 90, 1290, 3927, 80, 480
Clement Ambrose, 75, 125, 1425, 10, 110
U. C. Alphin, 200, 134, 5500, 100, 2000
W. T. Whitson, 120, 53, 2700, 100, 1100
John Cotton, 20, 10, 530, 20, 440
Calvin Clements, 100, 50, 2700, 75, 570
Lindsey Clifford, 60, 22, 1500, 25, 300
Benj. Roberts, 70, 150, 3300, 25, 300
Thos. Nest, 60, 70, 2100, 40, 350

Ranson Plunkett, -, -, -, 20, 250
Wm. Keneday, 110, 15, 3150, 150, 1100
Anay Ellis, 100, 22, 1700, 15, 649
Leonard Chatman, 125, 26, 2300, 20, 1000
Robt. Brown, 75, 32, 1500, 25, 300
Geo. Plunkett, 50, 100, 1200, 25, 300
Matilda Harris, 50, 30, 800, 25, 250
Wm. C. Bagby, 18, 15, 400, 20, 675
Jas. D. Anderson, 12, 29, 575, 10, 750
John M. Bagby, 5, 16, 252, 10, 325
J. J. Elliston, -, -, -, 50, 350
Mary Judy, 220, 40, 5200, 75, 1000
Thos. P. Howlett, 50, 10, 1200, 12, 250
L. C. Whitson, -, -, -, 20, 346
Thos. M. Pinkston, 120, 115, 4000, 50, 450
J. S. Dawley, 90, 171, 3400, 30, 650
Jas. Ambrose, -, 100, 75, 1, 300
Rachael Daniel, 100, 30, 1560, 50, 700
Mildred Merrill, 100, 20, 1430, 5, 600
Henry Leary, 80, 56, 1500, 25, 400
Joseph Athy, -, -, -, 50, 250
J. H. Turly, 80, 28, 2000, 25, 1625
David Lillard, 300, 300, 10000, 400, 1280
Benedict Swope, 193, -, 6755, 500, 1475

Saml. Connor, 100, 168, 4520, 216, 646
J. P. Landraw (Landran), 100, 145, 4075, 100, 1086
Mary Jones, 250, 169, 12340, 220, 1500
Marion Judy Jr., -, -, -, 60, 300
Jesse D. Bryant, 400, 100, 10000, 1000, 2750
Zarilda Morrow, 60, 20, 1600, 50, 400
John Huitt, -, -, -, 100, 350
Patrick Grealy, 29, 14, 500, 40, 250
Owen L. Parry, 108, 500, 13000, 200, 100
E. Hobbs, 260, -, 15000, 410, 1270
George Cowen, 50, 65, 2300, 25, 600
A. B. Chambers, 70, 268, 6000, 200, 1200
John Payne, 200, 125, 12000, 20, 250
William Britt, 70, 20, 2000, 150, 375
T. Owens, 20, 1, 600, 5, 300
William J. Allen, 90, 89, 4475, -, 2450
T. J. Turpin, 33, 23, 1200, 100, 3000
G. W. McKearney, 100, 150, 2500, 10, 1100
Critt Robinson, -, -, -, 50, 300
John C. Gibson, 300, 50, 17500, 400, 1250
John Carver, 150, 78, 5000, 100, 500

GARRARD COUNTY KENTUCKY
1860 AGRICULTURAL CENSUS

The Agricultural Census for Kentucky for 1860 was filmed for the University of North Carolina from originals held by the Duke University Library, Durham North Carolina.

There are some forty-six columns of information on each individual. Only the head of the household is addressed. I have chosen to use only six columns. These are shown below.

1. Owner
2. Acres of Improved Land
3. Acres of Unimproved Land
4. Cash Value of Farm
5. Value of Farm Implements and Machinery
13. Value of Livestock

The following symbol is used to maintain spacing: (-)

The numbers following the names represent 2, 3, 4, 5, 13.

Edward Byers, 220, 145, 9950, 1000, 692
R. W. Graham, 8272, -, 4800, 100, 350
G. W. Dunlop, 32, -, 10000, 15, 365
Josiah Burnsides, 249, -, 14940, 100, 1500
Wm. G. Anderson, 130, -, 9000, 50, 1335
Wm. McCarley, 150, -, 5000, 150, 800
George Elliott, 17, -, 800, 7, 340
Sherood Lane, 108, -, 2700, 25, 700
Mason H. Pollard, 230, 20, 5000, 300, 1000
John Anderson, 320, -, 3000, 100, 2000
G. J. White, 142, -, 9000, 50, 4400
Jerry Bradshaw, 105, -, -, 5, 140
Annanias Irvine, -, -, 2625, 125, 600
C. P. Bland, 40, -, 1500, 60, 545
Smith Alford, 231, -, 13860, 100, 5630
S. T. Leavell, 475, -, 20000, 250, 6500
Bailor Jennings, 58, -, 2320, 30, 500
J. R. Woods, 600, 50, 6250, 500, 7760
Benjamin Leavell, 330, -, 9900, 100, 3910
R. D. Barton, 15672, -, 7130, 100, 1328
Elijah Arnold, 205, 60, 7050, 100, 1371
A. Anderson, -, -, -, 200, 2390
Z. Elkins, 110, -, 450, 75, 3185
W. Turner, 500, 50, 7500, 100, 1552
J. T. Denton, 189, -, 4725, 150, 1192
B. F. Duncan, 200, -, 1500, 100, 5271
G. J. Salter, 1000, -, 50000, 400, 28899
George Denny, 840, -, 35000, 400, 11000
F. B. Kemper, 106, -, 3500, 50, 687
Thos. Anderson, -, -, -, -, 3375
K. Bynum, 215, -, 6450, 40, 405

Moses McCarley, 53, 52, 2625, 30, 445
J. T. Burdett, 295, -, 10, 10700, 200, 1191
James Patterson, 275, -, 11000, 200, 250
John A. Lusk, 100, -, 3000, 50, 790
J. R. Wilmot, 130, 32, 3000, 160, 1500
E. Naylor, 300, 6, 11000, 125, 3010
Sarah Naylor, 119, -, 2500, -, 300
J. K. West, 138, -, 6900, 5, 778
H. Burdett, 425, 25, 20250, 200, 3002
J. A. Beazley, 480, -, 24000, 200, 3500
A. Beazley, 224, -, 9000, 100, 5200
Wm. Dodds, 120, -, 4800, 50, 850
Thompson M. Arnold, 318, -, 12720, 250, 2760
Thomas Edmondson, 186, -, 3720, 75, 652
G. E. Hackley, 62, -, 4000, 100, 900
Wm. Clark, 180, -, 3600, 100, 754
H. N. Teater, 200, -1 5000, 100, 998
G. S. Maret, 168, 200, 6000, 50, 2100
J. G. Damy, 670, -, 26800, 300, 5455
R. A. Hams, 273, -, 10920, 150, 2407
G. Taylor, 313, -, 10485, 100, 4819
W. B. Middleton, 405, -, 20250, 300, 1866
W. B. Pollard, 164, -, 4920, 100, 885
J. T. Conn, 401, 160, 12040, 150, 2919
James Coruley (Comley), 71 ½, 20, 2745, 100, 561
Harrison Hiatts, 200, -, 4000, 100, 1080
C. L. Nienones (Nieuvais), 134 ½, -, 5800, 125, 1714
Jordan Perkins, 450, 335, 11170, 200, 4165
F. Bowen, 20, -, 400, 2, -
J. Swope, 107, -, 2200, 40, 808
James Cecil, 146, -, 3000, 60, 859
Wm. Balldock (Ballclock), 55, -, 1600, 40, 592
John Kemper, 106, -, 52220, 100, 544
Thomas Rothwell, 500, 100, 9000, 200, 4000
Andy Burdett, 73 ½. -, 1500, 28, 480
E. L. D. Storms, 44 ¾, -, 2500, 15, 50
James Anderson, 368, -, 16560, 300, 2228
Malcom Gell (Gill), 750, -, 33600, 500, 7390
Samuel Lusk, 1000, -, 50000, 400, 7580
Wm. Sellars, 43, 640, 2780, 150, 490
E. H. Burnside, 362, -, 12250, 200, 4612
Morgan Hudson, 310, -, 852, 200, 1588
James P. Bowen, 100, -, 3500, 100, 630
Alexander Sutton, 45, 143, 1880, 5, 1553
David G. Ross, 300, 800, 6000, 150, 1610
A. Lusk, 380, -, 15000, 500, 9752
Jacob Robinson, 593, -, 20755, 130, 4334
A. Burton, 425, -, 8500, 125, 2425
John Myers, 363, -, 18150, 200, 1997
A. Baker, 190, -, 10000, 100, 1682
G. W. Logan, 33, -, 660, 15, 250
Wm. W. Royston, 224, -, 6720, 150, 1365
Burdett Kemper, 250, 40, 20300, 200, 765
A. J. Jennings, 400, -, 20000, 200, 5729
Thompson Vaughan, 160, -, 4000, 100, 1280
George Evans, 130, -, 3900, 50, 680
H. Logan, 169, 160, 7240, 300, 1280
James Logan, 70, 30, 3000, 100, 829

R. L. Rout, 560, -, 26000, 200, 5700
R. Beazley, 288, -, 11720, 500, 3160
John S. Gill, 720, -, 25500, 100, 3972
Benj. Sutton, 47, -, 1000, 3, 250
E. D. Kennedy, 370, 500, 13450, 250, 3575
John M. Parmer, 100, -, 4000, 25, 405
A. R. Denny, 215, -, 6600, -, 900
A. R. Denny & Bro., 266, -, 10000, 100, 4450
G. R. Beazley, 290, 75, 14600, 200, 3750
G. P. Romans, 19, -, 573, 100, 85
James H. West, 297, -, 14850, 300, 2935
Samuel B. Lear, 125, 5, 3900, 250, 1350
Jesse Doty, 325, 40, 11000, 50, 1160
Cyrus Doty, 478, -, 24000, 50, 222
Wm. Lawson, 220, -, 4400, 100, 462
Samuel D. Carpenter, 186, 18, 4622, 100, 462
Thomas B. Jennings, 100, -, 4000, 150, 778
B. D. Lusk, 170, -, 4250, 50, 528
John Huffman, 35, -, 1400, 5, 250
Israel Huffman, 10, 5 ½, 775, 5, 190
Wm. Huffman, 104, -, 5200, 100, 1158
John Y. Leavell, 540, 55, 21800, 400, 7378
A. G. Herndon, 333, -, 11655, 200, 1056
Wm. Bruce, 744, 6, 2250, 250, 4000
E. Dunn, 500, -, 20000, 200, 2100
Henry Barlow, 230, -, 11500, 75, 1471
John Warner, 60, -, 2100, 25, 280
Francis Smith, 60, -, 1200, 10, 353
Peyton W. Smith, 28, -, 560, 10, 349
Thompson Pollard, 76, -, 3040, 25, 293
Hiram Smith, 38, -, 760, 2, 342
James Herring, 80, -, 160, 100, 1125
Nancy Herring, 90, -, 2250, 60, 519
John Baum, 45, 10, 725, 15, 387
H. R. Bettus, 75 ½, 37 ½, 3375, 30, 405
Nancy Dale, 55, -, 2750, 5, 128
Wm. Ouslot (Oustat), 86, 30, 1740, 30, 1023
Besty Bland, 12, -, 460, -, 125
James Bland, 12, -, 460, -, 125
James Dunn, 61, -, 1830, 50, 658
E. Pollard, 130, -, 5200, 12, 225
James Austin, 42, -, 1260, 20, 190
A. Hutchison, 22, -, 660, 10, 220
Mary A. Smith, 63, -, 630, 10, 171
John Sutton, 113, -, 3390, 30, 350
G. White, 15, -, 300, 15, 470
Cinthy A. Bland, 145, 20, 300, 10, 232
B. Blackaby, 165, -, 3300, 50, 905
E. H. Smith, 80, -, 2400, 50, 689
Wedin Smith, 53, -, 21200, 160, 638
M. Flannery, 120, -, 3600, 30, 750
Nancy Spratt, 14, -, 520, 5, 20
Wm. J. Nowell, 40, -, 1200, 20, 600
H. Tatom, 12, -, 1000, -, -
J. C. Brown, 24, -, 1440, 6, 255
Bailes Jennings, 290, -, 11600, 50, 1446
Z. T. Burton, 50, -, 2500, 70, 160
M. Hardin, 28, -, 1120, 20, 70
Rebecca Eason, 125, -, 5000, 10, 247
S. B. Jennings, 165, -, 4950, 100, 1518
W. Jennings, 70, -, 2100, 50, 150
John Duggins, 97, -, 2910, 5, 508
H. Hutchison, 35, 28, 2520, 160, 250
J. Arnold, 128, -, 6400, 100, 2837
G. F. Burdett trustee for C. Aldridge, 210, -, 8400, 100, 1069
Z. M. Jennings, 63, -, 2500, 100, 500
Wm. Richards, 176, 24, 2000, 150, 787
R. Boyle, 110, 10, 3600, 50, 543
John F. Bettus, 215, -, 4300, 25, 994
S. Doty, 684, -, 32840, 600, 9104

James G. Slavin, 475, -, 12000, 200, 2370
Temill (Terrill) Bown, 50, -, 1000, 10, 150
N. B. Price, 187 ½, -, 9375, 100, 1323
Wm. H. Barnett, 22, -, 550, 20, 415
E. Barnett, 36 3/8, -, 1440, 20, 213
G. Naylor, 169, -, 5380, 30, 670
Wm. Naylor, 27, -, 540, 10, 140
F. Huffman, 32, 8, 800, 4, 24
Richard Burnside, 11 ½, -, 345, 10, 88
James R. Philips, 14, 6, 400, 10, 190
Wm. Wilson, 145, 65, 5250, 20, 726
E. Dennis, 15, 4, 5000, 10, 112
G. Robinson, 265, 50, 6450, 250, 1760
Smith Stone, 203, 202, 7290, 100, 989
R. S. Stone, 40, 25, 1950, 20, 425
G. W. Hill, 230, -, 11500, 100, 1000
John Henderson, 465, -, 23250, 1200, 4925
Abram Adams, 183, -, 8235, -, 878
J & B Dunn, 203, -, 11165, 250, 2550
Thomas Yater (Yates), 44, -, 2200, 20, 100
Eliza Anderson, 150, -, 3000, 50, 1030
D. M. Anderson, 220, -, 8800, 50, 1425
D. McDonald, 135, -, 5400, 80, 867
John W. Walker, 850, 80, 19300, 300, 5450
G. T. Naylor, 160, -, 3200 150, 946
L. V. Philips, 280, -, 8400, 300, 1679
Wm. Marksberry, 14, -, 450, 90, 380
H. Y. Smith, 94, -, 2820, 75, 1380
R. Cecil, 27, 5, 1600, 25, 360
H. F. Smith, 380, -, 13370, 250, 5813
Tharp Hughes, 240, -, 9600, 75, 1322
Simon Evans, 40, -, 800, 20, 390
Silas N. Figg, 122, 30, 4560, 150, 838
John S. Hoskins, 400, -, 20000, 625, 2425
H. Evans, 280, -, 5600, 100, 983
R. B. Jennings, 186, -, 4650, 100, 1352
J. B. & G. B. Dunn, 490, -, 19600, 400, 16150
Henry Hurt, 144, -, 4320, 100, 365
G. D. Clinton, 100, -, 2000, 100, 972
John H. Hurt, 10, -, 500, 5, 237
B. Smith, 100, -, 2000, 25, 275
N. Panner, 340, -, 10200, 75, 1100
T. L. Harris, 325, -, 8600, 50, 1235
W. Adams, 215, -, 8720, 60, 1214
Peter C. Lawson, 200, -, 10000, 100, 789
S. L. Ware, 206, -, 8240, 100, 1078
James Sadler, 26, -, 780, 25, 198
R. L. Sadler, 82, -, 4920, 115, 943
N. Storms, 85, -, 3400, 50, 476
Wm. Ware, 130, -, 7200, 25, 680
Wm. Beazley, 165, 101, 10640, 300, 1723
E. L. & S. T. Harris, 206, -, 8240, 100, 1149
John Harris, 106, -, 4770, 23, 1219
Wm. Holtsclaw, 75, -, 3375, 85, 776
Saloman Carlisle, 71, -, 1420, 20, 519
G. Beeler, 47, -, 940, 10, 109
Mary A. Brady, 27, -, 810, 10, 348
Polly Harmon, 30, -, 600, 10, 300
Sally Harmon, 30, -, 600, -, -
James Steger, 305, -, 12200, 186, 1117
A. Ramsey, 80, -, 2000, 50, 354
E. Naylor, 156, -, 3120, 20, 391
John D. Adams, 255, -, 7650, 80, 2340
James Gardner, 25, -, 3750, 100, 1300
John Burnside, 344, 42, 19300, 390, 13480
Davis Floyd, 307, -, 9210, 100, 1220

R. G. Woods, 500, -, 15000, 400, 2678
Sally Purkins, 35, -, 665, 15, 392
Jesse Davidson, 84, -, 2520, 25, 390
John Naylor, 77, 30, 1605, 15, 890
Anney Naylor, 70, 30, 1500, -, 1123
A. Doty, 600, -, 24000, 300, 3175
Wm. Dunn, 58, -, 2320, 100, 480
Nancy Burnside, 43, -, 1720, 15, 449
Clayton Anderson, 813, -, 31000, 300, 8510
J. H. Henry, 240, -, 4400, 30, 898
F. A Keakey, 145, 80, 3060, 75, 1735
H. S. Brimson, 200, -, 6000, 300, 3310
F. J. Conn, 410, 193, 7050, 250, 4630
E. T. Henderson, 167, -, 5010, 250, 1260
J. W. Black, 170, -, 4250, 100, 839
H. Arnold, 351, -, 10530, 300, 3797
James M. Leyton, 177, -, 6185, 100, 1107
Polly Clark, 100, 50, 4500, 100, 180
Jake Kelly, 175, 50, 9000, 150, 1135
Timothy Ligon, 107 ½, -, 4300, 75, 1177
B. F. Doty, 753, 150, 27796, 200, 860
Z. Collier, 101 ½, -, 3042, 30, 580
Peyton S. Brock, 150, 250, 2000, 150, 750
H. O. Sutton, 150, 7, 4000, 75, 624
Thornton Kemper, 130, 40, 8500, 100, 1100
Sally Rice, 207, -, 4140, 150, 1881
J. & J. S. Byers, 110, -, 5500, 50, 1428
Icabod Price, 81, 15, 4800, 100, 738
Amos Hicks, 15, -, 400, 5, 122
J. S. Adams, 650, -, 32500, 100, 3590
James M. Pollard, 60, 25, 2610, 200, 870
Sarah East, 70, -, 2100, 20, 321
Samuel D. Ross, 50, 86, 1000, 10, 358
Timothy Ford, 223, -, 6690, 300, 1981
G. F. Burdett, 220, -, 4000, 200, 1268
J. Richardson, 95, -, 3800, 20, 679
Edward Burnside, 72, -, 2220, 10, 150
J. Williamson, 130, 154, 350, 23, 805
Samuel Johnson, -, -, 4200, 100, 674
G. W. Alford, 215, -, 5375, 200, 2390
Joshua Dunn, 517, -, 25850, 1000, 10030
A. Boner trustee of W. Boner, 1350, -, 81420, 500, 7350
Z. T. Ison, 50, -, 1250, 100, 1110
John C. Boner, 140, -, 7000, 100, 1860
R. B. Dunn, 600, -, 36000, 400, 22070
S. B. Davis, 200, -, 15000, 100, 1700
Wm. Hoskins, 100, -, 10000, 200, 925
R. M. Robinson, 412, -, 41200, 600, 22390
Sally Dunn, 76, -, 6700, 120, 980
Caroline Myers, 138, -, 3450, 150, 1068
C. & T. Myers, 300, -, 13500, 50, 1980
F. Dunn, 100, -, 1000, 20, 416
Thomas Cunningham, -, -, -, 20, 668
L. Burch, 120, -, 3600, -, 75
Michael Robinson, 316, -, 12400, 700, 3220
W. Burnside, 270, -, 10800, 85, 1275
J. B. Ison, 200, -, 5000, 200, 1000
J. A. Smith, 252, -, 14000, 200, 1005
George Farlee, 8, 88, 1750, 120, 273
Isaac Dunn, 620, 5, 2875, 500, 8819
J. & J. H. Bright, 600, -, 24000, 400, 16488

C. & J. Dunn, 350, -, 14000, 200, 2197
Dorcas Frazier, 80, -, 3200, 100, 947
Daniel Swope, 130, -, 3250, 100, 853
Benedict Swope, 75, -, 3000, 250, 7339
Thomas Floyd, 130, -, 5200, 100, 1069
E. M. Leavell, 350, -, 10000, 150, 2495
B. C. Stagner, 120, -, 4200, 180, 3202
H. Parks, 84, -, 3360, 200, 718
Thaddeus Norris, 28, 27, 2200, 50, 560
James Norris, 34, 7, 1640, 10, 265
Cooper Dunn, -, -, -, 200, 4350
B. Childers, 90, -, 2250, 20, 612
E. G. Tillett, 17 ¼, -, 1725, 20, 237
O. Marksberry, 27, -, 540, 15, 307
G. Harding, 63, -, 1260, 10, 590
J. Burnside, 300, 78, 15120, 100, 1166
H. Dunn, 100, -, 3000, 100, 960
Lucy Allen, 130, 50, 5400, 25, 510
B. Dunn, 843, 40, 28500, 200, 4710
James Turpin, 150, 100, 10000, 100, 668
R. Sadler, 150, 500, 6210, 100, 1070
S. T. Leavell, & Co., 1000, 100, 13200, 600, 3122
Levi Davis, 116, -, 4640, 130, 1124
H. G. Davis, 43, 43, 2580, 50, 280
E. Simpson, 45, -, 1125, 30, 483
Elijah Simpson, 180, -, 300, 100, 1093
David Jones, 146, -, 4380, 25, 711
John J. Taylor, -, -, 2760, -, 508
John G. Mullins, 273, -, 6825, 300, 1960
B. T. Slavin, -, -, -, 30, 1325
Wm. J. Mullins, 175, 25, 5000, 30, 1422
Edmund Dailey, 122, -, 3050, 2, -
John F. Coak (Cook), 99, -, 1188, 25, 400

Wm. K. Hood, 258, -, 10000, 100, 3965
N. J. Shropshire, 150, 135, 7000, 100, 2600
J. Q. Adams, 540, -, 13500, 163, 7384
James Ward, 210, -, 7500, 50, 572
Abah Pullins, 172, -, 5760, 50, 2490
H. B. Gibbs, 380, 20, 12000, 200, 2360
L. Royston, 778, 100, 48180, 500, 9500
Freeman Prather, 100, -, 1500, 50, 1824
Joseph Simpson, 112, -, 3920, 75, 1038
R. L. Salter, -, -, -, -, 480
Green H. Warner, 70, -, 2100, 100, 480
Wm. Miller, 175, -, 3500, 200, 656
Allen Tudor, 37, -, 1480, 15, 785
J. Q. A. Walker, 178, -, 6230, 200, 1686
James M. Reid, 350, -, 14000, 200, 3250
Stewart Brown, 160, -, 8000, 100, 1310
Elijah Saunders, 175, -, 3500, 50, 1070
Wm. Collier, -, -, -, 50, 1078
Elijah Lear, 269, -, 10760, 50, 2224
Margaret Lear, 230, -, 9200, 50, 1990
F. Adams, 400, -, 20000, 300, 9748
Zacharia Ray, 100, -, 2500, 25, 488
Allen Burnside, 30, -, 4000, 100, 1304
Milton Cotton, 60, -, 900, 20, 529
Benj. Robinson, 742, -, 14840, 50, 15800
John Johnson, 100, -, 4000, 100, 1048
Harrison Ray, 275, -, 8250, 200, 2905
Joseph Ray, 37, -, 1110, 50, 280

James M. Saunders, 134, -, 2680, 50, 849
B. B. Burdett, -, -, -, 300, 3700
Stephen A. Hill, 72, -, 1296, 20, 640
Margret Humes, 65, 200, -, 52, –
Wm. Humes, 30, -, 1000, 51, 155
Charles Humes, 25, -, 1200, -, -
Jane Humes, 27, -, 70, -, -
J. W. Dunn, 14, -, 1000, 50, 2040
James L. Anderson, 194, -, 8730, 30, 651
Mary Hogan, 95, -, 3325, 100, 670
Benj. Jennings, 150, 20, 5000, 200, 1616
James Naylor, -, 280, 500, 50, 675
Wm. J. Gillespie, 296, -, 10000, 200, 1715
Benj. Schooler, 550, -, 16500, 150, 2097
A. Kavanaugh, 750, 300, 31950, 300, 9018
Amanda Moran, 416, 416, 34528, 400, 6038
Milton Mayfield, 161, -, 4830, 100, 802
Wm. May, 51, -, 1020, 15, 270
Michael Morgan, 100, 700, 18600, 15, 980
Wm. L. Collier, 125, 33, 6320, 50, 1660
John W. Letcher, 238, -, 9520, 300, 880
Charles Simpson, 33, -, 1320, 15, 85
Margret Fenill, 100, -, 2000, 50, 1017
Daniel Ray, 500, -, 15000, 125, 1540
Wm. McQuincy, 100, -, 3000, 20, 393
D. G. Nave, 174, -, 5350, 100, 2432
John Nave, 170, -, 5100, 200, 751
Tyree West, 85, -, 2500, 25, 600
Dennis Letcher, 110, -, 4400, 25, 782
Wm. Lasure, 112, -, 5600, 50, 798
John Ray, 85, -, 4250, 50, 509
A. Pollard, 700, 300, 25000, 300, 1344
John Y. Yakey, 325, 35, 6868, 100, 2404
H. T.Terrill, 665, 270, 34500, 500, 6030
Joseph Tody (Doty), 35, -, 875, 15, 682
Mary Logan, 112, -, 2240, 75, 418
T. K. Salter, 1300, -, 65000, 560, 11650
Overton D. Harris, 76, -, 3420, 25, 879
A. J. Harris, 152, -, 6840, 50, 790
Reuben Kinder, 76, 4, 3200, 100, 436
John T. Prather, 31, -, 930, 15, 415
James M. Prather, 90, 10, 3000, 50, 746
Elbert Bolton, 88, -, 2640, 15, 585
Elijah Logan, 55, 10, 1950, 50, 543
B. Bolton, -, -, -, 10, 76
Joseph Lasure, 11, -, 600, 10, 175
John Casey, 76, -, 2180, 10, 300
Johnathan Taylor, 50, -, 1000, 25, 481
Tho. Land, 90, -, 3150, 50, 938
Shelton Land, -, -, -, 15, 110
S. Barton, 20, -, 1000, 15, 367
Hall Anderson, 838, -, 25740, 400, 26290
B. F. Wilds, 116, -, 2320, 15, 461
J. J. & B. Swope, 117,-, 5850, 200, 1168
John Lawson, 111, -, 2220, 100, 823
Jefferson Dunn, 449, -, 22450, 300, 2438
Merryman Johnson, 190, -, 5700, 50, 1106
Isaac Montgomery, 230, -, 6550, 25, 868
Benj. Mullins, 296, -, 14800, 150, 666
B. M. James, 885, -, 35400, 250, 4250
David L. Scott, 300, -, 15000, 300, 5305

Wm. F. Overstreet, 300, 200, 15000, 400, 3000
James T. Christopher, 9, -, 180, 20, 188
Jacob Nave, 58, 8, 1980, 26, 270
David Scott, 56, 4, 1500, 25, 540
Robert Poore, 200, -, 5000, 150, 1193
Thos. Porre, 160, -, 4000, 100, 478
James Ceron, 92, -, 3680, 75, 634
C. S. Spillman, 500, -, 10000, 175, 2228
Jesse Holtsclaw, 80, -, 1200, 25, 200
Wm. H. Eberly, 20, -, 5000, 15, 275
Anna Compton, 130, -, 1300, 15, 250
Isham Hamilton, 80, -, 1200, 75, 500
John Askins, 0, -, 2700, 75, 450
Lourannah A. Ishan, 100, -, 3000, 100, 1290
Charles Bowman, 1255, 1240, 48000, 300, 14765
Merrill Smith, 263, -, 12150, 100, 1200
Hiram Dickerson, 140, -, 5600, 175, 747
J. McMurtry, 500, -, 15000, 300, 6416
Moran Dickerson, 63, -, 1575, 25, 360
Wm. Downing, 600, -, 24000, 25, 2939
Thomas Hudson, 80, -, 1200, 25, 520
John B. Jennings, 370, -, 7400, 100, 2000
Wm. Jennings, 24, 25, 8370, 75, 970
Wm. B. Robinson, 650, -, 13000, 150, 5640
Wm. Cleveland, 100, 100, 3000, 60, 635
Charles G. Askins, 106, 7, 3000, 125, 578
Cornelison Anderson, 75, 10, 2550, 25, 405
G. W. Collier, 101, -, 3030, 75, 372
Johnson Lane, 22, 8, 450, 10, 405

Asa Shropshire, 135, -, 4050, 150, 666
Joab Green, 100, -, 1000, 50, 368
Wm. Collier, 350, 65, 12450, 100, 1060
John T. Collier, -, -, -, 100, 900
Sarah Collier, 100, -, 4000, -, -
Johnson Lane, 100, -, 4000, 100, 450
Mary King, 80, 60, 1680, 50, 360
Z. Merritt, 281, 50, 10000, 300, 1955
James H. Graham, 2, -, 200, -, 48
Martin Brogle, 100, 100, 4000, 50, 666
Thomas Bright, 350, -, 14000, 100, 1441
John Lackey, 130, -, 2600, 25, 485
Wm. Ramsey, 155, -, 4650, 100, 1430
Paris Teater, 400, 218, 4944, 25, 839
E. H. Sadler, -, -, -, 25, 245
Joseph H. Totton, 200, 60, 7000, 70, 1117
James M. McMannis, -, -, -, 10, 328
Winston Taylor, 45, -, 900, 20, 397
G. McDaniel, 450, -, 4500, 100, 1285
C. S. Graham, -, -, -, 20, 375
Joseph Tomlinson, 329, 15, 6720, 150, 973
Dan Thomas, 150, -, 1500, 10, 100
Jesse Case, 7, -, 70, 10, 148
J. W. Poor, 105, 105, 2100, 100, 983
James R. Poor, 24, -, 500, 15, 110
Wm. Island, 80, -, 1600, 50, 365
Elizabeth Poor, 27, -, 540, 10, 130
Robert Bemaugh, 150, -, 45000, 15, 954
John Scott, 57, 3, 1200, 25, 450
Asa Brown, 100, 45, 2900, 25, 546
S. Tracy, 33, 25, 660, 25, 446
S. Christopher, 94, -, 3760, 100, 1048
Lucy Tracy, 34, -, 1190, 15, 190
E. J. Terrill, 165, -, 4950, 100, 960
H. Z. Purkins, 160, -, 4500, 100, 1290

T. J. Overstreet, 195, -, 5000, 100, 1912
Josephine Isham, 50, -, 1500, 50, 200
Polly Ishan (Isham), 70, -, 1400, 25, 630
Smith Tracy, 20, -, 600, 15, 248
Sarah Christopher, 94, -, 3760, 75, 378
Lucy Tracy, 34, -, 1190, 20, 108
Thos. J. Overstreet, 195, -, 5000, 50, 1928
John Adams, 40, 30, 1400, 60, 1122
Jesse C. Lewis, 100, 86, 3720, 100, 468
Thomas Sarcay, 35, 26, 1220, 75, 664
W. H. Campbell, 435, -, 9825, 300, 2647
G. B. Overstreet, 147, -, 3800, 50, 430
John Purkins, 154, -, 2310, 10, 448
Joseph Speak, -, -, -, 50, 340
Tyree Best, 414, -, 12420, 100, 3220
Samuel Cochran, 285, 25, 8575, 200, 2115
Wm. Woods, 1000, 758, 25150, 300, 6000
James L. Baird, 200, -, 5000, 200, 410
Wm. Burton, 92, -, 1840, 25, 800
Lucy Rigsby, 175, -, 2625, 10, 176
James Bell, 35, -, 700, 15, 128
Wm. E. Anderson, 100, -, 1000, 25, 340
Wm. Mullins, 44, 100, 19740, 300, 2820
Wm. S. Adams, 220, 40, 5200, 100, 1718
Emery Purkins, 282, -, 4000, 30, 300
Margaret Kennedy, 177, -, 1770, 20, 350
Joseph McQuerry, 40, 70, 250, 75, 560
Cinthy Stanton, 100, 200, 900, 15, 183
Benj. M. Holmes, 120, -, 600, 15, 129
Barthena Edward, 120, 15, 600, 15, 200
Thompson McQuerry, 100, 78, 1200, 15, 460
Milly Ross, 92, -, 920, 15, 310
Wm. Ross, -, -, -, -, -
James Mosier, 68, -, 680, 10, 263
Nelson Hamilton, 96, -, 288, 15, 307
John Buron, -, -, -, 15, 435
Jacob W. Newland, -, -, -, 15, 583
Samuel Austin, 225, -, 4500, 75, 1022
Borilla Stewart, 156, 10, 1660, 25, 190
Wm. Rothwell, 125, -,1 1875, 50, 390
J. H. Kennedy, 58, -, 870, 15, 350
Abner Hall, 150, -, 450, 100, 653
J. J. Stegall, 115, 55, 2550, 167
J. M. Davis, 50, 90, 1000, 25, 135
Grow (Crow) Cook, 28, -, 280, 15, 295
James Holeman, -, -, -, 10, 155
Ancel George, -, -, -, 10, 130
C. Haines, 150, 214, 2365, 150, 1180
John Carpenter, 42, 38, 240, 10, 116
Joseph Q. Mason, 75, 83, 790, 10, 60
John Brock, 40, 60, 300, 20, 289
James B. Mason, 300, -, 900, 25, 275
Gabriel Oder, 60, 90, 600, 10, 168
Wm. Runyon, 30, -, 150, 10, 81
Elias Baker, 125, 204, 4414, 200, 1500
Wm. Wall, 100, -, 1500, 70, 500
David Gordon, 37, -, 1110, 20, 400
Samuel Gordon, 57, -, 1140, 100, 349
Mitchell Broaddus, 177, 15, 5760, -, 885
Wm. B. Lear, 11, -, 550, 20, 175
B. F. Pherigo, 67, 8, 1875, 20, 735
Josephine Leyton, 60, 500, 200, 5, 350
Cyrus Saunders, 90, -, 2700, 40, 644

Perry Long, 73, -, 2190, 10, 575
W. H. Walker, 414, -, 12420, 200, 3770
A. Walker, 95, -, 4000, 100, 1110
G. C. Hardin, 90, -, 1800, 20, 884
Talton Embry, 180, -, 3600, 50, 1248
Joseph P. Will, 96, -, 2880, 20, 500
Alex Francis, 155, 12, 5010, 100, 895
Stephen Leyton, 155, 17, 4800, 25, 949
T. W. Ballew (Ballen), 330, -, 6600, 200, 1965
Clabourn Lear, 58, -, 2000, 10, 548
Martha Terrill, 350, -, 10500, 100, 2780
James W. Estill, 268, -, 8040, 100, 1846
Arch Nicholson, -, -, 3500, 50, 367
John E. Broaddus, 300, -, 9000, 100, 2948
John Maret, 855, 4910, 36214, 167, 3028
Ann Royston, 245, -, 50, 9265, -, 3270
R. Brown, 80, -, 2400, 40, 647
M. Shumate, 95, -, 4200, 100, 530
Cuzza Burch, 50, -, 1000, 50, 679
Nancy Henderson, 200, -, 6000, 50, 610
Andrew Reid, 50, -, 1000, 20, 350
James Singleton, 50, 100, 1000, 50, 610
Elijah Worrell, 175, 25, 6000, 156, 775
A. F. Denny, 458, 225, 1157, 100, 2984
Letty Jenkins, 78, 40, 2360, 30, 240
John C. McCormack, 341, 250, 10480, 300, 6273
Charles Luman, 78, -, 780, 20, 129
Mattie Perkins, 125, -, 2500, 50, 781
Wm. B. Adams, 50, -, 1500, 50, 530
John Kirkendall, 50, 16, 200, 200, 135

Thomas Clark, 47, -, 1880, 50, 607
Wm. Ray, 218, -, 5450, 50, 1288
Wm. Harden, 85, -, 2550, 75, 598
M. Ray, 228, -, 4560, 75, 1222
Wm. Jones, 104, -, 2080, 150, 526
John Murphy, 105, -, 2100, 20, 966
Wm. Beaumont, 188, -, 5640, 80, 1321
Wm. Murphy, 157, -, 3775, 150, 440
Kelly A. Storms, 41, -, 1025, 10, 313
R. H. Teater, 85, -, 2125, 100, 936
James J. Davis, 100, -, 3000, 10, 442
Richard Barton, 58, 20, 1950, 20, 709
Nancy Davis, 150, 30, 2700, 10, 327
Moses Davis, 106, -, 2120, 5, 432
Wm. Davis, 30, -, 900, 75, 255
H. B. Davis, 214, -, 6420, 150, 1745
Jiles Saunders, 500, -, 10000, 125, 3225
Wm. Johnson, 250, 50, 1500, 100, 1005
Stephen C. Halcom, 50, 95, 1190, 130, 632
James Baker, 100, -, 2000, 10, 250
Wm. F. Henry, 80, -, 100, 50, 469
Wm. Higginbotham, 750, -, 22500, 300, 7132
W. Higginbotham & Co., 80, -, 2400, 100, 1341
E. Parmer, 136, -, 4080, 75, 1026
J. & A. Patterson, 154, -, 4620, 100, 2130
Harvey Wiley, 114, -, 3420, 50, 819
Wm. D. Mitchell, 200, -, 5000, 100, 1030
Linch Eades, 50, -, 750, 100, 181
F. W. Champ, 160, -, 4800, 85, 156
Sally Wiley, 31, -, 930, 100, 233
Champ Shumate, 118, -, 4130, 100, 1098
A. A. Kennedy, 120, 25, 4200, 150, 798
A. B. Brown, 135, -, 5400, 100, 900

GRANT COUNTY KENTUCKY
1860 AGRICULTURAL CENSUS

The Agricultural Census for Kentucky for 1860 was filmed for the University of North Carolina from originals held by the Duke University Library, Durham North Carolina.

There are some forty-six columns of information on each individual. Only the head of the household is addressed. I have chosen to use only six columns. These are shown below.

1. Owner
2. Acres of Improved Land
3. Acres of Unimproved Land
4. Cash Value of Farm
5. Value of Farm Implements and Machinery
13. Value of Livestock

Thus, the numbers following the names represent, 2, 3, 4, 5, 13.

The following symbol is used to maintain spacing: (-)

Jacob Bowman, 12, 6, 250, 50, 100
William Wallace, 14, 100, 1200, 6, 170
Thomas Crouch, 25, 75, 1000, 5, 200
W. D. Williams, 7, 45, 500, 50, 150
Wesley Porter, 35, 65, 500, 10, 78
T. T. Thompson, 120, 40, 3200, 15, 1025
J. P. Utz, 25, 35, 400, 8, 210
T. J. Harrison, 45, 54, 1100, 10, 135
Geo. N. Webb, 110, 50, 2000, 45, 210
T. J. Gouge, 100, 225, 3000, 80, 500
F. C. Page, 30, 75, 800, 20, 100
William Burroughs, 45, 69, 2000, 50, 600
J. S. Oder, 40, 25, 700, 50, 460
William Sasher, 12, 28, 320, 70, 125
Chas. T. Anness, 28, -, 500, 18, 60
Abrah Jones, 16, 275, 35000, 75, 180
Thomas Landru, 15, 15, 300, 25, 175
Wm. R. Mazeo, 200, 200, 4000, 50, 1200
Joseph F. Webb, 25, 75, 1000, 10, 385
William F. Webb, 150, 90, 3600, 100, 800
Moses M. Moran, 80, 45, 1875, 100, 635
Henry Marksberry, 25, 25, 600, 15, 185
Richard S. Baxter, 100, 35, 1800, 100,1000
John Mozee, 75, 50, 2250, 150, 185
Jonathan Dunn, 45, 64, 1100, 30, 360
Hiram Hutcherson, 30, 70, 1000, 20, 275
Newton Oder, 45, 45, 800, 6, 160
Jordon Faulkner, 50, 85, 640, 15, 150
John J. Moore (Moon), 53, 38, 830, 18, 488
Smallwood Moon (Moore), 58, 19, 670, 18, 420
Samuel Dunn, 20, 7, 270, 5, 175

William Webb, 250, 120, 5565, 150, 1500
Bethel Baxter, 50, 23, 1500, 85, 715
Fieldon Stone, 100, 77, 3000, 100, 1000
James M. Morgan, 45, 155, 2400, 25, 430
Morgan Young, 90, 115, 2000, 15, 130
Amanda M. New, 50, 126, 2000, 5, 320
William Edgar (Eager), 32, -, 3200, 12, 150
James New, 135, 93, 2385, 150, 920
Jacob Myers, 80, 120, 2000, 100, 500
Sarah P. Nelson, 75, 35, 1000, 50, 390
Napoleon B. Nelson, 50, 1000, 1500, -, 340
John Q. Nelson, 45, 70, 1000, 8, 300
John Greenlee, 400, 71, 1665, 15, 230
Saml. Plunket, 75, 125, 2000, 20, 300
Geroge Baxter, 18, 32, 555, 50, 496
Leonard Kidwell, 400, 100, 750, 20, 200
George McClain, 18, 22, 400, 15, 172
Jas. H. Thompson, 200, 295, 7000, 150, 1150
W. T. Martin, 16, -, 300, 15, 270
Granville Cason, 65, 20, 1300, 15, 155
William T. Dunn, 70, 100, 1500, 10, 190
Isaac Rutledge, 75, 75, 1500, 20, 175
James Edwards, 25, -, 500, 18, 75
Daniel Barnes, 8, -, 125, 10, 100
Thos. J. Rutledge, 10, 90, 1200, 10, 150
Isaac N. Lawler (Lawter), 15, 35, 750, 10, 100
Benjamin S. Dunn, 20, 23, 400, 10, 75

George W. Dunn, 35, 9, 900, 10, 600
William R. Rogers, 45, 40, 800, 10, 135
Zachariah Carter, 15, 4, 185, 10, 185
John Groves, 15, 5, 400, 10, 250
Thomas J. Oder, 60, 40, 1500, 50, 498
Fannie Stone, 100, 60, 3200, 20, 178
James Limmerick, 50, 30, 900, 65, 415
Thornberry Bailey, 60, 50, 1650, 10, 115
John H. Gorden, 31, -, 375, 25, 200
Lewis Wolf, 32, 54, 900, 100, 550
Eli Bailey, 50, 10, 600, 50, 500
James H. Robinson, 53, 5, 650, 25, 500
Asa Brissey, 25, 25, 700, 20, 260
Jarrod R. Oder, 65, 15, 800, 100, 380
Thos. Jefferson Oder, 40, 40, 800, 20, 240
Thomas Elliot, 24, 15, 365, 10, 315
William H. Morgan, 90, 50, 2100, 100, 900
Lewis Bailey, 50, 31, 1200, 75, 730
Thomas Bailey, 35, 23, 750, 10, 285
Jeremiah Morgan, 80, 50, 3250, 15, 345
Jeremiah Barnes, 55, 55, 1650, 15, 225
James Daugherty, 35, 30, 800, 15, 300
Joseph Beagle, 45, 20, 800, 15, 300
William Denney, 100, 45, 2900, 50, 705
Evel J. Beagle, 60, 26, 1500, 75, 465
Josephus Dunn, 40, 85, 960, 50, 85
Thomas Fightmaster, 50, 26, 1000, 50, 450
Willis Marksberry, 75, 84, 2500, 18, 400
John Marshall, 16, 20, 500, 25, 200
Benajmin Lauter, 50, 25, 1500, 100, 700
John W. Evans, 45, 55, 800, 45, 610

Richard S. Jones, 60, 150, 2000, 50, 250
Howard Lawrence, 80, 11, 1200, 25, 600
John H. B. Lawrence, 37, 10, 470, 10, 300
Daniel Smith, 50, 15, 900, 75, 900
Andrew J. Lawrence, 50, 22, 1030, 10, 345
James W. Furgerson, 48, 60, 1000, 70, 295
Thos. M. Lawrence, 50, 15, 480, 60, 515
James A. Collins, 12, -, 180, 18, 175
William Crouch, 65, 85, 1250, 75, 500
John Hammerley, 40, 85, 1200, 15, 200
Theodora Hall, 35, 13, 675, 15, 498
William W. Hill, 58, 75, 1800, 50, 100
James M. Lawrence, 100, 100, 3000, 25, 100
Jacob A. Morgan, 45, 65, 900, 100, 570
Eliza Oder, 60, 25, 800, 10, 145
Elijah J. Childs, 42, 45, 1200, 25, 135
John Abner, 60, 48, 1500, 58, 700
W. G. Hodges, 160, 40, 4000, 50, 700
Hardy Philips, 23, 20, 500, 12, 150
Preston L. McHutton, 85, 15, 1200, 40, 595
Hezekiah Doan, 60, 170, 2500, 65, 700
Thomas A. Hazelwood, 100, 225, 3000, 125, 855
Charles Jones, 80, 20, 10000, 60, 500
John Rodennur, 200, 800, 10000, 150, 1655
Roland Wish, 155, -, 3600, 85, 605
Thomas Lawrence, 50, 38, 874, 28, 460
Aquilla Ogden, 20, 5, 200, 10, 245
Reuben Smith, 25, 15, 225, 15, 440
James Winans, 35, 56, 350, 12, 312
William Kitchen, 45, 35, 800, 5, 100
James Hiles, 15, 43, 590, 10, 200
P. N. Champayne, 130, 375, 5000, 150, 700
R. M. Edmonson, 100, 100, 2500, 40, -
John Marcus, 75, 130, 2000, 100, 720
Lewis E. Baker, 100, 150, 2000, 55, 200
Thomas Ryon, 185, 250, 7000, 80, 1000
Jesse Robinson, 150, 90, 3840, 100, 1335
William R. Thompson, 65, 42, 1000, 20, 300
James W. Burroughs, 55, 46, 1500, 75, 700
Richard Gunnell, 25, 79, 800, 10, 130
Roswell Burroughs, 45, 41, 900, 30, 400
Nicholas R. Varner, 50, 50, 1500, 25, 375
William S. Armes (Ames), 120, 32, 1500, 60, 800
William Littell, 90, 180, 2150, 15, 1100
Lafayette P. Gouge, 200, 1100, 6000, 90, 2350
Joshua Faulkner, 55, 50, 1590, 20, 350
Samuel Hicks, 35, 25, 700, 15, 275
Alexander Turner, 40, 10, 500, 10, 280
David Shyer, 62, -, 1000, 40, 740
John A. Turner, 70, 170, 2800, 100, 900
William Marksberry, 63, 35, 1250, 50, 430
Salanthiel B. Fitch, 60, 90, 2450, 20, 700
James M. Littell, 200, 350, 7200, 150, 1160

C. C. Musselman, 200, 72, 6000, 50, 910
John Mitts, 50, 50, 1000, 10, 400
John J. Scroggin, 40, 66, 1560, 10, 400
James Scroggin, 90, 32, 3000, 75, 700
Richard N. Lucas, 12, 38, 600, 10, 100
Thos. S. Scroggin, 30, 110, 1260, 10, 250
Albert G. Reed, 60, 15, 750, 10, 200
Thomas E. Wiliams, 55, 125, 1800, 20, 225
James H. Wilson, 85, 27, 2000, 125, 730
Joseph Simpson, 40, 46, 1500, 10, 375
Abel McGlasson, 80, 57, 1000, 150, 400
William Skirvin, 14, 49, 850, 10, 300
William M. Marksberry, 30, 20, 500, 10, 150
George W. Simpson, 85, 78, 1600, 15, 700
John S. Sepple, 75, 50, 1250, 50, 925
Henry B. Sepple, 80, 110, 19400, 20, 175
William N. Simpson, 150, 175, 3250, 40, 800
Anderson Simpson, 20, 20, 300, 7, 475
William Simpson, 90, 6, 900, 25, 1170
James L. Simpson, 65, 15, 800, 30, 725
James B. Williams, 150, 116, 2600, 20, 1940
Anderson Simpson, 125, 63, 1700, 10, 1300
Milley Jewett, 70, 25, 500, 10, 300
William Redd, 80, 19, 800, 10, 430
Lewis Jewett, 70, 30, 1000, 10, 250
William Jewett, 90, 110, 1600, 15, 600
Catherine Hicks, 20, 45, 650, 10, 140

Enoch J. Downs, 20, -, 200, 10, 350
Jesse C. Lyons, 35, 54, 800, 10, 275
William H. Kierman, 40, 50, 750, 10, 160
Santford Rose, 200, 53, 3500, 125, 1000
John R. Reed, 35, -, 350, 10, 200
James Chipman, 100, 50, 4000, 20, 600
Elizabeth Crosswhite, 100, 95, 1600, 10, 300
Uriah Bickers, 138, 44, 1740, 150, 1000
Thomas Bickers, 40, 57, 1000, 10, 385
William Powell, 65, 22, 700, 15, 150
Caleb C. Evans, 125, 48, 1730, 20, 450
George J. Burgess, 50, 48, 800, 60, 500
Cyrene Johnson, 75, 125, 2000, 50, 650
Barzilla Edwards, 175, 112, 2200, 75, 950
Thomas Bennett, 26, 20, 450, 20, 159
Thomas D. Sechrest, 20, 15, 340, 28, 100
William Gray, 140, 60, 2000, 150, 450
William Limbrake, 75, 26, 1500, 40, 220
John Wood, 200, 87, 4500, 140, 1130
Robert J. Blackburn, 75, 82, 2355, 50, 450
George W. Jameson, 110, 290, 3200, 80, 1200
Samuel Gossett, 175, 50, 2200, 100, 600
Nathan Stewart, 75, -, 1500, 50, 950
P. F. Hansbrough, 65, 53, 1800, 100, 600
Jacob O. Hedger, 500, 118, 10300, 150, 3900

Rankin Blackburn, 200, 87, 5740, 200, 600
Josiah M. Gough, 50, -, 1000, 20, 435
John W. Thomas, 45, 60, 2100, 25, 1000
George W. Blackburn, 50, 50, 1800, 10, 130
Daniel Kinman, 60, 60, 2400, 50, 530
Benjamin F. Rose, 25, 48, 1460, 10, 260
William B. Coleman, 50, 40, 2000, 100, 250
Richard R. Osborne, 60, 75, 1080, 70, 500
Cornelius Burns, 25, 75, 700, 20, 275
Hiram Wilson, 75, 50, 1000, 25, 550
John Kinman, 18, 37, 500, 10, 300
Francis M. McCoy, 12, 13, 225, 20, 175
James H. King, 100, 64, 1800, 30, 535
Thomas J. Stigger, 75, 50, 1250, 100, 535
Jane M. Gray, 40, 31, 560, 20, 110
William Wood, 60, 33, 950, 15, 470
Joseph Stewart, 60, 32, 1000, 30, 500
James Conn, 45, 45, 800, 10, 325
Night Shelton, 45, 55, 1000, 20, 400
Warren Bond, 40, 45, 700, 8, 225
William A. Barnett, 75, 35, 1100, 10, 425
William L. Jump, 60, 40, 900, 5, 180
Mary Jump, 75, 25, 800, 15, 100
Joseph F. Jump, 95, 134, 2000, 75, 575
James A. Webster, 35, 30, 650, 10, 150
William Jump, 25, 25, 500, 10, 185
Samuel Kinman, 40, 60, 1000, 10, 150
Joseph Franks, 40, 90, 1300, 15, 585
Wilson _. Franks, 30, 80, 770, 15, 160
Morgan Bickers, 50, 95, 460, 10, 190
Thos. B. Thornhill, 50, 90, 1400, 125, 550
Thomas Childers, 35, 35, 700, 15, 400
Reuben C. Thornhill, 20, 80, 1000, 25, 200
John S. Beverly, 20, 20, 480, 10, 385
Steven Beverly, 30, 20, 400, 77, 335
Nancy Gray, 35, 100, 850, 10, 350
Bryant P. Clark, 60, 38, 3000, 10, 305
William Beard, 50, 100, 1250, 10, 225
William Renneckar, 175, 225, 2800, 100, 1635
James Herrin, 30, 22, 520, 15, 205
Joseph Stewart, 100, 220, 3200, 75, 1000
John Douglass, 60, 55, 1200, 15, 653
Margaret Stewart, 50, 31, 1200, 5, 125
Daniel Beatty, 50, 54, 1040, 30, 600
Robert Kemper, 60, 140, 1600, 10, 680
Michael Jump, 50, 152, 1400, 10, 315
William S. Chrisman, 110, 25, 945, 75, 700
Elizabeth Chrisman, 20, 55, 700, 10,3 50
Francis H. McAtee, 30, 23, 1550, 25, 600
James Blackburn, 125, 105, 4000, 50, 1100
John G. Scroggin, 120, 480, 8000, 50, 700
James R. Henry, 40, 39, 800, 25, 150
John Stewart, 30, 50, 400, 10, 85
Preston L. Shelton, 20, 7, 500, 10, 85
William Waller, 300, 218, 7770, 1200, 1975
Jesse T. Beverley, 45, 75, 1850, 20, 250

Mary P. Dejarnett, 65, 70, 1350, 100, 570
John Jump, 75, 34, 1200, 15, 200
John J. Jump, 30, 216, 600, 45, 425
W. W. Sallie, 40, 120, 800, 20, 750
Nancy Sallie, 60, 20, 960, 5, 285
Jonathan Hedger, 300, 235, 3350, 100, 2400
Thomas A. Franklin, 70, 40, 1300, 25, 410
John F. Green, 100, 48, 1500, 55, 600
William A. Pettiss, 60, 40, 1200, 100, 900
Charles G. Pettiss, 40, 20, 840, -, 100
James D. Bennett, 100, 104, 2500, 48, 705
Robert Jump, 30, 40, 1000, 10, 75
James Hedger, 150, 50, 3000, 100, 1000
James A. Johnson, 450, 300, 14000, 260, 2000
George Burns, 35, 90, 1250, 25, 2100
Thomas Gray, 175, 75, 5000, 30, 1060
Oliver Sewards, 40, 5, 800, 20, 100
John P. Evans, 100, 55, 1500, 100, 600
Henry Long, 12, 63, 800, 75, 200
Asa M. Philips, 15, 115, 1550, 105, 565
Nathan W. Reed, 57, 3, 720, 30, 540
William H. Evans, 70, 311, 1900, 25, 270
William Morris, 16, 34, 300, 15, 300
William Burgess, 60, 40, 1000, 30, 155
William Chipman, 230, 53, 3360, 100, 1225
Henry Kinman, 75, 61, 1600, 100, 500
Berewick J. Cook, 70, 40, 900, 20, 200
William T. Scroggin, 55, 105, 1600, 20, 400
Henry Childers, 180, 30, 4200, 125, 240
M. Rogers, 25, 52, 1200, 50, 500
William L. Landru, 9, 25, 396, 20, 110
Greenberry Simpson, 10, 8, 250, 10, 300
Edmond Simpson, 15, 18, 400, 10, 200
James H. Childers, 20, 43, 700, 10, 385
Alexander Dunlap, 355, 60, 9300, 115, 265
Squire Childers, 100, -, 2000, 35, 500
Purce Kent, 80, 30, 1500, 50, 700
James F. Green, 85, 59, 1500, 60, 535
Benjamin F. Green, 100, 43, 2100, 100, 800
Coleman R. Green, 25, 78, 1550, 10, 270
Alexander Moore, 40, 65, 1575, 15, 200
Samuel Hutton, 60, 20, 1600, 40, 1050
James T. Wilson, 60, 64, 700, 10, 210
Abraham W. Stone, 20, 20, 400, 20, 150
James E. Stone, 50, -, 500, 30, 765
Thomas Burns, 26, 74, 900, 20, 360
Norman Green, 45, 30, 1250, 20, 300
John Kuhm, 45, 46, 1350, 50, 720
William Price, 150, 53, 3050, 50, 900
Catherine A. Redman, 150, 169, 8900, 100, 1600
William D. Conyers, 100, 42, 3550, 50, 825
James Mills, 50, 10, 1500, 15, 450
Sinclair Osborne, 130, 822, 4000, 75, 1200
Harrison Skervin, 75, 75, 2000, 25, 250

Enoch White, 100, 58, 3160, 65, 1275
Perry F. McNees, 60, 113, 2600, 60, 890
Jesse Osborne, 140, 60, 2500, 30, 525
William A. Ashcraft, 60, 25, 1200, 25, 350
John D. Dunbar, 20, 30, 600, 10, 230
Richard L. Abernathy, 75, 79, 3000, 100, 300
John Brooks, 30, 65, 1100, 10, 270
Jacob T. Brooks, 45, 11, 1100, 10, 240
Henry Allen, 40, 28, 1360, 50, 825
Simeon Blackburn, 200, 50, 3750, 25, 1025
James Hutton, 65, 35, 1500, 100, 400
John Beagle, 70, 63, 2760, 100, 1275
Daniel Berkley, 25, 30, 675, 25, 300
John J. Blackburn, 300, 104, 4500, 40, 1450
William H. N. New, 115, 40, 3000, 50, 675
Milton Jump, 30, 45, 900, 75, 550
John Beverley, 32, 34, 900, 25, 460
Andrew B. Jump, 25, 29, 600, 10, 220
Roland W. Varner, 50, -, 600, 30, 200
Hiram Elliston, 115, 35, 3000, 50, 850
Daniel B. DeHart, 70, 79, 1400, 35, 630
Saml. Berkley, 56, 10, 1200, 75, 250
Allen W. Sipple, 150, 90, 3600, 140, 1300
Pendleton Jump, 30, 18, 960, 25, 300
Samuel Lawrence Jr., 55, 50, 2100, 15, 530
Samuel L. Lawrence, 80, 70, 2250, 75, 800
William Jones, 35, 5, 500, 10, 140
Moses New, 60, 10, 1400, 15, 405
John Corbet, 78, 12, 1350, 30, 475

Spencer Berkley, 60, 73, 1400, 20, 450
William Ferrell, 100, 40, 2500, 25, 878
James F. Elliston, 275, 64, 3000, 100, 1550
Jackson Delph, 150, 350, 16000, 65, 2100
Fountain N. Collins, 60, 65, 1250, 25, 650
Ambrose Foree, 100, 110, 2550, 50, 675
Benjamin N. Elliston, 157, 270, 5550, 125, 1550
William M. Montgomery, 30, 40, 1050, 80, 400
Abrahm McMillion, 200, 40, 4960, 150, 3500
Stephen F. Roggett (Rozzell), 35, 65, 1200, 15, 250
Thomas Stephenson, 25, 30, 600, 5, 135
Jasper Alexander, 40, 60, 800, 125, 345
Silas Rogers, 100, 90, 300, 200, 1595
Jeremiah Webster, 45, 5, 800, 25, 250
Samuel Brinegar, 50, 76, 1700, 20, 478
Joseph Webster, 50, 50, 800, 25, 275
Sylvanus Butler, 60, 40, 1200, 20, 300
John Johnson, 65, 50, 1700, 20, 200
Alpheus (Alphonso) F. Bennett, 140, 70, 3200, 20, 1450
Joseph F. Elliston, 200, 148, 5200, 100, 2550
Robert Elliston, 360, 30, 5350, 75, 2500
Reuben B. Bennett, 265, 139, 3300, 200, 1385
Samuel Atha, 15, 10, 250, 10, 100
William P. Elliston, 130, 30, 2800, 50, 410
Joel Foree, 125, 81, 3100, 20, 650

William Hendrix, 100, 63, 4000, 100, 915
John Ford, 150, 90, 2800, 50, 1175
William D. Conley, 180, -, 3660, 50, 1100
Calvin Conley, 100, 60, 2800, 100, 950
Elizabeth Elliston, 80, 55, 1950, 25, 600
Lewis W. Foree, 120, 80, 3000, 50, 1030
James Ford, 150, 163, 6200, 125, 950
William O'Donald, 60, 75, 2000, 15, 275
William P. Green, 40, 50, 1000, 100, 575
Lucinda Reamer, 90, 24, 1200, 90, 200
James P. Elliston, 150, 50, 3000, 125, 1070
William Carlton, 80, 60, 1400, 20, 675
Jonas Jones, 100, 50, 270, 100, 1130
James S. Oldham, 40, 42, 1200, 75, 325
Zerelda Brown, 80, 196, 2700, 40, 450
Lindsey L. Webster, 40, 60, 2300, 100, 400
Bivin Webster, 100, 131, 3200, 100, 430
Bryant Webster, 35, 25, 1800, 60, 252
James Webster, 50, 25, 1000, 10, 538
Levi Wesbter, 65, 21, 850, 15, 370
Charles C. Wade, 45, 46, 1100, 15, 210
Joseph W. Kennedy, -, -, 1200, 25, 250
Philip McBee, 200, 240, 4400, 40, 365
Benjamin Craig, 40, 170, 4000, 15, 330

Thomas McBee, 200, 15, 6700, 125, 1835
James M. Arnold, 125, 92, 2100, 75, 265
John Dillow (Dillon), 20, 23, 400, 20, 210
Henry Webster, 26, 18, 400, 15, 200
James Wesbter, 130, 20, 2250, 200, 780
John A. Vesh (Vest), 150, 150, 5000, 75, 575
Meshack Webster, 75, 50, 1500, 25, 325
Samuel McClure, 13, 39, 600, 15, 160
George W. Frank, 140, 160, 6000, 150, 1050
John Wood, 150, 139, 4300, 150, 1280
James Webster, 150, 58, 3000, 100, 588
Asa Tomlin, 120, 50, 3400, 100, 1000
William P. McClure, 130, 118, 6200, 150, 1280
Barnett S. Franks, 125, 18, 3600, 75, 900
Isaac R. Franks, 168, 40, 5200, 150, 1200
John Chapman, 35, 43, 1000, 25, 300
Albert J. Vaughn, 35, 45, 900, 10, 178
Elijah Sturgeon, 50, 59, 1200, 10, 165
Joseph Williams, 40, 23, 800, 10, 100
Robert N. Kennedy, 90, 79, 2100, 25, 575
Thomas G. McClure, 40, 22, 950, 20, 238
Daniel Roberson, 18, 12, 450, 30, 150
John Webster, 20, 80, 1000, 10, 150
William P. Conyers, 100, 300, 3500, 125, 700

Addison Beach, 270, 100, 7400, 200, 1000
William G. Barker, 158, 30, 3700, 150, 700
Gabriel Taylor, 70, 15, 1600, 15, 325
John W. Franks, 90, 165, 2300, 25, 525
Christian Franks, 27, -, 900, 100, 300
Vardiman Franks, 120, 42, 4000, 100, 600
John Robinson, 40, -, 600, 30, 350
Francis M. Sechrest, 225, 73, 7450, 125, 850
William B. Callihan, 10, -, 200, 10, 230
Joseph Foree, 90, 60, 3800, 125, 960
Wm. H. Beach, 50, 7, 1500, 10, 465
Pendleton G. Webster, 72, 25, 1500, 100, 560
Vardiman Webster, 55, 15, 1850, 50, 425
Lewis Clements, 75, 75, 3800, 150, 1100
Abraham C. Abernathy, 35, 65, 1250, 30, 525
Thomas J. Beard, 25, -, 500, 5, 230
Thomas J. McClure, 65, 10, 1100, 50, 850
George W. Ferrell, 30, 20, 1800, 40, 600
Walter McBee, 154, 200, 7100, 150, 1725
Andrew J. Kendal, 70, 114, 2800, 40, 660
Thomas B. Lambert, 33, 25, 750, 50, 150
Eurnice McClure, 375, 301, 6750, 200, 1500
James Smith, 160, 140, 7500, 200, 1300
John Layles (Lyles), 200, 100, 6000, 150, 1000
James H. Alexander, 40, 22, 1200, 30, 200
John T. Alexander, 127, 100, 3500, 25, 425
William Franks, 12, 29, 800, 100, 1200
James O. Massey, 70, 12, 2500, 200, 885
Weden S. Finnett, 40, 20, 1300, 30, 425
William M. Hutchenson, 40, 25, 1000, 25, 488
Edward Robinson, 10, 10, 200, 10, 178
Homer Sechrest, 120, 30, 4000, 175, 900
David Barker, 400, 215, 18500, 200, 4000
James McClure, 130, 100, 5000, 100, 600
John M. Stevenson, 100, 21, 1900, 100, 410
Jeremiah Sturgeon, 25, -, 300, 10, 125
Abe M. Myers, 100, 76, 2600, 200, 628
Emanuel Webster, 90, -, 2000, 100, 850
John McCulloch, 60, 76, 2700, 20, 420
Thomas G. B. Cunningham, 100, 20, 2400, 200, 1250
Archibald D. Dickens, 20, 10, 450, 60, 50
Charles J. Sechrest, 35, 20, 1800, 35, 300
Adam R. Walker, 40, -, 800, 20, 200
Edmond Massey, 60, 21, 1600, 120, 680
Ezekiel P. Stephens, 50, 18, 1400, 75, 400
James R. Sechrest Jr., 200, 100, 9000, 50, 850
Pendleton P. Massey, 35, 25, 1800, 125, 760
Ellen Collier, 30, -, 700, 15, 200
William T. Collier, 17, -, 350, 15, 215
Joseph R. Callahan, 50, -, 600, 30, 300

James A. Webb, 46, 3, 500, 15, 275
Michael Flinn, 98, -, 1500, 75, 1360
George W. Grant, 120, 20, 6000, 50, 450
Elizabeth Gibson, 65, 37, 3300, 200, 703
Benjamin F. Dickerson, 40, 10, 2500, 100, 380
Judith Pattee, 60, 10, 2000, 40, 350
Joseph Binn, 90, 20, 2500, 125, 500
William J. Penick, 90, 21, 2000, 50, 225
William S. Dickerson, 80, 60, 3000, 100, 985
John N. Dickerson, 120, 96, 4450, 30, 650
Hayden Northcutt, 300, 600, 13500, 100, 2000
Lewis Vanlandingham, 300, 150, 5800, 150, 1560
John E. Piner, 60, 15, 1300, 50, 250
William Vanlandingham, 350, 298, 8150, 160, 1752
Phillip W. Gibson, 120, 80, 2650, 150, 600
Strother G. Menefee, 80, 120, 3000, 100, 800
Thomas Vanlandingham, 50, 38, 1500, 45, 353
Bailey W. Randall, 14, 125, 1000, 20, 150
Joseph McKinley, 40, 40, 800, 60, 620
Joseph M. Taylor, 40, 55, 1000, 35, 4000
Mary Simpson, 65, 51, 1700, 20, 270
Martin Lammis (Loomis), 100, 32, 2600, 100, 800
Stephen F. Price, 60, 62, 1600, 110, 500
James Chadd, 40, 25, 1000, 30, 340
Eli Mann, 100, 66, 2700, 100, 828
James Mann, 200, 83, 6000, 100, 700
Joseph F. Doud, 30, 6, 450, 25, 250
George W. Doud, 60, 31, 1100, 30, 325
Thomas H. Gibson, 75, 20, 2180, 50, 475
James Price, 75, 25, 1200, 50, 525
James F. Dickerson, 80, 85, 2400, 60, 730
William N. Brown, 28, 58, 900, 10, 125
William A. Mills, 50, 45, 1900, 40, 460
Mason Brown, 65, 25, 2250, 100, 530
George W. Ruso (R_ise), 75, 149, 3600, 100, 428
Thomas W. White, 75, 75, 1500, 100, 75
Granville Smith, 75, 37, 2300, 40, 400
James H. Jump, 40, -, 600, 75, 471
George W. Rogers, 270, 230, 6000, 100, 1020
Tilford Metcalf, 138, 100, 3500, 200, 900
Woodford J. Doud, 120, 51, 2550, 100, 90
Adam McKinzie, 60, 30, 1800, 75, 530
Willett H. Reed, 100, 48, 3000, 200, 800
Fielden McDaniel, 60, 59, 3000, 10, 450
Larkin Webster, 75, 27, 2600, 50, 900
James R. Lyons, 38, 87, 2500, 50, 260
Champion J. Hatsell, 110, 75, 3750, 200, 1400
Robert W. Gibson, 25, 7, 800, 100, 465
Wharton McKenzie, 70, 30, 1800, 75, 450
Richard Price, 55, 25, 1200, 75, 370
Stephen Price, 200, 733, 4500, 100, 950

Henry Northcutt, 300, 700, 20000, 250, 2000
Merrit M. Menefee, 80, 69, 2250, 300, 700
Amos Millner, 35, 15, 1000, 50, 535
Zach Benson, 12, 58, 700, 20, 225
Harry Griffin, 23, 7, 500, 10, 95
Benj. J. Northcutt, 200, 76, 6900, 500, 1200
John Lemmon, 35, -, 1050, 30, 400
Rozal D. Wade, 300, 282, 13600, 250, 2350
James Taylor, 52, 2, 1500, 50, 550
William Lawrence, 180, 70, 5500, 100, 1200
Benjamin F. Day, 130, 20, 6000, 100, 1600
Israel Wayland, 150, 100, 5100, 100, 1650
Wayne T. Forsythe, 65, 22, 2650, 70, 450
Lewis Cason, 400, 230, 22100, 100, 525
Elijah Ratcliff, 80, 32, 2300, 100, 628
Thomas Caldwell, 171, 3, 7000, 100, 600
Isaac N. Brown, 74, 7, 33, 120, 850
Eli Brown, 30, -, 1250, 20, 225
Alex. F. Hogsett, 146, 36, 4500, 100, 1000
Littleton Finley, 90, 7, 3000, 100, 750
Mary Sechrest, 300, 200, 15000, 150, 1800
David Wilson, 45, 35, 2800, 60, 450
John E. Smith, 100, 60, 4800, 40, 1350
Hayden Kendall, 348, 100, 18000, 253, 3600
John A. Collins, 150, 38, 9500, 500, 1350
Thomas R. Gettys, 60, -, 1200, -, 250
William Pounts, 320, 50, 14850, 300, 3700
Josiah H. Wayland, 140, 131, 5420, 30, 523
John Maynard, 2236, 60, 9100, 50, 2500
William Sechrest, 130, 60, 4750, 75, 878
Timothy Dailey, 32, 43, 1875, 20, 260
Cornelius D. Reed, 120, 20, 4200, 50, 1050
Eliza Land__son, 40, 10, 1500, 45, 278
Jacob B. Renneckar, 100, 74, 7000, 75, 1150
Samuel Ecklar, 160, 76, 4700, 25, 580
James B. Theobald, 70, 70, 2100, 100, 988
James Bennett, 135, 50, 3800, 50, 850
Ichabod Ashcraft, 15, 11, 500, 10, 125
William J. Childers, 52, 30, 2400, 50, 200
Santford A. Theobald, 215, 90, 9000, 100, 1640
Eli L. Clark, 75, 19, 2800, 110, 1300
James Ashcraft, 80, 76, 3200, 20, 375
Thomas Hutchinson, 80, 20, 2500, -, 578
John Hutchinson, 70, 211, 2200, 95, 250
Martin Draper, 35, 45, 1600, 70, 178
Jacob Ecklar, 202, 300, 7600, 160, 1500
John Landrum, 120, 113, 3250, 115, 1000
James Stewart, 25, -, 300, 15, 200
Perry T. Sewards, 40, 15, 1100, 60, 523
James Vice, 30, 70, 800, 15, 240
William Griffin, 65, -, 1000, 80, 230
Augustus E. W. Shaffer, 25, 60, 850, 15, 188

Jediah Ashcraft, 50, 50, 2500, 20, 200
Jane Steers, 18, 82, 2000, 35, 363
Joseph McCaldwell, 25, 65, 1500, 20, 300
James A. Wooster, 45, 260, 4600, 25, 32
William M. Ashcraft, 30, 20, 900, 20, 525
John Metcalf, 35, 26, 650, 20, 375
Anarius E. Nichols, 49, 35, 2600, 60, 350
Jesse Conyers, 200, 50, 10000, 100, 975
Isaac B. Conrad, 260, 100, 10800, 100, 2625
James Daugherty, 85, 15, 4000, 75, 725
John W. Dejarnett, 150, 130, 11250, 100, 2000
William Holden, 45, 51, 2500, 25, 380
Ranklin Blackburn, 80, 61, 2500, 20, 233
James Conyers, 150, 45, 3500, 75, 875
Absolem Skervin, 50, 37, 2600, 100, 800
William H. N. Carter, 70, 41, 2250, 60, 1000
Parker Thompson, 20, 20, 600, 25, 250
Thomas J. McGinnis, 350, 191, 17700, 200, 3415
Pinkney McMurty, 90, 10, 2500, 125, 1170
Morgan J. Simpson, 85, 15, 2500, 125, 1515
Samuel C. Rhodes, 60, 40, 2500, 80, 650
William A. Caldwell, 90, 28, 2000, 80, 420
Quintella Dills, 32, 28, 900, 25, 250
Elijah Belliter, 60, 62, 2500, 50, 1150

Jacob S. Conrad, 250, 175, 15000, 175, 2100
William Skervin, 194, 220, 12500, 75, 1720
Clement Theobald, 40, 45, 1700, 150, 590
Samuel H. Ecklar, 150, 72, 3970, 75, 1250
William A. Clark, 70, 51, 2815, 150, 650
Benjamin F. Lemmon, 60, 20, 2770, 100, 1578
William D. Eglen (Egler), 35, 40, 2250, 25, 600
Frank Bilbiter, 70, 26, 1900, 20, 528
Paul J. Renneckar, 100, 46, 3850, 150, 1200
William G. Conrad, 400, 360, 13200, 200, 3285
Mathew Neal, 70, 86, 3200, 100, 950
Hezekiah Thomas, 120, 21, 5000, 179, 1085
Soloman Nichols, 125, 21, 6450, 150, 1900
George W. Nichols, 140, 56, 7600, 550, 3028
Thomas Lemmon, 10, 22, 4000, 110, 700
William Tucker, 190, 10, 10000, 150, 3730
David Humphrey, 60, 25, 4000, 100, 975
John T. Clark, 178, 23, 8200, 150, 1278
William McDowell, 60, -, 2400, 50, 450
John McCoy, 140, 103, 8500, 50, 2328
Isaac McGinnis, 60, 24, 2100, 20, 950
James Kinslaer, 530, 260, 27000, 150, 4400
James Clark, 100, 53, 4600, 100, 1515
William P. Thomas, 80, 24, 3200, 100, 1100

Isaac N. Thomas, 40, 60, 2000, 30, 300
Eden Sandford, 100, 24, 3800, 150, 950
Matilda J. Wilson, 85, 37, 300, 50, 400
Mary F. Masterson, 70, 79, 2500, 25, 178
George W. McAtee, 35, 56, 900, 20, 170
Richard A. Dickerson, 100, 20, 3600, 100, 700
Hanah Henderson, 300, 168, 17045, 150, 2218
John W. Finley, 225, 15, 12000, 175, 1980
Alfred S. Byers, 120, 20, 8400, 100, 1000
William W. Henderson, 200, 70, 10800, 100, 830
Opi J. Lindsey, 120, 27, 9800, 100, 1450
Robert N. Daniels, 150, 5, 5000, 75, 400
Mary Lawless, 37, -, 1500, 50, 600
Uriel Tungate (Furrgate), 380, 60, 14000, 200, 250 (1250)
John Furrgate, 230, 50, 9800, 100, 1075
George Norton, 75, 18, 1800, 150, 500
Alvin M. Hume, 200, 59, 13000, 50, 3350
William Martin, 50, 50, 1350, 25, 250
Charles S. Clay, 45, 15, 2400, 25, 150
William R. Parish, 30, 20, 750, 25, 100
Battos Gettner, 75, 75, 1800, 20, 200
Gazner Bobbit, 70, 43, 1200, 20, 328
James R. Sechrest, 55, 25, 1500, 75, 483
George F. Wooster, 25, 25, 500, 20, 268
Henry Day, 85, 605, 5320, 100, 600
Henry Wallace, 90, 80, 4250, 80, 1700
Samuel Wallace, 60, 42, 3060, 30, 450
Charles W. Barnes, 150, 62, 4200, 150, 1775
John Baker, 85, 30, 1500, 30, 550
Hiram Norton, 50, 50, 1500, 15, 600
Thomas Adams, 50, 100, 1200, 50, 420
John P. H. Adams, 50, 150, 1600, 75, 400
Levi Wooster, 35, 15, 500, 25, 175
Henry Myers, 50, 47, 1000, 150, 600
Christopher Jones, 25, 25, 600, 75, 375
John F. Lucas, 70, 30, 1500, 100, 340
John H. Whaley, 25, -, 300, 25, 300
John A. Brown, 65, 53, 1500, 25, 310
Andrew Beard, 50, 50, 1200, 40, 530
Richard West, 30, 70, 1000, 150, 440
Robert F. Nicholson, 30, 36, 700, 10, 150
Robert W. Landrum, 55, 58, 1700, 100, 540
John Campbell, 25, 23, 700, 30, 400
Samuel H. Ashcraft, 30, 20, 750, 25, 175
John Barkirk, 60, 110, 2200, 30, 300
Joseph C. Daugherty, 40, 68, 2350, 50, 650
William Brumback, 130, 80, 3150, 250, 1000
William W. Rankin, 30, 13, 430, 20, 175
Isaac Rankin, 60, 40, 1200, 100, 500
Squire B. House, 10, 16, 300, 20, 125
Nancy Lowe, 68, 15, 1250, 25, 250
John W. Sturgeon, 75, 64, 2000, 75, 220
L. O. A. Lucas, 35, 4, 350, 150, 200
Henry Billeten, 25, 25, 500, 25, 200

Sandford Bilbten, 45, 37, 800, 40, 250

Benjamin P. Lucas, 40, 15, 825, 100, 230

Richard P. Lucas, 20, 47, 800, 10, 1000

Joseph H. Collins, 145, 70, 1750, 125, 528

William C. Collins, 40, 35, 1125, 25, 675

Simon P. Simms, 75, 28, 700, 85, 425

William H. Harrison, 60, 20, 1250, 30, 320

James P. Evans, 40, 36, 775, 25, 500

John W. Evans, 30, 30, 600, 20, 350

Roland McAtee, 67, 60, 2400, 80, 500

Thomas W. Page, 30, 50, 800, 20, 325

Margaret Judy, 77, 72, 1800, 30, 225

Mary Gaugh, 100, 145, 2450, 50, 650

Mary J. Clay, 75, 25, 1200, 35, 450

George W. Crutchfield, 25, 125, 1700, 15, 300

John W. Gaugh, 40, 40, 950, 40, 450

John Kege, 55, 97, 1900, 25, 710

John S. Marksberry, 75, 10, 2600, 100, 628

John P. Jones, 18, 80, 900, 25, 275

Andrew Shereffs Sr., 81, 100, 2350, 30, 850

Robert Shereffs, 50, 210, 3100, 20, 450

Jeremiah Rudicell, 25, 20, 8000, 30, 355

James A. Johnson, 70, 30, 2500, 100, 725

Henry B. Shereffs, 45, 91, 1600, 30, 550

William J. Shereffs, 25, 91, 1600, 15, 250

Hugh T. Shereffs, 35, 61, 1400, 14, 250

Andrew Shereffs Jr., 40, 60, 180, 20, 300

John T. Shields, 25, -, 300, 75, 400

Lewis L. Burrows, 80, 20, 1200, 60, 600

William S. Woodyard, 35, 45, 900, 50, 625

James H. Farmer, 90, 28, 1500, 30, 600

Matilda Carter, 40, 66, 900, 20, 150

Henry Ackman, 20, 15, 400, 15, 165

John D. Duncan, 25, 175, 2000, 25, 250

John Eads (Eals), 120, 213, 3600, 200, 1080

James H. Muselman, 400, 375, 5000, 150, 2300

William Williams, 100, 56, 2200, 30, 900

Landon S. Carter, 35, 72, 1200, 20, 440

Josiah Risen, 13, 8, 325, 15, 165

Thomas Risen, 13, 8, 325, 15, 350

Alfred Williams, 75, 31, 1600, 75, 650

Overton P. Bilbter, 40, 100, 2000, 25, 325

Louisa A. Chapman, 25, 10, 300, 18, 150

George Mozee, 50, 45, 1800, 100, 380

Thomas Clark, 180, 35, 5375, 100, 1778

John Q. Gouge, 30, 53, 2000, 25, 550

John R. Fulkner, 30, 27, 700, 25, 425

John Ferguson, 100, 100, 4000, 125, 1200

Sallie Reed, 50, 8, 1200, 130, 350

Edmond E. Evans, 51, 100, 1800, 80, 650

Robert Vance, 40, 25, 1900, 75, 875

Thos.G. Jeffers, 150, 150, 7500, 75, 2180

William McGinnis, 120, 50, 4250, 150, 1675

William Conrad, 265, 80, 10300, 100, 915
Joel M. Conrad, 200, 159, 7200, 125, 1330
Esom Conrad, 240, 100, 1360, 150, 2100
Lewis Meyers, 130, 225, 15000, 400, 1850
James Delehunty, 20, 23, 800, 60, 150
Moses McClure, 90, 90, 7200, 30, 1050
Roland D. George, 12, 43, 600, 10, 150
Elijah McIntire, 30, 76, 1060, 20, 200
Stephen White, 20, 30, 500, 10, 100
Alpheous Leach, 25, 58, 900, 15, 200
James Groves, 50, 20, 700, 15, 250
John E. Crammer, 30, 70, 1000, 10, 140
Napoleon B. Thompson, 80, 34, 1400, 20, 475
Henry Longnecker, 30, 23, 500, 15, 400
John C. Ferguson, 160, 140, 5000, 100, 650
Direth Beale, 40, 69, 900, 100, 450
J. Hugh Vaughn, 20, 30, 500, 15, 230
Martha Marshall, 30, -, 300, 10, 200
John G. Harrison, 45, 65, 1300, 30, 385
Wm. B. Robinson, 30, 20, 600, 15, 300
Benjamin G. McKinley, 100, 200, 3000, 40, 400
Perry J. Harrison, 85, 15, 1200, 200, 750
James E. Nix, 40, 460, 3000, 25, 200
Geo. W. Hampton, 20, 30, 500, 30, 545
Sarah Hampton, 40, 43, 800, 10, 125
Benjamin K. Merrell, 220, 80, 6000, 200, 1250

Wilton C. Caldwell, 100, 32, 3900, 200, 1070
James H. Gouge, 12, 9, 600, 10, 600
James H. Bramback, 72, 60, 1300, 25, 350
John White, 75, 40, 2000, 20, 375
James Zinn, 85, 15, 2500, 100, 1150
Vance Lemmon, 100, 160, 3900, 75, 1800
William T. Land, 50, 50, 500, 10, 140
George Burroughs, 30, 49, 1100, 75, 425
Thurston Gregory, 40, 49, 1350, 25, 425
Isaac Biddle, 15, 22, 375, 15, 125
Joseph E. Boswell, 75, 37, 3360, 100, 800
William Stroud, 55, 63, 1500, 85, 300
Overton P. Hogan, 700, 350, 45000, 300, 7590
James W. Hutchinson, 120, 51, 4275, 125, 2700
Lewis Kendall, 177, -, 6300, 50, 930
Joel Billiter, 100, 139, 2400, 15, 225
Weden L. Hume, 130, 63, 5800, 75, 1450
Bulwell N. Carter, 155, 55, 8400, 150, 1600
Jacob Isaacs, 80, 47, 3500, 50, 478
James H. Ferguson, 40, 13, 600, 25, 300
Alfred Kendall, 1165, 840, 44500, 350, 6400
Richard W. Ashcraft, 20, 30, 750, 20, 200
Squire Lucas, 60, 40, 3500, 50, 975
William Tucker Jr., 190, 60, 5000, 75, 1000
Benjamin F. Hodge, 12, -, 250, 25, 300
Eson Boyers, 50, 40, 9000, 100, 595
Abraham Lingenfelter, 60, 90, 2250, 75, 610

Wesley Tully, 100, 78, 4450, 70, 1030
Obidiah D. McNanama, 130, 114, 3600, 75, 1350

William Smith, 280, 213, 8000, 50, 1550
James W. Collins, 75, 110, 5500, 75, 1030

GRAVES COUNTY KENTUCKY
1860 AGRICULTURAL CENSUS

The Agricultural Census for Kentucky for 1860 was filmed for the University of North Carolina from originals held by the Duke University Library, Durham North Carolina.

There are some forty-six columns of information on each individual. Only the head of the household is addressed. I have chosen to use only six columns. These are shown below.

1. Owner
2. Acres of Improved Land
3. Acres of Unimproved Land
4. Cash Value of Farm
5. Value of Farm Implements and Machinery
13. Value of Livestock

Thus, the numbers following the names represent, 2, 3, 4, 5, 13.

The following symbol is used to maintain spacing: (-)

Benj. Head, 19, -, 180, 5, 78
Jas. M. Sanderson, 55, 300, 3000, 125, 500
Due Perkins, 15, 100, 1500, 50, 800
Martha Perkins, 100, 300, 5000, 100,2 00
Hosetta Wadkins, 20, 100, 500, 50, 200
James Gardner, 15, 65, 1000, 50, 200
Ervin Anderson, 130, 2091, 20000, 100, 800
Eilever Edens, 40, 120, 2000, 100, 500
W. L. Haynes, 60, 90, 2000, 150, 400
Carrol Hickman, 20, -, 600, 25, 150
W. E. Webb, 40, 60, 1500, 25, 300
Geo. Hes, 80, 300, 7200, 100, 800
F. W. Perkins, 20, 60, 800, 25, 100
John Baldree, 60, 125, 2500, 150, 800
J. M. Coleman, 100, 140, 3700, 150, 800

Rubin Linn, 70, 255, 4000, 100, 40
James Armistead, 30, 30, 900, 75, 350
J. E. Burchard, 30, 32, 90, 25, 250
Wm. C. Rust, 100, 240, 7000, 100, 200
James McNabb, 15, 20, 500, 10, 100
J. W. Smith, 45, 20, 1200, 25, 600
Lucy Reynolds, 45, 110, 2000, 25, 300
Joseph A. Armistead, 20, 100, 1000, 25, 400
M. B. Armistead, 55, 150, 4000, 100, 400
R. A. Simms, 20, 80, 500, 25, 150
B. G. Tilly, 20, 30, 300, -, 100
Wm. N. Fry, 10, 40, 600, -, 200
Elisha Adams, 50, 50, 2000, 100, 600
John Haynes, 25, 120, 200, 25, 150
Wm. Page, 35, 25, 1200, 50, 200
S. Nicholdson, 80, 85, 2000, 50, 500
Jas. Nicholdson, 20, 50, 500, 25, 150

Thos. Otey, 60, 100, 2000, 25, 400
Nancy _. Hester, 100, 540, 12800, 100, 600
Hawkins Hall, 40, 180, 3500, 100, 13
J. P. Thompson, 30, 140, 3400, 150, 500
B. C. Hobson, 20, 46, 1320, 50, 600
J. O. Allcock, 70, 500, 6800, 75, 1000
Mary Allcock, 180, 300, 3500, 50, 506
D. A. Allcock, 40, 40, 800, 25, 200
J. J. Dulin, 30, 130, 2000, 50, 150
Elizabeth Austin, 40, 120, 2000, 50, 200
Jno. B. Davis, 50, 110, 2000, 75, 300
L. P. Palwick, 30, 45, 700, 25, 200
J. W. Hocker, 37, 137, 3000, 30, 300
Jno. Y. Hocker, 20, 50, 1000, 15, 200
James M. Davis, 35, 145, 2000, 25, 300
R. F. Crooks, 60, 120, 2000, 50, 300
Jo. S. Slayton (Hayden), 40, 120, 2500, 100, 500
W. S. Sims, 33, 100, 2000, 75, 300
A. A. Flint, 45, 115, 2000, 20, 300
F. M. Jones, 12, 50, 300, 12, 100
Thos. W. Barriger, 20, 120, 2700, 75, 300
Geo. Cannon, 20, 50, 200, 25, 150
Darius Powers, 10, 20, 300, 50, 150
Geo. Powers, 20, 40, 400, 25, 100
Jno. Jones, 25, 35, 800, 50, 200
Jno. Stiles, 20, 45, 400, 25, 2
Calvin Powers, 15, 60, 200, 25, 200
James Peck, 130, 475, 8325, 100, 800
J. R. Lowe, 20, 40, 600, 50, 100
Mourning Lowe, 70, 90, 2000, 50, 500
Jno. Lowe, 100, 220, 4000, 175, 500
R. Parrott, 50, 240, 4500, 75, 500
J. R. Parrott, 20, 100, 1000, 25, 200
A. Hall, 75, 150, 3000, 75, 600

Jno. Woolf, 20, 20, 300, 25, 100
Robt. W. Mahan, 50, 110, 2000, 50, 800
E. A. Henry, 20, 60, 800, 25, 250
F. J. Fulgham, 75, 110, 2500, 75, 300
Henry Fulgham, 40, 60, 2000, 100, 400
J. H. Jones, 20, 60, 400, 25, 100
Ellias H. Spradlin, 50, 110, 2000, 25, 500
Jno. F. Mabrey, 20, 50, 600, 25, 100
Mary Pakins, 50, 110, 2000, 50, 150
A. Tucker, 16, 15, 600, 50, 100
Robt. Patterson, 20, 40, 500, 25, 150
James Reeves, 35, 125, 2000, 75, 200
C. N. Carter, 80, 240, 6000, 100, 500
Caleb Reed, 40, 120, 2000, 50, 300
John M. Bressie, 100, 250, 3500, 150, 800
Mathew M. Byrd, 50, 150, 2600, 100, 400
Saml. A. Hayes, 90, 330, 5000, 200, 400
Brant Honeycut, 30, 130, 2000, 100, 250
John H. Brown, 50, 100, 300, 150, 200
Ephraim Blair (Blain), 110, 156, 5000, 150, 1000
Levi Croley, 30, 50, 600, 20, 200
Jesse Byrd, 30, 50, 600, 20, 200
Joseph A. Bressie, 80, 320, 200, 800
Alexander Hill, 10, 20, 200, 20, 250
John W. Taylor, 50, 80, 1300, 25, 300
Jno. Hamblett, 50, 290, 4000, 75, 1000
J. R. Watson, -, -, -, -, 150
B. B. Elliott, 65, 149, 3000, 150, 300
Berry Rodgers, 25, 70, 1000, 50, 300
John P. Mason, 80, 420, 5000, 75, 300
Wm. Arnett, 40, 80, 1800, 75, 400
W. P. Basford, -, -, -, 10, 200

Hugh Hamblett, 30, 130, 2500, 40, 250
G. W. Boyd, 75, 197, 3500, 125, 800
Amy West, 20, 60, 1000, -, 150
J. S. Wilkerson, 50, 163, 4260, 75, 600
Jas. B. Happy, 120, 333, 7000, 1000, 1000
S. S. Galloway, 40, 333, 5000, 200, 500
Luke Albritton, 40, 30, -, 20, 300
Thomas Adams, 75, 168, 6000, 100, 400
P. Wm. Overby, 71, 15, 1600, 150, 600
Saml. M. Purcell, 75, 400, 9500, 500, 500
Thos. H. Mayes, 55, 160, 4000, 200, 1000
R. F. Puryear, 10, 46, 500, 30, 200
Benj E. Adams, 80, 255, 8000, 125, 600
James Harrison, 40, 40, 1600, 100, 400
Chas. Gilbert, 40, 120, 2000, 75, 500
L. C. Albritton, 15, 35, 500, 5, 150
G. S. Carter, 40, 280, 3840, 150, 700
Saml. Chriswell, 23, 38, -, 25, 200
Daniel McNeil, 140, 420, 6000, 150, 600
Jno. L. Allen, 55, 45, 1500, 100, 400
Joshua Bouz, 200, 219, 5000, 700, 1000
Clinton Richardson, 60, 100, 200, 150, 200
Wm. Richardson, 20, 20, 400, 20, 150
Carter Richardson, 20, 20, 400, 20, 150
James Carter, 20, 20, 400, 15, 150
John Dawson, 85, 165, 5000, 100, 1000
James Richardson, 20, 50, 500, 25, 300
W. C. Hester, 50, 100, 1000, 30, 200
Wm. Goins, 20, 40, 500, 20, 100
Richd. Page, 12, 105, 2000, 75, 300
Saml. Sullivan, 15, 60, 750, 40, 200
R. F. Nance, 50, 50, -, -, 200
James Biggs, 40, 200, 4000, 150, 100
E. L. Nance, 75, 75, 1800, 150, 500
Saml. Mahan, 200, 120, 3900, 200, 600
James Mahan, 20, 140, 2000, 15, 500
L. M. Barriger, 30, 130, 2200, 50, 400
Geo. G. Barriger, 100, 700, 3000, 200, 300
J. W. Hooper, 15, 35, 500, 50, 200
Jno. A. Lamm, 80, 123, 3000, 100, 500
A. V. Orr, 50, 120, 2000, 100, 300
Eli Smith, 275, 265, 8000, 250, 800
R. B. Stubblefield, 20, 40, 500, 100, 500
James M. Whitlow, 45, 125, 2000, 100, 300
Catherine Whitlow, 15, 25, 500, 50, 100
G. W. Lamm, 25, 55, 1000, 50, 300
Robt. M. Claton, 15, 65, 1000, 50, 100
Jno. B. Stevenson, 35, 95, 1950, 300, 500
James Lamm, 15, 65, 1000, 25, 200
M. Stevenson, 10, 158, 200, 100, 500
Edmond Fulgham, 72, 100, 2500, 25, 400
W. W. Lamm, 15, 35, 1000, 25, 200
L. D. Orr, 16, 34, 500, 25, 200
J. W. Griffith, 18, 35, 600, 30, 200
Geo. F. Orr, 40, 60, 1500, 50, 400
Jas. (Jos.) M. Lamm, 60, 85, 2000, 300, 1000
Alf Goins, 60, 65, 1500, 50, 200
L. L. Williams, 20, 60, 800, 50, 300
Lucinda Scaggs, 80, 80, 200, 75, 300
L. S. Toon, 60, 70, 1800, 120, 400
Jas. B. Seay, 75, 180, 3000, 100, 400
Willis Sellars, 25, 45, 1000, 50, 150
Wm. Tilley, 110, 164, 4000, 50, 300

M. Stations, 40, 600, 1000, 25, 300
John Powell, 60, 100, 2000, 50, 500
Wm. G. Powell, 20, 30, 500, 25, 200
Wm. Baldree, 80, 80, 2000, 75, 500
John S. Pryor, 80, 260, 6400, 150, 800
John H. Pryor, 25, 20, 800, 50, 300
John Nall, 25, 100, 2500, 50, 300
John T. Anderson, 40, 120, 2000, 25, 150
C. S. Beaman, 50, 150, 2000, 75, 300
C. W. Russell, 40, 60, 1200, 50, 200
J. M. Thomas, 100, 355, 700, 175, 1000
Robt. H. Fristoe, 60, 80, 2800, 150, 800
W. S. Kemble, 20, 100, 2000, 50, 200
Saml. Carney, 30, 130, 2000, 50, 300
Lycurgas Thomas, 140, 455, 9000, 125, 1200
Lewis Helfrey, 30, 130, 2500, 50, 300
A. W. Brown, 40, 60, 2000, 50, 400
Thos. Allcock, 30, 100, 2000, 30, 250
Chas. Perry 20, 40, 1000, 25, 200
Geo. Ward, 20, 50, 500, 30, 150
Stephen Carney, 60, 50, 2000, 75, 500
A. Simpson, 30, 30, 1000, 50, 200
Wm. Murphey, 40, 60, 1000, 40, 200
Elizabeth Miles, 40, 40, 2000, 50, 400
Geo. Fristoe, 60, 140, 4000, 125, 600
T. S. Russell, 70, 200, 5000, 100, 600
J. M. Allcock, 75, 100, 2250, 75, 40
John Woods, 20, 50, 600, 25, 100
Thos. Allcock, 50, 110, 2000, 125, 500
James Allcock, 350, 150, 5000, 200, 800
John Allcock, 30, 100, 1500, 50, 500
John McNeil, 25, 100, 1200, 40, -
John C. Russell, 100, 400, 6000, 150, 800
Thos. Hall, 40, 40, 100, 100, 400
J. W. McReynolds, 12, 68, 1000, 50, 300
D. T. Cargill, 80, 340, 6300, 125, 400
M. B. Hodges, 20, 70, 800, 50, 30
B. T. Hudleston, 30, 700, 1000, 25, 400
Wm. H. Byrd, 20, 100, 1000, 50, 200
Henry Miller, 25, 130, 3000, 100, 500
E. Grant, 20, 40, 600, 20, 150
Wm. F. Anderson, 60, 320, 6000, 50, 400
J. W. Kemble, 200, 1000, 18000, 200, 1000
J. R. Patterson, 50, 100, 4000, 100, 1000
J. M. Patterson, 50, 100, 4500, 20, -
D. W. Chapman, 30, 40, 600, 30, 150
Wm. B. Michener, 30, 50, 700, 25, 400
R. N. Gregory, -, -, -, -, 300
T. _. Albritton, 40, 60, 2000, 75, 600
Joseph Albritton, 20, 30, 800, 30, 150
D. R. Wortham, 100, 100, 2000, 100, 300
E. A. Woodward, 275, 200, 9000, 500, 1000
James Mills, 17, 50, 600, 50, 125
L. G. Mason, 70, 150, 5000, 100, 400
A. H. Mason, 20, 50, 1000, 50, 150
S. P. Cargill, 50, 60, 2100, 75, 400
J. S. Adams, 80, 600, 11300, 100, 400
James Moore, 70, 90, 2000, 75, 500
D. B. Farmer, 20, 50, 600, 50, 200
D. J. Adams, 15, 20, 700, 25, 200
W. Giles, 25, 50, 1000, 50, 200
Z. B. Thomas, 50, 100, 1200, 50, 50
J. W. Nance, 20, 150, 3000, 50, -
L. A. Adams, 25, 50, 800, 60, 250

M. A. Albritton, 40, 50, 1000, 50, 30
_. W. Brawley, 20, 50, 800, 25, 150
E. G. Thomas, 75, 325, 6500, 100, 400
G. F. Drone, 100, 200, 7000, 150, 1000
John A. Hatcher, 40, 50, 1000, 50, 100
Geo. Weston, 80, 109, 2100, 100, 500
Peter Albritton, 15, 35, 780, 50, 300
Wm. Orr, 60, 130, 2500, 75, 400
David Dove, 50, 150, 3000, 50, 500
C. E. Boswell, 100, 540, 9000, 150, 1200
Saml. Albritton, 35, 125, 2000, 75, 350
J. T. Cartwright, 50, 110, 2000, 50, 500
L. Albritton, 100, 85, 2800, 100, 40
A. Gibson, 70, 100, 1000, 50, 20
Allen Dowdy, 20, 50, 100, 50, 200
Joseph Dowdy, 70, 270, 6400, 100, 500
J. B. Sanderson, 60, 100, 2000, 75, 800
W. W. Sanderson, 10, 70, 1000, 30, 200
Milley Sanderson, 40, 120, 2000, 50, 300
R. T. Pryor, 50, 550, 12000, 75, 300
Jo. Jones, 40, 450, 10000, 100, 600
L. M. Galbreath, 40, 450, 10000, 100, 600
Saml. Grant, 65, 95, 2000, 75, 500
A. C. Clopp (Clapp), 60, 100, 2200, 60, 400
Wm. A. Clapp, 20, 50, 1000, 25, 200
Thos. Watson, 20, 60, 1200, 30, 250
D. Eastwood, 10, 30, 500, 20, -
Wesley Draper, 20, 60, 1000, 30, 150
Wm. Watson, 25, 25, 600, 45, 200
Joshua Thomas, 20, 40, 800, 50, 250
Henry Smith, 30, 25, 1000, 30, 200
M. A. Payne, 30, 50, 2000, 20, 200
A. Goins, 30, 40, 800, 35, -
F. George, 20, 80, 1000, 30, 200
A. C. Gibson, 20, 180, 2000, 50, 800
Thos. Gibson, 40, 200, 3000, 100, 150
John Gibson, 25, 50, 300, 20, 150
A. W. Brooks, 10, 10, 50, 15, 150
Wm. McClendon, 40, 40, 1000, 30, 50
Thos. W. Rodman, 15, 20, 500, 20, 100
Joel McClendon, 50, 100, 2000, 50, 400
Wm. McClendon Sr., 20, 50, 1000, 30, -
P. Moore, 25, 30, 800, 40, 150
John Lee, 20, 50, 500, 20, 100
Henry Hayden, 50, 100, 1600, 75, 850
James Hayden, 50, 90, 1700, 100, 50
Henry C. Hayden, 30, 70, 1800, 50, 200
Kindred Jackson, 20, 30, 600, 20, 100
A. W. Hayden, 30, 60, 800, 35, 300
Eliza Gregory, 15, 50, 1000, 20, 450
Thos. Ritter, 20, 60, 800, 25, 300
Thos. Kerby, 120, 100, 3000, 100, 400
Sam Whitley, 30, 50, 800, 30, 150
Y. J. Gibson, 50, 110, 2000, 75, 350
L. J. Alexander, 30, 50, -, 30, 150
E. W. Tucker, 40, -, -, 50, 150
N. Edwards, 65, 350, 8000, 100, 500
A. Watson, 30, 130, 200, 100, 400
C. C. Myers, 40, 162, 4000, 100, 500
E. Anderson, 60, 240, 4500, 100, 400
W. T. Tucker, 40, -, -, 125, 700
N. G. Gibson, 25, -, -, 25, 350
Mark Copland, 20, -, -, 40, -
E. D. Gilliam, 40, 120, -, 20, 150
J. A. Osment, 20, -, -, 50, -
H. Gregory, 60, 240, 4500, 20, 800
J. W. Rives, 150, 440, 12800, 150, 1200
J. Boyd, 250, 430, 12000, 150, 1200

J. F. Copeland, 40, 40, 1000, 200, 300
Wm. Copeland, 20, -, -, 50, 150
J. M. Boyd, 20, 140, 2000, 25, 250
J. J. Boyd, 35, 190, 3000, 125, 500
B. Williams, 70, 90, 2000, 100, 300
H. Dowdy, 30, 100, 1600, 125, 150
Chas. Miller, 25, -, -, 40, -
R. T. Beasley, 60, -, -, 100, 1600
L. B. Holifield, 100, 776, 18141, 150, 1500
L. Nance, 100, 237, 3370, 125, 400
Y. P. Reynolds, 25, 50, 3000, 100, 500
H. N. Walter, 50, 80, 2000, 100, 120
W. P. Arnett, 20, 680, 200, 5, 700
Richard Pryor, 75, 80, 5000, 30, 900
Wm. Pritchett, 80, 275, 1600, 100, 300
Nancy Pryor, 100, 120, 3700, 10, 500
W. P. Holland, 60, 270, 3000, 20, 400
Martha Woods, 50, 115, 2000, 25, 500
G. W. Haley, 50, 40, 1200, 15, 500
Wm. Thompson, 40, 55, 800, 45, 400
J. W. P. Grant, 25, 130, 500, 10, 278
Jas. Thompson, 30, 40, 600, 20, 125
Henry Morris, 45, 35, 800, 8, 128
Amos Naney, 60, 100, 12000, 25, 460
Baxter Ray, 25, 135, 800, 6, 75
Caleb Jones, -, -, -, -, 335
J. B. Cochran, 8, 7 ½, 500, 75, 650
D. B. Turner, 18, 140, 300, 50, 195
Jas. Hendley, 35, 135, 1500, 30, 400
Aquilla Greer (Green), -, -, -, 25, 300
James McCloys, 55, 425, 1375, 80, 795
E. Hendricks, 50, 112, 750, 180, 750
Nathan Moore, 70, 90, 1050, 25, 500
Wm. Mangrum, -, -, -, 8, 100
J. M. B. Elliott, -, -, -, -, 125
James N. Colley, -, -, -, -, 250
Albert Shephard, -, -, -, 4, 115
Jas. Glass, -, -, -, -, 170
Joel J. Guthrie, -, -, -, 12, 350
B. S. Dunning, -, -, -, 5, 400
Jno. Williams, 27, 23, 405, 15, 350
Jas. Sheridan, -, -, -, -, 130
Andrew Williams, 43, 92, 1290, 140, 1187
J. F. Dunning, -, -, -, 10, 150
Thos. Jones, 25, 60, 1000, 10, 400
W. C. Beane, 12, 500, 620, 100, 400
Amelia Alexander, 60, 170, 1200, 100, 800
Nancy Crawford, -, -, -, -, 50
W. S. Alexander, 60, 170, 1200, 100, 800
Nancy Crawford, -, -, -, -, 50
S. C. Wilson, -, -, -, -, 300
Jno. M. Grant, -, -, -, 80, 550
Jas. H. Grant, 16, 64, 320, 100, 300
J. R. Gowan, 40, 120, 600, 50, 200
Jno. Frick, -, -, -, 3, 200
Rich. N. Waggoner, 30, 130, 300, 20, 500
Charlotte Waggoner, 35, 210, 300, 20, 100
W. W. A. Miller, 20, 95, 200, 40, 160
J. W. Crouch, 20, 50, 100, 6, 230
P. G. Smith, 50, 50, 300, 28, 350
David Crider, 35, 65, 300, 15, 175
John Miller, 50, 200, 3000, 100, 500
W. G. Thomason, 50, 110, 1600, 50, 400
R. W. Boyd, 50, 110, 3500, 12, 500
R. W. Allcock, 30, 130, 1600, 50, 300
Robt. Jones, 50, 200, 4500, 100, 400
F. E. Causby 20, -, -, 25, 250
Saml. Enoch, 60, 480, 6000, 200, 800
Saml. Mason, 100, 766, 1000, 250, 850
F. M. Cooper, 35, 745, 1200, 100, 400
Robt. Shepard, 25, 755, 1000, 50, 350

John Watts, 65, 7150, 4400, 25, 400
M. _. Watts, 25, 745, 1000, 50, 200
J. D. Edens, 40, 126, 2000, 100, 400
Wm. LM. Wilkinson, 40, 40, 1000, 50, 300
Stephen Beasley, 130, 130, 3000, 150, 100
Jerry Head, 25, -, -, 40, 200
Jeff Head, 50, 110, 2000, 50, 350
Rhoda Roads, 50, 110, 1600, 50, 350
E. P. Rades, 30, 50, 1000, 65, 300
A. Freeman, 30, 110, 1600, 50, -
R. Wilkinson, 100, 250, 6000, 100, 700
Jesse Bradshaw, 40, 120, 2000, 110, 50
J. T. McGee, 22, 17, 400, 50, 250
E. Wilkinson, 20, 100, 1000, 25, 250
W. E. Abbet, 20, -, -, -, -
T. B. Edens, 80, 175, 4000, 100, 400
M. L. Thacker, 20, 68, 1000, 50, -
F. Allen, 50, 35, 1200, 75, 350
H. G. Puryear, 75, 200, 4500, 150, 800
P. A. Curd, 50, 115, 2500, 100, 600
Robt. Humphries, 50, 150, 2000, 50, 400
J. W. West, 25, 175, 2500, 75, 450
Thomas Childers, 20, 50, 700, 50, 100
James Ivey, 20, 25, 600, 50, 150
Presley Ivey, 30, 40, -, 25, 100
John Ivey, 30, 30, -, 30, 150
A. J. Frazier, 25, -, -, 35, 100
F. Milburn (Wilburn), 20, 25, 500, 40, 150
B. E. Rhodes, 30, 50, 1000, 60, 700
John Milburn (Wilburn), 40, 40, 1200, 90, 250
Jas. Washburn, 40, -, -, 40, -
R. A. Key, 40, 45, 1000, 100, 300
David Frazier, 30, 40, 700, 50, 200
Jas. Mitchell, 30, -, -, 40, 150
Jasper Holifield, 25, 60, 100, 40, 150
A. S. Green, 15, 70, 1000, 50, 200

Martin Patterson, 40, 80, 1500, 60, 250
J. W. Adams, 10, 40, 1000, 30, 300
Wm. Conner, 40, 40, 1000, 20, 300
A. Conner, 20, -, -, 32, 200
T. C. Green, 50, 100, 2000, 60, 300
J. C. Green, 50, 110, 2000, 75, 600
A. Green, 65, 235, 4500, 125, 500
R. A. Green, 20, -, -, 50, 250
W. Ryburn, 200, 300, 7400, 150, 1000
Wm. P. Davis, 50, 100, 1600, 100, 300
L. C. Ryburn, 30, 70, 1000, 50, 150
J. M. Farrer (Farmer), 10, 30, 400, 30, 200
J. O. Patterson, 10, -, -, 20, -
E. Farmer, 100, 80, 2500, 100, 300
N. Farmer, 25, -, -, 20, 200
Samuel Wadkins, 20, -, -, 35, 150
Jack Carter, 20, 40, 1000, 50, 250
Wm. Brazier, 40, 100, 2000, 75, 300
Jackson Carter, 35, 30, 600, 45, 500
Joseph James, 50, 220, 5000, 125, 800
John Abbet, 20, -, -, 30, 100
James Heflin, 80, 100, 3000, 100, 800
Wm. Mason, 100, 200, 4000, 120, 500
Ed Roberts, 25, 35, 800, 75, 300
John Mason, 20, -, -, 25, 200
J. H. Parker, 40, 120, 1600, 40, 200
Lurena Adams, 50, 200, 5000, 70, 250
R. P. Monson, 50, 50, 800, 75, 300
Henry Harper, 85, 100, 3500, 125, 400
Wm. Gillmore, 40, 40, 1200, 100, 200
Green Chapman, 25, -, -, 25, -
Dain Heflin, 35, 65, 1500, 25, 300
C. W. Grant, 35, -, -, 100, 350
Tebetha McNeill, 50, 290, 6000, 75, 500
S. C. Wallace, 50, 50, 1200, 100, 600

Wm. Bridgman, 30, 50, 1600, 50, 300
J. B. McNeill, 20, 130, -, 50, 200
A. Conns, 40, -, -, 25, 150
M. Snider, 50, 105, 2000, 100, 350
Peter Snider, 50, 105, 2000, 100, 350
M. A. Hopindell (Hossindel), 30, 50, 1000, 50, 100
Geo. Miller, 40, 75, 1800, 75, 400
John Lesner, 20, 31, 600, 50, 200
C. F. Gore, 40, 110, 2000, 75, 400
Thomas Johnson, 50, 110, 2000, 75, 300
John Roser, 40, 120, 1600, 50, 300
Peter Good, 20, 20, 600, 40, 300
Ed King, 25, -, -, 20, 100
Geo. Kesting, 37, 80, 1600, 50, 450
A. Pout, 50, 70, 1200, 60, 300
Jesse Cinly, 50, 100, 1600, 50, 200
Rubin Dedric, 50, 110, 2000, 75, 500
N. Whitass, 80, 80, 2000, 125, 400
Noah Powers, 30, 130, 2000, 125, 400
Wm. Feagan, 50, 270, 5000, 100, 150
J. T. Buchinhan, 30, -, -, 20, 200
M. Pout, 30, 70, 1000, 50, 100
E. Jones, 30, 130, 1600, 20, 300E.
W. Smith, 130, 70, 1000, 50, 100
John Berry, 30, 30, 1000, 50, 150
Jacob Cross, 40, 70, 1200, 100, 200
Lewis, Cross, 20, 30, 600, 50, 300
Calvin Boaz, 50, 40, 1800, 70, 200
H. M. Blanchard, 50, 110, 2000, 80, 400
John Rumley, 50, -, -, -, 100
Joub Wafford, 20, 20, 500, 50, 100
David Dove, 25, -, -, 50, 100
Mary Wafford, 25, 27, 800, 40, 250
Wm. Wafford, 25, 30, 800, 25, 250
Saml. Wafford, 30, 30, 800, 25, 250
Saml. Bowles, 30, 70, 1000, 50, 300
A. Shaffer 30, -, -, 50, 200
Wm. Bowland, 45, 55, 2000, 75, 500
Rit_ Moore, 30, -, -, 4, 300
Lucy Gibson, 35, 80, 1500, 1, 150
N. C. McClure, 30, 85, 1800, 1, 250
W. Whitass, 100, 220, 3500, 100, 550
W. T. Bradshaw, 20, 25, 800, 50, 200
Ben Miller, 30, 175, 2000, 50, 300
T. J. Cope, 30, 50, 1000, 50, 400
G. R. Cope, 10, 50, 500, 60, 300
Jacob Copeland, 25, 55, 800, 75, 300
J. W. Minter, 30, -, -, 25, 150
W. J. Nanney, 40, -, -, 50, 250
W. M. Mason, 50, 110, 2000, 1000, 350
Saml. Mason, 25, -, -, -, 300
James P. Mason, 90, 610, 7000, 225, 600
Marion Hale, 25, -, -, 30, 225
Mat Ragsdale, 50,1 00, 1500, 75, 250
James Davis, 25, 50, 1000, 50, 150
T. M. Fiker, 25, 50, 1000, 40, 200
G. A. Creason, 30, 70, 1000, 50, 150
L. K. Creason, 20, 20, 400, 25, 200
Mrs. E. Davis, 600, 250, 6000, 125, 400
Eli Creason, 25, -, -, 20, 150
E. M. Flemming, 20, 60, 1000, 30, 150
Jno. Flemming, 30, -, -, 25, 175
Mrs. R. Flemming, 40, 60, 1000, 50, 200
H. S. Smith, 20, 60, 800, 12, 250
Q. A. Cromwell, 40, 120, 1600, 60, 300
Wm. Gibson, 10, -, -, -, 100
J. C. Chester, 20, 140, 1600, 100, 300
F. W. Sayre, 40, 40, 1000, 50, 150
M. B. Prince, 25, 135, 1600, 40, 200
Harris Allevek, 30, 100, 1500, 20, 350
Elizabeth Greer, 35, -, -, 30, 100
John Morse, 20, -, -, -, 150
W. W. Carson, 30, -, -, 50, 200
J. A. Dick, 50, 85, 2000, 100, 460
T. J. Hicks, 30, 200, 200, 50, 450

J. R. Hicks, 75, 450, 600, 100, 500
J. W. Cingleton, 40, 100, 2000, 75, 500
S. W. Greer, 40, -, -, 25, 150
R. W. Ford, 30, 50, 1500, 55, 300
Willis Hall, 30, 50, 600, 50, 250
Jas. Bradshaw, 50, 110, 3000, 125, 500
Lewis Causby, 60, 70, 2000, 100, 400
B. F. Foster, 80, 80, 1000, 40, 225
Wm. Cope, 35, 45, 800, 15, 500
Q. H. Cope, 40, 120, 1000, 10, 500
John P. Smith, 20, 60, 800, 25, 175
John Crinch, 30, 50, 500, 50, 1250
Wm. Riley, 40, 70, 1500, 6, 130
Qully (Tully) Ward, 75, 85, 1600, 15, 50
G. L. Ward, -, -, -, -, 100
Wash D. Cope, 40, 40, 700, 4, 200
Meses Hamby, 45, 35, 1000, 75, 450
Wm. Thompson, 40, 125, 600, 8, 350
B. W. Ellis, 50, 196, 2000, 50, 1100
Asa. W. Derrington, 12, 153, 60, 3, 175
Sanford Elliott, -, -, -, 10, 317
Dudley Travis, 20, 65, 200, 15, 250
Henry McCable, -, -, -, -, -
James Crawford, 60, 110, 800, 100, 578
A. C. Burkett, 30, 50, 600, 80, 300
W. A. Crook, -, -, -, -, -
Thomas McGowen, 9, 71, 200, 10, 320
Andrew J. Copeland, 35, 45, 600, 10, 100
Thos. L. Smith, 150, 431, 3000, 100, 1000
Marshal F. Lynch, -, -, -, -, 378
Wm. Jones, -, -, -, 15, 200
John Morris, -, -, -, -, 40
B. R. Prinkard, 75, 85, 1500, 50, 400
Jesse Hargrove, 50, 115, 1000, 50, 500
G. W. Hargrove, 35, 48, 700, 80, 283
C. D. Grant, -, -, -, 65, 140

John Elliott, -, -, -, 85, 165
Ben Greer, -, -, -, -, 68
Humphrey Chum, -, -, -, 125, 250
W. C. Hamblett, -, -, -, -, 700
S. W. Gray, -, -, -, -, 200
Alex Gallemires, 30, 130, 600, 75, 300
John Crittenden, -, -, -, 7, 300
Joseph Dugger, 40, 60, 100, 150, 300
B. I. Dugger, 25, 75, 375, 40, 280
E. C. Brady, -, -, -, -, 150
J. H. Tate, 55, 105, 400, 75, 200
W. H. Slaughter, 50, 110, 2000, 100, 500
Wm. Whitley, 100, 130, 4000, 125, 500
G. W. Wilmouth, 20, 50, 800, 25, 100
E. Wilmoth, 20, 20, 400, 30, 100
D. Wilson, 120, 200, 640, 150, 1200
A. H. Gibson, 80, 80, 3200, 100, 400
Abe Keeling, 20, 40, 500, 10, 150
Chas. Wyman, 50, 110, 2500, 75, 200
Chas Thorp, 40, 70, 2000, 100, 250
James Frizell, 40, 100, 2000, 50, -
J. W. Wiman, 20, 40, 1000, 40, 150
R. B. Thorp, 20, 60, 1000, 50, 250
Wm. Wiman, 30, 50, 1000, 45, 200
M. S.Wiman, 200, 310, 7500, 200, 1600
Wm. Thomas, 120, 440, 6000, 100, 1650
B. Hazelwood, 40, 120, 2000, 75, 250
Catherine Mills, 50, 100, 1800, 50, 25
J. R. Fittz, 30, 74, 1500, 40, 200
Moses Fittz, 50, 50, 2000, 50, 350
C. Hoobbs, 30, 40, 1500, 20, -
G. R. Ryan, 40, 60, 3500, 60, 300
J. V. Piles, 90, 270, 2000, 150, 150
W. W. Moxey, 75, 90, 600, 150, 400
_. B. New, 20, 50, 3000, 20, 100
H. Toon, 100, 140, 3000, 125, 300
Wm. Fettz, 50, 150, 1700, 100, 600

N. Tucker, 75, 75, 500, 125, 650
Wm. Williams, 20, 40, 2200, 20, 100
K. Jackson, 70, 90, 800, 125, 400
R. H. Jackson, 25, 50, 700, 50, 150
E. O. O'Conner, 25, -, 1000, 20, 100
P. Hayden, 35, 40, 1000, 50, 200
Thos. Thompson, 30, -, -,m 60, 150
Wm. Jordan, 20, -, -, 25, -
W. H. Shields, 30, -, -, 40, 300
Young Thomas, 35, -, -, 30, 200
G. Z. Edwards, 80, 220, 100, 50, 400
Isaac Copeland, 100, 190, 4000, 125, 500
John Bowmes (Boumes), 50, -, -, 50, 200
Jno. W. Holmes, 100, 150, 3500, 100, 800
James Gibson, 20, 20, 400, 20, 100
G. W. Sullivan, 50, 300, 4000, 100, 800
Owen Sullivan, 100, 500, 500, 50, 400
David Sullilvan, 20, 125, 1800, 50, 400
Owen Sullivan, 20, 30, 600, 20, 200
R. B. Knight, 150, 750, 16000, 100, 800
P. W. Knight, 20, 50, 500, 20, -\
W. W. Worrill, 40, 160, 3000, 50, 500
Nancy Cannon, 40, 120, 2000, 50, 300
James Powell, 20, 25, 600, 20, 150
Thomas Harper, 25, 75, 1500, 25, 200
L. Mills, 15, 20, 600, 20, 100
Mary Stafford, 40, 80, 800, 25, 150
Willis Miller, 25, 35, 1000, 25, 200
A. Kemble, 100, 245, 6900, 150, 1000
M. T. C. Kemble, 50, 100, 150, 50, -
John Kemble, 25, 145, 240, 50, -
Jno. Halbrooks, 70, 175, 55, 75, 500
Freeman Halbrooks, 20, 100, 2000, 20, 200
Ira Stafford, 20, 60, 1000, 25, 200
Adam Albritton, 25, 75, 1000, 30, 300
Jno. Flood, 20, -, -, 30, 150
S. J. Murphy, 30, 105, 2000, 50, 250
Catherine Trauber, 30, 40, 1000, 20, 100
Joseph Drake, 16, 50, 1200, 40, 200
F. C. Chapman, 20, 50, 600, 25, 200
J. M. Sawyer, 20, 40, 500, 30, 200
Daniel Chapman, 400, 380, 9600, 100, 500
Jas. W. Heaton, 50, 153, 4800, 75, 600
Richd. Heaton, 10, 60, 100, 25, 200
Green Hundly, 40, 60, 1500, 40, 1250
G. F. Halbrook, 75, 110, 3000, 75, 500
Malinda Patterson, 40, 100, 2000, 50, 200
Wm. P. Anderson, 20, 30, 800, 40, 300
L. A. Donner, 20, 110, 3000, 50, 700
Thos. Casman, 50, 290, 6200, 200, 300
Rube Grace, 80, 40, 1000, 50, 300
G. J. Williams, 25, 55, 1000, 75, 300
G. W. Babb, 40, 120, 2000, 50, 150
Wm. H. Adams, 45, 40, 1500, 100, 1000
K. R. Reives, 40, 35, 3000, 50, 450
Malinda Noels, 100, 360, 9000, 75, 600
M. L. Smith, 50, 100, 1500, 50, 250
E. Robinson, 30, 30, 1000, 75, 300
F. M. Cargill, 20, 50, 1000, 25, 300
B. A. Slayden, 60, 300, 7800, 110, 1000
E. Morris, 75, 200, 4800, 100, 1000
Wm. Sellars, 30, 700, 1500, 75, 600
T. M. Kenedy, 20, 40, 600, 20, 300
W. M. Powell, 50, 100, 2000, 75, 100
Henry Moore, 60, 100, 2000, 50, 1100
Madison Moore, 20, 20, 300, 20, 400

John Chapman, 20, 40, 800, 40, 400
Stephen Chapman, 20, 30, 600, 30, 500
Harry Chapman, 30, 80, 2000, 50, 2000
Wm. Dowdy, 60, 140, 4000, 75, 400
Jno. Dowdy, 20, 60, 1000, 25, -
Wm. Linair, 10, -, -, 20, -
T. H. Fristre, 22, 75, 2000, 50, 400
Margaret Harper, 30, 175, 4000, 75, 400
M. T. Cobb, 80, 85, 2000, 80, 400
W. H. Woodward, 205, 120, 6500, 700, 1500
James Lemeter, 10, 60, -, -, 100
Rice King, 20, -, -, -, 150
A. Carney, 30, 130, 3200, 150, 1000
Silas Chapman, 40, 60, 2000, 100, 150
Wm. Chapman, 30, 40, -, 25, 150
Geo. Hopkins, 50, 100, 2000, 50, 500
Jesse P. Adams, 25, 75, 2000, 50, 400
Isaac Albritton, 40, 60, 2000, 50, 300
Jno. M. Albritton, 25, 50, 6000, 50, 200
Jacob Albritton, 20, 20, 600, 25, 200
John Sanderson, 60, 200, 5000, 70, 800
Jno. Dill, 40, 100, 1500, 20, 100
H. L. Anderson, 70, 269, 5000, 100, 800
J. M. Adams, 120, 220, 6000, 150, 1000
B. H. Adams, 20, 60, 1600, 150, 1000
Jasper Babb, 30, 100, 1500, 25, 100
David Smith, 25, 50, 600, 30, 100
Nancy Smith, 20, 50, 500, 15, 100
Jno. Sullivan, 100, 380, 8000, 150, 700
Elijah Sullivan, 25, 50, 800, 25, 300
Rebecca Ports, 10, 40, 250, 25, 150
H. Stafford, 15, 60, 600, 30, 200
J. H. Albritton, 10, 20, 400, 15, 100
Jas. A. Albritton, 20, 120, 1200, 20, 200
Chas. Gilbert, 40, 120, 2000, 100, 400
Peter Gilbert, 25, 130, 2000, 50, 500
Wm. Gilbert, 30, 130, 2000, 75, 350
Catherine Gilbert, 50, 110, 2000, 50, 200
Uriah Sullivan, 70, 200, 3500, 100, 500
J. F. Sullivan, 20, 50, 800, 20, 20
Larkin Miller, 10, 50, 600, 20, 100
Jeremiah Sullivan, 30, 180, 1600, 20, 300
T. M. Tidwell, 20, 60, 400, 15, 150
Wm. Jones, 100, 135, 4500, 150, 600
Pinkney Jones, 30, 140, 1600, 50, 500
Wm. L. Tucker, 10, 20, 150, 25, 150
Jesse Sellars, 30, 120, 2500, 50, 200
David Sellars, 10, 150, 1500, 20, 200
J. W. Marshall, 50, 185, 3500, 125, 600
A. Tantring, 35, 40, 1000, 75, 250
W. C. Hudleston, 40, 50, 1500, 75, 400
E. G. Murphey, 65, 100, 2500, 100, 450
Wm. B. Jones, 50, 110, 2000, 50, 400
R. B. Night, 25, 135, 2000, 30, 200
John Spradlin, 40, 70, 1500, 50, 300
Laf Stafford, 30, -, -, 25, 100
Thos. Goins, 40, 43, 1000, 76, 300
W. S. Nance, 100, 260, 5000, 156, 900
Jno. Goins, 20, 140, 2000, 30, 300
Jno. Page, 20, 40, 800, 30, 200
E. W. Hughes, 50, 150, 300, 100, 300
Coleman Farthing, 150, 1146, 6000, 125, 600
E (F.) Fulgham, 20, 80, 1500, 50, 250
Nancy Marsh, 20, -, -, 20, 100
Thos. J. Dowdy, 20, 40, 80, 25, 250

S. W. Hellough, 45, 115, 2000, 75, 400
Page Adams, 30, 100, -, 75, 400
J. W. Mahan, 50, 110, 2000, 75, 700
Elijah Carman (Cannon), 100, 300, 12000, 150, 400
Jas. N. Simmons, 20, 30, 250, 50, 300
Green L Duff, 20, 400, 400, 40, 150
Jas. M. Wilson, 50, 170, 2000, 100, 500
R. T. Whright, 85, 225, 4600, 200, 1000
A. A. Braswell, 100, 370, 11750, 200, 1200
G. J. Boswell, 35, 205, 4800, 100, 500
L. F. Keeling, 25, 55, 1600, 50, 300
J. N. Stephens, 100, 180, 5600, 100, 600
Charlotte Stephens, 100, 180, 5600, 200, 700
Austin Hobbs, 60, 70, 2000, 100, 400
July Ann Roberts, 40, 50, 1800, 50, 300
S. B. Ballard, 50, 100, 3000, 100, 600
T. M. Bybood (Byhood), 25, 25, 3000, 50, 300
Thos. Jents, 140, 180, 3000, 1000, 600
V. T. Hobbs, 30, 60, 18000, 100, 400
Joseph Clements, 10, 50, 200, 50, 150
Saml. Willitt, 100, 200, 3750, 100, 500
G. H. Boswell, 10, 10, 2000, 650, 350
John Peebles, 100, 100, 3000, 200, 700
David Peebles, 15, 65, 1000, 50, 200
Thos. Catsinger, 100, 200, 4000, 150, 900
Stephen Jewell, 90, 83, 2900, 100, 600

J. W. Willett, 50, 212, 4000, 100, 400
Ben Pascall, 40, 30, 1000, 50, 400
G. R. Catsinger, 25, 150, 1000, 50, 300
J. F. Carieg, 30, 50, 1000, 20, 200
R. J. Carieg, 30, 40, 500, 10, 100
S. T. Elliott, 40, 46, 1000, 75, 300
H. J. Carieg, 70, 33, 1500, 75, 400
Wm. Marshall, 40, 45, 1000, 15, 300
Wm. Toon, 100, 170, 3000m 100, 500
S. L. Toon, 25, 25, 300, 25, 400
Wm. Ballard, 25, 15, 00, 25, 150
Jas. T. Riley, 35, 45, 1500, 25, 200
James Ryon, 15, 145, 2000, 25, 100
Saml. Hite, 40, 40, 1200, 25, 150
T. P. Riley, 40, 32, 1000, 30, 200
Matilda Riley, 20, 20, 500, 40, 100
Thos. J. Jones, 110, 210, 6400, 80, 750
L. L. Bruce, 40, 120, 3200, 100, 600
Ryan Reynolds, 80, 180, 5300, 100, 600
John B. Keg, 30, 50, 1000, 300, 400
Robt. Tyree, 30, 50, 1000, 300, 400
Robt. Vaughn, 25, 62, 1000, 40, 400
John J. James, 25, 62, 1000, 40, 400
Milton Summerville, 35, 65, 5000, 150, 450
U. D. Sullivan, 8, 72, 800, 75, 300
John Sullivan, 2, 78, 800, 75, 350
Josiah Clafford, 7, -, 40, 75, 100
Thos. J. Puryear, 80, 90, 3400, 200, 700
Allen Bryant, 75, 55, 1500, 50, 200
Jno. Clusterman, 75, 250, 4000, 50, 250
Jackson Sharp, 70, 90, 1600, 20, 400
Rich. W. Brickneyh, 20, 35, 700, 30, 150
Saml. T. Hill, 30, 70, 2500, 100, 450
Saml. Albritton, 100, 140, 5000, 200, 700
Joseph F. Dowdy, 65, 95, 2000, 100, 500

Week Carter, 35, 45, 1200, 50, 1500
J. R. Pruett, 10, 150, 2500, 25, 150
J. T. Jenkins, 125, 676, 9600, 300, 100
Jno. M. Garland, 130, 380, 3000, 100, 650
Jno. H. Guthrie, 25, 200, 3500, 25, 250
Wm. C. Robbins, 95, 68, 4000, 100, 400
James Gilliam, 70, 390, 9000, 150, 600
S. E. Landen, 110, 473, 1500, 150, 1000
Phil W. Austin, 100, 180, 4200, 100, 1000
A. J. Finney, 150, 450, 12000, 100, 600
J. Bateman, 45, 115, 2450, 30, 700
Saml. Tucker, 10, 40, 200, 20, 600
Thos Carman, 200, 1335, 27850, 500, 2000
John McClure, 100, 60, 2000, 100, 300
J. W. Scroggins, 44, 77, 2000, 200, 800
Wm. Crawford, 13, 10, 1000, 100, 700
W. H. Jackson, 25, 55, 1200, 25, 150
Thos. Dodson, 75, 370, 8900, 60, 300
Fed Sawyers, 10, 15, 500, 75, 150
Wm. Melvin, 100, 60, 250, 150, 700
A. Humphries, 30, 130, 2500, 150, 500
F. M. Allcock, 40, 110, 2000, 50, 340
Joshua Rust, 50, 80, 2000, 75, 400
Geo. F. Fry, 15, 40, 1000, 25, 150
A.T. Paschall, 30, 100, 1800, 80, 300
Moses Haynes, 25, 55, 1000, 25, 200
J. M. Whittemore, 15, 50, 1800, 50, 300
Wm. M. Allcock, 40, 40, 1000, 50, 300
James Hayes, 20, 20, 100, 25, 100
Dempsey Ward, 80, 100, 2000, 75, 300
M. G. Bryant, 8, 10, 100, 25, 80
Jas. C. Plummer, 25, 35, 800, 48, 300
R. N. Allcock, 45, 40, 800, 50, 300
Jas. W. Allcock, 10, 40, 50, 25, 150
A. M. Hunsaker, 20, 50, 600, 25, -
John Saunders, 30, 30, 700, 25, 300
Henry Golden, 21, 60, 1000, 15, 300
Wm. L. Lovelace, 40, 180, 4000, 75, 600
Franklin Hayes, 20, 20, 400, 25, 100
J. B. Rust, 40, 100, 1500, 20, 100
John Mantle, 20, 50, 800, 25, 100
Lewis Hayes, 30, 50, 850, 25, 200
Archer Hayes, 20, 50, 500, 30, 150
Wesley Page, 40, 40, 1000, 40, 200
Peter Dachesmith, 16, 20, 600, 25, 100
Janney Drew, 50, 170, 3000, 50, 300
Wm. M. Young, 25, 20, 600, 25, 200
J. N. Linn, 15, 50, 800, 30, 100
W. M. Adams, 60, 280, 4500, 50, 400
Chas. Kessie (Kessic), 60, 40, 1000, 50, 380
Thos. M. Ragsdale, 45, 115, 1600, 50, 300
Joshua Rust Jr., 40, 25, 1200, 75, 500
Malinda Roman, 30, 50, 1000, 50, 200
James R. Cargill, 50, 270, 4000, 50, 300
Wm. P. Cargill, 15, 20, 400, 50, 300
Daniel F. Cargill, 16, 20, 400, 50, 200
Abner Guyston, 20, 40, 800, 25, 150
Josiah Camey, 20, 40, 1000, 25, 300
Susanah Camey, 80, 80, 2000, 30, 30
Aron Camey, 20, 80, 1000, 75, 700
J. W. Virgin, 30, 60, 1000, 75, 300
Wm. D. Virgin, 10, 40, 1000, 25, 300
J. D. Virgin, 25, 20, 300, 25, 200

J. E. Elliott, 20, 65, 1000, 25, 300
Lucy Carico, 10, 20, 600, 40, 200
A. F. Woodson, 30, 30, 400, 50, 250
J. R. Carioc (Carico), 30, 80, 1500, 50, 300
James Peitte, 60, 300, 4000, 100, 400
J. D. Breckenridge, 170, 390, 7000, 200, 1500
Jno. Ashbrooks, 75, 320, 4000, 200, 500
Wm. A. Neil, 20, 110, 16000, 20, 150
Wm. B. Hobbs, 25, 55, 1000, 25, 250
Eligha Harper, 60, 100, 1600, 25, 100
Ignatis Bowles, 20, 50, 800, 20, 100
K. Harper, 40, 60, 1500, 100, 400
W. R. Young, 50, 150, 3000, 25, 250
J. W. Hobbs, 25, 35, 800, 25, 200
Mary Bright, 30, 310, 6000, 50, 300
Chas. Hobbs, 40, 70, 1500, 50, 300
Sidney Clark, 45, -, 300, 100, 100
J. W. Willett Jr., 30, 5, 800, 75, 200
S. W. Willett, 40, 40, 1000, 100, 400
Wm. J. Bright, 18, 142, 2000, 75, 250
K. S. Basford, 30, 30, 1200, 100, 400
Wm. Sellars, 50, 100, 1800, 50, 300
Jno. A. Sellars, 60, 100, 1800, 50, 400
Jno. R. Rodgers, 20, 130, 1800, 10, 100
F. Stubblefield, 60, 180, 4000, 10, 400
Wm. J. Wright, 20, 60, 1000, 75, 400
Jacob Perkins, 70, 133, 4000, 150, 800
Malinda Nance, 40, 210, 4000, 100, 600
J. D. Sheridan, 12, 100, 200, 75, 400
B. S. Willliams, 80, 83, 2445, 400, 1800
B. F. Cargill, 50, 110, 2500, 100, 400
Wm. Snow, 50, 165, 4300, 50, 400
John H. Wilford, 60, 190, 3000, 100, 350
Amos Smith, 40, 40, 1000, 12, 500
J. T. Collins, 110, 650, 76000, 150, 700
Manuel Gibson, 60, 120, 2500, 75, 400
J. A. Stubblefield, 20, 60, 300, 75, 500
Wm. C. Scofield, 150, 170, 3200, 500, 2500
Lewis Gray, 250, 730, 10000, 500, 2700
R. W. Hughlett, -, -, -, -, -
Wm. S. Jones, 40, 280, 1680, 50, 400
P. C. Williams, 40, 77, 1600, 100, 600
Sarah Turner, 20, 36, 1000, 20, 200
Jas. R. Wheelis, -, -, -, -, 15
Wm. Davis, 40, 40, 1500, 150, 500
C. M. Slaughter, 30, 57, 1500, 50, 500
F. W. Roberts, 45, 115, 2600, 75, 600
Allen Moody, 1000, 64, 2500, 100, 400
J. G. Gates, 90, 155, 4000, 175, 1350
H. M. Rose, 220, 316, 5360, 200, 1000
T. J. Cavender, 70, 90, 2500, 112, 700
L. W. Stark, 60, 24, 1000, 70, 980
John M. Bennett, 44, 34, 800, 80, 350
Isaac Williams, 55, 325, 5700, 100, 600
Martin C. Benson, 190, 312, 6000, 175, 1000
W. C. Williams, -, -, -, -, 85
T. C. Stark, -, -, -, 25, 100
F. M. Cannon, 50, 30, 800, 110, 220
Stephen Scofield, -, -, -, -, 150
Catharine Scofield, 18, 120, 1500, -, -
S. D. Hicks, 40, 53, 1500, 10, 250
Elial Hayden, -, -, -, 60, 400

L. C. Williams, 45, 55, 1500, 35, 450
Wm. H. Vaughn, 60, 57, 1200, 100, 250
J. M. Scofield, 70, 147, 4000, 135, 900
J. G. Meachem, 50, 111, 3000, 150, 500
Isaac Cannon, 60, 80, 2000, 100, 300
W. S. Cannon, 20, 60, 1000, 10, 150
W. G. Pirtle, 17, 53, 1000, 15, 160
J. A. Pirtle, 100, 218, 4770, 200, 550
W. B. Stark, 30, 50, 1000, 10, 230
W. J. Neeley, -, -, -, -, 75
Silas Cavender, 80, 80, 3000, 75, 500
S. C. Cavender, 75, 41, 300, 10, 240
J. M. Cavender, -, -, -, -, -
Hnacy Crutchfield, 75, 135, 4000, 75, 400
T. H. Dallas, 100, 200, 600, 100, 300
Jackson Star, 45, 35, 1000, 100, 420
J. M. McNeeley, 125, 255, 7800, 100, 1278
Iverson Nelson, 50, 20, 800, 60, 380
L. W. McFall, 100, 120, 4400, 200, 500
H. Powell, 130, 220, 7000, 75, 515
John Morgan, 80, 216, 5000, 250, 1050
R. H. Wiley, 75, 245, 2240, 400, 500
A. Harris, -, -, -, -, 20
W. Frazier, -, -, -, -, 100
M. Johns, 20, 33, 400, 10, 100
Jas. Yates, 100, 225, 5000, 100, 1000
J. L. Adams, 17, 123, 1680, 10, 600
Sarah Scott, -, -, -, -, 30
W. B. Turner, -, -, -, -, 150
L. B. Farmer, 40, 103, 2000, 15, 60
W. T. Taylor, 50, 90, 1500, 80, 500
A. Walker, -, -, -, -, 400
J. H. Timons, -, -, -, -, 75
Mary Newton, 40, 40, 300, 10, 200
Joseph Newton, -, -, -, -, 200
Elizabeth Muat, 50, 90, 1500, -, 100
J. D. Muat, -, -, -, -, -
W. C. Newton, 40, 80, 800, 100, 400
D. B. Cashion, 35, 65, 100, 12, 370
S. George, 50, 170, 2200, 100, 725
W. A. Shelvy, 50, 210, 1820, 30, 500
Francis Cool, 20, 110, 1040, -, -
G. W. Newton, -, -, -, -, 100
F. J. Hudson, 22, 78, 1000, 30, 1000
E. T. Batts, 30, 50, 500, 10, 250
Jas. (Jos.) Warren, -, -, -, -, 40
G. B. Webb, -, -, -, -, 150
J. W. Webb, -, -, -, -, 130
W. A. Bowden, 160, 216, 5000, 150, 744
J. P. Norwood, -, -, -, -, 500
M. H. Wortham, 70, 90, 3400, 75, 350
J. H. Gregory, 75, 175, 1600, 150, 700
Dempsey Odum, 100, 150, 2000, 100, 800
J. A. Briggs, -, -, -, 50, 100
Menecy McCune, 40, 30, 600, 35, 200
Wm. Morgan, 50, 110, 1000, 75, 300
Joseph Beadles, 90, 480, 2000, 100, 700
W. B. Odom, 35, 130, 700, 50, 200
W. L. H. Frasier, 40, 50, 800, 75, 350
J. C. Mullins, 25, 25, 400, 50, 300
Henry Weeks, 50, 110, 1000, 100, 1200
T. L. Redman, 50, 200, 1000, 75, 300
J. W. Kitts, -, -, -, 50, 100
W. Thornsburg, 30, 130, 600, 60, 350
M. A. Allison, 40, 20, 800, 50, 300
David Mullins, 50, 130, 1700, 100, 800
Joel Pittman, 30, 40, 600, 50, 200
T. F. Free (True), 100, 220, 2000, 100, 700
Mike Pitman, 50, 90, 1000, 75, 400
Ed Vaughn, 25, 35, 600, 50, 400
W. J. French, 30, 100, 600, 60, 200
Chas. Jackson, -, -, -, 40, 400

J. W. Kitt, -, -, -, 20, 150
Sam Martin, 20, 20, 300, 90, 100
Wm. Bennett, 30, 30, 600, 55, 300
J. H. Nicholls, 50, 130, 1000, 100, 900
Willis Hatchell, 20, 30, 400, 60, 400
F. M. Batts, 40, 40, 800, 90, 250
R. W. Smith, -, -, -, 50, 200
W. R. Smith, 50, 50, 1000, 100, 300
Lucy W. Bostick, 100, 240, 2000, 75, 500
G. W. Crawford, 50, 30, 1000, 60, 700
J. A. Sartain, 30, 30, 400, 50, -
J. C. Hopkins, 20, 50, 450, 75, 200
Lucy Hopkins, 100, 380, 1200, 50, 300
Elizabeth Webb, 40, 40, 800, 65, 600
Eveline Brame, -, -, -, 30, 150
Elizabeth Vaughn, 50, 110, 1000, 75, 600
John Clark, -, -, -, 50, 200
Henry Mobley, 50, 40, 1800, 95, 400
F. A. G. Bennett, 35, 100, 700, 60, 400
Russell Grovill, 75, 800, 1500, 100, 450
M. D. Morgan, 50, 210, 1000, 70, 800
Francis Kitt, 40, 300, 800, 75, 300
Jas. A. Jackson, -, -, -, 50, 250
Margaret Bennett, 50, 110, 1000, 60, 300
J. McAlister, 50, 110, 1000, 25, 400
Jas. Morgan, -, -, -, 50, 300
B. Smith, 50, 200, 1000, 75, 500
Jacob Frost, 26, 124, 450, 50, 300
John Frost, -, -, -, 50, 200
John McAlister, 30, 130, 600, 70, 300
J. O. Wilson, -, -, -, 50, 150
Joseph Jackson, 50, 250, 1000, 100, 700
N. C. Jackson, 20, 80, 400, 50, 200
J. T. Russell, 50, 10, 600, 70, 300
J. E. Bradshaw, -, -, -, 50, 300

A. H. Johnson, 40, 120, 800, 75, 350
E. Wingo, 50, 110, 1000, 50, 400
David Barnes, 90, 190, 2000, 150, 1500
D. Wadly, -, -, -, 50, 300
A. B. Stephens, 100, 1260, 2000, 800, 3500
Cynthia Osten (Orten), 20, 70, 500, 50, 300
A. Smith, 50, 100, 1000, 70, 400
W. C. Orten, -, -, -, 50, 200
W. C. Lyner (Lynes), -, -, -, 40, 150
W. J. Scott, 25, 30, 600, 70, 275
Cloe Roach, 40, 30, 800, 75, 500
Wm. Evans, 150, 130, 3000, 100, 900
Senata Laffoon, 76, 100, 1400, 200, 800
Sam Stokes, 40, 40, 1000, 100, 500
W. Stokes, 40, 40, 1000, 75, 400
Eveline Davis, 50, 110, 1200, 100, 700
James Jones, 40, 60, 1000, 75, 400
Thos. Cox, 40, 50, 800, 70, 400
W. B. Jackson, 30, 100, 600, 60, 200
A. W. Hayden, 40, 50, 800, 50, 300
M. D. Thomas, 60, 70, 1200, 75, 700
E. Crutchfield, 80, 80, 1600, 100, 400
John Crutchfield, l30, 50, 800, 50, 600
S. Bradford, -, -, -, 50, 200
H. Madgett, 40, 100, 800, 75, 400
Jas. Boone, 70, 150, 2000, 100, 600
G. W. Clanton, 200, 1000, 4000, 500, 1500
E. T. Hall, -, -, -, 100, 300
J. N. Little, 60, 200, 1500, 100, 400
A. H. Willingham, 150, 100, 3000, 75, 1000
J. N. Gillam, 40, 120, 8000, 50, 500
J. Campbell, 50, 110, 1000, 100, 1600
P. Campbell, 50, 40, 1000, 75, 700
Amy Moss, 50, 110, 1200, 100, 500
Jas. Wyatt, 25, 60, 400, 50, 300

J. M. Yates, 30, 50, 600, 50, 200
M. F. Hedge, -, -, -, 20, 200
W. P. O'Kelly, 50, 110, 1000, 100, 600
Jno. Campbell, 50, 97, 1000, 75, 700
Jno. Frost Jr., 50, 110, 800, 80, 200
D. T. Parker, 50, 110, 1200, 75, 700
W. H. Leach, 100, 400, 1200, 75, 700
A. Jones, -, -, -, 50, 200
R. Johnson, 50, 110, 1000, 75, 400
J. H. Chandler, 50, 130, 1200, 100, 300
J. H. Saunders, 250, 850, 5000, 300, 1800
Wm. Flowers, 40, 120, 800, 50, 300
Berry Blalock, 20, 60, 400, 30, 200
Mary Flowers, 35, 65, 1000, 60, 350
_. T. Ford, 25, 65, 800, 75, 300
Jane Stewart, -, -, -, 30, 200
C. Chaney, 30, 60, 400, 40, 250
M. Stark, 30, 60, 600, 50, 200
Jno. Stark, 40, 40, 800, 60, 300
T. J. Linderman, 70, 90, 2000, 100, 700
J. M. Crutchfield, -, -, -, 10, 400
A. M. Myatt, 50, 10, 1200, 75, 400
G. W. Wyatt, -, -, -, 50, 200
Wm. Hatchell, 50, 270, 1000, 100, 40
M. C. Watts, 90, 110, 1800, 125, 600
Jas. Frazier, 40, 120, 800, 50, 400
J. L. Frazier, 50, 110, 1000, 75, 700
R. E. Harper, 100, 300, 2000, 125, 800
W. Y. Eaker, 55, 105, 1100, 75, 600
L. L. Hill, 50, 110, 2000, 50, 300
J. Puryear, -, -, -, 50, 200
Jno. A. Gee, 50, 100, 1200, 100, 300
Henry Gee, 25, 35, 500, 50, 300
M. Saxon, 300, 700, 7000, 400, 2000
Jas. O'Kelly, 30, 110, 600, 75, 300
Wm. Pryor, 100, 100, 2000, 100, 600
Johnathan Pryor, 200, 450, 4000, 300, 2000

M. W. Rozell, 50, 350, 1200, 100, 400
J. S. Lindsay, 70, 90, 1400, 25, 300
Jeff Jackson, -, -, -, 50, 200
Jas. Gary, -, -, -, 30, 200
W. Mitchum, -, -, -, 50, 200
David Rogers, -, -, -, 35, 300
Simon Van, 40, 35, 800, 65, 300
David Patterson, -, -, -, 30, 700
Stacy Clapp, 25, 70, 1000, 50, 400
F. T. Watson, 25, 25, 800, 60, 400
Jas. Day, -, -, -, 60, 350
Warner Tucker, -, -, -, 75, 300
Young Tucker, 50, 150, 1000, 100, 700
H. Jackson, 40, 40, 800, 60, 400
Martha Combs, 40, 40, 800, 75, 400
T. J. Reed, -, -, -, 50, 200
Jas. M. Bailey, -, -, -, 50, 150
S. Wheeler, 50, 50, 600, 60, 300
Allen Wheeler, 20, 30, 400, 40, 200
J. W. Snow, 30, 100, 600, 50, 200
Wm. Snow, 60, 200, 1200, 100, 300
Wm. P. Snow, -, 20, 400, 40, 200
Mary Rodgers, -, 20, 400, 50, 300
C. N. Snow, 25, 35, 500, 40, 200
Jos. Sherrell, 50, 120, 1000, 100, 400
J. M. Jones, 20, 140, 400, 75, 500
Wm. Jackson, -, -, -, 60, 300
Jno. Rozell, 50, 110, 1000, 100, 400
Henry Price, 45, 55, 800, 75, 300
Gideon Price, 55, 105, 100, 50, 200
Nancy Eastwood, -, -, -, -, 300
Thos. Simmons, -, -, -, -, 75
A. A. Meadows, 100, 433, 3500, 100, 1500
Wash Boren, -, -, -, -, 100
A. Cisgen, 130, 400, 3000, 40, 350
W. S. Cissen(Cisgen), -, -, -, -, 400
Levi Pittman, 60, 140, 1000, 10, 250
W. B. Bowden, 40, 40, 600, 75, 400
Robt. Warren, 35, 800, 25, 280
Peter Warren, -, -, -, 40, 15
R.C. Cissen, 80, 150, 1600, 75, 400
Jos. Tibbs, 75, 285, 1200, 100, 900
Peter Taylor, 60, 136, 1600, 120, 900

Wm. Foy, 70, 100, 1700, 150, 1200
Preston Watts, -, -, -, -, 15
Thos. Page, 20, 20, 300, 50, 250
Wm. Tibbs, 20, 140, 700, 80, 140
A. New, 40, 78, 800, 8, 100
J. F. Morris, 20, 60, 500, -, 125
Carl Morris, 40, 40, 800, -, 400
W. A. Rhodes, 34, 84, 1000, 100, 150
Jas. Foy, 70, 240, 1500, 80, 500
W. A. Foy, -, -, -, -, 200
J. M. Rhodes, 50, 190, 2400, 100, 330
Wm. Wetherford, -, -, -, -, 60
L. S. Rhodes, 25, 75, 600, 60, 300
M. L. J. McGuire, 100, 140, 1200, 150, 650
E. W. McGuire, 50, 130, 1000, 100, 350
J. T. Seay, 140, 300, 3500, 150, 350
H. Foster, 25, 20, 450, 45, 100
J. C. Wilson, 22, 88, 880, 40, 250
W. B. Rogers, 70, 100, 1700, 200, 800
Wm. Fuller, 30, 30, 300, 15, 250
Jesse Reeves, 60, 44, 1000, 10, 280
P. Gotharn, 55, 38, 1000, 75, 450
A. C. Whitworth, -, -, -, -, -
Eliza Whitworth, -, -, -, 15, 575
J. J. Tibbs, 50, 250, 1200, 100, 300
J. W. Ellison, -, -, -, 50, 350
S. S. Brown, 50, 300, 1000, 100, 400
J. H. Brown, 25, 25, 500, 50, 350
J. W. Stark, 80, 90, 2000, 8, 350
Nancy Moize, 30, 30, 600, 5, 78
John Ryan, -, -, -, -, 150
R. E. Bailey, -, -, -, -, 150
H. Blalock, 100, 270, 3000, 150, 400
J. E. Cavender, 20, 24, 450, 15, 128
C. Fagan, 37, 23, 550, 10, 300
L. F. Jones, 15, 25, 400, 10, 100
J. B. Stanfield, 60, 91, 3000, 100, 700
W. J. Moody, 15, 15, 500, 5, 350
J. C. Carter, 25, 10, 450, 8, 15
E. H. Higgins, -, -, -, 40, 150
Robert Webb, -, -, -, 100, 400
Lucy _____, 75, 148, 3400, -, -
Wm. Offal, 35, 115, 200, 100, 450
J. S. Hughes, 175, 725, 15000, 200, 5739
Adam Webb, -, -, -, -, 225
Iba (Ira) Webb, 30, 50, 600, 10, 75
A. McElroy, 35, 20, 500, 50, 250
S. A. McCall, -, -, -, 9, 130
J. W. Osborn, 40, 50, 900, 35, 110
W. H. Roberts, 22, 40, 400, 65, 350
P. Roberts, 70, 35, 1000, -, 275
J. W. Cassner, -, -, -, 6, 70
Chas. Simmons, 50, 68, 1500, 35, 200
Phebe Taylor, 50, 110, 1400, 40, 300
R. L. Cassien (Cassiew), -, -, -, 15, 200
A. Roberts, 25, 75, 1500, 15, 300
G. W. Hanley, 45, 55, 1200, 50, 190
B. H. Hainline, 40, 179, 2500, 73, 375
J. H. Champion, 50, 86, 1400, 100, 600
Preston Wright, 25, 15, 400, 10, 100
W. W. Pritchard, 25, 55, 800, 300, 140
Saml Blalock, 70, 180, 3000, 75, 400
J. M. Blalock, 30, 27, 700, -, 175
Wm. T. Armstong, 15, 35, 500, 50, 40
Jeremiah Pryor, 50, 15, 1000, 75, 300
S. W. Bryan, 60, 100, 1200, 100, 700
M. Tribble, 10, 40, 200, 50, 200
Jos. Jackson, -, -, -, 60, 300
Oscar Bridgman, 50, 110, 800, 70, 300
A. Edwards, 150, 300, 3000, 150, 200
John Boren, -, -, -, 50, 250
W. T. Thomas, -, -, -, 50, 200
Reubin Keelin, -, -, -, 50, 200
John Price, 100, 900, 2000, 150, 700
W. Bridgman, -, -, -, 50, 300
Noble Piper, 50, 100, 600, 75, 300

C. C. Brown, 20, 70, 400, 80, 500
J. B. Roach, 50, 150, 1000, 100, 400
F. Holloway, 100, 150, 2000, 125, 700
Jacob Courtney, -, -, -, 50, 400
Jno. Bailey, -, -, -, 50, 300
Eliza Bailey, 50, 150, 1000, 75, 400
Taylor Tharper (Thasper), -, -, -, 50, 300
Jones Gregory, 50, 300, 1000, 100, 1000
Robert. Tharpe, -, -, -, 75, 200
J. H. Watts, 60, 200, 1200, 100, 800
J. L. Vanda, -, -, -, 40, 200
F. M. Kennedy, 20, 20, 500, 50, 300
T. A. Hayden, 300, 500, 6000, 200, 1500
A. M. Hollaway, 70, 80, 1200, 100, 600
Clark Jackson, -, -, -, 50, 200
Nancy Wilson, 50, 200, 1200, 25, 500
Robt. Chandler, 50, 110, 1000, 65, 400
Jno. Kiger, 50, 150, 800, 80, 300
Wm. Kiger, -, -, -, 50, 300
Jas. Kiger, 20, 25, 400, 40, 350
Noah Hollifield, 50, 150, 1000, 60, 400
C. F. Cafer, -, -, -, 50, 100
Jas. Western, 50, 150, 1000, 70, 350
E. Jackson, 50, 70, 400, 50, 100
W. C. Lepard, 40, 40, 1000, 60, 400
A. Lemott, 50, 120, 1000, 75, 500
C. Good, 40, 60, 800, 80, 200
W. T. Morris, -, -, -, 50, 250
Robt. Wooten, -, -, -, 10, 350
J. W. Meredith, -, -, -, 70, 200
Thos. Edwards, 50, 100, 100, 75, 600
James Tisdale, -, -, -, 50, 200
N. Keith, -, -, -, 50, 4000
Jas. Rogers, 40, 60, 2000, 75, 400
J. T. Fisher, -, -, -, 50, 300
P. H. Burns, 40, 120, 800, 75, 300
J. J. Lane, 75, 200, 1500, 100, 800
J. Folks, 50, 100, 1000, 50, 700

Wm. J. Suit, 50, 100, 1000, 75, 600
T. M. Davis, 10, 20, 200, 50, 300
Tempy Prince, -, -, -, 50, 200
Thos. Collins, 125, 500, 2500, 200, 1200
A. J. Carter, -, -, -, 50, 300
R. Neel, 70, 330, 1500, 125, 1000
Benj. Payne, -, -, -, 50, 300
M. A. Williams, 20, 30, 400, 50, 150
Thos. Ligon, 50, 200, 1000, 50, 500
R. K. Williams, 1215, 8000, 150, 1200
J. H. Richards, 200, 300, 5000, 300, 800
John Young, -, -, -, 50, 100
Jones Gregory, 125, 275, 2000, 150, 1000
Wm. Dodson, -, -, -, 50, 200
Henderson Gregory, 50, 110, 1000, 160, 350
W. W. Wooten, 50, 50, 800, 75, 350
W. H. Gregory, -, -, -, 50, 200
Pryor Owens, -, -, -, 50, 300
W. Michenor, -, -, -, 20, 250
Wm. Owens, 100, 180, 2000, 50, 300
Asa Greer, 50, 80, 1000, 70, 400
W. H. Greer, 30, 130, 600, 50, 200
Jas. McAlister, 35, 65, 700, 80, 300
H. W. Green, 50, 150, 1000, 75, 200
W. H. Michell, 30, 130, 600, 65, 300
Benj. Prewitt, 30, 130, 600, 25, 200
J. W. Mullins, -, -, -, 50, 300
Jane White, 50, 80, 1000, 75, 4000
W. C. Webb, -, -, -, 50, 200
Henry Ramsdale, 40, 50, 800, 76, 300
David Boaz, 150, 700, 3000, 200, 800
N. A. Coulter, 70, 245, 1500, 100, 900
D. McL. Johnson, 30, 175, 600, 100, 500
J. J. Shelton, 110, 500, 2200, 200, 700
W. A. Higgins, 40, 45, 800, 130, 50

J. A. Hamilton, 70, 147, 1000, 100, 647
J. C. Pryor, 60, 1067, 1000, 50, 690
M. J. Hollifield, -, -, -, 10, 300
E. Hollifield, -, -, -, -, -
Derias West, 40, 120, 800, 10, 300
Matilda Baker, -, -, -, -, -
John West, -, -, -, 10, 150
Susan Dotson, 40, 120, 800, 752, 25
C. H. Johnson, 25, 135, 500, 80, 300
A. T. Rogers, 60, 120, 1300, 85, 530
A. Sutton, 21, 139, 700, 60, 415
G. W. Martin, 14, 146, 400, 85, 2000
A. Tucker, 25, 135, 300, 80, 375
T. B. Phelps, -, -, -, 10, 170
J. W. Prince, -, -, -, 5, 35
F. S. Hollifield, -, -, -, 10, 75
Will Alexander, -, -, -, 10, 300
Rachel Alexander, -, -, -, 10, -
E. D. Gillam, -, -, -, -, 150
Mary J. Jones, 15, 30, 300, 10, 300
R. P. Mitchell, -, -, -, 10, 100
Wm. Watson, -, -, -, 300
W. C. Gwinn, 20, 65, 400, 18, 653
Thos. Copland, -, -, -, 60, 150
N. M. Jones, 50, 13, 500, 10, 200
A. Brockman, -, -, -, 15, 250
M. Laster, -, -, -, 80, 80
Jas. Laster, -, -, -, -, 40
Nancy Powers, -, -, -, 10, 40
Thos. Henley, -, -, -, 10, -
E. Covington, -, -, -, 15, -
S. Wheeler, -, -, -, 15, 100
J. R. Burns, 75, 61, 2000, 10, 530
A. J. Burns, 16, 144, 300, 100, 300
A. J. Copeland, -, -, -, 10, 75
H. M. Short, 30, 75, 600, 15, 275
S. Little, -, -, -, 85, 240
S. P. Smith, 50, 62, 1000, 110, -
E. Roach, 40, 75, 600, 55, 250
J. F. Little, 40, 86, 800, 100, 225
J. Little, -, -, -, -, -
M. A. Smith, 50, 70, 200, 100, 125
W. T. Friendsly, 20, 80, 1000, 15, 600

C. A. Friendsly, 75, 75, 400, 125, 425
L. D. Friendsly, 25, 135 100, 6, 150
W. W. Jones, -, -, -, -, 150
T. E. Ragsdale, -, -, -, 5, 108
J. D. Friendsly, -, -, -, 15, 250
J. F. Reed, 120, 270, 375, 75, 300
R. C. Thompson, -, -, -, -, -
J. A. Tucker, -, -, -, -, -
Thos. F. Bowles, 14, 26, 2000, 10, 200
A. Barnes, -, -, -, 50, 78
N. Berryman, 40, 120, 150, 65, 300
J. S. Franklin, 75, 245, 800, 150, 1120
Sarah Owens, -, -, -, 5, 100
E. Williams, -, -, -, 10, 125
R. Frasier, -, -, -, 40, 784
P. Frasier, 8, 72, 1500, -, -
J. Box, -, -, -, 10, 14
N. W. Little, 6, 4, 200, 10, 25
C. Holden, 35, 45, 100, 110, 250
Jas. Mitchell, 50, 136, 700, -, -
Jas. Roach, 11, 14, 800, 10, 100
L. Willingham, 100, 140, 150, 65, 300
J. C. Roach, 40, 60, 150, 125, 435
S. M. Lawrence, 100, 246, 600, 15, 275
Tabitha Fernel (Furnel), 20, 140, 2000, 5, 50
A. P. Cridel, 40, 80, 200, 75, 200
J. B. Lawrence, -, -, -, 10, 85
Thos. McNeely, 45, 237, 600, 75, 650
E. Jackson, 40, 150, 900, 100, 340
J. Birmingham, -, -, -, 10, 75
J. T. Carey, -, -, -, 10, 75
W. T. Burge, 75, 125, 1500, 85, 450
M. B. Grave, 150, 90, 4000, 225, 1965
Prudence Grace, -, -, -, -, -
W. H. Culp, 13, 20, 300, 10, 100
J. B. Morgan, -, -, -, 10, 75
Mary Leonard, 12, 54, 200, 10, 100
Jno. Kinney, 35, 65, 500, 75, 275

Thos. Fuzier, -, -, -, -, 5
B. C. Derrington, 100, 60, 1600, 125, 715
George Dickinson, -, -, -, -, 50
A. W. Dolison, 50, 110, 600, 75, 200
Jno. Culp, 20, 140, 200, 60, 240
E. L. Lambert, -, -, -, 5, 60
A. Howard, 12, 28, 150, 10, 125
A. Serrat, -, -, -, 55, 200
B. F. Serrat, -, -, -, 5, 200
Sarah Farmer, 20, 50, 300, 15, 125
Wm. Farmer, -, -, -, 5, 40
Jas. Lyles, 40, 74, 800, 55, 380
W. H. Derrington, 120, 157, 2200, 95, 635
T. R. Bolton, 200, 330, 3400, 325, 1000
Wm. Rowland, -, -, -, -, 50
B. Bolton, -, -, -, 60, 348
Calvin Wallace, 25, 77, 250, -, -
Jas. L. Wallace, 25, 720, 250, -, -
V. C. Hill, 35, 45, 500, 10, 350
Wm. Crowell, 65, 100, 900, 60, 400
Peter Crowell, 70, 70, 1100, 55, 325
G. F. Bourland, -, -, -, 10, 65
K. Wallace, 60, 100, 600, 25, 400
Eliz Wallace, 40, 115, 500, 10,3 00
Robt. Wallace, 30, 36, 400, 10, 75
A. Cunningham, -, -, -, 75, 80
E. Bolen, -, -, -, 5, -
T. C. Gamlin, -, -, -, -, 20
Jas. Farmer, -, -, -, 5, 75
W. Lyles, 10, 30, 100, -, 70
L. A. Harris, -, -, -, -, 75
J. Culp, -, -, -, -, -
Jacob Redwine, 40, 90, 500, 55, 210
Lucien Austin, 20, 100, 400, 10, 175
Oliver Cromwell, 2 lots, -, 250, 25, 35
M. Lyles, 70, 102, 3020, 100, 406
Harriet Washington, 200, 160, 4000, 3000, 1275
D. Mathews, 1, -, 400, -, 122
Jno. Piner, 1,-, 900, -, 100
J. W. Pearce, 25, 43, 500, 300, 850

A. M. Derrington, 30, 62, 600, 80, 190
M. A. Stroud, 45, 126, 600, 75, 900
L. A. Derrington, 80, 100, 1200, 10, 180
Jno. Frazier, 60, 105, 900, 75, 340
A. H. Cornwall, -, -, -, 10, 100
Jno. Cornwall, -, -, -, 10, 800
W. C. Holmes, -, -, -, 10, 125
E. W. Lamb, 60, 200, 1200, 15, 450
J. W. Lamb, -, -, -, -, 15
Henry Ivy, 20, 140, 500, 50, 200
R. Lofton, 80, 176, 1000, 75, 385
H. Birckhart, 20, 20, 120, 10, 75
Jno. Lofton, 40, 120, 800, 75, 665
W. H. Anderson, 19, 6, 200, 8, 300
J. Cunningham, -, -, -, -, 25
J. H. Portin (Portia), -, -, -, 35, 200
Isaac Dorms (Dooms), 50, 65, 500, 50, 400
R. Frizell, -, -, -, 30
Jas. Baker, -, -, -, 40, 175
S. Baker, 50, 89, 500, 10, 300
Julia Thompson, 30, 10, 350, -, 40
T. J. Baker, 150, 124, 1500, 75, 1045
J. E. Reeder, -, -, -, 10, 200
J. H. Mesamore, 50, 96, 200, 50, 220
S. Kesterman, 75, 85, 1500, 170, 535
J. H. Yoriam (Toriam), 65, 175, 1300, 100, 400
Jas. (Jos.) Carter, -, -, -, -, -
Dave (Danl) Justis, -, -, -, -, -
J. M. Wilford, 25, 235, 600, 80, 200
A. G. Jenkins, 60, 440, 1300, 4, 180
Wilson Hamlet, -, -, -, 9, 14
A. J. Fields, -, -, -, 85, 535
D. W. Bennett, 40, 70, 400, 50, 250
R. E. P. Field, -, -, -, 50, 350
E. F. Alexander, -, -, -, 5, 342
Wm. Hendley, -, -, -, 5, 6
Martha Fields, -, -, -, -, 15
Wm. Copeland, -, -, -, 10, 75
Jeff Copeland, 20, 60, 400, 60, 160
J. D. Craunch, 60, 390, 1000, 50, 400
Mary Craunch, -, -, -, -, 200
M. H. Hale, -, -, -, 10, 200

John Waters, -, -, -, 5, -
Foster Thompson, 50, 110, 500, 75, 452
Sarah Wallace, 16, 144, 250, -, 4
Wm. Powell, -, -, -, -, 120
H. W. Reed, -, -, -, 6, 300
Noah Reed, 143, 483, 1500, 250, 512
J. W. Reed, -, -, -, 5, 100
Mary Fagon, -, -, -, -, -
Martha Davis, -, -, -, -, 10
David Cox, 30, 235, 400, 75, 370
Love Fagon, 10, 15, 200, 10, 150
Anna Prince, -, -, -, -, 25
J. J. Prince, 12, 50, 200, 8, 178
J. C. Prince, -, -, -, 50, 160
C. Buckhart, 25, 140, 250, 10, 250
Nathan Carroll, -, -, -, 5, -
James Gore, 50, 50, 250, 10, 100
E. Holmes, 25, 120, 400, 75, 363
Wiley Davis, -, -, -, 10, 60
Jno. Hall, 60, 49, 400, 75, 500
Wm. Wryles, 100, 260, 1200, 85, 560
Jno. Owens, -, -, -, -, -
R. H. Coll (Call), 6, 104, 600, -, 130
I. Tucker, 50, 270, 600, 65, 660
G. B. Tucker, 30, 60, 300, 10, 75
Miles Baker, 40, 40, 400, 10, 130
Nile Freeman, 40, 13, 300, 10, 70
J. P. Thomasson, 30, 30, 350, 10, 130
Thos. Thomasson, 4, 116, 400, 60, 260
Jno. Cunningham, -, -, -, 5, 32
H. W. Gray, -, -, -, -, 100
Isham Griffith, 50, 450, 1000, 50, 610
W. W. Griffith, -, -, -, 50, 140
J. H. Holland, 50, 115, 1000, 60, 540
Jacob Goodlet, -, -, -, 8, 65
David Crane, -, -, -, 5, 78
Reubin Wilborn, 30, 50, 450, 10, 100
D. F. Foster, -, -, -, 10, 65
Jacob Luther, 45, 115, 600, 150, 800
N. A. Williamson, 80, 18, 1200, 100, 950

A. H. Page, -, -, -, 70, 492
M. E. Bullion, 27, 53, 500, 60, 300
A. J. Colley, 90, 190, 2000, 100, 700
N. L. Bowden, -, -, -, 160, 425
Eliz Browne, 90, 70, 1300, 15, 660
D. M. S. McGuire, -, -, -, -, 200
T. J. Murrell, -, -, -, -, 7
A. J. Tucker, 40, 120, 800, 75, 300
C. Taylor, 80, 160, 1600, 100, 785
H. P. Bennett, 70, 90, 1750, 70, 575
Eliz Slaughter, -, -, -, 100, 100
W. B. Emerson, 80, 80, 1600, 50, 700
Jas. H. Emerson, -, -, -, 100, 200
J. H. Emerson Jr., 80, 20, 1600, 100, 525
M. D. Emerson, 35, 125, 700, 25, 150
Eli Cagle, -, -, -, -, 175
T. H. Cooper, 8, 200, 1600, 100, 300
Jas. O. Cooper, 8, 200, 1600, 100, 400
M. G. Perkins, 20, 140, 800, 150, 530
Nathan Hale, 230, 300, 4500, 200, 2478
Jno. T. Coover, 35, 25, 700, 10, 230
A. J. Coover, 35, 25, 700, 115, 365
Z. Williams, -, -, -, -, 20
Saml. Page, -, -, -, 75, 725
J. T. Job, -, -, -, 60, 13
W. J. Todd, 36, 142, 500, 6, 385
Cletus Bridgman, 15, 430, 225, 10, 260
B. W. Smith, 25, 135, 300, -, 150
J. A. Hutchinson, 75, 120, 1500, 100, 150
Leonard Collier, 50, 270, 500, 5, 48
L. H. Buren, 50, -, -, -, 100
E. B. Carter, 50, -, -, 15, 300
Joseph Turner, 50, -, -, 10, 100
John Osmitz, 50, -, -, 10, -
David Osmitz, 175, 208, 200, 150, 1800
W. W. Poplin, 40, 184, 900, 15, 300
C. W. Wilson, 30, 130, 800, 50, 320

John Morgan, 30, -, -, 75, 200
Martha Bates, 30, -, -, -, 155
Mary Galloway, 40, 20, 400, 12, 200
H. Shelton, 40, 120, 400, 75, 340
Rebecca Finney, 40, -, -, 10, 80
John Finney, 40, 120, 400, 15, 100
J. G. Bowden, 72, 128, 1400, 60, 400
W. B. Smith, 40, 40, 1500, 100, 700
J. R. Boswell, 20, 160, 1500, 20, 200
Bryant Jolly, -, -, -, 50, 250
S. W. Baily, -, -, -, 75, 300
A. Copeland, 30, 50, 600, 75, 250
John B. Copeland, 30, 50, 600, 75, 700
E. Morgan, 40, 250, 800, 100, 200
E. Patterson, -, -, -, -,1000
O. H. Perry, 100, 200, 2000, 100, 300
M. R. Boon, 50, 50, 1000, 75, 1000
J. L. Hudgens, 50, 200, 1200, 500, 300
W. S. Jones, 10, 20, 500, 50, 300
J. B. Eaker, -, -, -, 75, 300
L. Gardner, 80, 280, 1600, 40, 300
N. W. Green, 90, 340, 1000, 50, 700
John Ridgeway, 150, 120, 3000, 200, 600
M. Labrier, 200, 50, 4000, 200, 400
Silas Rhodes, 50, 110, 1200, 75, 600
M. W. Galloway, 65, 185, 1500, 100, 1300
James A. Wade, 350, 820, 7000, 300, 1300
W. D. Lander, -, -, -, -, 1200
John Eaker, 250, 1750, 20000, 150, 1000
Chas. McDonald, 150, 300, 9000, 125, 1200
James M. Coulter, 20, 60, 3000, 50, 250
Nancy Anderson, 60, 350, 7000, 75, 15
O. B. Gamblin, 40, 56, 500, 55, 460
J. J. Collier, -, -, -, 5, 28
Joel Freeman, -, -, -, 25, 230
E. Smith, -, -, -, 10, -
Louis Kaln (Kaen), -, -, -, 10, 275
J. Shammel, 40, 86, 400, 55, 310
D. Thompson, 20, 6, 125
R. P. Cunningham, -, -, -, 5, 68
Beverly Boyd, 12, 148, 400, 50, 124
W. L. Hathcock, 40, 39, 400, 30, 349
A. O. Keebler, -, -, -, -, 25
Jacob Keebler, 100, 970, 2000, 50, 200
W. P. Fletcher, -, -, -, 5, 5
Nancy E. White, 30, 130, 300, 5, 150
S. P. White, -, -, -, -, 130
J. D. Burnett, -, -, -, 70, 140
F. M. Heathcock, -, -, -, 75, 200
E. G. Burnett, -, -, -, -, 50
David Kaln, -, -, -, 10, 165
Jacob Kinney, -, -, -, 75, 165
Wm. Badget, 50, 50, 500, 70, 328
Susan Mills, -, -, -, -, -
S. W. Derrington, 35, 39, 400, 60, 412
J. J. Entrican, 30, 70, 350, 15, 228
H. O. Reed, 45, 80, 500, 110, 285
W. P. Reed, -, -, -, 10, 78
Thomas Young, 50, 50, 500, 150, 600
Robert Young, -, -, -, 10, 200
J. A. Morgan, 5, 104, 125, 50, 290
Richard Edwards, 20, 80, 250, 50, 330
M. Reed, -, -, -, 60, 100
Henry Edwards, 30, 36, 350, 10, 110
A. Edwards, 30, 50, 400, 60, 295
J. H. Edwards, 20, 20, 300, 30, 170
A. Helton, -, -, -, 15, 100
H. C. Smith, -, -, -, 12, -
S. P. Morgan, -, -, -, -, 8
C. Morgan, -, -, -, -, 7
S. M. Purcell, 60, 420, 400, 200, 550
M. E. Hendley, 35, 28, 700, 10, 150
Jas. L. Dunbar, 200, 440, 4000, 200, 1200
J. Y. Webb, -, -, -, 75, 300
J. L. Grigg, -, -, -, 5, 78
H. L. Jones 85, 75, 3000, 150, 453
Wm. Bradley, -, -, -, 8, 100

A. Cox, 42, 230, 600, 90, 445
T. J. Haney, -, -, -, 10, 85
M. W. Bryant, 30, 185, 1400, 65, 310
James Bradley, -, -, -, 10, 60
S. E. Bostick, 10, 70, 250, 445, 280
Jas. R. Burns, 9, 101, 400, 55, 265
Wm. Bradly, 20, 60, 500, 40, 191
John Bradly, 15, 135, 400, 15, 215
Wm. Sutton, -, -, -, 6, 170
Thomas Bradly, -, -, -, 4, 10
Allen Bryant, 50, 80, 1200, 30, 350
Harvey Tucker, -, -, -, -, -
David Patterson, -, -, -, 10, 100
F. M. Tucker, -, -, -, 10, 125
E. Tucker, 20, 60, 400, 85, 300
W. D. Oliver, 4, 46, 200, 65, 250
J. H. Thomas, -, -, -, 75, 350
Mitchel Thomas, 60, 146, 1200, 15, 300
S. Copeland, 20, 25, 400, 10, 200
E. J. Patterson, 15, 20, 250, 5, 40
J. Copeland, 50, 60, 800, 85, 300
John H. Neal, 35, 119, 1225, 100, 330
E. Guier, 125, 675, 4000, 400, 1325
A. B. Beadles, 60, 135, 1500, -, 400
G. W. Thompson, 40, 120, 900, 60, 801
J. H. Russell, 35, 135, 700, 10, 335
S. L. Davenport, 95, 175, 2000, 65, 1500
J. W. Fears, -, -, -, 70, 150
Mary M. Majors, 25, 25, 500, 15, 378
M. S. Majors, 5, 46, 120, 10, 80
Newton Majors, -, -, -, -, -
R. Floyd, -, -, -, 10, 15
W. R. Casey, -, -, -, 10, 150
John Burnham, 15, 65, 300, 10, 368
F. M. Jordan, 5, 75, 150, 10, 300
B. F. Birmingham, 30, 50, 400, 10, 160
W. W. Williams, -, 3, -, 10, 150
J. W. Fore, -, -, -, 10, 250
J. J. Fore, 37, 43, 500, 100, 400
J. W. Casey, -, -, -, 10, 75
E. Charlton, 95, 135, 950, 100, 600
Rhoda Hampton, -, -, -, 5, 100
J. Hobbs, 60, 100, 1200, 50, 400
A. Faulkner, 75, 200, 1500, 100, 850
R. C. Mullins, 25, 99, 300, 90, 430
H. Thornsbrough, 40, 10, 450, 50, 370
T. Gore, -, -, -, -, -
A. Gore, -, -, -, 45, 155
L. G. Hail, -, -, -, -, 15
J. B. Copeland, -, -, -, 10, 165
W. A. Johnson, -, -, -, -, -
W. M. Mitchem, -, -, -, -, -
Noah Shelton, 60, 100, 1600, 65, 20
C. F. Chapman, -, -, -, 5, 150
J. Plumblee, -, -, -, 10, -
L. G. Beard, -, -, -, 50, 150
J. C. Beard, -, -, -, 10, 200
N. Plumblee, 40, 160, 1000, 10, -
J. A. Glidewell, -, -, -, 10, 100
L. O. Winslow, -, 8, -, -, 10
J. J. Wingo, 160, 290, 3000, 100, 450
P. W. Wingo, 30, 75, 500, 50, 125
S. Prince, -, -, -, -, 150
A. Copeland, 50, 190, 1000, 100, 500
Thompson Glass, 30, 70, 600, 75, 400
J. B. Bressio, 20, 35, 400, 60, 300
S. Rogers, 50, 75, 1000, 70, -
D. C. Rodgers, -, -, -, 50, 300
W. L. Robbins, -, -, -, 200, 850
A. Reaves, -, -, -, 75, 275
A. Bryant, -, -, -, 5, 50
Mary Colier, 30, -, -, 50, 150
J. H. McGee, 35, -, -, 40, 150
C. Across, 30, -, -, 25, 200
John Harrison, 50, 25, 500, 50, 200
J. B. Hurt, 130, 200, 2500, 100, 1000
John Arnett, 50, 40, 600, 100, 400
T. J. Reynolds, 35, 30, 500, 50, 300
Wm. Arnett, 40, 40, 600, 60, 300
James Arnett, 50, 40, 600, 40, 200
James Croley, 50, 55, 400, 50, 300
Burrell Croley, 20, 40, 200, 20, 100

Horace Hawley, -, -, -, 50, 200
Sarah Holland, 50, 110, 500, 75, 300
Hiram Weller, -, -, -, 25, 250
Chas. Croley, 50, 110, 500, 60, 400
William Rodgers, -, -, -, 25, 200
M. Sullivan, 15, 30, 250, 40, 600
Dick Honeycutt, 20, 30, 200, 35, 200
A. Drake, 31, 10, 350, 75, 500
J. M. Wilkinson, -, -, -, 50, 300
Margaret West, 80, 160, 1000, 50, 150
John Booker, -, -, -, 50, 300
J. T. McElrath, 180, 180, 1500, 100, 350
Joel Smith, -, -, -, 40, 300
John Buckingham, -, 100, 1000, 100, 500
M. Buckingham, -, -, -, 25, 200
A. Bush, 175, 225, 2000, 100, 1000
R. W. Bush, 20, 180, 300, 50, 500
B. F. Bush, 20, 180, 300, 50, 700
M. West, 25, 150, 1000, 60, 250
John Green, 20, 60, 500, 50, 200
John Burnett, -, -, -, 40, 250
J. Cartwright, 50, 30, 1000, 100, 300
William Hill, 20, 60, 600, 50, 200
Lucy Cartwright, 50, 30, 1000, 100, 150
Caleb Shelton, -, -, -, 50, 160
John Glidewell, 50, 100, 600, 75, 400
Chas. Chriswell, -, -, -, 50, 200
J. A. Inman, -, -, -, 25, 300
D. Whitaker, 30, 70, 700, 60, 400
Hardin Dove, 60, 110, 1000, 75, 200
John Dove, 60, 50, 800, 60, 150
C. W. Campbell, -, -, -, 25, 200
Chas. Collier, 20, 120, 2000, 100, 400
J. L. Smith, 25, 75, 500, 50, 200
A. Guinn, -, -, -, 20, 100
Hetly Payne, 20, 30, 300, 25, 300
Wm. E_oors, 40, 200, 1000, 75, 400
John Pryor, 100, 687, 2000, 125, 1000
Carl Fondolph, -, -, -, 40, 200

L. Brasier, -, -, -, 30, 250
John Straub, 50, 110, 1000, 100, 450
Corral Acuss, 20, 80, 400, 50, 200
Isaac Sulivan, 20, 100, 500, 60, 225
J. D. Sullivan, 20, 80, 50, 50, 300
Jacob R. Sien, 40, 20, 80, 60, 400
A. Alexander, -, -, -, 40, 200
Wm. Boyd, 40, 120, 800, 60, 250
R. Buckley, 50, 50, 1000, 75, 400
Wm. T. Backney, 55, 100, 11000, 100, 300
Jas. Hausman, -, -, -, 70, 200
John McClure, 100, 60, 2000, 150, 700
Hiram McClure, 20, 60, 400, 40, 200
J. N. Boaz, 30, 40, 600, 75, 300
Thos. Davis, 100, 160, 2000, 100, 1000
S. S. Boaz, 30, 35, 600, 50, 300
H. Brackshire, 70, 170, 1400, 100, 400
Jonah Dodge, 20, 60, 400, 25, 150
D. A. Hausman, 100, 100, 2000, 50, 300
John Housman, 100, 60, 2000, 75, 400
J. H. Barker, 20, 60, 400, 50, 300
H. Haleeb, 20, 60, 400, 50, 250
Jane Harper, 50, 70, 1400, 80, 300
D. F. Housman, 30, 110, 1000, 100, 40
Francis Barker, 25, 30, 500, 50, 300
Ed Ford, 20, 40, 400, 40, 350
H. Ford, 50, 40, 1000, 60, 300
J. L. Clark, 20, 40, 400, 50, 200
Chas. Carter, 55, 50, 1000, 75, 700
P. Cunningham, 20, 50, 400, 50, 300
Solomon Riley, 48, 355, 405, 40, 1000
B. S. Crawford, 35, 45, 700, 100, 800
W. K. Waggoner, -, -, -, 10, 100
Thomas Crouch, -, -, -, -, 25
Eli Enoch, 25, 300, 250, -, 175
Jesse C. Inman, 20, 20, 250, 75, 300
Henry Mason, 35, 85, 325, 50, 570

David Grant, 100, 140, 1000, 50, 300
Lewis W. West, 35, 120, 700, 30, 400
Jessee Smith, -, -, -, 2, 20
John W. Harpoal, 35, 45, 700, 20, 500
W. _. Grant, -, -, -, 12, 244
Lud Overby, 25, 135, 125, 30, 200
James Cochran, 30, 162, 200, 125, 30, 200
William Cochran, 85, 75, 1600, 70, 520
Wiley Morris, 80, 100, 2400, 125, 855
Dempsey Bean, -, -, -, 100, 550
B. F. Fondien, 35, 125, 700, 25, 400
A. R. Overby, -, -, -, 10, 300
B. R. McNabb, -, -, -, 8, 260
Joseph Elliott, -, -, -, 5, 400
Saml. Orr, 60, 100, 1200, 50, 370
Elizabeth Overby, 100, 210, 1500, 50, 500
David Orr, 60, 100, 1200, 15, 300
Wm. A. Boyd, 50, 110, 750, 30, 400
Isaiah Colley, 100, 1000, 2000, 250, 1000
Levi Wimberly, 60, 300, 3000, 100, 1000
Abram Adams, 60, 100, 1800, 120, 800
N. B. Smith, 30, 50, 900, 215, 600
Wm. Galloway, 55, 60, 1100, 5, 78
James Elliott, 23, 47, 460, 7, 380
Robt. West Sr., 100, 220, 1000, 150, 1000
Saml. Carter, 38, 125, 525, 40, 400
Criton Lambert, 16, -, -, 6, 80
C. C. Arnold, 20, -, -, 10, 330
W. D. Kesterson, -, 600, -, 12, 320
Mary Stokes, 60, 261, -, 100, 640
R. L. Turnbeau, -, -, -, 10, 300
R. E. Dorsey, -, -, -, -, 300
R. N. Causby, 100, 200, 1200, 100, 400
W. McNeely, 160, 160, 3000, 150, 1766
J. A. Pullen, 130, 323, 2300, 150, 700
W. C. Pullen, 60, 180, 1200, 250, 800
W. F. Criton, 20, -, 300, 10, 100
Joel Critor (Criton), 30, 130, 300, 12, 78
George Murram, 28, 132, 600, 200, 650
E. W. Anderson, 60, 341, 900, 75, 630
John Goodlet, 12, 28, 250, -, 100
B. D. Dotson, -, -, -, 5, 100
T. G. Sherman, 18, 52, 275, 14, 300
Joseph Dugger, 25, 75, 450, 100, 275
Benton (Burton) Cochran, 95, 100, 1190, 100, 1000
Isaac Turnbeau, 25, 135, 500, 100, 450
J. C. Forb__, 23, 38, 400, 10, 200
John Pea, -, -, -, -, 100
T. J. Forrless (Farrless), -, -, -, 8, 120
J. J. Evans, -, -, -, 10, 500
E. Hudspeth, 90, 110, 1500, 75, 600
W. L. Gordon, -, -, -, -, 100
Matilda Cochran, 25, 135, 300, 40, 250
H. W. Cochran, -, -, -, 10, 150
S. L. Turner, -, -, -, 5, 100
E. S. Gordon, -, -, -, 15, 200
E. H. Howard, -, -, -, -, 100
Jefferson Turnbeau, 125, 300, 2250, 200, 1310
John Turnbeau, 70, 90, 1400, 125, 850
Amos West, 40, 40, 600, 50, 300
L. P. Turnbeau, -, -, -, 10, 250
J. C. Smilley, -, -, -, 10, 150
M. D. McNealy, 130, 270, 2000, 150, 200
David Campbell, -, -, -, -, 8
Jacob Philips, -, -, -, 5, -
Elizabeth Lawrence, -, -, -, 5, 280
Elizabeth Shultz, -, -, -, -, 30
M. B. Delany, 35, 285, 475, 75, 600
Jos. Allman, -, -, -, 8, 80

Jas. Blythe, 80, 160, 1000, 150, 700
E. Fasless (Farless), 40, 110, 600, 60, 250
J. H. Adair, 40, 200, 800, 10, 220
Thos. Murdock, -, -, -, 40, 200
Jas. Duren, 40, 65, 800, 100, 230
Andrew Duren, 25, 87, 500, 50, 400
Amos Duren, 25, 25, 375, 10, 250
S. W. Blythe, 100, 220, 2000, 150, 378
R. B. Burnett, 100, 220, 2000, 150, 1028
John Adam (Adair), 160, 340, 3200, 200, 1375
George Boozer, -, -, -, 20, 200
H. M. Boozer, -, -, -, 5, 150
S. T. Smilley, -, -, -, 10, 128
J. M. West, 25, 148, 200, 35, 600
A. H. Sheridan, 30, 130, 600, 10, 360
Hiram Moore, -, -, -, 3, 120
John Sheridan, 30, 130, 1000, 50, 300
George Hudspeth, 80, 80, 2000, 200, 2200
W. W. Dugger, 50, 265, 1200, 75, 700
Thos. Dugger, -, -, -, -, -
B. S. Dugger, 20, 85, 450, 50, 300
G. C. Hunter, -, -, -, -, -
D. F. Ligon, 35, 65, 800, -, 150
W. J. Johnson, 110, 90, 2500, 75, 900
J. W. Thompson, -, -, -, 75, 700
S. W. Leach, 14, 66, 300, 100, 228
Jas. Leach, 60, 100, 720, 25, 475
J. C. Leach, 45, 115, 600, 60, 750
J. C. Page, -, -, -, 100, 280
W. Yarbrough, 36, 214, 450, 30, 500
E. S. Yarbrough, -, -, -, 6, 150
J. M. Leach, 125, 135, 500, 100, 358
R. R. Campbell, 10, 38, 200, 5, 100
Jas. Dryman, 33, 147, 660, 25, 280
W. W. Burnett, -, -, -, 3, 200
C. G. Wheeler, -, -, -, 10, 500
William Leach, 25, 135, 500, 20, 628
M. G. Owens, 40, 120, 600, 10, 78

B. A. Webb, 30, 130, 600, 75, 467
Sarah Goodlet, 50, 350, 1000, 75, 400
R. W. Bridgforth, -, -, -, 8, 350
W. D. Dunbar, -, 10, -, 10, 170
Eliza Wilfred, 4, 40, 800, 100, -
M. H. Wilifred, 25, 135, 750, 25, 450
John Wilkins, -, -, -, 50, 400
John Seymour, -, -, -, 61, 200
J. P. Adair, 25, 135, 600, 15, 160
J. B. Adair, 60, 100, 900, 10, 160
Wiley Bridges, 75, 100, 1500, 60, 500
J. I. Saunders, -, -, -, -, 185
G. W. Thompson, -, -, -, -, 248
Worthy Hicks, 35, 55, 1000, 100, 258
William Critton, -, -, -, 10, 50
Sarah Barlow, 30, 210, 700, 60, 328
Martha Jackson, 12, 63, 300, 12, 130
J. H. Harris, 60, 180, 1200, 80, 328
H. Beasley, 38, 102, 600, 85, 360
Saml Gandell (Yandell), 220, 600, 4200, 100, 900
Lucretia Stephens, 70, 150, 100, 200, 200
C. D. Stevens, -, 79, -, 5, 80
W. S. Stevens, 35, 75, 700, 200, 500
James M. Yarbrough, 75, 245, 5000, 75, 1625
Aaron Hendon, 100, 380, 4000, 138, 1090
W. H. Colley, -, 100, -, 50, 275
J. J. Hendon, 50, 330, 1000, 125, 400
B. S. Dunnings, -, -, -, 5, 125
Jas. H. Emerson, 40, 120, 800, 55, 300
T. G. Richardson, 40, 250, 1000, 12, 360
S. A. Marthell, 60, 200, 1200, 100, 700
J. L. Morris, 30, 118, 600, 10, 100
W. R. Patterson, -, -, -, 10, 200
John Dublin, -, -, -, 20, 228
J. C. Sherman, 50, 113, 1000, 45, 500

Jacob Dublin, 60, 100, 1200, 95, 925
William Dublin, 40, 120, 800, 85, 500
J. H. Wheeler, 100, 350, 2000, 50, 700
William Campbell, 500, 110, 5000, 60, 128
C. E. Hay, 90, 230, 1800, 100, 500
Eliza Akins, -, -, -, -, 20
L. L. King, 5, 15, 170, 10, 170
A.F. Nicheal, -, -, -, 5, 140
J. W. Stimpson, 30, 84, 1500, 50, 270
J. S. Whitworth, 75, 97, 1000, 75, 348
W. Duggen (Dugger), 60, 115, 1800, -, 100
W. M. Bullock, 70, 115, 2500, 100, 450
Joel Williams, 115, 385, 2300, 150, 550
Jas. Sayloe, 70, 246, 1400, 65, 500
B. Barton, 40, 40, 800, 75, 600
J. H. Taylor, -, -, -, 7, 175
G. F. Wilson, -, -, -, 100, 400
M. B. Quisenberry, 70, 220, 400, 75, 220
Wade Barton, 75, 104, 1500, 80, 650
J. H. Rodgers, 120, 260, 2600, 1, 600
J. P. Ma__thel, 60, 260, 1200, 85, 375
Benj. Whitt, -, -, -, 6, 84
J. W. Ballard, -, -, -, 10, 300
G. M. Kesterson, 55, 105, 1200, 25, 440
Ervin Dunnin, 80, 240, 1600, 85, 470
D. E. Tibbs, -, -, -, 50, 240
D. Laster, 24, 616, 500, 95, 570
Jas. Dublin, 50, 110, 750, 45, 325
William Dublin, -, -, -, -, 69
S. W. Milton, 60, 100, 1200, 70, 540
R. B. Steele, 85, 178, 1700, 150, 900
Mary Sanders, -, -, -, 40, 200
L. J. Land (Lard), -, -, -, -, -
W. S. Lard, -, -, -, 2, -
F. G. McGuin, 120, 107, 2500, 500, 400
Palen Reaves, -, -, -, -, -
Thos. D. Meadows, -, -, -, 45, 350
A. P. Dotson, 75, 325, 1500, 100, 895
Benj. Hobson, 75, 125, 7000, 130, 900
E. C. Urslur, 36, 124, 800, -, 170
Eliza Murrell, -, -, -, 5, 300
W. E. Goodwin, 15, 465, 300, 50, 770
Isaac Thomas, -, -, -, 90, 500
Jack Hobson, 50, 120, 1000, 50, 340
J. J. McEwins, 40, 120, 800, 50, 440
Jeff Smith, 40, 120, 800, 80, 300
Malinda Kesterson, 40, 120, 800, -, 30
w. F. Duisenberry(Quisenberry), 67, 200, 1970, 125, 871
Eli Coley, -, -, -, 100, 220
A. G. Kesterson, 30, 150, 600, 90, 355
M. J. Dunbar, 40, 120, 800, 10, 200
George Jenkins, 60, 1060, 1200, 50, 600
Charlotte McCuen, 100, 460, 1190, 50, 500
_. H. McCuen, -, -, -, -, 225
U. S. McCuen, -, -, -, 5, 75
E. M. McCuen, 30, 80, 800, -, -
L. B. Stark, 70, 230, 4000, 125, 1200
J. C. Weathers -, -, -, -, 175
A. K. Taylor, 100, 300, 6000, 100, 600
W. J. Taylor, 2, 86, 1500, -, 138
A. K. Paschal, -, -, -, -, 725
J. W. Perry, 65, 80, 4000, 100, 700
I. Roberts, 126, 115, 3500, 100, 300
W. P. Roberts, 40, 160, 1600, 15, 250
J. F. Stone, 60, 90, 1900, 80, 660
E. Barnard, 90, 230, 6000, 200, 1000
H. H. Hopkins, -, -, -, -, 360
John Cruse, 60, 100, 1200, 60, 400

B. P. Wheeler, 25, 30, 1250, 100, 200
U. Olive, 70, 354, 4240, 150, 800
J. B. Williams, -, -, -, -, 200
Nancy Emerson, 20, 20, 200, 20, 100
Jas. King, 18, 22, 350, 10, 250
Benah Andrew, -, -, -, -, 30
L. Andrew, 5, 15, 400, 5, 100
C. C. Wade, 60, 105, 1200, 100, 500
B. R. Wade, -, -, -, -, 170
S. S. Mooney, 85, 75, 1200, 45, 250
G. W. Mooney, -, -, -, -, 80
A. W. Mooney, -, -, -, -, 300
G. J. Carter, 35, 40, 750, 25, 300
F. M. Dunn, 11, 40, 500, 10, 250
S. F. Carter, 25, 15, 500, 25, 250
J. A. Caldwell, 20, 20, 500, 17, 220
Phillip Howard, 80, 170, 2500, 100, 700
F. M. Morrison, 35, 45, 800, 100, 500
B. B. Simms, 125, 145, 3000, 110, 1000
J. W. Cook, 65, 275, 3000, 50, 500
M. Cook, 70, 90, 2000, 180, 325
C. Simms, 20, 150, 400, 50, 300
John Motherel, 60, 260, 3000, 100, 925
E. Sneed, 200, 190, 4000, 200, 900
F. F. Brice, 50, 110, 1600, 100, 525
W. Gilbert, -, -, -, -, -
J. W. Gordon, -, -, -, -, 125
S.M. Carrington, 50, 90, 1600, 15, 175
W. F. Carrington, -, -, -, -, 50
T. G. Bush (Burch), -, -, -, -, 80
J. Gilbert, 20, 35, 160, -, 75
W. C. Parton, -, -, -, 10, 75
Wm. Reeves, -, -, -, 50, 475
H. B. Jackson, 23, 40, 700, 15, 140
J. A. Wiggin, 12, 28, 400, 5, 70
J. Turner, 40, 40, 1200, 10, 300
Jacob McCuen, 100, 60, 2500, 125, 400
A. McCuen, -, -, -, -, -
Josiah Tibbs, -, -, -, -, 140
Mary Wiggin, 70, 250, 3000, 15, 150
L. C. Davison, -, -, -, -, 120
W. H. Reeves, 16, 34, 575, 75, 200
M. Rhodes, 65, 50, 1400, 100, 500
Mack Rhodes, -, -, -, -, 150
Jas. Rhodes, -, -, -, -, 350
R. A. Carter, 100, 190, 3000, 12, 730
Wm. Caldwell, 100, 175, 4000, 100, 550
Josh Gorden, -, -, -, 100, 400
Jas. Bland, -, -, -, 10, 100
T. J. Dublin, -, -, -, 70, 250
G. W. Cook, 80, 240, 3200, 150, 750
H. Bennett, 10, 30, 540, 75, 75
R. D. Bennett, -, -, -, -, 250
A. Brown, 100, 325, 6000, 150, 1000
G. W. Simpson, -, -, -, -, 250
John Windsor, -, -, -, -, 50
F. Y. Bennett, 60, 100, 1600, 100, 600
P. J. Cook, -, -, -, -, 75
W. C. Damowan, -, -, -, -, 160
John Dick, 16, 11, 400, 10, 50
Wm. Seat (Siat), -, -, -, -, 25
John Siat, 25, 40, 800, 20, -
Wm. Caldwell, 75, 210, 2850, 75, 1150
Benj. Fuller, -, -, -, -, 250
H. Wheeler, 55, 105, 3200, 70, 400
E. L. Wheeler, 50, 110, 3200, 15, 500
B. B. Wheeler, 55, 105, 3200, 15, 900
Jas. Dick, -, -, -, -, 60
Jas. Anders, 70, 90, 1600, 90, 800
E. H. Day, 25, 125, 2000, 5, 250
J. Morris, -, -, -, -, 50
M. F. Morris, 14, 16, 600, 50, 300
T. A. Franklin, 40, 40, 700, 15, 200
Wm. Morris, 70, 350, 8200, 100, 600
R. B. May, 20, 25, 650, 55, 275
J. G. Lamb, -, -, -, -, 375
A. S. Morris, 25, 25, 500, 75, 250
P. Davis, -, -, -, -, 25
J. J. Howard, 45, 203, 2500, 25, 440
Alfred Lee, 40, 70, 2000, 100, 3 50

Joseph Gibson, 40, 70, 1600, 75, 180
H. Granger, -, -, -, -, 100
Jas. Dublin, 30, 40, 800, 55, 200
W. H. Hale, 70, 180, 3500, 100, 400
G. W. Mooney, - -, -, -, 90
Jack Dublin, 14, 36, 1000, 10, 300
T. J. Boozer, -, -, -, -, 200
L. Bennett, 60, 100, 2400, 140, 685
G. M. Pirtle, 60, 110, 1700, 80, 400
J. G. Pirtle, 45, 100, 1600, 15, 400
R. B. Adams, 80, 90, 3400, 100, 970
W. M. Adams, -, -, -, -, 200
J. N Coffrey, -, -, -, -, 65
W. Howard, 80, 145, 5500, 90, 625
J. W. Howard, -, -, -, -, 165
A. Bradley, -, -, -, -, 250
J. J. Glover, -, -, -, -, 200
G. M. Crider, -, -, -, -, 150
S. S. Story, 600, 3000, 30000, 150, 1500
W. H. Howard, 100, 275, 3000, 100, 600
John Young, 25, 55, 400, 15, 150
A. Murdock, 30, 100, 600, 25, 300
T. J. Seay, -, -, -, 10, 220
A. McDaniel, -, -, -, -, 150
J. A. Mooney, 50, 50, 1000, 10, 225
E. N. Day, 40, 78, 1500, 150, 700
James Witson, 50, 230, 2800, 50, 125
J. A. Wilson, -, -, -, -, 175
G. K. Steele, 50, 90, 2000, 50, 500
J. H. Wilson, -, -, -, -, 300
M. P. Cook, 75, 225, 3000, 15, 400
Lewis Cook, 60, 100, 1200, 100, 330
J. O. Drown, -, -, -, -, 150
Kesiah Cook, 50, 110, 1200, 35, -
J. W. Cook, -, -, -, -, 130
B. Burnett, 35, 125, 1200, 125, 800
H. K. Drown, 20, 20, 400, 15, 150
F. E. Dodds, -, -, -, -, 250
J. E. Dodds, 80, 125, 200, 50, -
J. W. Pitman, -, -, -, -, 100
W. S. Carraway, -, -, -, -, 250
Spencer Boyd, 40, 45, 900, 15, 200
A. Dick, -, -, -, -, 90

L. A. Jetton, 25, 215, 2400, 80, 500
J. F. Motherel, 50, 120, 1750, 500, 450
E. Murdock, 20, 15, 400, 8, 140
B. Gilbert, -, -, -, -, 20
Martha Williams, -, -, -, 15, 400
T. P. Boyd, 50, 90, 1100, 15, 250
J. J. Williams, -, -, -, 50, 350
A. J. Durkon, -, -, -, -, 100
J. C. Durkon, -, -, -, -, 150
L. A. Duncan, -, -, -, -, 15
A. G. Duncan, -, -, -, -, 150
W. A. Duncan, -, -, -, 80, 515
John Marr, 35, 105, 1000, 80, 75
F. J. Howard, -, -, -, -, 175
J. L. Marr, -, -, -, -, 275
Dennis Kelly, 65, 160, 3300, 50, 375
S. M. Kelly, 3, 77, 1000, -, -
J. F. Kelly, -, -, -, -, -
Joseph Andrews, 100, 220, 5000, 100, 600
E. B. Sevan, 50, 150, 2500, 110, 700
Jas. Sugg, -, -, -, -, 150
_. E. Bowen, 50, 210, 4400, 15, 350
Mary Pick, 35, 45, 1000, 75, 300
G. W. McLane, -, -, -, -, -
T. Chambers, 45, 55, 1500, -, 50
R. H. Burton, 50, 110, 2400, 50, 600
Reuben Reeves, -, -, -, -, 650
Silas Dosan (Dosen), 25, 115, 1700, 90, 240
M. W. Johnson, 20, 60, 800, 30, 150
T. H. Ware, -, -, -, -, 100
Jas. Dublin, 74, 86, 2400, 75, 150
W. J. Brown, 40, 40, 1200, 200, 325
R. B. Dallas, 40, 40, 1200, 75, 275
Jas. Fielding, 300, 370, 8000, 100, 700
William Duke, 200, 234, 8500, 200, 500
D. E. King, -, -, -, -, 100
H. George, 50, 170, 4000, 75, 450
R. D. Lockridge, 120, 252, 4000, 300, 1620
W. A. Pirtle, -, -, -, -, 200
J. J. Willingham, 30, 21, 1250, -, 250

D. Mullins, 90, 90, 1300, 50, 900
R. H. Sellars, 13, 20, 600, 75, 150
A. L. Redman, -, -, -, -, 125
J. E. Coats, -, -, -, -, 30
A. G. McFedden, -, -, -, 100, 400
E. H. Gorden, 100, 77, 2500, 200, 700
A. S. Bingo, -, -, -, -, 15
H. M. Morse, 120, 1000, 7500, 300, 2160
J. A. Collins, -, 80, 800, -, -
Collins & Welch, -, -, -, -, -
G. D. Weeks, 50, 80, 1500, -, 250
Geoffrey Gough, 40, 260, 1000, 100, 200
B. McFarlin, 20, 40, 400, 40, 300
L. Snelling, 35, 40, 700, 100, 300
Zincy Vandergriff, -, -, -, 50, 252
H. W. Lane, -, -, -, 75, 500
Jas. E. Heflin, 20, 80, 500, 50, 600
W. F. Miller, -, -, -, 5, 20
J. T. White, -, -, -, 75, 100
John Zanger, 45, 115, 900, 100, 400
J. D. Housman, 30, 90, 2000, 100, 800
W. W. Heflin, 20, 10, 400, 50, 300
Byrd Abbott, 30, 70, 600, 70, 300
Wm. Sheller, 30, 70, 600, 25, 300
Gorin Gamblin, 50, 100, 1000, 50, 350
Joshua Piles, 25, 75, 300, 30, 200
John Brickell, 80, 100, 1000, 50, 350
Joel Green, 70, 90, 1200, 50, 400
William Green, 20, 50, 400, 60, 300
Jacob Palsgrove, 50, 110, 800, 75, 400
Jonathan Shelton, 60, 400, 1200, 100, 600
J. L. Shelton, 20, 80, 400, 75, 300
Priss Payne, 15, 40, 500, 50, 350
Jas. Holmes, 20, 60, 400, 40, 200
John Holmes, 20, 70, 400, 40, 200
B. Holmes, -, -, -, 25, 150
R. S. Morefield, 50, 110, 500, 100, 600
Sibia Green, 50, 110, 800, 100, 300
R. P. Taylor, 70, 150, 1400, 75, 400
Joseph Taylor, 70, -, 700, -, 700
F. J. Ashley, 20, 50, 400, 50, 200
J. W. Gough, 30, 280, 1000, 100, 400
W. K. Gough, 70, 575, 2000, 175, 500
B. J. Taylor, 50, 100, 1000, 100, 700
Wiley Cartwright, 140, 40, 800, 50, 400
James Jones, 50, 70, 1000, 100, 500
John Jones, 50, 100, 1200, 125, 700
M. M. West, 60, 100, 1000, 100, 500
Js. Haskell, 40, 40, 800, 75, 350
F. G. Eaker, 50, 110, 1000, 100, 500
Martin Honeycut, 50, 30, 600, 50, 300
George Hodge, 60, 100, 1200, 100, 500
C. Kime, 25, 800, 500, 60, 250
Lewis C. Green, 40, 120, 800, 75, 400
Jas. Meadows, 15, 50, 250, 50, 300
J. V. Eaker, 40, 50, 2000, 70, 450
R. Sanderson, 50, 110, 2000, -, 1000
Saml. F. Morse, 80, 110, 1250, 100, 1200
James Tidwell, 25, 50, -, 50, 150
Joseph Wright, 60, 215, 4000, 100, 400
Nancy Anderson, 60, 70, 5000, 100, 600
E. B. Carter, 60, 375, 6000, 100, 1000
Jas. Austin, 20, 50, 1000, 25, 200
E. S. Hurt, 180, 380, 8500, 200, 600
P. Guld, 25, 50, -, 50, 200
R. L. Mayes, 75, 1700, 22600, 2000, 1000
A. P. Liggon, 200, 600, 3000, 160, 1240
S. P. Cope, 100, 350, 3000, 100, 1300
_. R. Smith, 100, 250, 3000, 375, 1200
J. B. Rhodes, -, -, -, 50, 150

Wm. Standfield, 50, 110, 1000, 100, 450
S. W. Thompson, 100, 180, 2000, 100, 880
John Eaker, 250, 17509, 20000, 150, 1000

Chas. McDonald, 150, 300, 9000, 125, 1200
J. M. Coulter, 20, 60, 3000, 50, 250
Nancy Anderson, 60, 350, 7000, 75, 150

GRAYSON COUNTY KENTUCKY
1860 AGRICULTURAL CENSUS

The Agricultural Census for Kentucky for 1860 was filmed for the University of North Carolina from originals held by the Duke University Library, Durham North Carolina.

There are some forty-six columns of information on each individual. Only the head of the household is addressed. I have chosen to use only six columns. These are shown below.

1. Owner
2. Acres of Improved Land
3. Acres of Unimproved Land
4. Cash Value of Farm
5. Value of Farm Implements and Machinery
13. Value of Livestock

Thus, the numbers following the names represent, 2, 3, 4, 5, 13.

Robt. L. Hestor, 45, 95, 800, 25, 400
Jack Thomas, 120, 200, 4000, 150, 450
Henry Decker, 14, 156, 500, 5, 200
Darnall Dowden, 20, 17, 10000, 200, 320
Harvey Willis, 125, 125, 3700, 200, 6500
H. S. Bishop, 100, 600, 3000, 150, 600
J. W. Gosnell, 60, 106, 1000, 100, 500
Even Rogers, 110, 55, 2300, 150, 1415
Sally Worthan, 170, 370, 3500, 50, 400
James Prunty, 8, 1, 700, 400, 40
J. E. Edelin, 100, 384, 3620, 200, 1000
W.S. Conklin, 18, 75, 400, 10, 140
Elijah Day, 65, 129, 1000, 100, 500
_asmtious B. Carter, 100, 180, 600, 100, 500
Moses Dunn, 80, 52, 1000, 50, 1000

Jackson Haycraft, 16, 43, 300, 50, 200
James Johnson, 40, 110, 500, 25, 350
James T. Willson, 40, 30, 300, 20, 300
Joseph Duggins, 60, 40, 600, 60, 400
Michael Harrel, 100, 150, 1500, 20, 300
James T. Telford, 40, 285, 3500, 100, 800
Jacob W. Day, 50, 50, 500, 15, 40
W.T. Patterson, 200, 650, 4000, 150, 1000
John England, 25, 475, 1000, 20, 300
Harrison Cummins, 70, 52, 600, 40, 350
W. A. Forman, 45, 55, 160, 75, 400
W. R. Deweese, 140, 268, 1500, 125, 800
Samuel Duncan, 60, 40, 400, 75, 350
Solomon Decker, 25, 25, 100, 50, 100
Isaac Decker, 12, 88, 100, 10, 75
John A. Decker, 70, 80, 100, 10, 80
John T. Hopper, 60, 88, 700, 25, 250

Andrew D. Porter, 75, 50, 1000, 28, 800
William W. Crume, 80, 166, 800, 100, 700
Thomas M. Hopper, 50, 65, 600, 25, 300
Anslem Wilkerson, 90, 110, 1000, 30, 700
James Oller, 18, 82, 800, 15, 200
Nicholas H. Pearl, 50, 450, 600, 12, 450
Elias Harrel, 50, 200, 1000, 15, 400
Andrew Milner, 60, 50, 1100, 100, 450
Jacob Williams, 100, 69, 700, 100, 1000
George A. Heaven, 60, 100, 1000, 15, 350
Thomas Hill, 75, 150, 1000, 100, 600
James Williams, 130, 109, 1200, 100, 700
William A. Parris, 200, 500, 1500, 250, 950
John Storms, 100, 183, 2000, 100, 650
Benjamin Hurd, 45, 155, 600, 20, 400
Robt. Durst, 20, 80, 600, 50, 300
Vincent White, 150, 140, 3000, 100, 100
Thomas C. Jones, 20, -, 100, 300, 65
Francis R. Boone, 100, 86, 1000, 100, 500
Thomas Higdon, 90, 1330, 2000, 60, 700
Abner H. Pearl, 30, 120, 750, 15, 250
Fleming Akers, 25, 80, 200, 15, 250
John Johnson, 20, 39, 350, 12, 200
Isaac H. Pirtle, 80, 475, 2500, 100, 600
Thomas Clark, 110, 115, 1200, 25, 400
Henry C. Hackett, 25, 75, 100, 10, 125

William S. Fulkerson, 40, -, 400, 10, 250
Ben. O. Fulkerson, 70, 287, 3870, 75, 1250
Benjamin Fulkerson, 140, 100, 2340, 75, -
Susan Cleaver, 100, 272, 3000, 100, 400
Jacob Pirtle, 80, 161, 2000, 25, 350
S. O. Galton (Dalton), 100, 200, 2000, 115, 300
John Whitten, 50, 50, 700, 8, 200
William Whitten, 180, 182, 500, 10, 400
Samuel Peirce, 70, 60, 600, 100, 400
John Horn, 30, 50, 400, 30, 225
Harby K. Nichols, 22, 80, 300, 12, 200
James Whitten, 80, 104, 700, 75, 700
Martin Skaggs, 80, 30, 400, 70, 750
Thomas Cain, 80, 80, 500, 25, 260
Jeptha Nichols, 100, 100, 800, 100, 500
Moses H. Keller, 40, 60, 500, 60, 100
John Able, 70, 70, 500, 40, 200
Lot Saltsman, 75, 30, 800, 200, 450
JohnWhitten, 45, 185, 800, 35, 300
J. M. Morrison, 80, 300, 1500, 150, 575
John Skaggs, 40, 125, 800, 20, 150
B. L. Summers, 35, 190, 500, 100, 750
Moses Parris, 150, 300, 900, 100, 1000
Daniel Cain, 150, 100, 1000, 300, 500
William F. Saltsman, 60, 140, 1000, 75, 250
J. T. Higdon, 30, 216, 700, 10, 430
Wm. S. Horn, 40, 90, 300, 20, 400
Martin B. Skaggs, 80, 60, 600, 150, 700
Richard Kelly, 10, 55, 250, 10, 75
Owen Whitten, 30, 93, 600, 15, 200

Varries Nelson, 55, 98, 1500, 125, 300
Edward Mills, 20, 120, 600, 75, 300
Lemuel McClure, 125, 100, 300, 40, 650
Joseph Beaty, 30, 70, 600, 25, 180
Hosea Stone, 70, 250, 1200, 60, 350
John R. Obannon, 35, 195, 700, 10, 175
J. W. Rogers, 10, 90, 300, 75, 150
Jacob Kiper, 50, 150, 500, 15, 100
Perry Bruner, 22, 118, 1000, 10, 250
James R. McGrew, 140, 160, 1200, 120, 700
Johnathan R. White, 100, 117, 1000, 100, 600
William Jones, 35, 65, 800, 25, 300
Andrew Bates, 150, 87, 3500, 150, 325
William Keer, 65, 105, 1200, 150, 450
John P. Beaty, 40, 42, 1000, 25, 200
Buckner Hornback, 100, 135, 500, 15, 200
T. J. Alverson, 40, 60, 200, 75, 100
Wm. T. Crawford, 100, 113, 1200, 25, 250
Thomas Witten, 70, 70, 1000, 30, 400
Thomas D. Bogorth, 15, 135, 400, 25, 210
David McClure, 35, 65, 200, 10, 100
W. B. Pedicord, 10, 90, 100, 10, 300
Valentine McGrew, 85, 90, 2000, 10, 260
William Bruner, 140, 140, 2800, 100, 300
Wm. H. Pearl, 50, 75, 300, 15, 175
Michael Klinglesmith, 60, 125, 800, 75, 300
J. R. Clark, 16, 125, 200, 8, 100
D.C. Pickerell, 100, 275, 2000, 175, 800
Columbus Hart, 75, 75, 300, 15, 400
Elias Drury, 90, 60, 300, 20, 428
James Miner, 65, 80, 1500, 150, 550
Jacob Mingus, 23, 80, 115, 15, 325
Asa Bratcher, 45, 500, 1000, 125, 700
William Bratcher, 65, 108, 400, 13, 650
William C. Robertson, 30, 20, 350, 10, 90
Miles McGrew, 40, 93, 600, 140, 600
George Lane, 30, 57, 300, 15, 450
D. D. Pickerill, 70, 116, 800, 80, 600
B. F. Pickerill, 60, 76, 400, 60, 500
George Miller, 35, 45, 500, 10, 350
William Jackson, 30, 95, 500, 15, 228
James Jackson, 25, 95, 100, 10, 250
Martha Gragston, 50, 75, 500, 75, 450
Wilis G. Gragston, 15, 75, 75, 12, 300
Robt. P. Gragston, 75, 50, 600, 100, 400
Jas. L. Skaggs, 35, 16, 300, 70, 350
Hezekiah Horne, 50, 163, 700, 150, 350
Napoleon B. Horne, 60, 65, 400, 40, 350
Simeon Pickerill, 13, 62, 300, 7, 200
Rufus Horne, 35, 62, 300, 100, 32
Abraham Skaggs, 100, 105, 1500, 30, 300
Thomas Skaggs, 25, 105, 100, 15, 200
William Gragston, 100, 200, 1500, 150, 750
William Hicks, 75, 1220, 100, 135, 600
Hayden Hicks, 55, 82, 800, 200, 650
Bird Fulkerson, 15, 82, 150, 8, 150
William Franklin, 40, 52, 1000, 20, 200
Ezra Fulkerson, 35, 32, 337, 15, 125
James Cook, 35, 85, 400, 7, 25
George P. Jeffers, 25, 35, 200, 15, 200

John B. Gragston, 20, 40, 200, 12, 150
Wes Watkins, 60, 50, 400, 23, 300
Elijah Evans, 40, 97, 500, 15, 600
Sirena Spencer, 40, 81, 300, 15, 200
William Fulkerson, 100, 340, 600, 100, 500
J. H. Reed, 60, 85, 1000, 25, 500
Thomas C. Fulkerson, 18, 85, 150, 15, 400
John Nichols, 30, 88, 300, 15, 100
James Fulkerson, 25, 25, 200, 10, 200
Eli McCrady, 50, 76, 500, 10, 200
John M. McCrady, 20, 80, 500, 10, 250
Andrew McCrady, 12, 78, 400, 10, 150
Thomas Richardson, 65, 247, 800, 75, 500
Jacob Miller, 60, 50, 1200, 100, 300
James Nally, 40, 60, 300, 15, 160
Hardin Merideth, 18, -, 200, 15, 300
W. W. Drane, 35, -, 625, 100, 250
Wm. Heyser, 130, 220, 3000, 50, 350
Christopher Beeler, 40, 201, 2500, 125, 550
Moses Elliot, 80, 45, 500, 125, 400
Hardin Campbell, 50, 110, 200, 15, 200
Peter Hornback, 35, 32, 200, 15, 100
A. H. Miller, 60, 15, 700, 50, 300
Sylvester Hunt, 70, 95, 900, 90, 300
William Boone, 35, 195, 500, 10, 50
James M. Collins, 36, 154, 1200, 10, 80
John B. Almon, 80, 140, 1000, 60, 450
James Grayham, 30, 110, 350, 15, 200
Samuel Higdon, 150, 300, 1200, 25, 450
Joseph Merideth, 12, -, 240, 15, 200
Vosfeh Langston, 45, 85, 1000, 60, 200
Nathaniel Merideth, 25, 75, 100, 15, 250
David Corby (Cosby), 35, 165, 800, 20, 350
Isham Skaggs, 100, 50, 1000, 110, 500
Daniel Heyser, 200, 200, 300, 200, 1400
Leo Clark, 50, 75, 300, 25, 350
David Casey, 50, 75, 300, 15, 300
George Pearl, 100, 25, 200, 50, 250
Samuel Kinkade, 90, 95, 300, 17, 100
Albert Brink, 60, 40, 200, 15, 200
Uriah Hart, 80, 20, 1000, 50, 450
William Litteral, 60, 90, 750, 25, 325
Aleander Pence, 20, 80, 300, 15, 200
Jacob Pence, 100, 100, 1000, 100, 500
Henry Hart, 50, 83, 500, 25, 150
Enoch Hart, 50, 60, 400, 90, 300
Armelia Hart, 100, 100, 1200, 51, 350
James Akins, 50, 60, 400, 20, 450
Sylvester Milner, 40, 118, 1000, 75, 400
Joseph Langby, 40, 76, 1000, 25, 400
Claborn Denison, 15, 30, 150, 10, 175
Joseph Cribbage, 170, 30, 2400, 100, 600
Benjamin Cave, 100, 100, 700, 100, 600
Ann Clawson, 25, 75, 375, 8, 300
John Litsey, 80, 3, 500, 25, 350
H. P. Beaty, 25, 175, 2000, 30, 600
William B. McGrew, 70, 330, 2000, 200, 500
Robt. C. Jackson, 10, 41, 150, 12, 150
Verderman Bruner, 80, 180, 1944, 30, 300
F. M. Beaty, 60, 80, 750, 15, 300
Miles King, 10, -, 100, 5, 75
J. H. Langley, 70, 77, 500, 25, 450

Joseph Boone, 100, 70, 3000, 100, 800
John Bradley, 40, 346, 700, 40, 250
R.A. Hack, 30, 30, 250, 25, 280
Alexander White, 25, 82, 300, 5, 350
W. M. Ashley, 45, 105, 400, 12, 275
Jack Hayse, 35, 65, 300, 75, 420
Alfred Layman, 23, 77, 600, 10, 200
John Day, 100, 200, 1000, 25, 900
L. M. Decker, 60, 110, 50, 50, 300
Thomas Salleng (Sallenz), 25, 75, 100, 200, 150
Eliazer Merideth, 100, 150, 200, 80, 800
Carme Meredith, 10, 100, 1000, 15, 200
E. M. Decker, 25, 75, 200, 15, 178
Toliver Willis, 55, 175, 1125, 50, 400
J. T. Denton, 6, 181, 1300, 30, 350
Allen Decker, 45, 55, 136, 100, 500
William R. McGrew, 55, 45, 500, 75, 400
William Collard, 15, 60, 250, 12, 50
Baley Willis, 120, 198, 2500, 100, 500
James Casey, 35, 65, 350, 150, 150
J. W. Harris, 25, 25, 155, 10, 75
R. H. Pearl, 60, 40, 500, 75, 450
George A. Pearl, 45, 130, 400, 12, 500
J. W. Langley, 15, 105, 150, 10, 250
Novil Harrel, 40, 60, 500, 25, 250
Allen Willson, 80, 320, 1400, 125, 700
James Shredder, 20, 95, 350, 10, 200
Baldwin Harrel, 10, 48, 1800, 125, 700
Wm. Rankin, 70, 130, 800, 150, 400
T. P. Jones, 40, 90, 750, 150, 500
A. Decker Sr., 80, 133, 1200, 25, 800
Jas. Hayse, -, 30, 60, 10, 125
H. Stevenson, 4, 46, 80, 3, 100
A. W. Templeman, 25, 200, 300, 25, 200
W. B.Cook, 70, 100, 800, 40, 350

J. M. Byers, 50, 199, 1500, 20, 400
Rev Brandon, 10, 50, 300, 10, 170
C.Stinson, 250, 450, 3500, 150, 850
S. Dudus, 75, 1251, 5000, 175, 1300
P. Wise, 60, 78, 2000, 30, 762
R. Bratcher, 8, 192, 700, -, 125
J. F. White, 9, 40, 400, 10, 165
L. F. Duggins, 100, 270, 1500, 100, 600
F. Sanders, 10, 70, 200, 10, 75
B. Oliver, 12, 80, 300, -, 300
J. Shaw, 50, 260, 1000, 60, 425
H. C. Shaw, 10, 50, 100, 15, 200
W. N. Beauchamp, 100, 200, 2500, 250, 400
N. C.Tilford, 25, 75, 1500, 30, 130
F. Derous (Dudus), 65, 95, 1000, 25, 500
M. Y. Day, 150, 118, 3000, 50, 1500
J. M. Patterson, 40, 65, 1000, 75, 500
J. Craig, 150, 162, 1500, 100, 700
W. Gaither, 45, 30, 600, 50, 200
Eli Bogarth, 15, -, 150, 10, 200
B. T. Taylor, 60, 140, 800, 50, 200
Squire Day, 200, 300, 2500, 150, 1100
W. Probus, 30, 70, 600, 20, 200
Wm. Culchalow, 30, 188, 1000, 10, 200
D. B. Storms, 7, 45, 225, 20, 40
D. Laslie, 30, 80, 600, 100, 400
Jno. Butler, 80, 210, 600, 100, 300
R. B. Day, 130, 70, 1000, 150, 2000
J. R. Purcell, 120, 180, 1000, 100, 500
Jas. Spalding, 40, 110, 400, 20, 200
G. Spurier, 50, 150, 1000, 50, 600
Jo. Layman, 150, 600, 4000, 100, 700
A. Dudus, 50, 219, 2000, 50, 300
Elijah Thurman, 40, 119, 1100, 100, 300
Christopher C. Hall, 50, 75, 600, 30, 275
Wm. Kiper, 50, 50, 500, 20, 300

Alex. Young, 150, 380, 2500, 100, 1500
Isaac Ford, 50, 290, 1000, 30, 350
Stephen Layman, 100, 600, 1500, 150, 350
Shelton Layman, 50, 200, 650, 50, 500
Isaac Bratcher, 30, 40, 400, 10, 300
Wesley H. Paraiot, 60, 500, 3000, 30, 400
Hartford Gary, 75, 125, 1500, 125, 800
A. McDaniel, 50, 75, 300, 25, 300
J. Davison, 2, 78, 300, 25, 500
L. P. Pool, 60, 19, 300, 20, 15
Q. W. Dudus, 40, 170, 70, 100, 260
Jesse B. Day, 40, 75, 200, 15, 240
Michael Layman, 17, 96, 250, 10, 200
G. W. Elder, 7, -, 70, 10, 75
Wm. Kelly, 60, 1000, 1500, 100, 200
R. King, 40, 100, 800, 100, 400
Jno. Smith, 30, 70, 500, 10, 175
W. Goff, 60, 40, 500, 100, 700
R. Campbell, 100, 100, 1800, 150, 1000
Chas. Stinson, 20, 50, 50, 10, 200
W. T. Campbell, 35, 60, 600, 75, 400
J. B. Rose, 25, 25, 500, 25, 200
S. King, 15, 135, 500, 10, 200
J. Byers, 35, 212, 500, 20, 400
F. G. Wilson, 45, 90, 1000, 100, 500
R. Anderson, 80, 226, 1000, 100, 900
C. Wilson, 75, 75, 2500, 125, 1000
A. Sirles, 80, 100, 1000, 125, 700
L. Hayse, 35, 100, 800, 25, 250
A. Elder, 11, 75, 500, 10, 50
Jo. Carroll, 75, 205, 1800, 250, 700
Jas. House, -, 35, 100, 10, 175
J. Oliver, 15, 100, 300, -, 40
M. Swift, 30, 40, 400, 30, 500
V. Anderson, 20, 50, 400, 15, 150
Wm. Gary, 50, 47, 700, 75, 500
__lly Stinson, 100, 200, 1000, 75, 600
Wm. Blain, 60, 72, 600, 100, 800
R. Patton, 50, 150, 500, 75, 330
R. Taylor, 50, 50, 300, 10, 125
Mrs. E. Beauchamp, 50, 270, 1000, 75, 300
D. A. Kimble, 100, 206, 800, 250, 500
J. Spencer, 50, 162, 800, 25, 300
Mrs. C. A. Gary, 100, 137, 1000, 100, 800
G. W. Quiggins, 30, 70, 500, 15, 300
W. Purcell, 70, 230, 800, 75, 515
E. Kimble, 20, 130, 300, 15, 400
Wm. A Kimble, 400, 330, 3000, 300, 2000
Jo. Carter, 25, 125, 500, 20, 250
Wm. Babbett, 35, 40, 200, 15, 200
Spense Craig, 60, 240, 400, 80, 100
Wm. Horrell, 25, 192, 500, 20, 350
George Scott, 50, 190, 500, 10, 230
G. Thomason, 60, 32, 500, 75, 450
H. Fuller, 40, 60, 500, 15, 400
J. M. Proctor, 25, 125, 500, 10, 150
S. D. Proctor, 18, 82, 500, 10, 200
J. R. Dunn, 100, 100, 1000, 75, 1000
Wm. Bennett, 25, 75, 300, 25, 200
Mrs. E. Frank, 45, 55, 350, 20, 200
M. Frank, 70, 16, 800, 25, 350
Silas Williams, 100, 75, 1500, 200, 780
Jno. Hornback, 50, 100, 1000, 20, 250
Moses Pryor, 50, 30, 300, 20, 300
L. Woods, 60, 240, 3000, 100, 660
J. Harris, 70, 230, 500, 40, 450
Jno. Weedman, 60, 640, 500, 150, 300
Jas. Hazlewood, 8, 80, 700, 25, 250
J. D. McClure, 50, 102, 1200, 100, 450
L. Morman, 200, 420, 3000, 100, 650
George Corder, 80, 65, 500, 100, 800
Wm. Scott, 15, 85, 100, 125, 100
U. Winchel, 60, 87, 3500, 70, 1000
E. Kelly, 20, 130, 200, 50, 200

N. H. Durbin, 120, 257, 3400, 275, 1200
Wesley Taylor, 75, 40, 700, 125, 800
Jo. Mudd, 50, 226, 1800, 10, 200
Wm. Nugent, 40, 160, 500, 100, 500
R. Wooldridge, 140, 60, 800, 200, 600
P. Fulkerson, 50, 45, 500, 50, 300
Jas. Fulkerson, 45, 85, 400, 120, 500
O. W. Philips, 30, 22, 225, 40, 500
Ed. Philips, 100, 253, 1800, 100, 436
T. Turnham, 60, 92, 1500, 25, 150
M. L. Prunty, 35, 58, 400, 10, 700
Jno. Oldham, 50, 200, 500, 10, 80
Syras Moore, 65, 135, 600, 50, 500
Chas. Watkins, 150, 150, 1500, 150, 1000
Brad Merideth, 16, 60, 200, 25, 250
R. Purce, 60, 121, 1200, 75, 250
Wm. Polders, 40, 166, 900, 15, 300
G. H. Keller, 20, 80, 300, 70, 300
M. Skaggs, 10, 90, 600, 25, 200
Jo. Alvey, 70, 239, 1700, 150, 500
D. Kefauver, 100, 143, 2000, 200, 700
J. Goldsberry, 73, 225, 2000, 100, 700
D. Mercer, 120, 130, 2000, 125, 1600
H. C. Harris, 80, 103, 1500, 200, 600
M. Rayor, 30, 20, 250, 15, 350
S. Raynor, 15, 84, 500, 10, 28
C. Bratcher, 40, 153, 800, 10, 200
Wm. Merideth, 20, 80, 300, 10, 400
J. B. Pirtle, 280, 70, 4000, 200, 3500
M. Clark, 70, 130, 1000, 100, 500
Chas. Langley, 35, 65, 500, 5, 150
Jo. Shephard, 30, 92, 500, 35, 300
W. A. Clark, 43, 103, 600, 100, 500
Jno. Bray, 40, 85, 750, 160, 700
W. P. Fowler, 50, 100, 500, 125, 600
S. Riggs, 70, 182, 1000, 20, 400
Wm, Muller (Miller), 100, 119, 500, 75, 350
Ed Milner, 20, 112, 400, 25, 200
Jas. Milner, 25, -, 100, 15, 120
Jno. Milner, 25, 112, 500, 25, 50
Thos. Hazlewod, 30, 25, 200, 10, 250
F. M. Harrison, 12, 67, 300, 10, 175
Jo. Whitfild (Whitfill), 80, 41, 1000, 20, 300
Wm. Watson, 75, 75, 1000, 25, 100
Wm. Bates Sr., 200, 800, 6000, 200, 1000
Wm. Slaples, 20, 80, 500, 15, 150
C. A. Combs, 30, 170, 600, 15, 200
Wm. Kiper, 30, 70, 400, 75, 400
Wm. Bates Jr., 40, 110, 500, 13, 150
Miles Allen, 15, 65, 400, 15, 125
John Bates, 25, 75, 500, 15, 125
T. Y. Green, 25, 100, 500, 75, 250
J. V. Wilson, 20, 81, 800, 25, 350
T. F. Green, 40, 60, 800, 20, 400
S. D. Bratcher, 50, 330, 1000, 35, 300
Mrs. S. Miller, 60, 40, 600, 100, 400
Wm. Galloway, 45, 200, 500, 90, 340
J. M. Mattingly, 100, 70, 400, 25, 375
C. A. Clark, 36, 35, 150, 10, 200
J. B. Clark, 50, 110, 500, 125, 350
Mrs. M. Jones, 115, 144, 1200, 125, 1000
P. O'Bryan, 20, 184, 300, 20, 175
B. H. Johnson, 35, 25, 300, 20, 150
Wm. Mattingly, 100, 385, 1000, 150, -
Jo. Hart, 50, 50, 1000, 250, 600
W. H. Denison, 40, 60, 00, 20, 400
M. Arnus, 35, 95, 1000,2 5, 150
W. B. L. Stone, 50, 110, 500, 50, 378
S. Taylor, 90, 230, 1200, 200, 1200
Jas. Mudd, 100, 80, 1800, 50, 800
Wm. Haycraft, 45, 155, 600, 125, 500
Robt. Conder, 75, 155, 500, 75, 350
C. H.Carter, 50, 76, 500, 60, 375
Wm. Johnston, 50, 75, 400, 20, 550
Lewis Kimble, 25, 100,3 00, 40, 250
A. Beatle, 140, 80, 2000, 150, 800

H. Litsey, 200, 1300, 4000, 150, 1500
Robt. Whitfill, 100, 160, 650, 150, 700
George Allen, 60, 86, 300, 15, 60
A. H. Rice, 25, 45, 800, 150, 800
J. Downs, 40, 215, 300, 100, 600
J. P. Nichols, 65, 60, 500, 20, 200
J. Marr, 25, 75, 500, 17, 100
P. Moren, 10, 90, 300, 20, 200
Jno. Cain, 70, 230, 1600, 100, 800
J. Emberry, 50, 530, 3000, 75, 400
C. Goffs, 35, 265, 1000, 125, 400
S. Viteloe (Vitetoe), 22, 158, 500, 10, 250
Jas Qnglish (Jnglish), 60, 40, 600, 100, 600
Wm. Emberry, 40, 280, 800, 25, 300
Jo. Anderson, 40, 35, 500, 50, 450
E. Bratcher, 30, 220, 100, 25, 150
Mrs. M. Higgs, 28, 35, 400, 15, 125
H. Mudd, 22, 80, 300, 15, 175
S. Hackley, 75, 100, 1000, 100, 1000
J. H. Quisenbery, 35, 115, 300, 100, 500
J. Quisenbery, 12, 88, 400, 20, 100
J. D. Litsey, 28, 173, 800, 30, 400
A. S. Mercer, 130, 175, 2000, 150, 700
H. D. Horrell, 100, 130, 1500, 40, 500
Q. T. Owens, 5, 200, 2500, 70, 175
A. P. Hart, 100, 500, 1700, 175, 500
P. Bruner, 170, 180, 2000, 200, 500
Blue Harrel, 100, 300, 1200, 100, 500
M. Ray, 40, 185, 700, 15, 200
S. Southern, 50, 50, 300, 25, 150
Ben Duggins, 50, 100, 1000, 15, 150
A. White, 100, 250, 2000, 150, 600
E. C. Wathen, 210, 530, 10000, 300, 2000
Wm. Litsey, 50, 200, 1000, 20, 250
WM. Crawford, 75, 175, 2000, 100, 600
Jno. Bratcher, 45, 100, 400, 25, 400

Sa__ Wilson, 40, 52, 300, 150, 50
Jacob Layman, 75, 225, 1000, 125, 700
Jno. Barton, 18, 75, 250, 25, 500
Mrs. M. Gary, 40, 110, 400, 15, 250
Caleb Hayse, 60, 52, 1000, 100, 700
Wm. Davis, 250, 785, 1100, 100, 600
A. Goodman, 25, 95, 400, 10, 250
Thos. Goodman, 15, 35, 500, 75, 250
Jno. Snyder, 10, 300, 1600, 15, 400
Thos. Heady, 5, 95, 200, 10, 75
David Esifers, 70, 203, 2000, 20, 300
Henry Keer, 50, 418, 2500, 25, 300
Louisa H. Lynch, 25, 108, 500, 50, 175
B. P. Pool, 60, 72, 1500, 100, 356
James Morrison, 50, 176, 1500, 40, 450
Jackson Laymon, 100, 337, 1500, 100, 350
James M. McClure, 100, 350, 1500, 100, 800
Aaron T. Stone, 70, 86, 800, 25, 800
David Coats, 30, 140, 1000, 50, 600
John Putt, 80, 106, 500, 70, 350
John A. Dunn, 85, 70, 1000, 40, 300
James R. White, 90, 190, 1000, 125, 600
Joseph Stone, 45, 173, 2000, 175, 300
Thomas Conklin, 70, 97, 1000, 100, 450
John E. Stone, 70, 35, 1000, 25, 800
George T. Mercer, 130, 600, 5000, 150, 1000
Joseph Allen, 45, 35, 800, 50, 200
Aaron Stone, 40, 174, 300, 15, 150
John Burnett, 30, 120, 500, 10, 150
Joseph W. White, 10, -, 100, 15, 200
Ellis Stone, 20, 108, 500, 35, 150
Spires Duggins, 45, 50, 400, 15, 200
M. B. Butler, 55, 60, 700, 25, 350
H. H. Duggins, 25, 75, 500, 10, 200
John R. White, 40, 40, 300, 20, 250
James Robers, 35, 35, 400, 70, 300

Woodson Ramsey, 35, 95, 300, 10, 200
Peter C. Shane, 40, 109, 400, 25, 228
James B. Burnett, 35, 165, 400, 25, 250
James Kiper, 40, 80, 400, 10, 125
Jesse V. Dunn, 40, 117, 500, 30, 400
Henry D. Denison, 45, 38, 500, 30, 400
Albert . Ward, 40, 60, 350, 35, 75
Willis Stone, 30, 100,3 00, 40, 200
Simon Probus, 15, 85, 500, 20, 250
A. S. D. Bruner, 45, 50, 1000, 50, 700
Sarah P. Ray, 300, 141, 1500, 75, 1000
Jesse Scott, 18, 73, 135, 10, 200
Edmund Bryant, 150, 1050, 3600, 40, 400
John E. Byres, 70, 130, 1000, 60, 400
S. C. McClure, 25, 200, 600, 10, 150
G. Harrison, 35, 310, 1500, 100, 800
John Stephenson, 25, 75, 400, 10, 200
William Alvy, 190, 40, 1000, 25, 150
Martin Kee, 18, 56, 400, 75, 200
J. F. McGrew, 100, 300, 500, 150, 700
Davis Litsey, 30, 35, 300, 20, 450
Franklin Williams, 40, 56, 450, 15, 350
William Miller, 80, 200, 1500, 100, 700
H. F. Lumpton, 50, 185, 1000, 50, 500
John Baker, 25, 103, 500, 125, 100
Alexander Kelly, 40, 200, 800, 100, 200
J. V Johnson, 70, 60, 1000, 100, 200
James J. Johnson, 50, 150, 1000, 50, 500
George C. Clark, 12, 70, 400, 10, 125

Zachariah Higden, 100, 130, 1500, 200, 1800
Mary Heninger, 80, 420, 1800, 150, 800
H. B. Bozorth, 40, 60, 600, 15, 300
George Cravens, 100, 200, 500, 60, 450
Sally Templeman, 55, 685, 1000, 25, 350
T. R. Willhite, 40, 61, 500, 20, 600
Jacob Leeshier, 30, 20, 200, 10, 200
O. H. P. Bozorth, 30, 84, 600, 70, 200
Marshal Morris, 30, 210, 7200, 100, 600
John G. Lewis, 50, 70, 700, 25, 250
Lenard Dewies, 110, 129, 2000, 100, 820
C. P. Dewies, 100, 133, 1600, 100, 600
William McDaniel, 100, 300, 1200, 100, 600
John B. McDaniel, 30, 20, 250, 25, 200
Squire Stinson, 80, 170, 1100, 50, 930
Joel Stinson, 40, 240, 1000, 100, 700
Franklin Patterson, 35, 152, 100, 100, 600
Mordica Day, 45, 95, 1000, 25, 400
Henry C. Butler, 26, 80, 1000, 25, 225
Benjamin Ferry, 60, 40, 500, 25, 300
William Duggans, 30, 70, 700, 15, 500
Benjamin Shetzer, 12, 48, 300, 50, 208
James Craig, 20, 1, 200, 15, 250
John A. Coats, 50, 100, 900, 25, 250
Shelby Cummins, 30, 95, 300, 10, 200
B. Harrell, 75, 125, 1200, 100, 600
C. Carter, 80, 120, 1500, 20, 350
Wm. Lahue, 100, 230, 1500, 150, 1200
Jas. Litsey, 60, 84, 500, 30, 900

G. M. Litsey, 75, 125, 700, 10, 250
H. Ramsey, 80, 140, 1200, 100, 500
Wm. Layman, 100, 65, 1000, -, 700
T. Carter, 50, 65, 500, 25, 200
Geo. House, 50, 150, 400, 25, 500
Mrs. F. Larkin, 60, 90, 1200, 100, 600
T. Dennison, 25, 350, 1000, 15, 185
Mrs. M. Muller, 60, 122, 100, 20, 500
D.S. Carroll, 75, 53, 1200, 150, 1000
M. Wilson, 100, 175, 2000, 100, 500
J. G. Daily, 65, 85, 325, 25, 800
V. Heady, 16, 18, 600, 10, 300
Thos. Sapp, 60, 90, 500, 150, 400
J. Bratcher, 20, 180, 500, 100, 200
J. McIntire, 18, 178, 1000, 5, 200
Jas. Barton, 55, 160, 800, 100, 700
Alex. King, 50, 200, 1000, 150, 400
Wm. Elder, 60, 100, 1000, 25, 350
Wm. Byers Jr., 17, 78, 300, 10, 200
W. C.Simpson, 100, 200, 1000, 150, 1000
T. Jenett, 75, 75, 600, 25, 200
B. Zachary, 20, 80, 400, 5, 100
W. M. Raymor, 50, 60, 300, 25, 100
Thos. Jenett, 25, 75, 300, 15, 200
Jo. Kefauver, 70, 130, 1500, 20, 400
Ed. Harris, 90, 210, 1800, 100, 300
Willie Hayse, 5, 45, 200, 5, 100
Saml Wossley, 250, 780, 4500, 100, 1500
Frederick Nelson, 60, 25, 300, 25, 700
Wm. Bratcher, 80, 20, 600, 130, 800
D. Byers, 75, 125, 1600, 100, 500
S. Claggett, 300, 600, 6000, 150, 600
R.Cravens, 30, 20, 600, 100, 600
Robt. Goode, 70, 230, 1500, 50, 1200
W. Templeman, 60, 140, 1000, 125, 500
B. Morris, 25, 25, 200, 25, 400
Frank Porter, 250, 1000, 4000, 15, 1500

Mrs. J.Vanmeter, 40, 160, 500, 20, 200
E. Fentress, 40, 60, 300, 20, 200
J. V. Burkley, 70, 160, 1200, 75, 400
J. Brazier, 15, 40, 200, 5, 50
S. Payton, 20, 80, 300, 80, 200
Jas. Duncan, 15, 40, 175, 5, 120
L. Clark, 100, 36, 600, 1000, -
W. W. Clark, 60, 60, 550, 25, 800
Mrs. O. Dedus, 65, 80, 1000, 50, 1000
Mrs. E. Sullinger, 100, 200, 2000, 135, 1000
Jack (Zack) Ferry, 35, 140, 700, 25, 450
E__ Sinclair, 45, 115, 800, 150, 400
E. M. Bratcher, 25, 25, 100, 75, 250
Wm. A. Duggins, 15, 100, 200, 120, 250
John Craig, 75, 70, 200, 10, 200
J.D. Byers, 30, 178, 400, 25, 350
W. S. Byers, 25, 75, 400, 15, 300
Wm. A. Spurrer, 50, 100, 800, 20, 500
B. Ford, 45, 70, 400, 40, 400
J. J. Bratcher, 40, 100, 1000, 100, 60
M. Pearce, 30, 51, 400, 15, 250
H. McSherey, 100, 290, 2000, 50, 500
N. Wilson, 130, 470, 1200, 50, 700
D. P.Bratcher, 60, 260, 2000, 50, 800
Saml. Bratcher, 25, 150, 500, 20, 250
J. W. Bratcher, 25, 100, 1200, 100, 500
K. Renfrow, 40, 335, 1000, 30, 200
Jas. Madin, 45, 255, 1000, 100, 500
Allex Coy (Cox), 25, 175, 1000, 20, 250
R. Hightower, 60, 240, 300, 50, 500
T. Gary, 30, 170, 700, 60, -
J. Oller, 30, 70, 500, 15, -
Jno. Bratcher, 60, 121, 300, 25, -
Lewis Hayse, 12, 88, 400, 10, 75
S. H. Davis, 25, 76, 200, 10, 100
H. Dinsy (Diney), 60, 140, 500, 100, 300

Jno. Deane, 60, 170, 15000, 100, 450
James Patterson, 65, 175, 2500, 150, 500
John W.Crawford, 150, 4000, 10000, 25, 1200
M. D. Kefauver, 60, 160, 1300, 125, 1100
J. W. Harrison, 25, 125, 1500, 20, 200
Anthony Layman, 30, 70, 150, 75, 400
James H. Byres, 80, 400, 2000, 150, 1200
Ellis Kelly, 40, 300, 1500, 60, 200
Joseph Kelly, 50, 200, 1000, 25, 400
Russel Renfroe, 400, 800, 7200, 200, 3000
D. E. Patterson, 35, 105, 300, 25, 200
J. Armstrong, 50, 180, 1000, 100, 500
Robt. H. Hayse, 28, 100, 600, 25, 200
M. Hightower, 14, 397, 500, 25, 300
A. D. Beaty, 50, 75, 250, 20, 250
R. M. Clark, 120, 180, 1000, 30, 400
Oliver Hart, 150, 95, 1000, 120, 600
H. F. Barba, 70, 39, 1000, 25, 200
A. V. Williams, 40, 60, 300, 20, 200
Martin Miller, 25, 75, 1000, 75, 700
William Miller, 35, 65, 400, 115, 700
L. W. Howard, 12, 88, 300, 15, 200
George Elliot, 15, 85, 300, 15, 125
H. H. Williams, 50, 50, 300, 20, 300
A. W. Giles, 65, 24, 2000, 125, 600
William Decker, 130, 420, 2000, 125, 350
W. W. Wholberry, 40, 40, 500, 25, 350
T. S. White, 20, 80, 400, 15, 200
John D. Wholberry, 60, 63, 500, 120, 400
Ferril Willis, 40, 100, 1000, 25, 400
James Hayse, 70, 290, 1000, 40, 700
Samuel Miller, 75, 125, 700, 15, 500
Benjamin White, 20, 85, 500, 10, 150
John Cummins, 2, 110, 600, 15, 200
A. B. Miller, 60, 150, 1500, 100, 700
Sarah Woosley, 50, 180, 500, 15, 200
Josh Woosley, 80, 422, 1000, 100, 500
Joseph Woosley, 20, 80, 200, 15, 300
Andrew Huck (Hawk), 25, 5, 100, 10, 175
Stephen Willison, 90, 220, 1200, 100, 900
A. T. (F.) Pickerill, 60, 72, 1000, 20, 500
Jacob Portman, 40, 75, 500, 50, 400
Richard Hazelwood, 13, 87, 500, 5, 150
L. B. Heart, 80, 250, 1000, 100, 700
John Hatfield, 100, 2225, 1000, 100, 100
W. T. Wooldridge, 45, 55, 800, 20, 400
Aaron Hart, 40, 15, 250, 50, 400
Frederic Gollady, 80, 160, 1200, 150, 600
T. B. Gollady, 15, 85, 400, 15, 150
J. M. Hart, 150, 110, 1500, 150, 1000
Jacob Carter, 35, 15, 500, 25, 250
David Hatfield, 50, 133, 800, 100, 800
David Artman, 50, 30, 150, 50, 350
Charles Artman, 40, 66, 800, 25, 400
Henry Shawler, 60, 190, 1000, 75, 350
David Hatfield, 60, 340, 2000, 150, 1000
Raymon Carrico, 60, 140, 1000, 25, 500
Henry Carby (Cosby), 34, 66, 300, 25, 300
Elizabeth Hornback, 25, 25, 200, 20, 530

W. D. Deckard, 80, 120, 100, 100, 500
S. Fulkerson, 25, 25, 250, 15, 175
J. C. Henderson, 65, 35, 600, 100, 500
Thos. Hatfield, 70, 75, 1000, 40, 500
Louis Generwatt, 60, 104, 1000, 125, 700
Manoah Hatfield, 65, 135, 1000, 160, 700
Jane Carter, 30, 70, 400, 15, 175
Isham Nichols, 100, 95, 700, 100, 700
J. A. Wooldridge, 150, 250, 1 200, 100, 700
J. T. Hart, 20, 150, 400, 20, 350
W. M. Pickerill, 40, 110, 1000, 120, 400
William Griffin, 60, 140, 1300, 100, 500
James Pickerill, 9, 82, 800, 25, 600
Rebecca Whitfield, 70, 90, 1000, 50, 250
Felix Buckhard, 100, 90, 1100, 30, 400
B. Mattingly, 50, 50, 300, 25, 400
E. W. Burks, 125, 160, 800, 150, 200
Elizabeth Donan, 40, 156, 600, 50, 300
William Hacket, 65, 310, 1500, 80, 400
D. J. Moore, 16, 84, 200, 15, 150
Charles Bray, 36, 214, 500, 15, 500
John Cunningham, 200, 300, 3000, 150, 1000
James Ferry, 16, 116, 300, 15, 200
William McDaniel, 8, 200, 1700, 50, 600
William Young, 50, 500, 1800, 100, 800
Polly Young, 100, 160, 1200, 75, 600
Samuel Young, 100, 350, 1300, 75, 800
John England, 50, 80, 500, 15, 800
John Young, 40, 157, 600, 20, 600
Elizabeth Porter, 30, 45, 200, 15, 250
James Young, 40, 100, 500, 20, 400
Joseph P. Wilkerson, 45, 125, 1500, 30, 100
William Edwards, 35, 165, 700, 25, 250
Champion Edwards, 40, 190, 1000, 10, 400
Susanah Patterson, 60, 70, 600, 20 900
Elison Payton, 50, 340, 500, 15, 400
Roda Futtle (Tuttle), 80, 169, 1300, 100, 400
George W. Allen, 50, 144, 600, 10, 200
James Herrel, 25, 75, 300, 15, 150
Samuel Atterberry, 40, 325, 600, 25, 300
Albert Combs, 20, 197, 600, 15, 100
Squire Green, 25, 103, 400, 125, 500
Syntha Green, 18, 52, 70, 5, 150
Wesley Porter, 4, 196, 300, 20, 40
Samuel Peyton, 50, 175, 800, 100, 600
Richard M. Porter, 70, 40, 1200, 75, 400
Presley Cummins, 70, 230, 8000, 25, 450
John Shain, 100, 75, 500, 30, 700
Fletcher Shaw, 60, 243, 700, 40, 900
Stephen Nahusion, 100, 140, 700, 40, 900
Harrel Stinson, 40, 288, 1300, 15, 150
James M. Diwees (Dirvees), 80, 220, 700, 20, 700
Wesley B. Bratcher, 70, 230, 1000, 100, 800
Austin Fraim, 40, 60, 300, 150, 100
Thomas Peyton, 40, 217, 500, 50, 400
Anniston Peyton, 40, 140, 600, 25, 150
Moses Renfroe, 50, 150, 300, 85, 300
Ellen Peyton, 15, 185, 600, 25, 300

Joe Renfroe, 60, 140, 1000, 100, 800
Albert Renfroe, 70, 200, 1500, 60, 500
John P. Goff, 60, 33, 2500, 100, 400
Aaron V. Day, 70, 200, 1000, 25, 400
Thomas B. Dewees, 25, 17, 400, 10, 200
T. J. Bratcher, 6, -, 60, 5, 175
Susanah Sapp, 50, 57, 500, 70, 300
Stanford Geary, 45, 45, 500, 30, 800
William House, 40, 100, 700, 125, 600
Marcus Geary, 18, 381, 800, 20, 500
Harriet Young, 60, 125, 100, 25, 350
Gideon Laymans, 30, 285, 500, 20, 330
Emanuel Sapp, 12, 149, 500, 20, 200
James M. Jinnett, 15, 80, 400, 60, 275
Isaac Dewees, 100, 500, 5000, 100, 800
Wheler Wiggs, 175, 225, 3000, 200, 900
John B. Derring, 20, 280, 1200, 30, 200
Joseph Roberts, 160, 190, 3000, 75, 650
John W. Layman, 45, 90, 300, 20, 480
William A. Mudd, 21, -, 210, 10, 155
Thomas A. Hill, 30, 134, 600, 25, 400
John Mudd, 40, 300, 1000, -, -
James Edlin, 40, 320, 30020, 15, 300
Demanich Edlin, 150, 350, 2000, 150, 1000
Alexander Lesley, 8, 152, 1000, 10, 150
John B. Mulholland, 20, 80, 20, -, -
John P. McClure, 250, 700, 4000, 80, 1000
Samuel Bradley, 60, 340, 700, 30, 250
Marcus Shaw, 75, 228, 800, 150, 90
Elechous Higdon, 120, 140, 800, 200, 1000
James W. Conklin, 100, 200, 3000, 100, 1000
Noah Harrel, 100, 200, 1800, 25, 400
Vincent Dunn, 100, 164, 1500, 25, 1100
Augustine Higdon, 190, 390, 4500, 75, 1078
Samuel Sands, 100, 500, 2000, 200, 700
Francis Higden, 110, 200, 600, 150, 250
Hartford Merideth, 50, 250, 1000, 30, 300
Allen Patterson, 75, 325, 1000, 125, 500
John Clark, 70, 150, 800, 25, 200
John E. Jackson, 120, 150, 3000, 150, 400
Lafayette Lile, 60, 190, 1000, 80, 500
William Armes, 20, 20, 1000, -, 80
Hugh C. Crawford, 175, 175, 2500, 150, 850
Joseph Stover, 70, 53, 800, 100, 700
John Whitely, 50, 300, 800, 100, 500
Stephen Whitely, 75, 50, 700, 75, 175
Henry Fentress, 20, 40, 300, 15, 200
William Fentress, 40, 20, 400, 15, 200
Silal Spurier, 40, 87, 1270, 25, 400
Sally Quick, 15, 35, 150, 10, 300
Bliford Beauchamp, 65, 195, 2600, 75, 600
Stephen Beauchamp, 70, 530, 3000, 150, 600
Burdine Beauchamp, 45, 26, 1000, 25, 500
Sam Hamelton, 65, 95, 1000, 150, 560
Thomas. H. Loyd, 100, 100, 4000, 100, 700
Polly Loyd, 90, 310, 2000, 25, 300
James R. Loyd, 30, 47, 800, 20, 100

Francis Landrum, 200, 467, 4100, 150, 1200
Martin Spencer, 25, 38, 400, 60, 400
Stephen Grant, 70, 255, 650, 200, 400
J.M. White, 130, 107, 3567, 100, 1000
Mary J. Rogers, 60, 200, 2500, 30, 200
Jefferson Hayse, 25, 25, 50, 8, 115
Sarah H. Kinkade, 20, 290, 500, 12, 310
Willis B. McGrew Jr., 50, 300, 80, 35, 380
Loderic M. Decker, 50, 75, 600, 200, 345
Aaron Saltsman, 60, 140, 1000, 25, 200
Bra___ Willson, 30, 50, 500, 15, 420
James Cook, 25, 55, 400, 10, 215
Henry B. Horrel, 115, 150, 2500, 150, 990
Stephen Wortham, 80, 120, 2000, 100, 800
Martin H. Pearl, 25, 175, 200, 15, 200
Hardin Carby (Cosby), 25, 66, 125, 15, 90
Adam Heyser, 70, 180, 1200, 100, 500
L. W. L. Hodges, 85, 650, 4500, 100, 250
Catharine Bruck, 55, 145, 450, 15, 300
Enos Hawkins, 35, 94, 1000, 10, 400
Silas Taylor, 20, 37, 600, 10, 200
Charles Miller, 60, 10, 600, 20, 550
William B. Stutersville, 40, 130, 1200, 15, 600
John Shively, 35, 165, 1000, 15, 300
William Hawkins, 50, 50, 400, 15, 200
George Busroe, 15, 80, 400, 25, 200
James B. Stutersville, 50, 250, 2500, 10, 175
Sylvester Hurst, 40, 100, 750, 50, 300
Charles Wortham, 150, 150, 18000, 100, 500
Louis W. Hackley, 75, 135, 2000, 30, 250
B. E Phillips, 200, 140, 1200, 100, 1000
W. E. Wortham, 80, 170, 1500, 100, 500
Jefferson Williams, 95, 9, 900, 150, 600
Jesse B. Day, 60, 80, 800, 50, 700
Harriet Young, 40, 210, 700, 20, 400
John J. Merideth, 30, 15, 200, 25, 400
John F. Decker, 100, 150, 1000, 125, 1000
Ambrose Mudd, 35, 65, 150, 40, 300
Miles Ashley, 25, 100, 600, 20, 50
John Chase, 65, 235, 1000, 15, 100
Jacob H. Brown, 110, 340, 1150, 100, 600
Joelsey Johnson, 40, 40, 600, 25, 275
Thomas Willson, 35, 150, 500, 20, 150
JohnW. Higdon, 40, 310, 2000, 50, 500
John A. Skees, 100, 180, 1500, 150, 600
Henry P. Hill, 30, 56, 500, 15, 150
Joseph Allen, 10, 164, 400, 20, 80
Frances Wilhelm, 25, 60, 150, 15, 40
Elijah Rolison, 120, 324, 3000, 150, 1000
C. L. Eskridge, 150, 300, 3500, 100, 450
Charles Davison, 100, 200, 700, 25, 500
Elias Porter, 0, 20, 350, 20, 100
Eli Quiggins, 40, 160, 500, 15, 150
William G. Duncan, 80, 120, 800, 125, 1000
S. Buchanan, 125, 25, 300, 50, 500
John Fentress, 65, 135 500, 100, 700

Volentine Fentress, 40, 68, 700, 100, 500
Warren P. Willson, 35, 128, 1000, 500 400
James B. Lahue, 20, 144, 600, 20, 200
Leo A. Miller, 50, 150, 800, 125, 300
John J. Willson, 65, 30, 1000, 75, 700
Davis Litsey, 60, 115, 1200, 125, 600
Reason Layman, 90, 153, 1000, 150, 500
Elijah Duggins, 150, 150, 1000, 125, 700
E. E. Veech, 100, 400, 800, 200, 1000
William Proctor, 122, 388, 1500, 150, 6000
William McCully, 20, 60, 200, 20, 150
Stanton Snyder, 70, 127, 1000, 15, 320
John F. Wood, 50, 150, 2000, 15, 528
J. C. Snyder, 25, 30, 600, 20, 350
Samuel Snyder, 27, 110, 1000, 10, 250
Rubin Corder, 50, 63, 300, 30, 200
Ransane Caswell, 35, 1 02, 300, 30, 400
Thomas Clement, 80, 275, 2000, 15, 675
George Clemans, 30, 122, 375, 20, 300
Frederic Carter, 60, 100, 1000, 30, 500
John D. Luck, 90, 80, 800, 26, 300
Lydia Blesset, 50, 48, 240, 16, 250
H H. Johnson, 18, 92, 200, 15, 250
Alen Dassey, 70, 90, 500, 15, 300
Nancy Pearman, 50, 90, 500, 15, 300
William W. Johnson, 160, 150, 1000, 10, 280

Andrew Higdon, 40, 160, 1000, 15, 400
Thomas Higdon, 64, 38, 800, 6, 125
Basel E. Alvey, 20, 113, 350, 40, 295
Jourden Smith, 53, 17, 400, 15, 250
Henry T.Alvey, 50, 60, 600, 12, 300
H. B. Jarbo, 35, 100,3 00, 20, 700
John Atterberry, 40, 100, 1000, 10, 200
Benjamin Alvey, 40, 85, 600, 10, 300
A. H. Johnson, 100, 120, 1000, 150, 1200
John Sims Sr., 85, 65, 900, 20, 500
A. Neighbors, 65, 150, 800, 20, 500
J. M. Jarbo, 130, 200, 1500, 125, 750
B. G. Pearce, 35, 250, 500, 75, 600
William Sanders, 40, 128, 800, 30, 350
Alexander Merideth, 25, 75, 300, 20, 300
John S. Fearry, 120, 110, 1500, 125, 1000
Willis Green, 500, 400, 24000, 500, 5000
David Duggins, 50, 106, 1000, 50, 500
William Carter, 12, 42, 200, 20, 250
Abraham Harrison, 50, 70, 250, 30, 400
Edward Ammes, 80, 130, 200, 100, 1000
David Dalton, 30, 80, 1000, 100, 700
Joshua Blair, 25, 65, 600, 15, 200
Gideon Houk (Hawk), 25, 100, 800, 20, 400
George W. Mattingly, 40, 120, 600, 40, 400
John Carter, 30, 50, 500, 25, 450
Robert Mattingly, 25, 75, 500, 25, 350
Elizabeth Barns, 100, 272, 2500, 75, 400
Mary Drane, 30, 70, 500, 15, 75
Logustin Poole, 40, 33, 200, 15, 300

James W. Gibson, 140, 160, 1500, 150, 700
Celestine Langley, 45, 55, 200, 100, 300
John Shephard, 35, 70, 800, 15, 300
John Mattingly, 50, 90, 500, 40, 500
David Corder, 50, 100, 1000, 50, 700
Michael Patterson, 100, 372, 2500, 150, 600
Wade Logston, 80, 93, 1000, 100, 700
Anderson Gray, 87, 150, 800, 25, 400
William Horrell, 30, 70, 600, 15, 200
Barney Fraise, 75, 25, 800, 25, 300
John Griffin, 140, 160, 3000, 100, 400
Willis Hayse, 50, 60, 1000, 50, 300
Fira Batterton, 125, 125, 4000, 70, 400
Teresa Haydon, 100, 25, 600, 50, 800
Jas. A. Layman, 500, 400, 1000, 15, 300

GREEN COUNTY KENTUCKY
1860 AGRICULTURAL CENSUS

The Agricultural Census for Kentucky for 1860 was filmed for the University of North Carolina from originals held by the Duke University Library, Durham North Carolina.

There are some forty-six columns of information on each individual. Only the head of the household is addressed. I have chosen to use only six columns. These are shown below.

1. Owner
2. Acres of Improved Land
3. Acres of Unimproved Land
4. Cash Value of Farm
5. Value of Farm Implements and Machinery
13. Value of Livestock

Thus, the numbers following the names represent, 2, 3, 4, 5, 13.

The following symbol is used to maintain spacing: (-)

This county recorded a large number of tenant farmers.

Robert Marshall, 200, 150, 3000, 100, 800
Isaac G. Graves, 370, 533, 7000, 130, 1450
Peter Strudder, 100, 32, 924, 30, 550
Robert Smith, -, 113, 300, 20, 450
Jas. L. Jones, tenant, tenant, tenant, 20, 450
Henry Durnt, 150, 200, 1800, 200, 1000
Alex Milby, 26, 61, 700, 18, 250
Wm. Bloyre, 250, 250, 3000, 150, 800
Harry Jones, 30, 162, 2600, 228, 380
Wm. Jones, 125, 180, 2400, 75, 400
Jas. G. Anderson, 225, 175, 6000, 100, 2500
Thos. L. Cavin, 75, 100, 1700, 50, 750
Abel Hendson, 50, 115, 1000, 30, 400
W. J. Smith, 300, 100, 6000, 200, 3475

Colly (Colby) Cowherd, 500, 220, 10800, 600, 2400
W. M. Holland, 75, 75, 1000, 125, 600
Leonard Hamelton, 20, 16, 350, 10, 180
Elizabeth Henry, 150, 150, 3000, 100, 30
Jas. Ward, 50, 76, 600, 10, 275
Jas. Wooldridge, 120, 68, 2000, 28, 590
Tilman Calhoun, 65, -, 200, 35, 370
Isaac Bush, 15, 20, 500, 50, 225
Henry Bibb, 30, 50, 350, 20, 220
Wm. R. Henry, 400, 120, 5000, 100, 2700
Levy A. Hamilton, tenant, tenant, tenant, 10, 300
Alfred B. Calhoun, 50, 60, 500, 20, 400
Wm. G. Price, 60, 30, 1000, 75, 350
Strother Hasell, 300, 140, 4500, 150, 1500

David C. Blakeman, 160, 160, 3000, 100, 500
Richd. Vance, 30, 220, 1500, 100, 400
John Morgan, 46, 50, 400, 30, 200
Berry Marcum, 33, 70, 1100, 15, 200
Lewis Struder, 350, 300, 6160, 250, 1775
Ben Holland, 45, 2000, 100, 1000
Saml. Marrs, 20, 115, 1000, 15, 230
Wm. Taylor, 5, 75, 400, 10, 20
M. C. Noe, 30, 60, 750, 20, 200
David Cavin, 180, 220, 2400, 100, 1200
Jack Mays, 90, 75, 1660, 30, 350
John Marcum, 125, 175, 3000, 200, 600
John Vance, 150, 300, 4500, 25, 300
Saml. Bennett, 60, 40, 300, 25, 140
Frank Taylor, 70, 150, 2400, 50, 200
Burr Hagell, 200, 225, 4250, 150, 1650
Jo. Swigley, 100, 60, 500, 25, 250
C. B. Germ, 40, 70, 660, 10, 250
Jas. C. Edwards, 350, 150, 5000, 200, 3970
Grady Close, 130, 150, 1750, 100, 800
Mitchell Warren, 5, 125, 200, 5, 120
B. Skaggs, tenant, tenant, tenant, 10, 250
Larkin Sidebottom, 70, 65, 2500, 50, 500
Nathan Ward, 150, 150, 12000, 100, 675
Thos. B. Marcum, tenant, tenant, tenant, 100, 200
Elizabeth Sturman, 50, 10, 600, 30, 200
Frank Sturman, 40, 50, 500, 10, 250
Dan M. Williams, 600, 500, 8000, 200, 1500
F. Vaughn Sr., 360, 724, 8270, 300, 2550
W P. Warren, 10, 65, 250, 75, 100
C. M. Buckner, 60, 150, 3000, 75, 435
Danl. J. Milby, 40, 60, 500, 73, 500
John Milbyonecye(?), 200, 50, 1000, 25, 400
J. P. Perkins, tenant, tenant, tenant, 17, 200
W. J. Blakeman, 250, 150, 4000, 150, 1400
Edmund Parker, 65, 85, 750, 50, 230
P. M. Williams, 200, 500, 4000, 150, 730
Lewis Warren, 15, 75, 200, 10, 175
Jenny Skaggs, 25, 28, 250, 10, 700
W. S. Peace, 65, 110, 1000, 50, 600
J. B. Skaggs, 30, 60, 400, 20, 250
A. C. Cox, 200, 300, 3320, 150, 1060
J. J. Hite, tenant, tenant, tenant, 10, 200
P. H. Fulks, 70, 63, 650, 25, 400
Geo. W. Marcum, tenant, tenant, tenant, 50, 250
John Froyer, 60, 140, 1200, 100, 450
J. G. Scott, 200, 225, 3500, 50, 1300
Joseph Rison, tenant, tenant, tenant, 75, 450
Nick Mcleiberus, 110, 100, 1000, 60, 855
W. T. Vance, 125, 140, 1200, 30, 380
Milton Vaughn, 310, 660, 5000, 120, 1570
C. C. Morris, 210, 480, 3000, 50, 1025
Wm. Henderson, tenant, tenant, tenant, 15, 100
John H. Morgan, tenant, tenant, tenant, 10, 150
J. H. Milby, 70, 100, 100, 100, 400
Thos. B. Marshall, tenant, tenant, tenant, 60, 500
Gabe Close, 150, 170, 2500, 75, 1000
Richd. Milby, 70, 50, 500, 15, 250
John Milby, 35, 70, 300, 10, 200

Jesse P. Close, 9, 10, 100, 50, 175
John K. Thompson, 40, 60, 300, 20, 300
Wm. H. Edwards, 170, 230, 4000, 75, 2370
Wm. Milby, 30, 35, 300,1 5, 400
R. S. Noe, 60, 100, 580, 50, 500
Henry Marcum, 100, 109, 1400, 200, 900
Ben A. Hamilton, 100, 160, 2000, 50, 800
Wm. Perkins, 50, 25, 400, 20, 180
Jo. H. Graham, 40, 60, 400, 5, 150
Wm. Whitlow, 50, 50, 500, 10, 200
Jas. W. Noe, tenant, tenant, tenant, 20, 130
Wm. H. Curry, 250, 170, 2000, 700, 1000
Henry Corum, 50, 100, 1000, 60, 500
Henry Skaggs, 70, 480, 1000, 10, 225
Wm. S. Hodges, 85, 40, 720, 125, 530
Thompson B. Eastes, 75, 50, 750, 150, 360
D. W. Morgan, 10, 65,210, 10, 50
W. W. Bass, tenant, tenant, tenant, 10, 250
Wm. L. Despain, 35, 45, 400, 10, 190
Wm. Barnett, 120, 1000, 6000, 80, 700
Perry Money, 300, 255, 3840, 150, 630
P. M. Smith, 150, 170, 2000, 150, 1030
Wm. Ward, 75, 100, 1000, 50, 300
Thos. A. Eastes, 75, 230, 2100, 50, 400
Oliver Sidebottom, tenant, tenant, tenant, 13, 200
Louisa J. Wade, 40, 49, 600, 60, 190
John P. Price, tenant, tenant, tenant, 5, 20
A. J. Chandorn, 100, 65, 825, 100, 920
W. W. Ingram, 35, 95, 1000, 30, 450
W. W. Mcleibbrus, 60, 60, 350, 100, 400
James Childers, 60, 90 800, 20, 130
C. H. Curry, 60, 60, 720, 50, 300
Jesse Helm, 50, 50, 350, 8, 120
John Raffrty, 20, 70, 200, 10, 100
Margaret W. Patton, 100, 100, 1000, 100, 350
John Stewart, 35, 20, 350, 20, 380
George W. Bell, 40, 60, 300, 20, 300
Mary Dyason, 50, 100, 800, 10, 230
J. S. Hudgens, 55, 45, 3500, 30, 250
John H. Marcum, 65, 75, 420, 20, 300
Charles H. Fucks, 50, 50, 400, 20, 300
Jas. N. Noe, tenant, tenant, tenant, 10, 75
F. P. Hudgens, 50, 60, 1100, 15, 200
C. H. Walker, 110, 110, 1100, 50, 730
Moses Akin, 160, 300, 3500, 150, 1000
John D. Scott, 40, 60, 500, 30, 600
Alex Hudson, 40, 90, 780, 40, 200
M. J. Lewis, tenant, tenant, tenant, tenant, 100
Lewis Ellmore, 70, 35, 900, 75, 400
Ben F. Whitlow, tenant, tenant, tenant, 5, 30
Mary A. Fucks, tenant, tenant, tenant, 10, 150
John Akin, 60, 88, 680, 5, 150
Jas. A. Fryar, 50, 68, 300, 20, 150
John C. Skaggs, 20, 42, 300, 10, 150
Charles Blevins, 50, 40, 400, 15, 200
Eliza Skaggs, 28, 25, 200, 10, 100
John H Ellmun, 30, 25, 400, 10, 400
Dan M. Stinnett, 13, 37, 150, 10, 140
John S. Foster, 40, 25, 500, 15, 135
P. C. Warren, 30, 90, 300, 10, 230
David Etherton, 50, 50, 1600, 75, 800

Lou B. Stinnett, 100, 200, 2000, 40, 400
Ed Warren, 50, 50, 300, 15, 280
Mat Skaggs, 50, 150, 500, 20, 350
J. J. Cantrel, 100, 96, 1600, 75, 450
Thornton Johnson, 90, 110, 1000, 30, 300
Asa Cantrel, 200, 175, 1500, 50, 700
W. M. Ellmore, 12, 40, 500, 5, 100
W. Coakley, 90, 100, 1580, 100, 1000
Thos. Coakley, 120, 240, 3600, 50, 100
Jas. Edwards, 30, 166, 850, 75, 225
David Bell, 50, 100, 750, 20, 100
John J. Stinnett, tenant, tenant, tenant, 15, 200
Drury Despain, 60, 40, 300, 10, 150
Jas. A. Howll, 130, 488, 5000, 50, 1265
Wm. F. Etherton, 30, 100, 400, 10, 275
Jas F. Bloyer, 40, 23, 400, 10, 230
Wm. B. Richardson, 40, 20, 1000, 60, 300
Mary Sturman, 50, 50, 500, 75, 400
Wm. Etherton Jr., 20, 30, 350, 10, 200
R. P. Shofner, 60, 40, 500, 20, 480
John Light, tenant, tenant, tenant, 10, 125
G. W. Price, 20, 12, 350, 10, 130
J. Underwood, 60, 40, 500, 50, 250
Sol. Thompson, 60, 70, 650, 10, 300
Wm. Bell, 40, 10, 400, 10, 275
E. E. Chaney, 40, 40, 450, 10, 200
Samuel Chaney, 30, 40, 400, 10, 200
Cabel Hedges, 70, 34, 300, 15, 325
Jo. Despain, 50, 25, 300, 10, 140
Lloyd Thurman, 500, 400, 6300, 130, 3100
Jo. Mitchell, 150, 150, 3000, 100, 1200
R. R. Sturman, 100, 100, 1000, 20, 500
Jennetta Chaney, 80, 20, 600, 8, 230
Wm. A. Smith, 70, 30, 400, 100, 900
John Loyall, 80, 20, 400, 10, 200
W. B. Mears, 150, 150, 1800, 73, 800
John Coakley, 64, 100, 1650, 75, 800
John Ray, 50, 80, 520, 10, 290
T. S. Shoemaker, 20, 30, 130, 5, 15
Sol. Johnson, 20, 20, 100, -, -
Mary Beauchamp, 50, 50, 1000, 10, 130
Ceba Salsman, 100, 100, 2000, 10, 140
Jas. Loyall 40, 28, 400, 15, 300
Jas. F. Thompson, 50, 100, 1000, 80, 800
Q H. Eustes (Eastes), 130, 50, 1200, 15, 800
W. P. Warren, 80, 120, 1200, 30, 1000
W. C. Thompson, 100, 110, 1000, 20, 350
Thos. H. Moss, 70, 100, 2500, 75, 350
George Wright, 25, 23, 400, 50, 100
Jacob Warren, 15, 100, 400, 5, 200
Sarah Warren, 33, -, 500, 10, 200
Hey Waring, 200, 189, 3000, 150, 650
Abel Elkin, 60, 57, 1000, 85, 400
Elijah Etherton, 40, 70, 720, 75, 300
Hugh Warren, 80, 40, 400, 25, 275
Wm. Scott, 20, 60, 400, 5, 230
Dotson Warren, 50, 80, 800, 75, 400
Alfred Warren, 30, 70, 500, 15, 350
J. H. Perkins, 60, 90, 600, 15, 225
Jas. Lewis, 150, 250, 4000, 150, 1130
Robert Ellmore, 60, 82, 700, 50, 480
Eliza Graham, 100, 50, 1500, 25, 170
Richd. Kulks (Fulks), -, -, -, 10, 110
David Duvin (Lenvin), 50, 110, 800, 20, 180
Jesse Perkins, 50, 60, 250, 10, 250
Rubin Milby, 60, 40, 400, 25, 180
John Walker, 50, 100, 900, 20, 270

Aylette Lammon, tenant, tenant, tenant, 10, 115
Wash Larrimon, 73, 75, 900, 72, 390
Wm. Sutton, 48, 42, 400, 20, 280
Thos. G. Chandorm, 200, 170, 3000, 100, 2230
Geo. W. Chandorn, 50, 40, 900, 90, 600
Peter R. Bass, -, -, -, 5, 150
J.B. Mitchell, 123, 170, 3000, 50, 820
Ben Marrs, -, -, -, 6, 130
E.Vaughn, 75, 75, 1560, 50, 400
J. N. Cantrel, -, -, -, 75, 300
Jas. Wheat, 40, 46, 700, 20, 150
R. A. T. Vance, 6, -, 1000, 5, 250
J. H. McGlasson, 75, 25, 400, 25, 300
John Quisenbery, 65, 100, 130, 75, 650
Dan S. Carter, 250, 150, 6000, 100, 1123
Robert Bibb, 200, 300, 5000, 100, 900
Fielding Chelf, 35, 100, 500, 23, 225
Thos. P. Hodges, tenant, tenant, tenant, 25, 625
Nat Terry, 40, 110, 1200, 95, 223
Harrison D__en, 100, 23, 500, 10, 200
Geo. W. Bloyer, 6, 24, 75, 83, 175
W. L. Noe, 10, 8, 75, 5, 150
Elam Perkins, 250, 83, 1500, 100, 830
Elam Larriman, tenant, tenant, tenant, 8, 240
Stephen Crum, 50, 75, 300, 5, 228
Robert Graham, 75, 100, 900, 100, 350
G. T.Spellman, 90, 40, 500, 30, 700
Geo. Ellman (Ellmore), 65, 70, 1200, 30, 300
Price Scott, 100, 100, 1000, 50, 265
Wm. Shoemaker, 20, 30, 300, 10, 150
Fields Skaggs, 100, 50, 600, 20, 250
Jas. El_ri__, 170, 330, 2500, 109, 800
Abijah Lewis, 75, 125, 1200, 10, 190
Nathan Warren, 75, 75, 1500, 25, 580
John Bloyd, 100, 222, 2800, 75, 720
E. J. Bloyd, 40, 40, 700, 5, 100
Jo. Despain, 30, 65, 200, 8, 175
Mary Etherton, 50, 50, 1000, 10, 200
Wm. Lee, 90, 210, 2400, 100, 800
Moses Linville, 100, 100, 1500, 50, 275
John P. Brewer, 70, 52, 1000, 75, 550
Ed M. Angel, 70, 30, 900, 50, 150
Geo. Coakley, 100, 66, 1700, 75, 1320
Susan Despain, 40, -, 600, 30, 500
Wm. J. Chaney, 50, 20, 500, 23, 175
Thos. W. Edwards, 100, 70, 2000, 100, 1115
Thos. E. Edwards, 380, 390, 9700, 200, 500
Thos. Canada, 3, 2, 400, 18, 750
Wm. J. Hall 34, 66, 500, 20, 250
J. H. Lammon, -, -, -, 10, 90
Gol__ Nane__, 100, 105, 2500, 78, 1228
Daniel Loyall, 75, 161, 1150, 75, 500
W. F. Warren, 125, 175, 2500, 75, 200
Mary Peace, 80, 120, 600, 50, 200
Thos. Rhea, 35, 20, 800, 20, 125
Saml. E. Williams, 80, 126, 2000, 20, 500
Elizabeth Poteet, 40, 25, 450, 10, 200
John R. Haselwoods, 50, 50, 1500, 75, 900
C. W. Haselwood, 120, 80, 2000, 80, 600
John Means, 100, 130, 1500, 75, 400
Nancy Larrman, 50, 30, 500, 10, 200
Elizabeth Chaney, 65, 100, 1600, 20, 200

Jas. Money, 75, 230, 2000, 20, 400
D. P. Mears, 90, 65, 1500, 100, 500
R. M. Durham, 80, 143, 2000, 80, 500
Wm. T. Stunman, 60, 40, 1100, 15, 300
F. B. Beauchamp, 30, 70, 1500, 75, 300
Elijah Kartley, 30, 25, 350, 10, 125
Byron Skaggs, 175, 175, 1500, 50, 400
J. N. Money, 40, 60, 1000, 10, 230
W. P. Warren, 40, 70, 600, 100, 400
H. Scott, 25, 25, 500, 10, 200
Jas. A. Etherton, 20, 90, 300, 10, 200
Hezekiah Lee, 50, 50, 1000, 50, 300
John Victor, 75, 165, 1500, 100, 300
Johnathan Lee, 50, 34, 200, 10, 160
Henry Sidebottom, 125, 161, 1000, 100, 600
Mary Scott, 25, 50, 500, 20, 300
Jo. Cogdill, 30, 70, 500, 10, 300
John Whitlow, tenant, tenant, tenant, 10, 300
Henson Risen, 10, 40, 200, 5, 150
Mary Wooldridge, 150, 50, 500, 25, 200
Derna (Dyna) Boles (Bales), 60, 240, 1800, 70, 400
Andy Drien (Drierr), 25, 25, 250, 15, 128
Jas. L. Mcleubbires, 30, 70, 500, 10, 125
Rubin Acridge, 25, 25, 500, 10, 228
Eber Acridge, 25, 25, 230, 5, 250
Jesse Morgan, 45, 30, 400, 10, 200
J. A. S. Javis (Jarvis), 20, 80, 250, 5, 130
David Terrill, 100, 150, 1250, 20, 700
John Ford, 50, 146, 600, 40, 200
Andy Salsman, 30, 90, 300, 5, 150
Jas. Perkins, 80, 120, 1200, 100, 600
R. J. Wade, 33, 27, 300 15, 700
E. Digarn, 40, 40, 300, 5, 100
W. R. Guns, 100, 150, 2000, 75, 860

Edmund Digan (Digams), 15, 35, 300, 3, 100
Rody Skaggs, 100, 100, 600, 5, 350
Wm. Skaggs, 50, 50, 200, 10, 200
Henson Rison, 70, 50, 400, 175, 400
W. Dobson, 35, 70, 150, 5, 150
J. P. Etherton, 40, 70, 400, 10, 150
G. W. Drain, 25, 100, 200, 5, 100
Wm. F. Etherton, 60, 70, 500, 10, 250
George Skaggs, 40, 60, 500, 5, 200
Wm. Acridge, 40, 60, 400, 50, 150
John Pearce, 100, 150, 1500, 100, 350
Riley Pearce, 30, 65, 500, 15, 200
Jno. Despain, 35, 50, 500, 10, 150
Thos. Beams, 30, 50, 500, 10, 450
G. F. Duvrett (Durrett), 50, 50, 400, 10, 130
Jacob Goff, 60, 60, 600, 10, 150
Lenard Goff, 60, 60, 700, 10, 250
Simpson Whitlow, -, -, -, 10, 150
W. E. Williams, 70, 85, 1500, 50, 350
P. A Williams, 40, 90, 620, 50, 200
Nathan Avery, -, -, -, 10, 230
W. W. Calhoun, 40, 35, 300, 5, 200
Felix Sidebottom, 50, 50, 500, 10, 250
W. B. Marshall, 80, 120, 3000, 50, 600
Thos. R. Barnett, 120, 600, 6000, 100, 1260
B. L. Hutchason, -, -, -, -, 160
Jno. Smith (C. F.), 80, 220, 3400, 100, 705
William Smith (B), 35, 20, 660, 60, 220
B. F. Marshal, 70, 55, 1750, 20, 370
Thos. Marshall, 130, 70, 1600, 100, 1296
Jno. W. Wright, 450, 90, 8100, 100, 871
O. P. Marshall, 175, 140, 3700, 50, 120

John J. Penick, 175, 75, 3750, 100, 2320

Beverly Marshall, 250, 650, 6000, 300, 1300

Luther H. Taylor, 725, 200, 6500, 100, 2000

John J. Roach, 200, 150, 4000, 300, 800

William Lewis, 230, 325, 10000, 200, 1200

Robert N. Marshall, tenant, tenant, tenant, -, 700

Francis Cowherd, 600, 500, 15000, 300, 2595

Saml. W. Robinson, 800, 600, 16800, 400, 7279

John G. Miller, 350, 120, 7050, 200, 2645

Wm. M. Hicks, 300, 77, 7700, 60, 882

Wm. C. Rodgers, tenant, tenant, tenant, -, 8

Jas. T. Goalder, 20, 5, 2000, 30, 315

Wm. J. Cowherd, tenant, tenant, tenant, 100, 371

Elizabeth A. Gaines, 400, 230, 5150, 200, 1000

B. M. Griffin, 300, 100, 8000, 300, 4045

J. M. Atkinson, 225, 1753, 500, 30, 500

Amerias F. Gaines, 60, 40, 1000, 30, 635

Thomas H. Gaines, 150, 220, 4000, 150, 1410

John W. Shirley, 90, 220, 2500, 100, 824

Jas. W. Williams, 500, 600, 9900, 300, 1517

A. T. Thornton, tenant, tenant, tenant, 10, 157

Sallie C. White, 350, 400, 10000, 200, 1110

David Moss Sr., 100, 100, 2000, 2000, 532

Creed H. Craddock, tenant, tenant, tenant, 20, 363

Wm. B. Carlile, 200, 325, 3560, 100, 1220

Lazy L. Stubbs, 150, 200, 3000, 200, 880

Geo. W. Swearingen, 80, 800, 12000, -, 415

Jas. W. Curry, 30, 79, 545, 75, 175

Francis Anderson, 400, 855, 17620, 100 1542

Phil K. Vaughn, 45, 100, 1300, 50, 250

Jasper Salsman, 60, 20, 350, 10, 300

Jno. J. Durham, 200, 190, 4680, 150, 1395

Pilson Smith, 250, 720, 5640, 150, 1547

John P. Curry, 60, 190, 2000, 80, 792

William Curry, 100, 300, 1200, 25, 690

Jas. A. Moss, 150, 130, 1680, 400, 1320

Jno. P. Williams, 25, 75, 800, 200, 100

W. Simpson, 125, 35, 800, 100, 730

Willie Thompson, 175, 475, 3250, 200, 2332

Jas. W. Thompson, tenant, tenant, tenant, 75, 600

Benj. Spillman, 310, 70, 400, 50, 150

Wm. C. Curry, tenant, tenant, tenant, 75, 600

Simon L. Cowherd, 150, 75, 1356, 50, 605

Benj. F. Moss, 30, 70, 500, 50, 255

Wm. M.Garrison, 75, 85, 350, 125, 349

Wallis Goach, 125, 210, 6500, 200, 514

F. G. Myers, 70, 46, 1600, 20, 642

M. T. Whitlock, 100, 100, 800, 125, 640

Sallie Jones, 75, 180, 300, 125, 640

Judith Wakefield, 250, 325, 8600, 300, 900

Josiah Hatcher, tenant, tenant, tenant, 150, 650

Moses Blackman, 720, 1234, 16462, 500, 1730

Jas. A. Cox, 200, 100, 3000, 50, 1047

Frederick Cox, 300, 396, 5568, 100, 1000

John C. Creel, tenant, tenant, tenant, -, 125

Mary E. Caldwell, 65, 43, 864, 65, 456

Stephen A. Perkins, tenant, tenant, tenant, 10, 268

Wm. W. Stearman, 65, 82, 735, 125, 423

Talbot Perkins, tenant, tenant, tenant, 10, 300

Danl. P. White Jr., 250, 431, 3600, 200, 991

John Miller, 150, 180, 2000, 100, 538

Wm. R. Gaines, 60, 40, 800, 30, 165

Robert Ball, 175, 75, 4000, 200, 1400

Robert Wilson, 760, 100, 3300, 100, 555

Thomas J. Stubbs, 125, 175, 2650, 100, 470

Saml. Bridgewater, 130, 455, 6850, 100, 765

A. M. Paxton, tenant, tenant, tenant, 10, 180

Wm. P. White, tenant, tenant, tenant, 75, 790

James G. Hays, tenant, tenant, tenant, 10, 345

Benj. Sulivan, 75, 80, 600, 15, 400

W. T. Chewning, 45, 51, 600, 110, 554

Sallie L. Cofer, 110, 5, 990, 50, 310

John G. White, 160, 176, 4000, 100, 815

Wm. Blankenship, 605, 330, 6845, 180, 1030

Samuel Molton, tenant, tenant, tenant, 25, 270

Wm. R. Smith, 24, 56, 400, 35, 50

John C. Moss, 80, 59, 1000, 100, 757

Edwin H. Mays, tenant, tenant, tenant, 5, 30

Wm. Tucker, tenant, tenant, tenant, 50, 357

W. W. Montgomery, 30, 50, 600, 50, 755

Hugh Montgomery, 65, 10, 1770, 100, 350

Jefferson Henry, 250, 150, 4000, 100, 4384

Gorden Corum, 40, 107, 1000, 40, 1070

Samuel Blakeman, 125, 77, 1200, 100, 597

Mary J. Paxton, 60, 40, 600, 10, 183

James Bewer (Brewer), 60, 40, 714, 15, 699

James H. Clark, 80, 90, 2000, 50, 52-

John E. Sherill, 100, 108, 1500, 50, 607

T. S. Hendricks, 165, 135, 3000, 50, 352

Joshua A. Hizer, 130, 70, 2000, 70, 630

John P. Hudson, 90, 0, 1448, 30, 474

J. T. & W. R. Hizer, 200, 140, 2040, 50, 974

Ruth B. Workman, 125, 75, 1000, 70, 661

A. T. Moore, 95, 5, 500, 10, 127

Saml. M. Wilson, 185, 54, 1434, 136, 830

Margaret Moore, 100, 60, 900, 20, 597

Burrel Hancock, 250, 435, 6130, 75, 2500

Robert W. Grove, 15, 245, 2000, 75, 730

Wm. Grove, 450, 381, 14465, 100, 860

Robert Haskins, 400, 260, 9900, 100, 2425
John McMahan, 30, 130, 1000, 15, 25
Wm. Irvin, 107, -, 1500, 50, 613
Geo. W. Croal, 130, 60, 2280, 150, 807
R. H. Hatcher, 162, 40, 3030, 120, 900
John A. Mitchell, 110, 67, 2655, 200, 690
Alfred Anderson, 1500, 825, 20310, 400, 3708
H. P. Curry, 65, 65, 650, 60, 2070
James Smith, 120, 130, 1200, 60, 515
James A. Eckles, tenant, tenant, tenant, 30, 397
James Blankenship 100, 25, 500, 30, 490
Elizabeth Blankenship, 100, 80, 450, -, 170
Nancy J. C. Lisle, 250, 150, 8000, 75, 2035
David E. Moss Jr., 78 140, 1220, 40, 335
Jnoa. Paxton, tenant, tenant, tenant, 10, 160
Jno. M. Paxton, 70, 26, 200, 100, 110
Jas. Bittiser, tenant, tenant, tenant, 35, 253
Margaret Paxton, tenant, tenant, tenant, 10 233
Saml. Hood, 50, 50, 400, 55 420
Amos Ellison, 100, 183, 850, 85, 300
Wm. T. Skaggs, tenant, tenant, tenant, 15, 180
R. M. Paxton, 45, 20, 520, 15, 50
Wm. Hood, tenant, tenant, tenant, 5, 140
Wash Hopkins, 40, 55, 300, 15, 293
Sam. B. Sullivan, 75, 65, 1000, 70, 847
R Rucker 40, 160, 1500, 100, 467

Susan Patram, 200, 280, 2000, 75, 601
Mry Sullivan, 100, 180, 800, 10, 264
Robert Hood, 30, 110, 440, 10, 220
Stephen Turner, 70, 53, 400, 150, 715
Mariah Gill, 35, 85, 600, 75, 242
John P. Sullivan, 15, 32, 300, 10, 70
Jas. T. Phillips, 150, 90, 1600, 10, 708
Aaron W. Blakeman, 75, 65, 500, 15, 463
Wm. B. Patrick, 150, 391, 3240, 50, 1290
David Blakeman, 400, 200, 3300, 100, 3950
Jas. M. Bagby, 12, 18, 33, 10, 140
A. C. Blakeman, 200, 360, 6700, 225, 2450
David L. Bagby, 30, 33, 100, 10, 291
John O Martin, tenant, tenant, tenant, 20, 310
Joseph Martin, 100, 36, 400, 80, 450
Levi H. Blakeman, 35, 45, 1000, 10, 330
W. D. Montgomery, 25, 85, 400, 6, 60
Arch Workman, 60, 140, 600, 100, 700
T. W. McMahan, tenant, tenant, tenant, 10 228
Reason H. Beard 30, 60, 360, 24, 314
Jacob Smith, 30, 59, 350, 10, 415
Joseph Smith, tenant, tenant, tenant, 30, 130
Elizabeth Coffee, 30, 52, 410, 20, 196
John Sullivan, 60, 84, 600, 45, 460
James W. Smith, 25, 21, 598, 10, 296
Wm. A. Watt, 20, 25, 250, 6, 206
Abner Mitchell, 100, 100, 2500, 100, 649
Thos. Cornielison, tenant, tenant, tenant, 35, 663

Mrs. E. Ingram, 140, 60, 1750, 75, 1263
Sylvia W. Motley, 300, 70, 2949, 75, 1170
Ed G. Poor, 125, 150, 1500, 50, 632
Fred Cabell, 500, 300, 12000, 100, 3020
Geo. W. Sherill, 15, 100, 460, 5, 105
Stephen Gupton, 100, 64, 820, 70, 546
James Henderson, 45, 55, 300, 10, 480
Jno. M. Young, 25, 175, 500, 10, 215
Eliza C. Moss, 60, 40, 300, 70, 277
Wm. Wharf, tenant, tenant, tenant, -, -
P. H. Wilcox, 50, 223, 700, 15, 398
Samuel Kelley, 50, 100, 200, 10, 672
Geo. W. Edwards, 300, 960, 3820, 125, 2648
Wm. G. Keen, 100, 200, 900, 50, 466
Robt. G. Jones, 45, 55, 500, 20, 300
Mat Kelly, 45, 173, 600, 15, 250
Elizabeth Keen 50, 50, 400, 25, 130
Saml. Rodgers, 20, 88, 300, 6, 246
Christopher Goalden, 35, 315, 1200, 30, 395
John Blakeman, 75, 425, 1000, 65, 459
Jno. M. Ennis, 50, 75, 500, 15, 100
Margaret McKinney, 50, 160, 1260, 100, 441
Jacob G. Davis, 50, 187, 700, 35, 551
Saml. M. Davis, 22, 45, 150, 30, 235
Jas. Arnett, 200, 200, 2000, 150, 928
Richd. Brownlee, 60, 44, 624, 10, 250
John J. Lee, 60, 46, 500, 15, 225
Mariah G. Davis, 40, 33, 540, 60, 315
John B. Bagby, 25, 58, 340, 12, 184
J. M. W. Hay, 80, 120, 700, 100, 464
John T. Whitlock, tenant, tenant, tenant, 10, 175
Wm. T. Bagby, 10, 50, 100, 5, 160
W. W. Sullivan, tenant, tenant, tenant, 6, 150
John Whitlock, 75, 130, 750, 60, 456
Brice Edwards, 350, 857, 3550, 150, 1471
David W. Edwards, 400, 1150, 7750, 100, 1735
Amos W. Edwards, 150, 480, 2520, 100, 770
Lucinda Hall, tenant, tenant, tenant, -, 455
Eli Perry, 30, 71, 600, 25, 200
Wm. H. Dills, 00, 400, 840, 140, 300
Joseph Perry, 400, 465, 6920, 500, 1154
Wm. Wilcoxen, 100, 200, 1500, 70, 959
George Hutcheson, tenant, tenant, tenant, 20, 35
Green O. Wilcoxen, 100, 173, 1758, 130, 825
Menocan Hunt, 70, 40, 400, 25, 100
Peter McKiney, 16, 54, 270, 7, 144
William Baty, tenant, tenant, tenant, 8, 185
William F. Clark, 3, 37, 200, 10, 130
William Henderson, 150, 250, 2000, 75, 487
Abrose Henderson, tenant, tenant, tenant, 10, 144
Isaac Falkner, 80, 220, 1500, 100, 320
Richd. Henderson, tenant, tenant, tenant, 30, 204
Elizabeth Irvin, 30, 50, 400, 10, 253
Susannah Irvin, 30, 20, 100, 12, 249
Jno. M. Asberry, tenant, tenant, tenant, 8, 143
Pleasant Lisle, 20, 80, 500, 80, 194
John A. Myers, 16, 34, 310, -, -
Spencer Jeffries, 60, 44, 500, 50, 148
Levi Jeffries, tenant, tenant, tenant, 10, 292

T M. Burrows, 40, 20, 360, 50, 187
Miles Houk (Hawk), 75, 50, 625, 75, 494
Saml. M. Lisle, 5, 54, 150, 20, 200
Warren Irvin, 25, 56, 400, 50, 125
Benj. R. Whitlock, 150, 128, 804, 100, 797
James Jeffries, 40, 110, 500, 10, 125
John W. Patterson, 60, 95, 400, 60, 308
Thos. George, 70, 48, 690, 25, 390
Josiah Jeffries, 30, 70, 1200, 15, 350
Green Neagle, 22, 120, 420, 10, 260
Armistead Jeffries, 35, 40, 300, 15, 271
Jas. J. Pearce, 45, 130, 600, 40, 282
Elizabeth J. Sandridge, 200, 174, 1500, 150, 1302
Jas. (Jos.) Slicker, 40, 100, 1000, 100, 379
Alexr. Lisle, 50, 117, 700, 50, 325
John Lisle, tenant, tenant, tenant, 4, -
F. H. Lisle, 25, 75, 800, 60, 264
James Lisle, 25, 71, 300, 10, 337
James H. Sherill, 80, 150, 1200, 150, 743
Jane Sherill, tenant, tenant, tenant, 25, 252
Peter W. Strader, 50, 230, 1000, 65, 580
Paulina Woodward, 150, 550, 2100, 125, 2165
J. J. Chadom, 50, 82, 400, 25, 312
Tapley Gupton, 40, 60, 150, 25, 105
Dudley C. Minor, 10, 40, 150, 10, 160
Hiram Moore, 40, 60, 200, 10, 231
Arthur Gupton, tenant, tenant, tenant, -, 80
Wm. G. Bow, 85, 60, 580, 75, 765
Richd. P. Tucker, 35, 40, 300, 15, 27
Wm. H. Strader, 80, 70, 600, 25, 171
Benj. F. Bigges, 150, 190, 2500, 75, 750
Wm. Bottomes, 100, 175, 1700, 80, 643
Amanda M. Moss, 100, 92, 1000, 10, 301
Bird Cannon, 70, 90, 400, 40, 429
Roland Judd, 75, 343, 800, 100, 526
J. W. Bland, 100, 200, 2850, 100, 665
Nathaniel Judd, 40, 60, 600, 10, 100
John C. Buckner, 90, 110, 1600, 250, 541
Chapman Davenport, 30, 70, 400, 25, 271
Saml. C. White, 60, 124, 600, 50, 486
Demacus (Demarcus) Webb, 100, 150, 1000, 50, 198
Joseph Russell, 50, 104, 1500, 100, 420
J. D Russell, 540, 87, 960, 100, 360
Abraham Russell, tenant, tenant, tenant, 25, 351
J. B. Russell, 12, 87, 500, 40, 170
Henry H. Harlow, 80, 122, 600, 50, 310
John Brown, 80, 220, 2400, 60, 488
Burks Handy, 75, 125, 3000, 75, 272
Silas Handy, tenant, tenant, tenant, 100, 265
Jas. Bradshaw, 30, 50, 250, 100, 314
Benj. C. Embry, 100, 145, 2000, 50, 690
William Vance, 100, 52, 912, 15, 1351
J. B. Montgomery, 100, 211, 3110, 100, 590
Jno. H. Montgomery, 25, 186, 1000, 120, 259
Thomas Hinds, 100, 200, 1200, 50, 371
Saml. W. Mitchell, 30, 90, 650, 65, 510
R. V. Vaughn, 65, 190, 1500, 125, 400
Elizabeth Mitchell, 75, 65, 840, 30, 251
Daniel Turner, 75, 265, 2000, 100, 332

C. C. Woodward, 75, 125, 1200, 100, 457
William Cann, 34, 166, 1200, 35, 326
James Cavin, 70, 30, 700, 50, 263
John Cavin, 80 145, 1600, 60, 922
Aaron Dorson, 80, 150, 750, 15, 843
Henry Strader, 75, 205, 1200, 15, 359
G__ Simpson, 60, 90, 400, 200, 235
Henry R. Bishop, 30, 33, 400, 15, 131
P. Chadom, 60, 140, 1000, 75, 500
Benj. Judd, tenant, tenant, tenant, 7, 37
George W. Curry, 50, 135, 1450, 150, 600
Asberry Shuffet, 50, 60, 850, 30, 151
A. C. Higgason, 25, 75, 800, 30, 242
Thos. A. Thompson, 65, 75, 1500, 50, 536
Jas. Dobson, 60, 80, 300, 20, 238
Wm. Barnett, 250, 250, 6000, 125, 1921
Geo. W. Thompson, 150, 147, 1700, 30, 708
Rubin Chadom, 20, 115, 300, 30, 284
W. M. Kidd, tenant, tenant, tenant, 50, 379
N. T McDaniel, 70, 150, 1200, 50, 310
Josiah Kesler, 35, 65, 800, 15, 306
D. W. Higgason, 200, 131, 2000, 75, 306
William Simpson, 4, 71, 250, 10, 52
Eliijah Simpson, 50, 30, 240, 8, 238
Joel Atwell, 30, 174, 4000, 20, 176
Paskel Pierce, 70, 90, 800, 100, 605
Wm. Wallace, 100, 500, 2000, 80, 1287
Wm. Cook, 70, 126, 500, 100, 188
Geo. W. Bishop, tenant, tenant, tenant, 15, 115
Joel M. Curry, 3, 97, 500, 20, 77

Solomon Kessler, 40, 35, 600, 77, 319
Caleb W. Handy, 100, 256, 1200, 30, 429
D. M. Sandridge, 300, 500, 6400, 80, 1309
William Goff, 80, 168, 1260, 75, 485
Felix Shields, tenant, tenant, tenant, -, 30
John F. Wright, tenant, tenant, tenant, 6, 152
J. W. P. Jeffres, 20, 77, 300, 20, 138
Gabriel Curry, tenant, tenant, tenant, 5, 43
L. C. Slinker, 40, 100, 800, 15, 367
Joab Russel, 45, 84, 1000, 100, 269
Francis Wallace, 40, 56, 250, 15, 204
James W. Thompson,, 35, 37, 650, 7, 145
Richard V. Cook, 30, 13, 129, 12, 127
Charity Cook, 60, 206, 789, 20, 207
Benj. Kesler, 75, 125, 1000, 10, 199
James H. Shuffet, 25, 143, 492, 50, 211
Hartwell B. Shuffet, 30, 120, 500, 10, 124
Eli Russel, 65, 35, 300, 20, 476
Thos. Berry, 40, 60, 800, 115, 286
E. L. Bale, 180, 190, 2960, 15, 656
G. B. McGlason, tenant, tenant, tenant, 75, 321
Emily E. Nance, 30, 70, 800, 10, 200
Andrew Jewell, 50, 50, 800, 25, 313
Priscilla Asberry, 80, 30, 1200, 50, 184
William Boston, 65, 95, 1000, 100, 606
James Mathers, 30, 50, 400, 25, 338
Calvin Crail, 45, 155, 700, 10, 247
James Robinson, 30 20, 300, 50, 232
Alexander Butler, 30, 54, 700, 115, 300
Logan Forbis, 30, 70, 700, 75, 290
Jemima Gooch, 70, 7, 940, 100, 415
Nancy Lane, 80, 120, 600, 20, 4210

Wm. McCandless, 120, 180, 2400, 120, 1450
John Butler, 50, 50, 300, 127, 521
Thomas Boston, tenant, tenant, tenant, 75, 773
Patterson Jeffres, 10, 50, 244, 40, 291
Morris A. Asberry, 40, 60, 600, 18, 417
Wm. E. Walls, tenant, tenant, tenant, 6, 470
Henry H. Moody, tenant, tenant, tenant, 100, 1185
Robert Hatcher, tenant, tenant, tenant, 75, 693
Jno. M. Blankenship, 40, 93, 500, 30, 481
Thompson Lowe, 60, 41, 808, 25, 475
John Davis, 150, 72, 1210, 150, 483
James S. Lobb (Labb), 30, 70, 300, 20, 100
Thomas Moran, 60, 120, 540, 60, 232
Nancy G. Curry, 150, 107, 1200 50, 450
James B. Rodgers, 75, 32, 700, 80, 416
Richd. Brewer, 50, 200, 500, 50, 761
Green Forbis, 60, 125, 1211, 60, 311
George M. Caldwell, 80, 50, 2000, 75, 875
Alexander Orr, 60, 40, 500, 35, 225
William Martin, 40, 110, 300, 20, 272
William A. Buckner, 230, 270, 2500, 100, 974
John Edwards, 350, 350, 3900, 225, 1193

W. L. Barnett, 55, 75, 2000, 75, 836
C. L. Brown, 250, 128, 3464, 70, 781
C. C. Suires, tenant, tenant, tenant, 5, 356
Richard Finn, 30, 60, 90, 10, 150
W. L. Landers, 50, 30, 600, 50, 610
Wm. Picket, 45, 5, 150, 5, 330
James H. Biggs, 130, 145, 1000, 50, 395
Y. O. Booker, 200, 400, 6000, 120, 770
James V. Caldwell, 40, 80, 00, 50, 300
David Montgomery, 138, 448, 6650, 150, 765
R. A. Taylor Jr., 250, 71, 5420, 100, 1428
R. A. Taylor Sr., 700, 324, 11240, 300, 4191
A. S. Lewis, 45, 9, 1250, 30, 505
Josiah Brammal (Branrud), 400, 1800, 25000, 300, 2930
John Scott, 128, 38, 1200, 75, 446
B. T. Marshall, 30, 200, 7000, 150, 1130
E. H. Hobson, 35, 14, 600, 75, 181
W. B. Allen, 40, 30, 1400, 75, 250
Mary W. Barret, 250, 150, 5278, 150, 959
S. L. Woodring, 80, 70, 1300, 100, 927
D. M. Hilliard, 300, 180, 5760, 200, 1625
A. Harding, 90, 30, 4000, 80, 695
D. P. White, 500, 400, 2000, 300, 4350

GREENUP COUNTY KENTUCKY
1860 AGRICULTURAL CENSUS

The Agricultural Census for Kentucky for 1860 was filmed for the University of North Carolina from originals held by the Duke University Library, Durham North Carolina.

There are some forty-six columns of information on each individual. Only the head of the household is addressed. I have chosen to use only six columns. These are shown below.

1. Owner
2. Acres of Improved Land
3. Acres of Unimproved Land
4. Cash Value of Farm
5. Value of Farm Implements and Machinery
13. Value of Livestock

Thus, the numbers following the names represent, 2, 3, 4, 5, 13.

The following symbol is used to maintain spacing: (-)

Wm. Corum, 25, 25, 3000, 25, 400
Jesse Corum, 50, 500, 6000, 10, 400
C. F.Stark, 200, 200, 2500, -, 300
J. C. Kouns, 100, 31, 6600, 50, 900
Sarah Honaker, 200, 800, 8000, -, 300
Nancy Garrot, 50, 150, 3000, -, -
Jacob Fisher, 55, 95, 1200, 15, 600
Archer Womack, 300, 800, 6400, 25, 500
David Fergerson, 25, 65, 1000, 20, 200
W. A. France, 20, 77 ½, 1000, 10, 350
Elijah Furguson, 75, 25, 300, 40,3 00
Jeff Evans, 40, 160, 1200, -, -
J. B. Byrne, 40, 1250, 2000, 15, 225
J. N. Dyzard, 40, 60, 1000, 8, 200
Robert Clitz, 150, 50, 4000, 25, 500
Henry Hardwick, 90, 200, 1000, 5, 400
Wm. Worthington, 60, 48, 4000, 15, 800

J. M. Welks, 8, 60, 700, -, 100
Jacob Barney, 6, 8, 225, 5, 50
John Nichols, 11, 9, 200, 15, 60
Thos. Cobourn, 12, -, 144, 5, -
S. Wm. Hardwick, 12, 28, 500, -, 175
Elias Mullins, 65, 85 1200, 10, 200
Morris Furguson, 10, -, 100, 10, 40
Wm. Staggs, 40, 60, 100, 15, 165
S. H. Riggs, 70, 110, 350, 20, 750
Samuel King, 80, 115, 10000, 30, 800
Geo. Swoff (Swoss), 100, 200, 6000, 45, 600
Sarah Calahan, 40, 50, 800, -, 50
Jacob Willis, 30, 150, 1200, 10, 140
Wm. Bivins, 50, 25, 1000, 20, 200
Wm. H. Lampton, 800, 1200, 40000, 100, 4300
W. Darnell, 12, 1, 100, 10, 100
Nathan Colegrove, 30, 10, 200, 10, 320
Jesse Clark, 100, 25, 625, 10, 125

Geo. Hilderbrant, 35, 30, 400, -, -
Gale Misser, 12, 18, 30, 30, 100
Ben Willis, 150, 200, 3000, -, 28
Andrew Arnold, 30, 300, -, 10, 125
James Puthoff, 30, 120, 1200, 15, 100
Hiram Johnson, 15, 50, 500, 2, 50
Simeon Willis, 25, 55, 500, 10,1 00
Bellips Martin, 80, 1000, 2000, 10, 178
G. W. McAllister, 8, 400, 3000, 50, 800
Dan Callahan, 100, 200, 3000, 15, 240
Samuel Woldridge, 35, 65, 500, 15, 300
J. McAllister, 150, 150, 4000, 150, 1200
Jeff Klaton, 50, 62, 700, 15, 182
Josep McAllister, 50, 10, 500, 12, 200
Harden Shelton, 30, 10, 200, 10, 600
J Y. McAllister, 25, -, 300, 15, 178
Jennie Gullett, 10, 32, 260, 5, 150
Robert Hayse, 100, 280, 3000, 25, 150
M. Burch, 25, 16, 200, 10, 600
Tobias Dravenstott, 8, 8, 100, 5, 100
Perry Herr, 100, 100, 1000, 20, 700
B. L. Bogs, 65, 1000, 1500, 10, 200
Nancy Derring, 125, 175, 3000, 10 500
Jacob Everman, 150, 150, 4000, 24, 600
Simon Felty, 80, 8, 800, 60, 550
Josep Felty, 40, 15, 500, 20, 500
Henry Barber, 35, -, 500, 10, 178
John Farmer, -, 100, 5, 250, 500
G. H. Callahan, 50, 195, 1000, 12, 280
Nely Price, 60, 20, 1000, 20, 300
Hiram Kizer, 50, 50, 500, 15, 200
John Tanner 150, 150, 3000, 125, 1000
John Adams, 30, 120, 400, 10, 200
Charles Rose, 8, 2, 100, 12, 100

E. Callahan, 80, 80, 1500, 20, 500
Ed Whedler, 8, 150, 1000, 10, 500
Sarah Stewart, 30, 20, 250, 5, 200
Saml. Robertson, 18, 5, 100, 50, 100
Stephen Douglass, 10, -, 100, 7, 150
Rob Dills, 70, 100, 1000, 5, 200
A. J. Wood, 80, 90, 2500, 20, 500
J. H. Evans, 20, 3, 400, 10, 180
Noah Payne, 125, 95, 200, 150, 1000
Nathan Kizer, 37, 20, 350, 15, 100
J. P. Andres, 40, 80 600, 10, 1000
Jonathan Callahan, 35, 40, 750, 20, 300
Thos. Roman, 30, 20, 200, 15, 200
James Stewart, 30, 20, 500, 20, 500
Wm. Diggs, 55, -, 1000, 10, 120
James Davidson, 25, 15, 600, 20,3 00
Jesse Davidson, 70, 80, 1000, 10, 300
Geo. Davidson, 50, 15, 1000, 50, 300
J. R. Callahan, 40, 60, 1000, 20, 400
Margaret Simpson, 50, 20, 1000, -, 20
A. J. Clark, 50, 46, 600, 10, 150
Charles Callahan, 50, 25, 1000, 25, 500
J. Davis, 50, 25, 1000, 25, 500
J. L. Chadwick, 100, 200, 4000, 75, 700
Griffy Evans, 100, 60, 300, 150, 1000
James Marlin (Martin), 150, 200, 8000, 500, 2500
S. M. Rodgers, 42, -, 3100, 100, 1000
Casandra Bartley, 100, 60, 500, 200, 2000
James Stewart, 50, -, 3000, 40, 700
S. G. Wurts, 150, 70, 10000, 100, 1000
James E. Nichols, 300, 50, 7000, 150, 1500
J. J. Havey (Hovey), 35, 21, 700, 10, 250
E. Foster, 20, -, 300, 10, 200

Geo. Palmer, 30, 45, 750, 20, 40
Samuel Powell, 100, 40, 2000, 50, 500
Daniel Ward, 30, 23, 1000, 75, 375
Elijah Walker, 45, 2, 200, 8, 400
Daniel England, 25, 25, 500, 10, 25
Abraham Hames (Homer), 50, 50, 1200, 25, 350
A. Gulley, 85, 7, 1200, 100, 400
Samuel Patterson, 300, 100, 4000, 250, 100
Sopha Chinn, 150, 15, 1000, 25, 300
Henry Wlliams, 75, 50, 3100, 20, 1000
Heny Hayse, 100, 50, 5000, 75, 600
Joseph Riggs, 50, 50, 1000, 75, 1000
Child Walker, 300, -, 10000, 100, 728
John Poage, 300, 300, 18000, 500, 1000
James Price, 32, -, 1600, 50, 200
James Kirkpaliswake 15, -, 150, 10, 253
J. Spradlin, 12, 109, 600, 5, 200
C. W. Callahan, 20, 15, 250, 10, 25
Jacob Hall, 25, 25, 400, 10, 450
John Seaton, 12, -, 2000, 30, 500
Casper Stanley, 50, 110, 1500, 50, 450
John North, 18, -, 180, 6, 500
H. A. Mead, 300, 240, 15000, 300, 2000
G. P. Clancy, 160, 173, 10000, 206, 1500
Nicholas Savage, 200, 200, 20000, 300, 200
Geo. Wurt, 400, 700, 25000, 300, 2200
John Collins, 120, 275, 6000, 200, 10000
E. J. Hockaday, 300, 500, 20000, 360, 2200
H. Hern, 20, 300, 1100, 50, 250
John Rosey, 30, 40, 400, 8, 160
A. Spalding, 80, 72, 2500, 20, 2000
Charles Callahan, -, -, -, -, 700

John Kouts, 270, 500, 9000, 300, 1000
Mathew Stewart, 100, 200, 2000, 50, 450
John G. Stewart, -, -, -, 75, 175
Emanuel Patrick, 90, 400, 7000, 80, 800
Alexander Patton, 60, 190, 2000, 100, 500
James Sutherland, 10, 40, 300, 10, 75
Harvey VanBibber, 70, 20, 2000, 100, 30
Jacob Barnheart -, -, -, 10, 100
Jacob Rake, -, -, -, 20, 150
Hiram Dixon, -, -, -, 12, 50
Alexander Rankins, 225, 576, 15000, 200, 500
Samuel McCorme, 15, 85, 2000, 30, 75
John Berry, -, -, -, -, -
James Bryan, 175, 225 10300, 175, 1200
William Biggs, 600, 1100, 35000, 1000, 300
George _. Lenter (Lurter), -, -, -, 50, 250
Thomas J. Loper (Lopes), 30, 250, 800, 100, 370
Larkin Mead 42, 118, 1200, 20, 100
William Hornbuckle, 30, 80, 500, 20, 250
Emily Timmons, 20, 40, 500, 5, 50
Samuel Valence 12, 88, 200, 10, 100
Isabella Phillips, 18, 82, 700, 10, 170
Zachariah Richards, 80 70, 1500, 80, 730
Nichola Thorn, 45 55, 1000, 100, 300
Matthew McNeal, 3, 4, 100, 10, 100
James Y. (Z.), Pugh, 60, 220, 1800, 100, 350
John Montgomery, 60, 140, 1500, 100, 800
John Crossett, 35, 65, 700, 75, 175
John McKee, 20, 118, 800, 30, 100

John McKee Jr., -, -, -, -, -
John Alexander 7, -, 70, 10, 150
Aaron Cover 25, 55, 400, 5, 70
William England, 120, 180, 1500, 50, 600
John Messer, -, -, -, -, 60
John T. Lawson, 120, 155, 10000, 500, 1060
Townly Riggs, 68, -, 4500, 30, 200
James L. Waring, 5, 195, 800, 500, 2100
Lucy Gummings, -, -, -, 5, 70
Adolphus Read, 275, 75, 15000, 400, 2000
William Bryson, 240, 400, 16000, 700, 2960
Joseph Gray, -, -, -, 75, 250
Charles W. Ratcliff, -, -, -, -, 30
Fancis Rollins, -, -, -, 60, 225
John P. B. Hill, 120, 70, 6000, 600, 600
Hannah Morton, 109, 150, 6000, 20, 300
Thomas Jones, -, -, -, 75, 280
Thomas Lawson, 175, 25, 8000, 300, 75
Samuel Hunter, -, -, -, 10, 75
John L. Bryson, 133, 100, 8000, 220, 1000
James Richards, -, -, -, 25, 160
John L. Gray, 50, 200, 6000, 75, 600
John Moulder, 40, 160, 500, 10, 125
Charles Madow, 6, -, 100, 5, 90
George W. McClane, 38, 20, 1100, 175, 250
James Meek Jr., -, -, -, 10, 400
James Meek Sr., 100, 200, 4000, 3, 140
Miles Tomlinson, -, -, -, 50, 400
John Dortch, 125, 200, 1650, 100, 1200
James Clifton, 125, 100, 2000, 75, 500
John Willis, 60, 140, 1000, 20, 280
Risen Smith, 125, 200, 5000, 50, 620

Hugh Craycraft, 33, 950, 2000, 50, 875
Sarah Dortch, 30, 145, 500, -, 300
Benjamin F. Benet, 150, 3850, 7000, 300, 900
Har__y McAllister, -, -, -, 2, 200
Andrew Griffith, 15, 35, 300, 5, 50
Nelson Jones, 200, 200, 4000, 75, 760
George W. Stone (Slone), 70, 36, 2000, 30, 220
Joseph Nichols, 18, 85, 800, 20, 230
James Slone, -, -, -, 10, 150
Henry E. Waring, 75, 181, 3000, 25, 700
Tabitha Waring, 25, 405, 6500, 75, 1128
Sarah Waring, 67, 233, 2000, 75, 450
Mary H. Waring, 165, 200, 3000, 100, 578
Frances Waring, 70, 360, 2000, 25, 380
Jackson Thompson, 2 ¾, -, 1000, 100, 460
William L. Wamock, 50, 25, 1000, 70, 270
Charles F. Kehoe, 35, 135, 5000, 300, 800
Mary Bahuan, -, -, -, 100, 260
Eliza Pratt, 30, 60, 2000, -, 87
Edward Brooks, 200, 100, 7000, 100, 800
Jesse Alexander, 125, 125, 4000, 230, 250
Benjamin Howland, 250, 1200, 2400, 400, 1000
George Truett, 42, 175 1000, 125, 580
Neal Golle___, 90, 810, 2000, 50, 687
Joseph Fox, 9, 5, 300, 15, 315
Samuel S. Smith, 5, 200, 3500, 400, 500
Beverly Allen, 80, 340, 1000, 25, 450

Jeremiah Moore, 30, 74, 600, 75, 400
Joseph Artis, -, -, -, 20, 200
Jonas Whitt, 45, 192, 600, 150, 550
Daniel Margary, 3, 45, 150, 5, 100
James G. Thompson, 35, 500, 1000, 140, 690
William Thompson, 50, 60, 1000, 100, 374
John Jones, 60 440, 100, 100, 350
Mark Roberts, 100, 160, 1500, 50, 600
Frank Dovons, 25, -, 250, 60, 400
Andrew J. Wamock, 50, 120, 1500, 100, 520
Willson Lee, 50, 50, 1000, 75, 440
Daniel W. Lee, 35, 45, 1000, 100, 380
Lewis Bryan, 25, 175, 400, 5, 200
Shelton Jacobs, 50, 450, 1000, 100, 300
Matthew Wamock, 200, 350, 5000, 100, 1133
James F. Warnock, -, -, -, 5, 140
Soloman Tinder (Tinges), 18, 100, 500, 5, 100
Thomas T.C. Warning, 125, 475 4400, 75, 293
Francis Warning, 25, 75, 1500, 200, 800
Jon Bush, -, -, -, 10, 400
James Alexander, 65, 100, 2000, 80, 350
Basel P. Bright, 120, 1800, 2000, 75, 350
Aaron Bush, 50, 60, 1000, 40, 560
George W. Meadows, -, -, -, 10, 160
Jordan Harris (Harnis), -, -, -, 10, 300
Jesse Kidd, 40, 54, 1200, 20, 680
Cornelius Anderson, 100, 502, 2500, 75, 600
Henry Bush, 30, 134, 800 50, 240
Harvy McGinniss, 80, 110, 1800, 90, 740
Abram Meadows, 50, 55, 800, 25, 300
Jacob Howe, -, -, -, 50, 140
William G. Woodrow, 45, 100, 1500, 25, 200
Mary E. Green, 45, 165, 1500, 40, 223
John Archery, 50, -, 800, 20, 500
Sarah Alexander, 15, -, 300, 15, 308
Rebecca Warnock, 80, 200, 1500, 20, 140
William H. Warnock, 300, 1000, 7000, 100, 1260
James P. Ratcliff, -, -, -, 25, 206
David Traylor, -, -, -, 15, 188
Andrew Bocook, -, -, -, 5, 110
Nathan Bush, -, -, -, 5, 181
Edward Holbrook, 45, -, 500, 12, 420
Cleby Holbrook, 27, -, 400, 12, 330
Samuel Warnock, -, -, -, 15, 316
John W. H. Warnock, 600, 1854, 6987, 300, 1136
John Holbrook, 350, 1075, 5200, 100, 1110
James D Hartley, 45, -, 300, 15, 400
Meredith Elam, 16, -, 160, 12, 82
James Downs, 100, 230, 1500, 100, 910
Allen L. Warnock, 40, 100, 800, 10, 300
Allen Baker, 150, 150, 4600, 50, 600
Jordan West, 24, 150, 600, 30, 178
Cyrus VanBibber, 30, 70, 1000, 75, 210
Marshal Baker, 60, 300, 3000, 50, 500
Samuel Warner, 10, -, 100, 6, 100
Elias Gray, 20, 115, 1000, 25 430
Joseph Thomas, 30, 70, 500, 20, 205
John Abdon, 35, 315, 1000, 12, 416
Charles M. Smith, 250, 518, 5524, 180, 1040
Jesse Traylor 13 237, 400, 10, 347
Jeremiah Ratcliff 60, 40, 2000, 185, 538
John O. H Gibbs, 63, 30, 100, 50, 85

Robert Stewart, 10, 190, 350, 20, 193
John M. Bevins, 70, 168, 1500, 200, 875
James S. Vandergriff, 60, 167, 1500, 25, 355
John W. Smith, 40, 100, 50, 100, 824
William R. Smith, 60, 736, 1000, 100, 500
George W. Smith, 40, 400, 1000, 75, 830
Sarah Underwood, 50, 50, 500, 15, 319
William A. Warnock, 125, 375, 3000, 100, 1087
Eli Cooper, 130, 270, 3000, 140, 747
Martha Warnock, 35, 100, 1000, 200, 980
Silas Moore, 80, 300, 1000, 50, 296
James Horsley, 80, 1700, 1784, 10, 400
William Horsley, 60, 800, 500, 5, 149
James T. Horsley, 45, 55 600, 60, 300
Sampson Briden, 20, 80, 700, 100, 500
Ellis Taylor, 195 344, 3500, 200, 1039
William Ray, -, -, -, 15, 300
Richard Silerell (Silevell), 60, 90 2000, 130, 460
James Collins, 275, 300, 5500, 100, 950
Edmund S. Paynter, 50, 85, 2000, 25, 250
Samuel Brown, 75 65, 2000, 70, 975
Joseph B. Pathoff, 40, 90, 2000, 140, 956
John W. Pathuff, 60, 400, 3000, 15, 175
Clemet Swarengin, 100, 200, 2500, 100, 836
John Williams, 150, 60, 3000, 75, 435
Benjamin F. Pathuff (Puthuff), 40, 60, 2000, 100, 475
Wiley Riley, 100, 200, 650, 120, 519
William Johnson, 75, -, 1000, 80, 373
William Alexander, 40, 60, 500, 175, 1065
Turner Crump, 70, 130 1300, 100, 618
Henry Pruett, 23, 37, 400, 5, 200
Archibald Prator, 30, 40, 500, 5, 85
Jesse Campbell, 50 -, 1000, 15, 600
Robert Abrams, 30, 46 600, 10, 185
Jeremiah C. Stark, 150, 153, 2000, 200, 1100
Hickman Floyd, 55, 645, 1000, 20, 415
Henry Stark, 40, 113, 1500, 20, 468
Abram G. Hartley, 6, 144, 300, 5, 150
David Jleff(Ileff), 25, 100, 400, 90, 155
Daniel G. Clifton, 150, 200, 200, 35, 500
George G. Martin, 150, 60, 3000, 15, 836
Henry N. Curry, 25, 200, 1000, 75, 520
William Wethers, 20, 207, 200, 25, 237
John W. Kouns 200, 542, 4800, 120, 1500
Rolly Coffee, 60, 90, 1000, 50, 422
Newton Crump, 25, 50, 500, 150, 1250
Jackson H. Jacobs, 20, 40, 500, 150, 1250
Henry McAllister, 300, 400, 6000, 175, 1925
Frances Barber, 75, 200, 1900, 375, -
Ann Baker, 72, 25 1000, -, 100
Hugh M. Curry, 7, 200, 400, 10, 344
Nancy Curry, 50, 200, 1500, -, 275
Robert S. Curry, 25, 75, 800, 18, 325
Joseph A. Martin, 175, 650, 9000, 150, 1496

George W. Bayse, 30, 300, 1000, 20, 240
Martha G. Martin, 75, 374, 1000, -, 500
Stewart Scott, 50, 374, 3500, -, 168
George Hamer, 4, 30, 500, 15, 368
Abram Norris, 35, 40, 800, 24, 125
James Steptor, 35, 71, 1000, 50, 183
Gabriel Hamer, 200, 100, 5000, 50, 800
Carlisle Hunt, 800, 4000, 24000, 1000, 3850
Sarah Craycraft, 230, 300 6000, 40, 430
Jesse S. Dupuy, -, 70, 1000, 1000, 840
Samuel Ratcliff 62, 63, 1000, 70, 420
Fulder Dillon, 60, 40, 700, 50, 330
John F. Allen, 60, 100, 1200, 15, 238
George W. Greenstate, 100, 400, 2000, 75, 320
Franklin Broton, 100, 56, 3000, 425, 526
Hanson G. Foster, 50, 100, 100, 50, 420
James M. Craycraft, 160, -, 2000, 100, 485
James C. Warnock, 70, 300, 2000, 50, 438
Joseph Arthur, 80, 420 1000, 50, 290
David Bryson, 60, 40, 1200, 75, 275
John S. Hunt, 304, 200, 1200, 200, 710
Huston Bryson, 50, 110, 800, 200, 703
James Anderson, 78, 25, 800, 25, 425
Anthony Smith, 60, 806, 2000, 200, 750
George Smith, 40, 150, 350, 30, 200
John Smith, 75, 225, 400, 100, 300
Elizabeth Howe, 30, 295, 2000, 50, 128
Harriet Gammon, 200, 252, 2000, 100, 1331
Clemet H. Waring, 60, 45, 4000, 400, 825
George Doroh, 250, 100, 4000, 100, 380
Alexander Green, 50, 250, 500, 60, 432
Oby F. McKoy, 150, 375, 9000, 100, 950
Joshua Hare, 40, 360, 500, 20, 225
Thomas Hare, 40, 360, 500, 70, 500
Tomezene Hare, 40, 460, 1000 40, 440
Abram Logan, 20, 75, 200, 50, 227
James Medaw, 350 250 3000, 80, 216
William Long, 20 130, 5000, 140, 712
Abram Albertson, 300, 78, 30000, 500, 1835
Moses McKoy, 350, 125, 19000, 1000, 800
John McKoy, 154, 50, 7000, 400, 900
Henry C. McKoy, 74, 22, 5000, 350, 430
William Brown, 38, 14, 2080, 60 200
Robert Walker, 113, 82, 4000, 100, 750
James Walker, 200, 240, 20000, 150, 1220
George Warner, 60, 85, 58 150, 240
Elizabeth McQuillian 20, 80, 1000, 100 210
James Lawson, 50, 30 4000, 70, 300
Eliza Horn, 95, 17, 5000, 75, 345
William Marsh, 250, 100, 11000, 200, 1255
Benjamin F. King, 250, 300, 30000, 300, 2000
Nathaniel Thompson, 50, 30, 5000, 100, 464
Robert Johnson, 260, 218, 12000, 150, 2100
Smith Kindall, 40, 1, 2000, 75 300
Rebecca Hichcock, 30, 35, 1000, 10, 110

Sarah Glover, 50, 150, 3000, 100, 130
Asberry Ware, 40, 85 2000, 100, 470
Richard E. Morton, 70, 100, 3000, 60, 510
David Jones, 75, 400, 1200, 80, 269
John W. Gammon, 65, 205, 2000, 100, 430
William Dorch, 60, 141, 2500, 40, 415
Jacob Lawson, 170, 40, 2600, 100, 686
John E. Lawson, 50, 40, 1500, 50, 685
John McKoy, 60, 140, 5000, 120, 360
Henry C. Morton, 55, 85, 4500, 150, 278
George W. Morton, 47, 92, 5000, 150, 432
Lucius Highley, 50, 200, 4000, 75, 426
Joseph W. Futeston, 100, 200, 7000, 100, 660
John Bagby, 20, 130, 2000, 25, 300
Anthony Thompson, 125, 575, 11000, 200 800
John Vaughters, 100, -, 6000, 200, 2000
William Kelion, 75 400, 1500 200, 1000
George W. Thompson, 125, 1100, 45000, 70, 1850

HANCOCK COUNTY KENTUCKY
1860 AGRICULTURAL CENSUS

The Agricultural Census for Kentucky for 1860 was filmed for the University of North Carolina from originals held by the Duke University Library, Durham North Carolina.

There are some forty-six columns of information on each individual. Only the head of the household is addressed. I have chosen to use only six columns. These are shown below.

6. Owner
7. Acres of Improved Land
8. Acres of Unimproved Land
9. Cash Value of Farm
10. Value of Farm Implements and Machinery
14. Value of Livestock

Thus, the numbers following the names represent, 2, 3, 4, 5, 13. In this county last names are listed first.

The following symbol is used to maintain spacing: (-)

Bennett, Milton, 22, 3, 50, 12, 300
Johnson, John, 30, 10, 40, 15, 175
Lynch, Benj., 20, -, 150, 15, 250
Lynch, J. G., 14, 7, 150, 15, 130
Johnson, J. J., 50, -, 500, 75, 350
Johnson, Elisha, 100, 500, 3000, 200, 500
Easton, James, 20, -, 20, 10, 220
Pane, Jerry, 50, 97, 1000, 30, 500
Hydon, Thomas, 100, 80, 1000, 50, 650
Fulmer, Mag (May), 40, 10, 500, 50, 200
McGavock, R., 120, 80, 2000, 100, 800
Nervel, Wiley, 60, 140, 1500, 50, 500
Cawley, W. H., 50, 100, 1000, 100, 600
Young, Wm. H., 10, 23, 450, -, 50
Mathews, Thos., 20, 10, 300, 15, 200
Quillan, Hugh, 40, 10, 500, 6, 75
Preston, Polly, 15, 10, 250, 5, 5

Sanders, Hardin, 50, 70, 500, 75, 400
Sanders, Lane, 100, 400, 2000, 200, 625
Boman, Benj., 40, -, 400, 10, 380
Newton, James, 25, 50, 375, 75, 300
Lane, Lewis G., 150, 670, 4300, 100, 618
Lane, Lewis G. Jr., 25, 35, 540, 10, 108
Sanders, Milton, 15, -, 150, 2, 10
Sanders Abram, 25, 25, 500, 15, 200
Sanders, Abram Sr., 50, 146, 900, 25, 100
Huff, John, 70, 138, 1000, 25, 400
Richards, Thos., 100, 260, 2000, 100, 500
Richards, Thos. Jr., 14, 16, 300, 4, 150
Richards, J. C., 14, 16, 300, 10, 275
Richards, Nancy, 60, 540, 1800, 15, 275
Easton, Sam, 15, 45, 450, 10, 110
Bradfield, Geo. 15, 135, 600, 12, 80

Anderson, Wm., 40, 560, 600, 20, 300
Barker, Lewis, 18, 72, 100, 8, 118
Rusher (Booker), Henry, 35, 115, 600, 6, 280
Bright, E. F., 100, 500, 6000, 200, 325
Bright, Susan, 40, 10, 500, 10, 50
Huff, Lewis, 50, 200, 600, 75, 430
Johnson, Joe, 15, 10, 250, 1, 100
Well, Eli B., 10, 10, 200, -, 150
Huff, David, 40, 196, 1000, 25, 300
Smith, Thos., 150, 278, 1000, 75, 450
Smith, W., 60, 70, 400, 15, 350
Fuqua, J. S., 11, 70, 500, 5, 50
Fuqua, Wm., 70, 100, 800, 50, 460
Barnett, Byron, 20, 80, 400, 15, 225
Crow, Warren, 30, 128, 800, 50, 350
Hall, Jesse, 30, 100, 400, 8, 150
Keown, Hugh, 10, 20, 300, 15, 140
Egloff, Jno., 15, 10, 600, 30, 100
Coon, Chris, 15, 20, 600, 5, 95
Dunn, Marion, 20, 30, 1000, 2, 80
Mathews, Jno., 40, 44, 1200, 100, 450
Rice, Jesse, 110, 15, 1500, 300, 1277
Hale, Jab, 45, 118, 800, 20, 219
Rice, Silvester, 14, 84, 500, 20, 274
Young, Horace, 30, 19, 500, 12, 180
Young, Mike, 30, 30, 600, 50, 207
Nicks, John, 20, 10, 300, 15, 188
Young, John, 25, 75, 600, 50, 270
Chambers, G., 16, 3, 190, 20, 700
Gabbert, J. M., 50, 130, 2160, 100, 529
Powers, B. F., 12, 28, 360, -, 3
Powers, Ford, 40, 96, 1250, 80, 563
Matthews, James, 30, 43, 450, 8, 120
Pate, Miner E., 200, 1150, 12150, 585, 3800
Lightfoot, N. L., 130, 450, 3000, 300, 3455
Sindan (Lindan), Eliza, 20, 5, 250, -, 100
Cawley, James, 30, -, 300, 10, 78

Bowling, Jno., 70, 190, 1500, 100, 500
Bowling, Jas., 100, 83, 800, 50, 540
Bowling, J. J., 40, 110, 800, 50, 312
Bowling, Jno., 100, 309, 1800, 100, 630
Bowling, J. S., 30, 90, 500, 25, 245
Bowling, A., 10, 90, 500, 10, 158
Bowling, Jno., 15, 85, 500, 10, 150
Bowling, Jordan, 35, 45, 500, 50, 205
Newton, Jac, 150, 280, 3000, 50, 540
Newton, J. L., 40, 60, 700, 75, 230
Newton, Wm., 30, 70, 700, 7, 105
Sanders, Wm., 50, 82, 1100, 15, 282
McFerran, Jno., 100, 300, 2500, 25, 650
Scott (Lott), Henry, 112, 28, 200, 10, 178
Bannon, _. G., 20, 220, 1500, 5, 50
Bannon, Wm., 60, 105, 1500, 80, 440
Phillips, J. B., 30, 100, 1000, 60, 250
Crow, H. G., -, 50, 200, 12, 300
Smith, Elias, -, -, -, 20, 420
Whitenhill, D__, 120, 80, 2400, 60, 650
House, James, 30, 20, 500, 20, 220
House, David, 30, 20, 500, 25, 380
Lyon, Ephson, 60, 58, 800, 85, 800
Cawley, A. J., 11, 89, 400, 15, 225
Brown, G. W., 30, 300, 2500, 12, 310
Rice, Jas. M., 60, 100, 1000, 40, 300
Nickolas, Ed, 25, 140, 1200, 10, 350
Stephen, Jesse, 55, 120, 2000, 100, 500
Pernie, R., 10, 2, 200, 100, 200
Dowthit, Martin, 20, 100, 1100, 25, 100
Beauchamp, R., 400, 727, 18032, 230, 2275
Ayres, Thos. H., 400, 346, 13340, 200, 1390
Ayres, Sam, 100, 200, 3000, 60, 420
Barr, Jno., 60, 45, 4000, 100, 425

Adams, David, 200, 200, 8350, 50, 4128
Humphrey, Ed, 66, 100, 2000, 75, 278
Rice, John, 150, -, __10, 66
Wiles, Jno. W., 150, 300, 5000, 125, 660
Hale, J. F., 10, 50, 300, 8, 60
Rice, Ben, 65, 145, 1800, 100, 200
Mills, Isaac, 20, 65, 40, 15, 125
Bruner, W. _., 120, 130, 2500, 247, 1225
Williams, Geo., -, -, -, 5, 250
Bruner, Martin, 100, 170, 2000, 50, 550
Rice, J. T., -, -, -, 20, 180
Nugent, Amelia, 80, 260, 3500, -, 500
Thornton, Patrick, 80, 70, 1200, 125, 715
Rice, Andrew, 35, 65, 1000, 100, 432
Hemming, Jas., 50, 130, 1000, 5, 450
Bruner, Sarat, 45, 30, 1500, 30, 206
Moman, Isaac, 35, 62, 900, 25, 432
Lindsay, Eli__, 15, 78, 450, 8, 187
Bradshaw, Jno., -, -, -, 20, 325
Brown, Joel, 15, 118, 800, 8, 242
Miller, D. (P.) C., 30, 120, 1500, 100, 390
Smith, N. T., 5, 45, 500, 8, 148
Blandford, B., 75, 110, 1800, 100, 536
Hale, Thos., 75, 125, 1600, 150, 720
Miller, Nancy, -, -, -, 25, 250
Moman, T. C., 40, 57, 1000, 100, 465
William, W. C., -, -, -, 10, 350
Bruner, W. L., 125, 145, 3000, 100, 869
Jenkins, Elisha, 60, 46, 1000, 100, 682
Staks, Ma__, 60, 64, 700, 8, 110
Wolf, George, 7, 88, 350, 10, 160
Sisson, H., 45, 45, 700, 12, 300
Sinnett, W., -, -, -, 20, 100
Sinnett, Jas., 55, 145, 500, 20, 130
Sinnett, W. G., -, -, -, 10, 148
Ford, Elias, -, -, -, 10, 400
Haynes, H. E., 16, 124, 800, 10, 220
Cecil, George, 170, 204, 3500, 100, 345
Oberhain (Oberchain), John, 30, 30, 1000, 80, 282
Temple, Wm., 150, 850, 7000, 200, 922
Temple, Robt., 8, 58, 600, 50, 200
Miller, Jas. A., 17, 83, 1000, 25, 300
Oberchain, Sol, 60, 100, 1800, 100, 362
Barrett, Susan, 50, 50, 600, 9, 200
Morrison, Tandy, 90, 110, 2000, 100, 540
Morrison, John, 9, 90, 350, 15, 178
Morrison, Wm. _., 20, 97, 470, 15, 225
Voiles, Clarin, 6, 5, 66, 25, 340
Voiles, Levi, 80, 120, 2000, 15, 238
McDaniel, Jonas, 40, 36, 400, 10, 230
McDaniel, Amos, 15, 85, 600, 8, 304
Voiles, Jonathan, 30, 60, 700, 30, 215
Clark, Wm. C., 30, 50, 640, 150, 483
Voiles, D. B., 7, 5, 100, 10, 300
Voiles, Jno. T., 40, 50, 600, 15, 300
Jett, Thomas, 75, 75, 1200, 30, 583
Jett, Richd., 225, 321, 2730, 100, 1450
Brown, Fanny, 125, 75, 600, 125, 820
Davison, Leroy, 15, 42, 228, 25, 104
Barnett, Sol, 60, 247, 1955, 100, 548
Voiles, Vardeman, 50, 92, 400, 30, 160
Phillip, W. H., 60, 117, 350, 15, -
Voiles, Bluford, 50, 120, 780, 20, 260
Davies, Jacob, 8, 42, 350, 20, 105
Corley, Jabez, 80, 439, 2882, 150, 966

Corley, James T., 30, 78, 540, 25, 321
Corley, Charles, 20, 137, 950, 15, 312
Dejous, Elizabeth, 100, 125, 2000, 100, 740
Clark, James, 30, 50, 400, 20, 160
Lyons, J. J., 25, 65, 900, 25, 305
Kendall, L. W., 10, -, 100, 20, 200
William, Sam, 50, 50, 1000, 25, 350
Glover, John, 90, 214, 3000, 100, 600
Petre, Christian, 25, 79, 1000, 100, 400
Miller, Henry T., 40, 105, 1800, 50, 270
Bruner, Peter, 60, 140, 2500, 150, 768
Maxey, W. B., 200, 79, 6000, 150, 700
Longest, Ann, 50, 103, 6000, 110, 350
Butler, James, 35, 60, 3600, 20, 400
Augustus, Sarah, 10, -, 300, 5, 90
Longest, Price, 12, 27, 600, 75, 313
Longest, Watson, 25, 25, 600, 115, 290
Bruner, A. J., 75, 65, 3000, 200, 780
Gray, John, 10, 20, 300, 36, 150
Freeman, F. M., 80, 20, 1150, 200, 800
Haskinson, Thos., 23, 27, 1200, 75, 295
McMahan, Joe, 70, 73, 2000, 100, 518
Hamer, W. G(F)., 100, 100, 8000, 200, 1205
Adams, William, 350, 350, 9950, 500, 1410
Murphy, Ed & Bro., 200, -, 12000, 500, 827
Holmes, Timothy, 10, 200, 500, 100, 500
Beauchamp, D. T., 130, 65, 4000, 125, 750

Mason, James, 190, 25, 8000, 525, 1816
Williams, T. P., 130, 70, 5000, 100, 1610
Messman, P. H., 100, 100, 4000, 100, 850
Morris, M. G., 25, -, 900, 15, 370
Perron, Jas., 25, -, 900, 15, 370
Mason, Hopkins, 70, 130, 2000, 100, 650
Block(Black), T. C., 30, 20, 700, 10, 230
Cundiff, Jno., 50, 100, 1400, 100, 690
Clement, Jno., 35, -, 350, 75, 140
Isbell, Jno., 15, -, 150, 10, 200
Bruner, N. H., 100, 50, 1200, 25, 255
Bruner, Nancy, 25, -, 250, 30, 240
Sterett, Wm., 225, 175, 1200, 600, 2290
Williams, Geo. W., 300, 144, 8600, 300, 2560
Williams, H. W., 200, 115, 6000, 500, 3150
Lanear, S. A., 50, 100, 1200, 50, 328
Lawson, M. E., 40, 107, 1200, 100, 457
Burk, Thos., 30, 30, 1000, 60, 250
Davidson, Emily, 30, 75, 1000, 60, 300
Connell, Sam, 25, 25, 600, 15, 300
Dupuy, Jas., 120, 180, 3000, 250, 800
Kallams, J. W., 180, 56, 2500, 100, 615
Gibbs, Tho. N., 80, 56, 2500, 100, 615
Kennedy, Jas., 25, -, 250, 16, 200
Cambers, G. W., 65, 45, 1500, 100,3 50
Mitchell, E. H., 45, 45, 1800, 100, 450
Kingkade, J. B., 18, -, 180, 1, 30
Switzer, Wm., 12, -, 200, 7, 250
Newman, Ed, 100, 180, 4500, 50, 890

Ganor, George, 12, -, 300, 20, 125
Minnett, Bridget, 45, 35, 1000, 100, 275
Lamar, R. C., 40, 30, 1000, 15, 525
Condor, F. A., 15, -, 300, 10, 200
Miller, Wm. W., 30, 80, 1600, 100, 400
Miller, Jas. Q., 25, 200, 675, 10, 350
Miller & Bro., 10, 21, 1000, 30, 650
Young, Ben C., 5, 22, 300, 6, 150
Kelly, Patrick, 17, 32, 500, 5, 200
Richie, Jas. E., 50, 40, 600, 25, 200
Simons, Jacob, 5, 35, 300, -, 5
Bruner, H. N., 25, 105, 1300, 100, 400
Johnson, Joe, 90, 220, 2000, 120, 520
Bruner, George W., 40, 186, 1200, 75, 350
Curry, Thos., 20, 105, 550, 45, 225
Bruner, Peter, 100, 600, 3000, 300, 1050
Berry, J. F., 50, 138, 1800, 100, 700
Baker, G. C. P., 75, 100, 1800, 50, 600
Hale, Wm., 50, 100, 1500, 120, 525
Sanders, James, 35, 40, 375, 20, 428
Vanmeter, Josiah, 70, 3 00, 3700, 100, 450
Fox, George, 50, 97, 100, 120, 400
Petrie, Fred, 45, 105, 1500, 135, 375
Cheny (Cerry), Robt., 80, 110, 800, 60, 500
Bruner, Jnos., 45, 39, 1400, 25, 400
Crow, Benjamin, 40, 170, 2000, 25, 250
Frields, Enoch, 50, 90, 1128, 40, 400
Rupert, Frank, 30, 114 900, 70, 300
Ballman, Harry, 12, 88, 1100, 12, 150
Chambers, H. V., 30, 70, 1200, 100, 400
Frields, Anderson, 26, -, 260, 40, 300
Bruner, J. V., 25, 200, 1326, 10, 200
Gabbert, R. R., 26, 44, 1400, 20, 400
Jackson, Asa, 20, 55, 750, 10, 100
Fahe, Jerry, 11, 14, 400, 50, 100
Osborn, Wm. 40, 81, 1200, 200, 400
Lindsay, A. C., 40, 12, 1500, 25, 100
Jarboe, Geo., 30, 50, 200, 100, 800
Haynes, Henry, 30, 49, 1975, 85, 500
Clark, Thos., 40, 100, 5000, 75, 350
Price, Charles, 50, 50, 2000, 75, 400
Ireland, J. B., 175, 70, 10200, 245, 620
Couty, C. E., 80, 52, 5628, 125, 695
Tindle, Haskins, 5, 35, 200, 15, 138
Sterett, Beard, 150, -, 4500, 150, 625
Davison, David, 40, 630, 21000, 725, 2800
Tindle, Wm., 30, 70, 500, 15, 200
Sterett, Jno., 120, 130, 2500, 295, 550
Swearer, Jacob, 50, -, 500, 100, 358
Butler, Ephram, 20, 20, 350, 25, 550
Richey, Jeff, 25, 75, 1500, 100, 865
Hughes, Miles, 120, 246, 4000, 150, 1125
Gist, Nat, 30, 70, 300, 40, 60
La__der, A. J., 27, 189, 1500, 15, 225
Brown, Abram, 35, 65, 1000, 10, 330
Gist, Frank, 20, 130, 2250, 15, 260
Wheatley, Elijah, 40, 60, 500, 30, 600
Walker, Richd., 40, 160, 2400, 30, 250
Snyder, Louisa, 100, 1 00, 3 000, 300, 790
Burnett, Jas., 60, 75, 1350, 75, 685
Wheatley, Geo. W., 25, 75, 500, 15, 210
Burnett, Sam, 18, 54, 300, 15, 150
Parson, Isaac, 20, -, 200, 30, 300
Wheatley. Mary, 25, 75, 500, 20, 400
Tindle, W. H. Jr., 18, -, 108 (*08), 10, 250
Estus (Estess), Wm., 20, 60, 560, 25, 300
Bube, Adam, 80, 57, 2000, 75, 500
Newman, W. H., 60, 100, 1600, 80, 525

Eard, Geo., 200, 112, 900, 200, 1340
Clark, Frank, 40, 20, 600, 50, 450
Nichols, W. H., 40, 10, 1800, 20, 295
Lewis, Johamah, 50, 130, 1800, 982, 778
Cook, Geo. W., 60, 40, 2000, 55, 472
Colder, James, 60, 40, 200, 100, 705
Petrie, E. T. W. 40, 8, 600, 15, 300
Ritchie, David, 40, 60, 2000, 100, 400
Burnett, Jeff, 50, 70, 1000, 125, 450
Adams, W. C., 40, 98, 2750, 55, 620
Reed, Arne, 80, 120, 2400, 10, 500
Williams, Jas. T., 40, -, 1000, 100, 700
Hart, Jno. G., 20, 20, 1200, 15, 180
Hart, Joe, 75, 25, 2500, 10,, 175
Morris, Jno., 10, 90, 3000, 10, 200
Ray, N. W., 75, 25, 2500, 25, 300
Owens, Francis, 30, 70, 3000, 10, 40
Dill, Naria (Maria), 40, 80, 1800, 20, 200
Emmick, Geo., 125, 100, 4000, 119, 1285
Emmick, G. W., 100, 165, 6750, 50, 500
Bryant, Charles, 75, 25, 5000, 50, 200
Pate, Anita, 80, 27, 3000, 100, 700
Lawson, Thos., 30, 20, 1500, 10, 200
Greathouse, W., 150, 162, 10000, 1000, 1500
Blincoe, W. N., 30, 150, 5240, 100, 700
Allen, Isaac, 35, 25, 1500, 20, 300
Grant, Jno., 90, 35, 3500, 150, 1000
House, Jno. J., 50, 72, 3360, 1000, 1500
Bates, W. S., 100, 220, 5000, 100, 1200
Ray, Richard, 40, -, 1800, 15, 400
Maxey, Ed, 35, -, 1050, 20, 300
Beauchamp, A., 70, 202, 3000, 100, 500
Hayden, Jno., 30, -, 900, 500, 500
Morgan, I. B., 15, -, 450, 10, 125
Duncan, Jas., 30, 30, 1000, 50, 250
Greathouse, W. L., 70, 59, 2750, 500, 350
Lewis, Joe D., 40, 60, 1000, 90, 400
Henderson, Wm., 0, 74, 2500, 100, 700
Blanford, Thos., 40, 30, 1400, 50, 700
Greathouse, H., 54, 76, 3200, 60, 700
Basey, Jesse, 60, 23, 2000, 15, 400
Greathouse, Joe, 75, 75, 3750, 200, 600
Lewis, F. H., 120, 115, 10000, 200, 1600
Lowery, Winston, 90, 200, 10000, 200, 1000
Bush, W. P. D., 300, 350, 22000, 500, 3600
Thomas, Jno. C., 40, 160, 3000, 50, 500
Sith, Levi, 80, 125, 5000, 100, 600
Prentis, Jas., 75, 125, 6000, 300, 1000
Bell, Sam B., 80, 120, 1000, 350, 800
Miller, J. B., 70, 74, 2300, 100, 1000
Gabbert, Eli E., 40, 24, 1200, 100, 500
Dulin, T., 30, 25, 1500, 35, 200
Smith, George, 275, 165, 10000, 200, 200
House, T. L., 75, -, 2250, -, 225
Patterson, K., 25, 216, 4000, 50, 400
Pate, G. J., 125, 275, 6000, 25, 700
Cavender, C. C., 140, 146, 7500, 200, 1200
Colbert, Dan, 140, 60, 4000, 130, 750
Madden, Isaac, 75, 75, 4750, 100, 500
Miller, John, 15, 60, 1500, 150, 400
Combs, Ed. M., 85, 195, 8000, 150, 1200

Perkins, W. H., 120, 200, 9000, 150, 800
Jett, J. P. M., 55, 65, 3000, 100, 700
Levi, Jackson, 60, 116, 2500, 25, 600
Lynam (Lyman), J. S., 60, 66, 3000, 60, 650
Mills, M. L., 10, 10, 1200, 12, 230
Banks, Sam T., 90, 60, 3500, 100, 1250
Sheridan, Lewis, 40, 60, 2000, 25, 350
Edwards, S. D., 60, 240, 6000, 15, 500
Cousby (Cousley, Consley), Mary, 50, 100, 2000, 12, 300
Moore, Jno. G., 31, 75, 1200, 75, 600
Taylor, Wm., 60, 62, 4000, 40, 300
Moore, Jno. J., 30, 77, 700, 20, 400
Moore, James, 70, 110, 3000, 100, 450
Smith, Jno. J., 60, 163, 4000, 200, 1500
Densfirth, N. W., 65, 93, 3000, 25, 200
Fisher, E. B., 70, 35, 2000, 60, 550
Greathouse, J. F., 40, 165, 4000, 125, 900
Smith, Mike, 350, 250, 50000, 500, 2500
Dale, Bettie, 75, 128, 6390, -, -
O'Bannon, Mrs. A., 75, 125, 5000, 60, 400
Ray, James R., 30, 70, 3000,1 00, 700
Eubanks, James, 40, 20, 1200, 50, 300
Gabbert, J. F., 30, 34, 2000, 50, 350
Taylor, James, 70, 30, 2500, 150, 500
Roberts, R. G., 25, 75, 2500, 150, 550
Johnson, M. H., 70, 40, 1500, 50, 650
Carder, W. J., 100, 100, 3000, 100, 600

Deihl, Jacob, 40, 30, 1000, 15, 100
Miller, R. G. 70, 55, 4000, 100, 400
McDonald & Bro., 65, 35, 2000, 106, 500
Colbert, Jno., 90, 37, 2500, 200, 1600
Johnson, W. Q., 100, 60, 3000, 150, 1000
McDonald, Elias, 50, 50, 1500, 100, 400
Johnson, W. P., 70, 61, 2000, 150, 500
Monarch, B. F., 60, 70, 2500, 150, 600
Blandford, Ann, 50, -, 1000, 50, 200
Long, B. _., 20, -, 600, 15, 350
Henderson, Susan, 50, 30, 800, 100, 300
Chrisler, Elias, 80, 707, 3600, 450, 900
Blandford, W. A., 65, 86, 2620, 175, 600
Chrisler, Benj., 60, 73, 2682, 85, 380
Lewis, Fred D., 58, 95, 2500, 100, 400
Colbert, Verge, 20, 47, 670, 25, 150
Jarud, Jno. W., 40, 26, 1200, 125, 500
Montgomery, Jno., 30, 20, 500, 75, 290
Dails, Jno., 75, 100, 1600, 100, 500
Carder, W., 20, -, 600, 50, 200
Robert, Jas., 14, 36, 450, 60, 250
Long, Benedick, 50, 110, 1800, 75, 580
Higdon & Long, 100, 98, 3000, 100, 1000
Banks, E. B., 100, 51, 5000, 150, 1000
Duncan, W. R., 50, 80, 200, 150, 1000
Estus, R. A. J., 60, 40, 1500, 100,1 000
Estus, W. L., 70, 43, 1800, 50, 700
Calbert (Colbert), Jane, 70, 22, 2000, 75, 600

Estus, Thomas, 20, 116, 100, 20, 150
Colbert, Richd., 35, 11, 1000, 150, 1400
Holland, Wm. F., 45, 80, 3000, 15, 200
Holland, Robt., 50, 50, 1500, 100, 650
Hurley, James, 25, -, 500, 70, 250
Colbert, W., 160, 80, 4000, 150, 1000
Driskill, James, 80, 48, 1000, 75, 400
Driskill, Dennis, 75, 35, 1300, 50, 350
Montgomery, Sen, 20, 79, 1000, 100, 350
Robertson, Ann, 20, -, 200, 12, 175
Richerson, S., 140, 44, 200, 100, 500
Richerson, R., 40, 57, 1500, 50, 300
Scott, Elizabeth, 35, 40, 1500, 100, 150
Lamar, M. T., 30, 30, 600, 12, 250
Wroe, Edmund, 40, 10, 800, 100, 450
Vanvactor, H., 14, 29, 320, 15, 175
Newman, Richd., 25, 45, 700, 10, 100
Reynolds, Moses, 65, 400, 1000, 250, 300
Vanvactor, Wm., 40, 60, 2000, 75, 450
Edwards, Wm., 50, 100, 1800, 100, 550
Starnbush (Stambush), Fred, 15, 35, 1000, 20, 200
Barnett, Elizabeth, 15, -, 300, 8, 100
Jones, Wm., 50, 100, 2600, 15, 150
Driskill, J. K., 30, 20, 50, 50, 250
Roberts, Jas. L., 30, 45, 1000, 30, 350
Hall, Jno. A., 20, 30, 800, 100, 300
Campbell, J. M., 80, 78, 2000, 125, 650
Driskill, W. G., 40, 38, 1000, 25, 278
Ellis, H. H., 60, 65, 3000, 200, 500
Mitchell, B. A., 40, 86, 1000, 15, 178
Harley, John, 20, 20, 400, 10, 260
Patterson, S., 15, 125, 1000, 25, 250
Hayden, Jesse, 50, 100, 2000, 25, 300
Hayden, Jas., 80, 100, 2000, 100, 550
Caskie, R., 80, 700, 2500, 10, 200
Boswell, G. E., 60, 43, 1500, 60, 325
Morgan, B. E., 8, 25, 500, 5, 275
Borgorth, J. J., 90, 47, 1500, 150, 450
Sterett, Green, 75, 129, 7000, 100, 600
Martin, Jno. C., 75, 285, 10000, 300, 400
Stone, Jas. E., 50, 65, 4000, 100, 450
Lewis, W. L., 100, 65, 1650, 100, 300
Gibbs, W. S., 140, 60, 5000, 100, 1000
Riche, Jno., 56, 44, 100, 45, 350
Wilson, Jo. F., 140, 200, 5000, 50, 170
Densmore, Jno., 40, 50, 300, 50, 150
Estus, Jno. M., 80, 52, 2500, 100, 350
Sheridan, Jesse, 100, 44, 3000, 50, 50
Stewart, George, 45, 67, 2000, 125, 600
Lama, B. S., 100, 130, 3000, 100, 600
Scott, J. B., 11, -, 330, 20, 200
Estus, Richd., 10, 66, 1000, 5, 200
Lawson, G., 200, 133, 5000, 300, 1500
Barker, Jno., 70, 80, 1000, 15, 200
Newman, T. N., 20, 13, 700, 60, 500
Hawley, C. C., 22 ½, -, 4500, 150, 350
McAdams, S., 60, 20, 3460, 150, 650
Bruner, Jno. T., 200, 1000, 12000, 300, 2000
Degernett, Geo., 50, 52, 1000, 50, 800

Faulconer, E. A., 60, 47, 1250, 20, 300
Sulivan, Jas., 33, 100, 1900, 50, 200
McQuon, Jas., 20, -, 400, 50, 150
Barker, R. N., 50, 110, 1600, 100, 40
Williams, Conn, 60, 40, 2002, 125, 600
Kirkendol, H., 75, 100, 5500, 150, 225
Powers,Geo. 50, 100, 300, 50, 190
Lott (Scott), John, 12, -, 200, 12, 200
Saddler, Jno., 50, 75, 2500, 150, 700
White, Thomas, 65, 40, 1000, 45, 500
Colbert, Joe, 60, 36, 1500, 40, 300
Ross, Thos., 35, 42, 1000, 50, 150
Robinson, J. G., 40, 120, 5000, 50, 300
Cahoy, Henry, 20, 180, 2000, 15, 128
Mitchel, A. G., 15, 70, 900, 90, 400
Mitchell, W. C., 15, 85, 1200, 100, 300
Adkins, Caroline, 40, 20, 800, 50, 450
Elliott, James, 75, 80, 3000, 100, 300
Lamar, W. P., 50, 113, 3200, 75, 250
Hardin, R., 13, 16, 600, 11, 250
Mitchell, Jas., 200, 300, 5000, 200, 1000
Williams, W. H., 60, 190, 1800, 75, 600
Jagen (Jagess), Sarah, 40, 30, 1000, 75, 500
Harland, W., 10, 10, 400, 25, 100
Howard, Mrs. C., 25, 25, 1000, 50, 200
Jager (Jagen), d., 35, 15, 800, 75, 300
Newman, R. S., 10, 81, 910, 50, 250
Younger, G. M., 175, 120, 800, 800, 1270
Adair, D. L., 90, 73, 3800, 400, 800
Snyder, G. B., 30, 115, 1400, 14, 100
Newman, Otho, 45, 73, 1500, 87, 790
Lyon, Isaac, 40, 100, 2000, 100, 350
Nickolas, Joe, 40, 60, 1000, 40, 400
Cooper, W., 70, 400, 1000, 50, 800
Monin, Rolly, 20, -, 400, 15, 150
Mewton, Jas., 75, 120, 2000, 10, 150
Evan, David, 50, 27, 600, 50, 400
Fuller, Jas., 100, 200, 10000, 25, 200
Marsh, Henry, 50, 110, 1500, 100, 500
Quishinberry, Moses, 50, 250, 1000, 80, 500
Young, Jno., 20, 10, 500, 25, 150
Young, Davis, 20, 10, 500, 25, 100
Johnson, E., 20, 50, 800, 25, 150
Jarboe, Ruth, 11, 100, 1000, 25, 150
Hale (Hall), Jno., 100, 262, 2000, 50, 600
Hall Charles, 30, 114, 1500, 25, 500
Isome, Jas., 30, -, 300, 20, 300
Young, Martin, 60, 60, 1500, 50, 340
Young, P. B., 20, 20, 400, 25, 350
Jarboe, Wm., 30, -, 300, 15, 300
Nickolas, S. A. 30, 10, 400, 20, 200
Fillbeck, Phillip, 20, -, 600, 50, 150
Gwin, John, 28, 50, 600, 20, 200
Mason, Wm., 65, 15, 1500, 100, 600

HARDIN COUNTY KENTUCKY
1860 AGRICULTURAL CENSUS

The Agricultural Census for Kentucky for 1860 was filmed for the University of North Carolina from originals held by the Duke University Library, Durham North Carolina.

There are some forty-six columns of information on each individual. Only the head of the household is addressed. I have chosen to use only six columns. These are shown below.

1. Owner
2. Acres of Improved Land
3. Acres of Unimproved Land
4. Cash Value of Farm
5. Value of Farm Implements and Machinery
13. Value of Livestock

Thus, the numbers following the names represent, 2, 3, 4, 5, 13.

The following symbol is used to maintain spacing: (-)

J. W. Duncan, 90, 60, 6000, 100, 910
Nancy Hardin, 80, 177, 5140, 150, 585
J. M. Duvall, 200, 230, 8465, 250, 955
M. Miller, 175, 725, 2000, 150, 885
W. M. Miller, 70, 150, 3000, 140, 840
Sarah Bolin, 17, 22, 450, 10, 20
J. R. Tichenor, 230, 122, 7885, 260, 885
Henry Spriggs, 250, 250, 11000, 290, 1228
D. S. Bland, 80, 100, 3600, 145, 570
G. M. Cash, 17, 33, 1500, 75, 355
Lydia Bland, 140, 85, 4600, 200, 805
B. F. Sullivan, 45, 15, 900, 10, 260
John Mason, 150, 150, 4000, 85, 1100
O. _. Hobbs, 125, 84, 2500, 85, 615
J. S. Cash, 90, 60, 3750, 180, 490
W. L. Williams, 90, 63, 3120, 100, 670

W. J. Stith, 50, 54, 1700, 30, 300
B. F. Cash, 55, 50, 2160, 100, 415
J. L. Tabb, 75, -, 1100, 15, 590
J. Thornberry, 56, 56, 1500, 75, 170
S. W. & C. T. Worthan, 60, 80, 1450, 100, 400
T. N. Duvall, 60, -, 900, 156, 775
B. S. Tabb, 32, -, 475, 20, 220
W. J. Decker, 40, 10, 400, 30, 300
J. H. F. Worthan, 80, 80, 1000, 30, 425
F. M. Abell, 100, 70, 2500, 100, 440
B. S. Tabb Sr., 140, 77, 4390, 115, 880
J. Skees, 8, -, 160, 5, 80
Aaron Buckle, 100, 74, 3480, 60, 535
John Tabb Sr., 35, -, 1500, 30, 560
B. L. Abell, 30, 35, 320, 25, 155
James Kiper, 30, -, 450, 5, 1200
Wm. Pearce, 250, 400, 7150, 90, 1200
J. A. White, 60, 50, 650, 30, 505

Sam Hogan, 35, 95, 1000, 50, 400
J. L. Decker, 20, -, 160, 10, 120
Pleasant Scott, 70, 60, 1400, 100, 355
P. S. Skees, 40, 60, 530, 35, 310
Ben Hughs, 35, -, 350, 50, 285
D. J. Snyder, 140, 85, 2500, 165, 1400
H. & L. Newton, 100, 765, 3200, 75, 750
Julia Bradley, 100, 127, 3405, 125, 1430
Jefferson Beeler, 200, 600, 2700, 90, 1200
Henry Beeler, 50, 132, 1500, 37, 720
David Jeffries, 60, 120, 2700, 50, 485
_. C. Handley, 15, -, 90, 10, 260
F. H. Hughes, 17, -, 170, 10, 310
Zach Kerby, 75, 35, 1100, 50, 450
Susan Kerby, 50, 20, 700, 10, 220
Isaac Bell, 40, 90, 450, 10, 260
Richard Kerby, 20, -, 100, 5, 138
Margaret Kerby, 15, 25, 100, 5, 115
C. E. Read, 70, 70, 1500, 75, 255
Thomas Kerby, 30, 10, 170, 5, 95
Jesse Kerby, 50, 50, 800, 30, 420
D. P. May, 30, 250, 1600, 50, 220
D. C. Philips, 125, 227, 4000, 100, 1410
J. D. Waid, 200, -, 3000, 100, 945
B. E. F. Lee, 200, 180, 6500, 110, 730
H. M. Goodman, 36, 140, 1600, 100, 530
G. H. Cook, 225, 200, 4250, 248, 950
J. D. Bland, 75, 90, 1900, 100, 1020
A. Cameron, 20, 200, 2000, 30, 178
John Blanford, 68, -, 680, 10, 490
W. F. Hart, 200, 100, 1500, 100, 650
C. _. Mullohan, 45, 60, 500, 63, 315
Henry Payne, 100, 104, 2040, 80, 810
R. C. Tabb, 60, 52, 1350, 115, 700
David Jeffries, 21, 80, 225, 15, 270

W. F. Aldridge, 20, -, 140, 10, 180
Isaac Moore, 5, -, 100, 5, -
Thompson Cash, 210, 250, 8370, 80, 2305
E. M. Lampton, 43, 105, 2800, 25, 740
Thomas Redman, 85, 123, 2900, 70, 375
Abisha Tabb, 55, 90, 2400, 80, 710
Arthur Bogue, 30 -, 200, 75, 155
A. J. Akers, 100, 200, 6000, 100, 555
Marilda Hogan, 150, 130, 5500, 60, 410
G. W. Akers, 80, 250, 6000, 150, 600
J. H. Akers, 200, -, 5000, 90, 610
Jas. M. Gray, 30, -, 360, 15, 255
B. Ballinger, 50, 113, 800, 50, 200
Isaac Newton, 130, 120, 5000, 50, 760
Conra Kirtz, 133, -, 5320, 125, 1410
Ed Cotter, 175, 126, 4000, 150, 985
Lewis Vinsoro, 50, 100, 1500, 20 210
J. B. Gray, 150, 50, 2000, 150, 545
Leatitia Handley, 120, 130, 2500, 40, 340
Thos. Lucas, 75, 225, 1800, 30, 480
S. G. Cleaver, 225, 448, 4700, 75, 995
A. S. Murray, 25, -, 200, 10, 140
T. D. Utterback, 36, -, 400, 15, 345
Dixon Brown, 68, 18, 1150, 20, 650
Caroline Brown, 25, 58, 800, 15, 340
Wm. Brown, 32, 18, 840, 70, 300
R. H. Tabb, 28, -, 140, 10, 150
J. F. Duckworth, 60, 44, 2500, 135, 810
A. Foster, 150, -, 600, 100, 410
T. Patterson, 60, 64, 250o, 120, 570
T. Gatton, 50, 250, 3600, 65, 285
W. Bland, 60, 105, 2000, 85, 765
Alfred Buckles, 200, 200, 10000, 100, 927
Adrew Buckles, 60, 52, 2000, 100, 927

George Morrison, 24, -, 290, 20, 160
Lucinda Dewitt, 80, 81, 4025, 125, 1030
Reuben Peyton, 100, 100, 5000, 60, 1120
Elem Morrison, 36, -, 600, 20, 375
A. J. Marriott, 160, 90, 8750, 250, 1525
J. B. Snyder, 53, 113, 2000, 105, 657
Ambrose Boorman, 54, 106, 2400, 98, 545
Gabriel Duvall, 115, 85, 5000, 100, 695
Thomas Jenkins, 125, 75, 5000, 125, 595
John Buckles, 230, 370, 15000, 150, 1772
Samuel Hoover, 25, -, 500, 100, 300
Ben Jenkins, 80, 50, 2000, 90, 770
Richard Skees, 110, 78, 5640, 75, 1350
A. C. Boarman, 170, 68, 2500, 75, 1280
Francis Boarman, 40, 50, 2700, 55, 670
Wm. Spriggs, 275, 245, 25000, 250, 2175
Rodham Stark, 250, 380, 7475, 150, 1430
Wm. McMahon, 80, 70, 1050, 50, 935
D. L. Brackett, 175, 425, 4277, 150, 255
Jackson Brackett, 35, 47, 500, 100, 465
B. C. Brackett, 60, 265, 2500, 50, 598
Emily M. Upton, 75, 120, 2000, 40, 390
James Boyd, 70, 30, 1000, 100, 485
D. S. Handley, 90, 53, 1785, 70, 817
T. E. Carden, 40, -, 600, 20, 320
Jefferson Boyd, 70, 30, 1200, 75, 490
Amelia Upton, 70, 265, 4000, 80, 490
John L. Upton, 65, 55, 720, 25, 279
Meranda Burks, 80, 83, 1630, 20, 190
Wm. Wright, 70, 50, 1000, 75, 230
J F. Cabe, 38, -, 380, 25, 685
C. W. Smith, 45, 50, 600, 12, 160
T. J. Pendleton, 65, 155, 2100, 40, 296
L. J. Wright, 125, 75, 2000, 200, 770
Johnson Trainer, 40, -, 400, 15, 100
Andrew Brashear, 60, 60, 700, 10, 306
Albert Boyd, 100, 130, 1400, 100, 620
Daniel Upton, 125, 76, 1400, 185, 600
S. H. Sullivan, 70, 37, 1600, 150, 1887
Mary Sullivan, 125, 50, 2000, 100, 1400
Lewis Brashear, 6, -, 60, 15, 185
Norben L. Curry, 28, -, 280, 20, 200
Leonard Carden, 60, 46, 1460, 40, 293
Rufus Smith, 130, 130, 5200, 10, 365
Stephen Gardner, 120, 155, 6875, 150, 1187
John Patterson, 60, 5, 650, 60, 388
J. R. Harkness, 30, 25, 550, 40, 317
D. W. Philips, 35, 80, 1260, 100, 690
D. McCanless, 60, 45, 2650, 25, 462
Edin Brashear, 65, 46, 2500, 130, 770
Henry Sullivan, 45, 70, 2280, 20, 315
A. H. Williams, 85, 32, 3500, 100, 445
J. T. MacGill, 185, 165, 8750, 200, 1004
D. W. Sullivan, 115, 118, 5500, 65, 590
Sallie Morrison, 106, 170, 9625, 115, 975
R. Watson, 115, 40, 1600, 40, 558

Jas. D. Dewitt, 100, 60, 6400, 100, 990
G. M. Peyton, 50, -, 1500, 50, 565
G. W. Vanmetre, 60, 167, 3860, 10, 270
Jesse Bland, 330, 370, 15000, 170, 1950
John F. Cash, 100, 200, 3000, 150, 835
Elijah Smoot, 100, 130, 4600, 50, 835
G. W. Williams, 80, 35, 1125, 125, 550
Thos. J. Stith, 80, 200, 5166, 100, 234
J. P. Graham, 30, 60, 1400, 65, 390
Ed Patterson, 130, 70, 4000, 150, 896
W. H. Miller, 80, 70, 3000, 100, 500
Hardin Gray, 75, 75, 3000, 100, 703
Joseph Wallingford, 60, 75, 2100, 50, 846
Ben Wallingford, 48, 145, 2116, 115, 400
Wm. Sullivan, 40, 60, 1200, 50, 270
Thomas Upton, 12, 13, 500, 5, 140
R. M. Kinkade, 40, -, 320, 12, 345
Ruth Spurrier, 20, 170, 2900, 5, 138
John Lucas, 70, 30, 1000, 60, 320
Sam E. Upton, 65, 127, 1800, 100, 450
J. W. Burby, 15, -, 150, 15, 170
James _. Tabb, 80, 80, 1200, 60, 380
W. E. Upton, 30, -, 300, 15, 270
A. B. Bracket, 40, 48, 600, 75, 440
Wm. Burby, 35, 45, 600, 20, 405
Z. W. Tabb, 50, 68, 850, 50, 525
E. C. Tabb, 150, 168, 1600, 50, 1011
A. V. Patterson, 135, 165, 6000, 150, 1721
M. A. Lampton, 70, 30, 1800, 35, 687
R. B. Sullivan, 176, 96, 7800, 26, 700
C. H. Stutevill, 42, 38, 800, 10, 213
W. K. Philips, 55, 140, 2500, 70, 534
Nathan Patterson, 46, 60, 2000, 20, 300
George Patterson, 60, 60, 2400, 125, 766
Silas L. Sullivan, 45, 115, 2240, 100, 730
P. E. Caden, 40, 88, 1920, 20, 443
Ezra Wood, 55, 52, 1600, 15, 175
James Sullivan, 20, 80, 1500, 110, 367
Josiah Philips, 100, 457, 8355, 100, 583
John H. Kinkade, 18, -, 180, 10, 217
Jesse R. Jones, 80, 127, 3800, 125, 765
Mary Jeffries, 30, 110, 2800, 95, 770
H. M. Lampton, 130, 170, 3000, 100, 947
Thos. _. Bland, 73, 150, 4000, 40, 803
Johnathan Brashear, 225, 475, 6200, 200, 1574
James Kinkade, 200, 1000, 6000, 200, 1080
Albert Miller, 20, -, 300, 725, 595
J. F. Wooldridge, 27, -, 540, 65, 362
J. M. Allen, 62, 24, 1150, 90, 471
Nick Roof (Pioof), 85, 40, 2200, 60, 600
Ged Mayfield, 40, -, 1600, 100, 1000
B. Thomas, 25, -, 600, 75, 213
H. C. Thomas, 20, -, 300, 5, 65
John Miller, 45, 150, 4000, 150, 220
D. M. Miller, 40, -, 800, 100, 312
T. S. Harris, 33, -, 500, 15, 135
Wm. Miller, 54, -, 1350, 70, 135
C. Miller, 80, 20, 2000, 100, 638
Charles Miller, 50, -, 1000, 80, 540
J. M. Miller, 70, 46, 2900, 100, 585
H. S. Thompson, 100, 70, 5100, 60, 675
L. T. Rogers, 70, 100, 4800, 75, 629
R. T. Cash, 75, 57, 3200, 60, 910
John H. Bland, 154, 200, 7080, 146, 1258

H. B. Vanmetre, 90, 90, 5400, 60, 860
Wm. Vanmetre 70, 30, 3000, 150, 874
Jas. H. Stark, 50, 50, 3000, 80, 270
W. B. Vanmetre, 50, 50, 3000, 100, 645
John Everall, 110, 96, 6000, 110, 1347
J. R. Gaither, 165, 160, 9750, 100, 1311
John Richards, 190, 165, 14200, 135, 1270
Sam H. Jones, 60, 40, 2000, 150, 367
Josiah Hall, 30, -, 300, 10, 35
John Blades, 100, 119, 4400, 100, 980
Chas. Marshall, 95, 95, 4750, 50, 605
Wm. Steward, 85, 105, 3420, 240, 643
Bart Smith, 20, 8, 346, 18, 305
T. W. Wood, 35, 25, 1200, 70, 360
A. L. Hunt, 100, 127, 5075, 75, 710
Harriet Hopkins, 70, 30, 200, 40, 373
W. H. Kendell, 50, 110, 2000, 15, 465
M. J. Atwood, 70, 44, 1150, 12, 290
Malinda Brawner, 20, 80, 1200, 10, 100
Michael Blew, 50, 700, 1500, 100, 310
Samuel Taylor, 40, 40, 800, 70, 330
Jacob B. Tabb, 65, -, 1300, 60, 266
E. _. Marriott, 230, 310, 15000, 185, 2180
John C. Dorsey, 100, 60, 6400, 25, 426
W. A. Harris, 25, -, 460, 70, 68
L. M. Stark, 60, 45, 1260, 100, 510
Stanton Thinton, 110, 70, 5180, 225, 858
E. S. Monin, 100, 65, 8250, 50, 1231
J. A. Heron, 300, 260, 19600, 125, 1620
H. Marriott, 160, 75, 6550, 200, 1295
John Perry, 57, -, 1100, 60, 415
Joseph Vanmetre, 260, 150, 12100, 200, 1850
Samuel Lee, 130, 210, 7000, 70, 1190
Amanda J. Williams, 25, 12, 370, 15, 218
Jeremiah Jeffries, 75, 55, 3000, 50, 436
John Looney Jr., 8, -, 320, 5, 256
James Downey, 8, -, 320, 5, 20
Julia Craig, 35, 45, 4000, 100, 320
John Downey, 100, 160, 6500, 100, 1175
H. Kellein, 12, -, 60, 30, 112
J. H. Monin, 100, 63, 8150, 25, 400
John J. Jeffries, 125, 95, 6160, 306, 792
Josiah Yeager, 15, -, 1200, 50, 370
B. F. Slaughter, 196, 40, 6920, 300, 666
E. C. Lucas, 150, 175, 13000, 150, 883
A. Mattingly, 130, 160, 5800, 200, 696
John Stuart, 40, 156, 3920, 150, 414
James Daugherty, 25, -, 300, 125, 320
C. M. Stuart, 175, 125, 10500, 200, 1495
Walter Williams, 175, 132, 9510, 260, 2000
Asa Perry, 30, 20, 1500, 150, 390
W. B. Willet, 80, 85, 1350, 60, 508
T. F. Coombs, 40, 75, 1150, 75, 350
A. Hendron, 45, 20, 975, 20, 400
H. P. Carr, 40, 61, 1500, 10, 187
Sam Wilson, 50, 45, 950, 25, 246
James Jeffries, 100, 100, 2400, 150, 650
W F. Coombs, 50, 30, 1500, 100, 386
F. W. Simmons, 100, 72, 6800, 100, 1096

Noah English, 130, 200, 6200, 150, 522
Edward Vanmetre, 24, 80, 1500, 65, 322
J. R. Collins, 130, 113, 5000, 50, 725
John Jenkins, 95, 50, 4500, 930, 927
John Johnson, 300, 250, 22000, 150, 1000
W. P. Stark, 200, 298, 3000, 100, 1210
L. B. Walker, 100, 120, 4400, 160, 830
W. E. Richardson, 100, 80, 2000, 100, 445
William Mount, 110, 112, 3550, 750, -
Joshua Dorsey, 60, 40, 1000, 100, 735
Sam Woodring, 60, 40, 1000, 100, 735
Horace Haney, 50, 50, 1000, 20, 238
John Sewsberry, 40, 60, 1000, 60, 450
A. Coffman, 93, 30, 1200, 125, 330
J. H. Pendleton, 50, 140, 2850, 80, 230
J. C. Crane, 50, 55, 1575, 80, 435
Cully Park, 133, 50, 2745, 200, 1310
F. E. Wooderd, 40, 260, 6500, 125, 445
S. A. Standifort, 50, 80, 1300, 130, 510
Isaac Kurtz, 100, 50, 5000, 75, 345
Sam Miller, 23, 57, 1500, 35, 415
Joseph Brown, 70, 47, 1750, 25, 390
Benj. Jenkins, 150, 150, 3000, 100, 1285
J. H. Jenkins, 46, 54, 1500, 100, 493
Nat Thomas, 45, 23, 680, 70, 405
Jarard Woodyard, 125, 93, 1800, 225, 914
W. L. Morris, 250, 110, 12000, 150, 920
Thos. Ash, 60, 108, 1680, 200, 853
Joseph Woodring, 60, 63, 3000, 100, 485

Robt. Stark, 100, 133, 2330, 60, 355
Thomas Johnson, 25, -, 150, 50, 167
Isaac Lewis, 35, -, 140, 50, 365
Lydia Yeager, 75, 75, 1800, 100, 353
William Cook, 55, 121, 3720, 30, 500
W. T. Bowls, 35, 167, 1200, 120, 335
Wm. Jeffries, 80, 80, 1280, 40, 455
Ben Hardin, 130, 80, 7400, 90, 900
Nat Morrin, 130, 49, 7820, 150, 1274
C. Overall, 146, 180, 12800, 100, 2167
John C. Miller, 40, 140, 1000, 60, 243
Wm. Ash, 50, 261, 3110, 50, 622
Jas. M. Hicks, 25, -, 310, 100, 255
Joseph Mullhawl, 40, 290, 3306, 40, 300
P. H. Adams, 50, 150, 1000, 150, 156
G. W. Fisher, 230, 250, 7800, 500, 2100
Lewis Fisher, 35, 65, 2000, 100, 330
Calvin Brownfield, 100, 100, 2000, 150, 1050
Jas. G. Perry, 150, 80, 4600, 100, 1125
D. N. Williams, 300, 900, 23400, 950, 3690
Jeptha A. Uen, 60, -, 750, 100, 265
J. B. Hunford, 200, 113, 10900, 360, 1798
Nelson Cocker, 75, 75, 2250, 50, 290
J. C. Morgan, 75, 125, 2000, 150, 480
W. T. Hilton, 14, 86, 600, 10, 177
Henry Jump, 100, 254, 2478, 75, 536
J. C. Vanmetre, 15, -, 90, 15, 227
B. A. Williamson, 100, 160, 2600, 60, 590
A. Denny, 40, -, 1600, 15, 300
W. R. Thomas, 50, 80, 1400, 75, 525
J. B. Thompson, 70, 158, 2280, 50, 207

Henry Thomas, 50, 60, 1100, 50, 573
Mary Gibson, 13, 12, 400, 20, 220
Adam Bird, 150, 150, 7500, 100, 996
Adam Bird Jr., 160, 173, 7660, 100, 1315
Wm. Short, 140, 360, 25000, 400, 1750
John Sandidge, 75, 55, 2580, 100, 1130
Robt. Hagan, 120, 230, 5256, 150, 1480
Stephen McMurtry, 75, 134, 4180, 100, 730
Robt. Cornet, 18, -, 200, 40, 323
T. J. Perry, 50, 50, 1200, 100, 395
A. H. Kennedy, 500, 300, 12000, 500, 2175
J. C. Hicks, 60, 40, 500, 150, 340
J. J. Kerns, 60, 90, 2250, 600, 250
James Percifull, 70, 69, 1000, 50, 227
J. C. Chenowith, 180, 145, 3000, 100, 768
J. C. Larue, 30, 70, 1000, 60, 210
T. D. Funk, 100, 100, 2500, 100, 635
Atkinson Lee, 40, 90, 1200, 25, 272
J. B. Brown, 175, 145, 5120, 250, 7510
W. T. Horn, 55, 104, 1400, 100, 315
S. A. Bridivell, 100, 75, 2100, 125, 900
D. F. Pace, 100, 55, 1200, 100, 610
Wm. Castleman, 80, 171, 2875, 75, 900
R. M. McIntire, 120, 140, 3120, 75, 352
R. T. Barns, 35, 60, 570, 12, 180
James Castleman, 130, 258, 1552, 135, 685
D. H. Galien, 110, 87, 3000, 200, 940
Susan Kasten, 75, 15, 1000, 15, 175
Tharp Crady, 65, 80, 1450, 100, 345
J. Ballinger, 75, 175, 2500, 150, 745
Jas. R. Perry, 75, 195, 2500, 80, 540
Thomas Weller, 100, 200, 900, 100, 680
William Weller, 60, 100, 480, 80, 470
Sanford Cotton, 100, 90, 1500, 100, 850
James Sandidge, 130, 120, 3000, 105, 2290
Wm. C. Rogers, 125, 227, 3000, 75, 610
Danl. Kennedy, 140, 160, 3000, 75, 800
S. G. Kennedy, 100, 145, 2450, 200, 628
S. S. Kennedy, 70, 100, 1715, 75, 530
Miles Vanmetre, 28, -, 800, 50, 147
Thomas Tabb, 60, 160, 2200, 150, 974
Colimore Price, 35, -, 700, 35, 260
J. C. Nall, 60, 120, 1800, 150, 857
R. H. Hicks, 125, 95, 2640, 40, 855
Gideon Brown, 60, 108, 1500, 50, 395
John Young, 50, 125, 1000, 125, 350
Andrew Martin, 40, 120, 1500, 75, 285
John B. Tabb, 50, 75, 800, 65, 526
A. B. Vernon, 150, 125, 2750, 200, 1190
Bailey T. Price, 50, 30, 800, 130, 445
D. J. Miller, 150, 115, 8000, 300, 1200
P. R. McGrew, 40, 360, 1600, 75, 273
Jas Bledsoe, 56, 209, 2100, 75, 425
Wm. Bunnell, 50, 65, 1175, 12, 162
David Mervin, 100, 189, 895, 100, 525
Elijah Mobberly, 30, 35, 500, 1000, 460
Thomas Goodin, 40, 160, 600, 10, 790
C. Robertson, 60, 140, 1200, 60, 440
Wm. Ballinger, 35, 165, 600, 10, 210

Thompson Deavor, 55, 55, 800, 100, 250
M. Ballinger, 50, 93, 800, 100, 500
R. B. Coyle, 50, -, 500, 20, 295
James Figg, 35, 90, 500, 6, 425
Wm. Ballinger, 20, 30, 250, 10, 200
John A. Williams, 80, 125, 2000, 60, 500
A. M. Daugherty, 12, 50, 600, 40, 225
James Brown, 12, -, 75, 8, 135
N. Middleton, 60, 40, 1000, 15, 275
M. Etherton, 25, 62, 900, 10, 146
Andrew Neff, 20, 30, 200, 12, 300
H. Kerrick, 170, 170, 3400, 100, 940
James Thomas, 65, 75, 70, 25, 315
James Ballinger, 25, 75, 400, 5, 240
John Wright, 30, 70, 500, 75, 368
G. W. Daugherty, 40, 65, 800, 100, 455
M. M. Bush, 280, 260, 5000, 250, 1800
C. A. Fowler, 50, 121, 1000, 125, 335
Henry Ash, 80, 220, 2000, 150, 763
G. W. Perry, 40, 92, 660, 50, 125
Robt. Kennedy, 200, 300, 6500, 250, 793
Philip Bunger, 175, 105, 1400, 125, 330
Wm. Gooden, 60, 60, 2000, 25, 212
A. Bledsoe, 70, 30, 600, 50, 275
Wm. Hazle Sr., 35, 55, 600, 60, 343
G. A. Poore, 40, 65, 1200, 100, 261
R. Vernon, 100, 500, 2500, 150, 565
S. Vernon, 150, 175, 4000, 125, 850
G. W. Beeler, 100, 125, 3325, 50, 320
L. T. Howlett, 150, 350, 10800, 70, 647
James Gooden, 45, 90, 1080, 15, 250
M. Twedell, 75, 85, 1120, 100, 290
Bryant Gooden, 30, -, 300, 10, 530
J. Gooden, 40, 60, 500, 40, 360
Henry Buch, 15, 110, 1000, 20, 413
John Irwin, 40, 160, 2000, 100, 546

James Kennedy, 140, 60, 3600, 200, 1185
Ben Bledsoe, 80, 70, 3000, 150, 597
Mary Hamilton, 150, 250, 6000, 700, 640
Elisha Quigley, 100, 130, 4000, 25, 545
John G. Brown, 200, 206, 4000, 240, 428
G. W. Brown, 40, 185, 1200, 10, 80
G. Wasker, 75, 65, 2100, 50, 606
Jas. Daugherty, 75, 65, 2100, 100, 760
H. Kennedy, 150, 100, 2500, 150, 600
Sam Medcalf, 75, 485, 1200, 125, 580
G. Marshall, 100, 1000, 10000, 100, 1060
R. M. West, 130, 260, 2200, 100, 942
Wm. Harris, 33, 17, 300, 85, 218
Charles Harris, 15, 26, 100, 15, 112
Michael Hare, 70, 30, 500, 100, 545
J. _. Medcalf, 115, 200, 2500, 50, 865
L. McLure, 12, 12, 1000, 100, 378
Archibald Bernard, 115, 25, 800, 120, 500
John Morris, 30, 75, 3000, 130, 300
E. H. Ghiselin, 115, 90, 8000, 350, 800
James Watson, 200, 100, 7000, 150, 1200
Robert English, 350, 510, 13200, 300, 3426
James A. Gaither, 160, 240, 16100, 150, 900
Henry B. Helm, 450, 400 41000, 500, 3500
Thomas Fairleigh, 40, 15, 1800, 60, 550
George Strickler, 200, 200, 12000, 200, 1000
Henry Haney, 90, 130, 1500, 130, 350

Richard Thomas, 60, 100, 400, 50, 700
Elias Thomas, 60, 180, 2000, 50, 400
Pratt Strishley, 100, 130, 1200, 120, 700
John Thomas, 80, 90, 1500, 150, 400
W. G. Singleton, 250, 380, 3600, 150, 400
Alfred Warren, 120, 150, 1500, 100, 700
E. D. Howell, 110, 64, 500, 20, 450
Jesse Carnahan, 60, 250, 500, 15, 230
George Dillard, 50, 175, 1500, 40, 300
Joseph Clark, 65, 85, 2500, 100, 300
Charles Miller, 140, 230, 1200, 50, 700
Elizabeth English, 120, 280, 1200, 100, 450
David Wise, 150, 1200, 1200, 100, 460
R. B. English, 130, 270, 4500, 150, 900
Mary A. Bowles, 400, 380, 7000, 300, 1500
David G. Patterson, 25, 3, 250, 400, 280
John Woodring, 90, 90, 1980, 100, 400
Wm. George, 25, 75, 300, 70, 220
Wm. Hicks, 40, 85, 900, 100, 350
John Daugherty, 136, 90, 2500, 150, 600
Joel Morrison, 3, 28, 310, 25, 150
Henry Setzer, 85, 75, 2800, 100, 600
John R. Patterson, 75, 32, 2500, 100, 440
Thos. Morrison, 60, 65, 1500, 150, 800
John C. Arnold, 60, 65, 1500, 150, 800
John C. Arnold, 30, 65, 1600, 50, 200
Joseph Klinglesmith, 30, 65, 500, 50, 300

Charles Cecil, 420, 600, 9000, 700, 150
Mace Wheatley, 110, 270, 3500, 150, 1000
James English, 35, 65, 1200, 100, 250
Addison English, 50, 200, 1200, 100, 400
Luke C. Miller, 25, 15, 400, 20, 200
Johna Richardson, 60, 30, 400, 50, 500
Francis Klinglesmith, 60, 50, 800, 25, 100
S. Richardson, 75, 70, 1400, 80, 300
Jordan Gross, 120, 240, 3000, 100, 500
James Goodman, 90, 400, 2400, 150, 800
Wm. T. Love, 30, 106, 1200, 20, 400
John Vicks, 35, 40, 350, 100, 150
Joel Hicks, 80, 75, 700, 125, 360
Wm. Woodring, 180, 175, 4200, 110, 600
Muldick Mill, 75, 75, 1480, 100, 450
Harrison Haleman, 150, 650, 8000, 100, 650
Wm. Haywood, 65, 35, 1000, 70, 250
Greenbury Miller, 150, 100, 2400, 40, 1000
Wm. Geesling, 40, 120, 800, 10, 500
Sallie Dillard, 35, 20, 350, 100, 250
Wm. Mattingley, 10, 30, 230, 20, 100
A. Fessels, 40, 80, 700, 70, 200
C. Wiseman, 70, 120, 1200, 200, 560
Wm. Hayden, 100, 240, 1500, 150, 300
Sylvester Rling (Kling), 140, 200, 2200, 150, 300
James N. Jones, 20, 30, 1200, 65, 600
Stephen Pauling, 100, 150, 500, 150, 430
J. H. Bryant, 75, 260, 3160, 60, 1000
Henry Wise, 150, 170, 600, 200, 450

Austin Jenkins, 80, 100, 700, 60, 1400
Raymond French, 80, 65, 500, 100, 400
John Riney, 60, 50, 800, 10, 450
Mary Alvey, 80, 90, 1000, 100, 300
Joseph Hinton, 80, 125, 700, 120, 400
J. W. Milley, 145, 50, 70, 100, 450
Zachariah Jones, 40, 147, 400, 100, 350
Arter Thomas, 75, 25, 400, 100, 450
James Woodring, 70, 130, 800, 50, 150
Mary Ceormer, 60, 100, 800, 130, 350
James Pauley Sr., 30, 80, 500, 50, 100
Thos. F. Miller, 20, 13, 400, 15, 150
George Neff, 60, 20, 800, 100, 250
J. E. Nevett, 60, 20, 800, 100, 250
James Pauley Jr., 50, 80, 1500, 50, 250
Wm. C. Moore, 50, 60, 6000, 120, 250
Samuel Williams, 100, 170, 7000, 140, 700
John English, 20, 200, 8000, 200, 1500
Nancy English, 170, 100, 3000, 10, 1500
John Mathis, 125, 100, 2750, 150, 600
G. V. Thompson, 65, 100, 2000, 100, 500
Richard Blanton, 200, 94, 5250, 100, 600
Chas. Parepoint, 150, 430, 11000, 150, 670
Elijah Hansbrough, 550, 400, 23000, 1000, 2000
Henry Bland, 320, 250, 12000, 300, 1000
Stephen Stone, 270, 300, 15000, 500, 1500

Nathan Vanmeter, 50, 20, 2000, 300, 300
Vincent Vanmeter, 120, 300, 9000, 200, 600
Hinton Vanmeter, 35, 15, 900, 100, 200
Wash Vanmeter, 80, 55, 4000, 300, 400
Hinton Vanmeter, 60, 60, 3000, 80, 200
Washington Smith, 200, 110, 9000, 100, 120
Seth Boots, 110, 75, 7200, 120, 1000
T. V. Morrison, 65, 65, 4000, 100, 480
John Petty, 150, 60, 7000, 100, 450
John Lissy, 60, 70, 2000, 100, 250
James Petty, 100, 100, 3000, 150, 290
Samuel Williams, 150, 100, 5000, 100, 900
Morgan J. Larue, 240, 60, 3000, 200, 1200
Wm. Bland, 200, 143, 0000, 150, 1400
Wm. Abell, 240, 218, 7000, 150, 1000
Wyatt English, 100, 115, 6000, 100, 1250
Angeline Vanmeter, 80, 120, 3000, 100, 200
A. Kinkead, 260, 155, 12000, 200, 1800
George Smith, 300, 280 17640, 60, 1200
Christian Ceager, 170, 45, 5000, 200, 200
Ambrose Thompson, 150, 158, 9000, 150, 800
Green Gaither, 250, 150, 1160, 500, 1200
Haden E. English, 325, 175, 10000, 100, 835
David Burnett, 100, 100, 600, 800, 135
M. S. Cralle, 130, 230, 100, 100, 230

Wm. Ford, 35, 115, 200, 800, 200
Rain Cundiff, 15, 140, 200, 15, 415
Allen Popham, 50, 350, 1000, 15, 300
David Matthews, 25, 45, 250, 125, 450
Edwin Smallwood, 22, 80, 300, 28, 220
R. S. Shipley, 40, 120, 1200, 150, 415
Josiah Barns, 30, 70, 200, 20, 150
J. B. Stone, 80, 100, 200, 20, 152
Drury Daugherty, 20, 60, 200, 20, 100
George Klinglesmith, 20, 10, 100, 30, 25
Wm. Williams, 20, 20, 100, 20, 160
John McDaniel, 100, 100, 150, 50, 150
Luke Klinglesmith, 100, 100, 3000, 130, 1000
James A. Miller, 50, 20, 1400, 120, 250
James K. Jones, 60, 30, 500, 20, 350
Wm. Adams, 50, 50, 600, 20, 400
Samuel Ashlech, 80, 120, 600, 20, 400
James Miller, 80, 150, 2500, 100, 150
M. D. Carter, 80, 110, 200, 25, 300
Wm. M. Truman, 250, 150, 1200, 150, 200
James C. Ament, 100, 187, 4000, 30, 990
John C. Amens, 50, 100, 500, 150, 400
T. J. Neafus 130, 219, 2000, 150, 650
Robert Gater, 100, 200, 1800, 150, 600
John Creager, 400, 70, 2000, 50, 175
John Santell, 430, 370, 4000, 200, 1400
John Falbert, 40, 160, 750, 100, 500
G. W. Hilton, 80, 240, 300, 100, 450

Parkman Needham, 30, 170, 1400, 150, 800
Sarah Hilton, 60, 80, 300, 20, 60
Baily Cundiff, 140, 110, 300, 20, 100
Francis Fryrear, 25, 85, 1500, 150, 600
Harrison Daugherty, 180, 120, 1000, 100, 300
Richard Cox, 125, 255, 3000, 150, 800
Mathias Purcell, 6, 94, 2000, 15, 600
Presley Clater, 8, 112, 100, 20, 200
J. R. Darnell, 30, 170, 400, 20, 125
R. M. Osborne, 130, 220, 1000, 20, 250
David Stiles, 50, 100, 2500, 150, 1000
Lewis Wilmouth, 160, 140, 700, 20, 150
R. G. Pool, 130, 160, 3600, 140, 700
Henry Hagan, 300, 74, 3000, 150, 1300
D. A. Lawsen, 65, 110, 1750, 140, 440
Samuel Handsbrough, 420, 540, 18000, 350, 230
John Marriott, 70, 31, 120, 150, 990
Wm. Hoover, 140, 600, 2400, 80, 1000
S. C. Marriott, 100, 75, 1900, 120, 920
A. Read, 70, 100, 1700, 80, 500
Joseph Paer, 220, 66, 4000, 100, 950
John Young, 130, 50, 2500, 100, 500
Wm. Hoover, 100, 50, 3000, 100, 1360
Wilson Polk, 300, 50, 1500, 100, 500
Nathan Neighbors, 130, 260, 7200, 100, 1240
James Neighbors, 90, 100, 2500, 110, 880
James Stuart, 10, 15, 1500, 100, 750
Robert Buckles, 185, 100, 750, 150, 200

James Van_____, 100, 210, 5600, 100, 500
George Graham, 30, 200, 3000, 125, 500
H. B. Hodges, 200, 400, 300, 75, 250
Samuel Scott, 10, 120, 3000, 100, 600
Joseph Drane, 140, 30, 1500, 200, 260
C. S. Claggett, 75, 120, 2000, 100, 400
W. B. Slaughter, 80, 100, 500, 200, 100
Joallen Hatfield, 150, 125, 500, 100, 250
Jacob Hart, 35, 20, 900, 125, 350
Wm. C. Morrison, 120, 230, 2000, 25, 500
J. P. Wool__ch, 15, 28, 500, 20, 300
R. Cash, 130, 133, 1500, 100, 150
J. Persell, 45, 180, 140, 100, 35
S. Pence, 85, 215, 450, 100, 226
Moses Pence, 90, 110, 450, 25, 427
Josiah Pence, 55, 260,, 1000, 60, 500
Hugh Lambert, 120, 250, 1000, 100, 400
Mark Floyd, 60, 40, 520, 120, 600
Robt. Floyd, 125, 250, 1500, 120, 200
Richard Clark, 80, 60, 300, 80, 100
Isabel Floyd, 37, 50, 300, 10, 420
J. B. Pierce, 250, 125, 1500, 120, 250
Martin E. White, 60, 70, 1000, 80, 100
W. B. Cundiff, 250, 125, 300, 20, 100
Hanson Duncan, 270, 100, 6000, 80, 450
Adam Graham, 65, 340, 6100, 20, 480
Robt. D. Ashlech, 60, 60, 2000, 20, 600
E. C. Lewis, 365, 20, 100, 4, 400
A. Steward, 100, 100, 1600, 25, 300

Isaac Lyisz (Lyisg), 35, -, 350, 20, 200
Ben Jeffries, 55, 50, 1000, 100, 500
Abijah Lewis, 65, 35, 800, 60, 250
Jake Young, 60, 100, 800, 100, 500
H. T. Stillwell, 140, 120, 2000, 10, 150
Wm. Ashlech, 14, 4, 480, 20, 100
James Young, 24, 110, 2000, 10, 100
Albert Steward, 40, 68, 480, 20, 100
Jessie Larue, 160, 95, 400, 20, 1200
John Gibson, 160, 45, 10000, 20, 325
D. Klinglesmith, 100, 165, 12750, 400, 1225
J. B. Hayden, 140, 365, 7000, 100, 1100
Charles Woodring, 140, 160, 4000, 150, 500
Ann Drury, 100, 140, 5000, 200, 100
Henry French, 60, 70, 600, 150, 450
Leo French, 130, 80, 1000, 50, 450
George Matingley, 100, 150, 700, 20, 500
Elizabeth Nall, 400, 300, 10000, 150, 840
Robert Nall, 100, 215, 2300, 150, 600
J. S. Hill, 35, 80, 8000, 400, 480
J. L. Nall, 110, 190, 1890, 50, 780
T. C. Nall, 50, 110, 920, 100, 300
Joel Hardaway, 60, 200, 3000, 50, 450
D. H. Verttus, 65, 215, 1280, 25, 380
Jonathan Richardson, 200, 135, 1820, 130, 450
P. W. Neff, 20, 73, 1400, 75, 300
Clayborn Howell, 150, 150, 1500, 100, 1100
Thos. Nickles, 40, 74, 1400, 100, 100
Wm. Allison, 30, 55, 450, 100, 300
James Redman, 10, 107, 550, 50, 250
Lewis Nall, 120,, 150, 2740, 150, 500

T. B. Nall, 100, 115, 1790, 150, 350
T. E. Holland, 80, 120, 800, 150, 410
Calvin Watts, 45, 100, 1220, 125, 410
Wm. Clark, 80, 40, 500, 150, 400
Thos. A. Crutcher, 90, 188, 1200, 125, 450
T. S. Davis, 40, 120, 3200, 30, 1000
Larkin Nall, 60, 140, 1500, 150, 625
A. J. Nall, 100, 60, 960, 100, 450
Wm. Nelson, 25, 65, 800, 96, 600
Wm. G. Berry, 38, 64, 800, 50, 450
J. S. Fullilive (Fulliline), 120, 180, 5000, 100, 650
T. C. Braun, 150, 250, 840, 20, 500
H. P. Coffman, 40, 50, 700, 100, 250
Thomas Hundley, 70, 90, 1720, 150, 200
P. S. McIntire, 90, 240, 500 75, 450
Abraham Coffman, 40, 60, 800, 75, 160
R. W. Stith, 250, 350, 8600, 225, 5120
John Yates, 40, 80, 600, 20, 200
P. M. Magrew, 60, -, 230, 60, 200
R. Yates, 70, 30, 400, 50, 750
C. B. Martin, 45, 61, 300, 25, 160
Jacob Hildren, 40, 80, 300, 20, 160
J. W. Martin, 40, 100, 350, 60, 350
J. M. Martin, 25, 45, 250, 40, 200
N. McKey, 40, 60, 350, 60, 150
Elizabeth Morrison, 275, 325, 4000, 350, 900
J. H. McKay, 150, 480, 10000, 125, 800
Achilles Moorman, 50, 25, 3250, 5, 240
David B. Lewis, 126, 475, 8000, 150, 1390
James Spillman, 30, 110, 400, 50, 300
Wm. G. Jones, 200, 130, 5000, 40, 1500
H. C. Rollins, 200, 185, 5000, 80, 430
Richard Moorman, 75, 160, 3700, 75, 540
Hanson Stith, 70, 280, 8000, 125, 620
Moses Klinglesmith, 70, 130, 3500, 80, 245
Isaac Richardson, 130, 70, 1000, 100, 2000
Lucy Hoobbs, 56, 120, 2500, 30, 350
John M. Nall, 56, 265, 3000, 50, 525
Wm. Nall, 130, 150, 3600, 100, 1000
Francis Phillips, 60, 30, 1000, 150, 550
Thomas Haleman, 55, 140, 2000, 80, 400
T. J. Richardson, 40, 100, 2080, 80, 400
James Hill, 80, 106, 700, 150, 1020
John W. Hill, 125, 125, 5000, 150, 850
W. L. Hill, 50, 56, 1500, 100, 450
George Hicks, 120, 260, 2500, 750, 780
Lewis Cann, 50, 100, 8500, 15, 250
Wm. Adams, 50, 700, 250, 25, 100
James Adams, 60, 50, 600, 75, 700
Jesse Adams, 85, 700, 7400, 21, 280
John Allison, 700, 80, 7500, 25, 200
Wm. Morris, 16, 18, 225, 75, 200
Samuel Austin, 70, 700, 1280, 85, 450
John G. Williams, 30, 96, 800, 50, 350
Chas. McGill, 700, 700, 1500, 700, 250
Wm. Phillips, 100, 720, 1500, 600, 450
A. L. Gughegan, 480, 450, 13000, 600, 1400
Joseph Wilson, 700, 75, 2500, 50, 900
George Neff, 50, 100, 1500, 80, 400
Valentine Creager, 52, 700, 1000, 60, 250
J. C. Allison, 52, 350, 400, 100, 500

John Miller, 125, 125, 7500, 750, 500
D. J. Martin, 40, 55, 850, 50, 200
Wm. Capps, 40, 50, 890, 30, 150
Henry Shelton, 710, 450, 60, 63, 550
C. B. Taber, 35, 700, 2400, 40, 250
Esan Roberts, 22, 40, 560, 70, 100
M. Morgan, 70, 40, 500, 60, 100
C. K. Busby (Burby), 60, 60, 500, 18, 100
Joseph Busby (Burby), 70, 70, 250, 25, 300
Thos. Armstrong, 65, 135, 450, 80, 250
Samuel Armer, 40, 60, 800, 80, 550
Henly Holdren, 140, 190, 500, 15, 328
N. P. Williams, 125, 175, 1750, 100, 750
Susan J. Hilbert, 90, 70, 2500, 30, 150
Jensen Duncan, 150, 80, 1200, 250, 500
J. H. Van___t, 40, 30, 3600, 700, 950
Wm. J. Gasscock, 95, 25, 800, 80, 300
Anderson Jeffres, 125, 710, 2000, 150, 500
George Stephenson, 55, 50, 11400, 500, 1700
J. C. Hatfield, 140, 60, 450, 100, 125
Ephraim Cushman, 40, 200, 1200, 700, 300
Jack Richardson, 90, 110, 800, 80, 305
Joseal Richardson, 12, 38, 1250, 80, 120
G. John Price, 35, 115, 250, 15, 250
T. O. Linder, 50, 110, 500, 50, 350
Jinatha Armer, 40, 60, 250, 20, 200
Moses Vanmeter, 8, 20, 150, 60, 220
Daniel L. Richardson, 100, 270, 600, 100, 700
Albin S. Higdon, 110, 120, 6000, 175, 450

Lydia Rogers, 100, 120, 6000, 175, 450
Edward R. Mercer, 80, 45, 2500, 150, 600
C. P. Love, 100, 251, 4000, 125, 860
J. W. Morrison, 80, 70, 1500, 100, 450
W. Lossin, 20, 16, 180, 70, 250
Palsy Sutser, 60, 90, 750, 12, 220
George Kerfoot, 90, 50, 2000, 80, 530
Richard Hopkins, 40, 32, 1400, 85, 250
John Ra__id, 120, 100, 2580, 80, 340
Wm. Morrison, 90, 93, 2650, 60, 250
Wm. Lossin, 9, 65, 700, 8, 120
M. Maddersay, 85, 85, 4000, 150, 900
L. S. English, 125, 50, 3000, 100, 50
Nathaniel Duncan, 130, 25, 3000, 150, 900
Wilson Hicks, 60, 20, 600, 80, 275
Wm. J. Richardson, 20, 20, 600, 20, 250
Hebeen Stack, 100, 120, 1400, 100, 600
Christopher Nickls, 25, 75, 1500, 100, 450
John Richardson, 60, 20, 1500, 80, 950
Jake Nickls, 120, 80, 2000, 100, 750
Isaac Setzer, 130, 200, 4000, 150, 850
Benjamin Higdon, 90, 70, 1920, 70, 350
Grabeiel Wheatly, 260, 200, 4000, 300, 2000
Henry Cecil, 115, 115, 2300, 150, 600
Joseph Cecil, 125, 88, 2000, 100, 500
George Kerfort, 120, 280, 4000, 150, 500
Evaline Duncan, 75, 50, 1200, 100, 250

T. M. Fife, 150, 130, 2500, 150, 1500
Moses Lawson, 40, 80, 500, 100, 250
James Duncan, 175, 65, 6000, 210, 1300
Malinda Hicks, 40, 0, 300, 20, 150
Henry Hicks, 50, 30, 400, 80, 200
Wm. Setzer, 100, 50, 1400, 30, 800
Elizabeth S. Meland (Silland), 15, 85, 150, 20, 150
Mary Lawson, 80, 50, 500, 40, 200
David Lawson, 40, 60, 250, 15, 150
Wm. B. Noe, 30, 50, 250, 15, 300
Robert Noe, 40, 60, 300, 850, 270
David Jennings, 25, 158, 400, 15, 100
John Noe, 55, 45, 500, 80, 180
Thomas Noe, 50, 50, 500, 60, 300
Ezra Ward, 65, 150, 1300 80, 350
Jesse Kerfoot, 100, 200, 1000, 40, 550
J. W. Williams, 40, 20, 320, 120, 320
Abraham Duffee, 40, 140, 200, 10, 370
Moab Martin, 80, 140, 300, 100, 175
Zenny Sandman (Goodman), 100, 350, 1000, 100, 270
Joseph Goodman, 43, 5, 300, 100, 600
Warren Cash, 95, 110, 1800, 620, 520
R. W. Nichols, 120, 132, 2500, 150, 580
George Klinglesmith, 120, 180, 2500, 120, 650
Elijah Willyard, 60, 180, 600, 180, 450
John Holbert, 50, 25, 450, 70, 250
G. H. Williams, 75, 260, 1400, 100, 300
Charles Glasscock, 80, 20, 1400, 100, 600
Samuel Pearson, 100, 60, 1600, 100, 550
James Pearson, 60, 60, 800, 30, 300
Robert Wilson, 50, 90, 1000, 100, 250
Joseph Wilson, 25, 100, 850, 100, 270
G. W. Richardson, 25, 15, 200, 15, 250
Eleotious Cecil, 47, 60, 775, 110, 100
A. Kerfoot, 71, 10, 2500, 100, 400
B. Franklin, 88, 15, 2000, 80, 450
M. G. Aubry, 60, 140, 400, 15, 100
Philip Aubry, 50, 100, 250, 150, 200
Thos. Wather, 40, 100, 400, 15, 113
J. A. Wather, 35, 65, 200, 15, 150
J. Conway, 15, 50, 100, 10, 100
Holen Magoffin, 80, 20, 250, 15, -
Peter Jacobs, 60, 40, 250, 100, 200
Josiah Specters, 30, 70, 150, 10, 250
H. W. Cralle, 50, 200, 300, 100, 150
John Harrington, 110, 70, 1400, 100, 150
John Skeeters, 30, 20, 100, 10, 100
Thos. Thurston (Glasshean), 35, 60, 300, 15, 200
John Pence, 30, 120, 250, 15, 250
Wm. Woolridge, 80, 120, 1000, 15, 350
Dempsey Armer, 100, 70, 1000, 15, 250
John Woolridge, 60, 90, 1000, 15, 400
Josiah Acres, 40, 210, 350, 40, 220
Wm. Acres, 40, 60, 1000, 100, 140
Robt. Snyder, 100, 36, 1000, 150, 600
Harrison Fife, 175, 125, 1000, 150, 2000
Washington Fife, 100, 170, 1000, 150, 875
Andy Linder, 30, 120, 420, 120, 350
Jeremiah Brown, 25, 75, 250, 10, 200
A. J. Johnson, 50, 50, 250, 145, 400
James Montgomery, 75, 925, 450, 100, 800
Weden Burdett, 60, 50, 500, 20, 300

Samsyl Saddler, 30, 70, 500, 80, 300
J. H. Dugherty, 40, 60, 350, 100, 100
Henry Moore, 100, 400, 1000, 96, 700
B. Langley, 60, 400, 1000, 96, 700
S. E. Calvert, 50, 130, 600, 100, 1200
S. Harris, 60, 140, 400, 100, 400
Wm. Smallwood, 75, 200, 215, 15, 350
Thomas Calvert, 30, 40, 220, 20, 150
James Pearl, 40, 70, 100, 15, 150
John Langley, 45, 25, 200, 15, 320
Wm. Smallwood, 50, 150, 600, 700, 400
Elizabeth Jackson, 50, 350, 500, 20, 250
J. H. Pearl, 65, 135, 350, 15, 300
Simeon Smallwood, 15, 35, 15, 15, 150
B. W. Carter, 30, 120, 350, 20, 250
L. T. Ross, 50, 100, 250, 22, 250
Francis Burkhead, 20, 150, 350, 2, 250
A. C. Adams, 20, 125, 350, 20, 250
Thos. Ward, 56, 40, 200, 20, 100
Silas Crumbs, 25, 100, 200, 15, 150
Isaiah Aubry, 90, 210, 1000, 100, 500
B. J. Walker, 50, 400, 600, 80, 400
R. H. Austin, 30, 180, 215, 15, 150
James Pierce, 20, 130, 100, 5, 30
John L. French, 60, 90, 1250, 126, 300
Henry Cagle (Coyle), 60, 210, 700, 100, 600
G. G. W. Aubry, 25, 115, 250, 20, 100
Walter Dearin, 15, 35, 1000, 10, 150
Hyram Guens, 20, 200, 150, 12, 80
B. Aubry, 100, 96, 195, 15, 100
H. J. Tanner, 35, 65, 250, 15, 200
Stephen Pullen (Puller), 40, 68, 400, 115, 250
Stephen Gregory, 50, 90, 200, 20, 200
W. S. South, 75, 200, 1200, 150, 295
Martin Humble, 17, 30, 150, 15, 300
Wm. K. Hawkins, 60, 40, 300, 100, 250
James Ra__ns, 70, 128, 300, 60, 350
Felix Lawson, 25, 140, 600, 75, 330
John Saddler, 50, 136, 150, 15, 120
Jamees Gray, 25, 45, 800, 25, 330
Wm. Cralle, 25, 900, 500, 50, 60
Wm. Smallwood, 50, 100, 300, 10, 25
J. H. Cundiff, 23, 60, 300, 20, 250
James Miller, 40, 160, 500, 15, 250
John Gray, 60, 102, 550, 80, 250
A. Montgomery, 300, 20, 180, 100, 260
D. L. Richardson, 30, 340, 600, 100, 200
Henderson Miller, 30, 190, 400, 20, 100
Andrew Jackson, 150, 220, 500, 100, 350
J. R. Aubry, 18, 82, 100, 15, 50
P. R. Cundiff, 25, 125, 150, 10, 150
David Goodman, 30, 100, 350, 20, 150
James Cundiff, 22, 30, 150, 20, 150
John Duvall, 60, 95, 1200, 26, 175
Sylvester Blair, 15, 100, 150, 50, 175
P. B. Cundiff, 13, 185, 150, 15, 100
Benjamin Duvall, 140, 990, 625, 20, 350
Lewis V. Smallwood, 90, 2, 270, 10, 150
J. J. Spi_es (Spi_er), 15, -, 300, 100, 500
Samuel Cabin, 90, 60, 1000, 30, 380
W. G. Harrington, 55, 65, 1200, 100, 300
Clayborn Cash, 160, 218, 5000, 700, 200
Allen Whitworth, 80, 90, 1000, 20, 80
J. Donan, 40, 80, 500, 50, 260
W. P. Carroll, 100, 80, 3000, 150, 500

Wm. Kady, 40, 30, 150, 10, 200
Wm. Yates, 100, 185, 2500, 250, 300
Wm. H. Yates, 30, 50, 800, 15, 350
J. _. Berry, 45, 60, 120, 4, 250
Wm. D. Brown, 100, 150, 2000, 130, 250
Riley Wright, 170, 200, 3000, 138, 500
James Yates, 100, 136, 1000, 36, 150
Thomas Pendleton, 150, 400, 500, 100, 500
Silas Wright, 100, 290, 500, 100, 800
Achilles Moorman, 100, 75, 1200, 130, 300
Joseph D. Barnett, 120, 170, 3000, 150, 550
G. M. Darnell, 150, 210, 3600, 150, 1400
Elizabeth Rollins, 150, 250, 4000, 150, 1000
Thos. G. Robinson, 150, 50, 2500, 150, 1100
B. Holdren, 100, 50, 500, 100, 300
Wm. Minter, 50, 58, 4500, 100, 180
J. E. Nevett, 35, 280, 1500, 100, 180
Wm. Taylor, 50, 170, 700, 30, 150
Wm. Oliver, 100 200, 300, 100, 250
Samuel Taber, 40, 60, 600, 100, 300
Alen Miller, 100, 140, 1000, 160, 450
Joseph Beard, 100, 150, 1 300, 140, 400
W. C Taber, 140, 55, 1400, 120, 350
Hyram Taber, 75, 180, 1100, 100, 300
E. R. Miller, 50, 57, 1000, 100, 220
S. B. Wright, 60, 50, 1000, 60, 275
John Morris, 56, 80, 600, 100, 300
John Collins, 40, 45, 500, 60, 260
W. H. Armstrong, 25, 40, 300, 30, 200
Francis Osborne, 900, 125, 1000, 30, 150
H. P. D. Wallace, 100, 100, 1000, 150, 500

J. D. Taber, 140, 260, 3000, 150, 400
John Morris, 60, 140, 800, 150, 280
H. W. Scott, 90, 510, 2400, 150, 700
Singleton Kasey, 300, 475, 4000, 175, -
J. C. Smith, 10, 230, 800, 100, 150
Wm. Brown, 95, 225, 750, 95, 160
Henry Lawson, 100, 190, 800, 100, 450
J. V. Beard (Bland), 50, 150, 600, 100, 400
Edward Versels(Versets), 50, 50, 180, 40, 400
David Martin, 75, 75, 600, 40, 200
G. W. Osborne, 40, 125, 700, 100, 400
Asa Bets, 100, 200, 1500, 150, 400
Jacob Lawson, 15, 150, 500, 100, 180
J. B. Parcell, 80, 70, 600, 900, 200
J. G. Holm, 70, 70, 500, 80, 300
Davis Ford, 30, 50, 350, 80, 200
Merritt Minter, 20, 40, 300, 20, 150
Burnett Minter, 25, 15, 150, 20, 150
Wm. Blankenship, 20, 30, 150, 25, 200
Susan Minter, 40, 60, 400, 30, 150
A. Allen, 50, 250, 1200, 20, 150
Thos. Miller, 20, 30, 100, 28, 150
W. B. Preston, 40, 50, 100, 18, 200
J. Davis, 40, 60, 150, 30, 150
Wm. Carter, 10, -, 150, 20, 100
Wm. Spradlin, 45, 100, 500, 80, 250
Isaac Carter, 30, 70, 150, 20, 200
Isam Nichols, 100, 100, 1000, 160, 300
J. B. Hoskins, 140, 110, 800, 100, 280
D. F. Wright, 180, 180, 700, 80, 250
David L. Wright, 40, 69, 350, 20, 350
Dorsey Barns, 60, 30, 200, 100, 450
Jeremiah Nelson, 75, 25, 350, 100, 75
Wm. Harkinson, 150, 350, 2500, 80, 450

Jonathan Best, 25, 100, 350, 80, 150
Wm. Best, 6, 94, 200, 20, 150
John Paul, 35, 93, 400, 50, 180
Wilson Coleman, 70, 30, 500, 80, 200
Edward Blankenship, 35, 65, 250, 80, 200
George Lawson, 20, 80, 200, 80, 200
C. W. Klinglesmih, 60, 100, 300, 85, 300
Wm. M. Carter, 35, 95, 750, 80, 300
Hyram Carter, 250, 250, 2100, 100, 450
John Klinglesmith, 100, 200, 1000, 120, 500
Robt. Vertrar, 180, 200, 4000, 126, 820
Wm. English, 60, 96, 1800, 150, 625
Wm. Miller, 65, 100, 500, 80, 150
James Fields, 60, 54, 300, 20, 200
Marjore Morgan, 10, 40, 150, 10, 150
Wm. Wilhight, 30, 40, 150, 10, 125
John Woodring, 30, -, 300, 10, 130
Wm. Klinglesmith, 140, 130, 1500, 200, 350
Daniel Creager, 80, 120, 6000, 140, 300
Wm. Thomas, 80, 80, 1600, 140, 600
Columbus Vertrees, 10, -, 300, 20, 150
Daniel Franklin, 60, 72, 100, 20, 250
Benedict Wilmouth, 50, 50, 600, 100, 200
George Mcifee, 125, 200, 8125, 375, 1660
Richard English, 180, 187, 4350, 300, 100o
George Creager, 180, 280, 8000, 150, 800
Wm. Nottingham, 30, 50, 160, 15, 130
Wm. B. Young, 12, 25, 250, 20, 160
John Wise, 20, 15, 150, 15, 200
Austin Wise, 40, 25, 300, 25, 260
Henry Hagan, 300, 74, 2400, 25, 795

Frederick, Hart, 20, 40, 250, 25, 200
Thos. Brown, 20, 15, 200, 16, 100
Wm. Kelly, 30, 100, 200, 42, 225
Pleasant Cundiff, 60, 240, 1500, 100, 350
Albert Needham,, 125, 150, 1400, 40, 460
David Shawler, 80, 100, 400, 100, 500
B. A. Miller, 75, 150, 1300, 60, 350
J. H. Havell, 23, 100, 1500, 150, 350
W. F. Armstrong, 40, 200, 800, 110, 450
Daniel Martin, 80, 100, 900, 50, 150
John Ashlech, 25, -, 250, 25, 225
Columbury French, 85, 180, 2300, 140, 400
David Hatfield, 20, -, 300, 15, 200
T. S. Willhelm, 40, 30, 350, 15, 256
Alexander Willhelm, 50, 50, 500, 25, 150
Paulsen Hoover, 100, 235, 1440, 150, 750
Chism Kinkead, 15, 150, 200, 25, 170
Bartlett Seat, 20, 30, 130, 20, 200
J. C. Miller, 25, 20, 160, 15, 114
C. M. Cundiff, 10, 25, 100, 40, 200
Joseph Goodman, 35, 70 250, 100, 200
Jacob Goodman, 30, 150, 325, 120, 150
Wm. C. Davis, 40, 56, 125, 20, 240
Wm. R. Cann, 60, 95, 150, 140, 250
Wm. H. Hawkins, -, 130, 250, 50, 160
David Goodman, 20, 140, 300, 25, 75
G. W. Wathen, 10, 30, 150, 15, 15
Edwin Paul, 25, 25, 300, 20, 300
James E. Wathen, 25, 100, 250, 25, 150
D. D. South, 80, 300, 650, 100, 300
Wm. Skeeter, 70, 130, 1000, 130, 300
G. R. Willis, 40, 60, 500, 100, 300

Wm. Birch, 65, 110, 500, 20, 250
George Aubry, 80, 108, 500, 15, 150
John E. Moberly, 75, 100, 700, 125, 415
M. P. Drain, 75, 175, 1000, 100, 350
James Drain, 100, 180, 1440, 150, 500
Hardin Oliver, 60, 80, 400, 900, 500
Buford Drake, 700, 33, 500, 15, 250
Alfred Drake, 18, 70, 600, 15, 150
David Hoskins (Haskins), 40, -, 900, 130, 450
Wm. S. Read, 35, 65, 150, 15, 150
John Read, 60, 140, 500, 100, 200
Florence Gray, 30, 20, 150, 15, 25
Green Read, 25, 115, 150, 20, 150
Frederick Adkins, 25, 75, 230, 20, 150
John Adkins, 20, 15, 300, 11, 60
A. Wabbes (Walker), 30, 40, 200, 15, 160
S. Smallwood, 35, 35, 150, 16, 280
R. W. Cundiff, 50, 130, 250, 700, 100
John Peters (Petler), 250, 140, 500, 80, 250
Eli Goodman, 85, 70, 150, 20, 100
Levi Goodman, 25, 75, 200, 40, 150
Frederick Goodman, 25, 75, 100, 40, 160
Tho. (Ike) Hicks, 40, 30, 200, 20, 200
Wm. Hicks, 60, 30, 150, 15, 100
John Kinkead, 145, 8, 7250, 150, 700
A. Hendrix, 30, -, 350, 140, 350
Samuel Miller, 120, 120, 5000, 150, 850
S. W. Bunnel, 30, 170, 2400, 60, 350
Richard Richards, 330, 400, 8000, 150, 1200
James English, 15, 25, 150, 60, 150
Martin Payne, 75, 225, 1200, 150, 200
John Horn, 56, 160, 600, 64, 326
John Vertrees, 40, 95, 650, 160, 400

Wm. Thomas, 60, 120, 450, 66, 150
M. Lywey, 40, 14, 2560, 20, 266
P. C. Moorman, 350, 350, 8000, 200, 1000
F. H. Burkett, 26, 156, 500, 40, 300
George Berkett, 50, 180, 600, 50, 200

The rest of this county names and numbers
were very faint and difficult to read.

Wm. Carnahann, 75, 25, 600, 12, 200
Waller Bailey, 70, 121, 800, 100, 400
Polly Bailey, 8, 76, 1000, 100, 640
John Rilm, 120, 75, 3000, 150, 610
Wm. Learman, 75, 100, 2000, 10, 188
Ben Harris, 60, 340, 1200, 10, 150
Rufus Scifres, 50, 40, 800, 90, 476
Jos. Scifres, 50, 40, 800, 60, 424
Zadock Rogers, 40, 47, 400, 25, 150
Jacob Rogers, 40, 47, 400, 23, 175
J. C. Starks, 54, 47, 700, 75, 298
J. T. Bailey, 50, 50, 600, 35, 300
G. M. Bailey, 90, 130, 2000, 70, 375
_. Bailey, 20, 110, 400, 6, 125
A. Bailey, 58, 42, 400, 20, 175
John Berry, 50, 50, 400, 20, 268
John Borders, 50, 80, 1000, 100, 285
W. Sharon, 20, -, 150, 15, 250
T. R. Davenport, 200, 288, 6000, 82, 415
Wm. G. Padget, 40, 40, 800, 20, 100
E. Thomas, 20, 54, 350, 5, 100
J. A. Borders, 35, 43, 400, 40, 260
John Thompson, 75, 30, 1000, 25, 190
Ben Hardaway, 60, 300, 2500, 100, 400
Nancy Lewis, 14, 3, 100, 15, 130
John Riney, 130, 60, 1800, 20, 545
G. Borders, 25, -, 250, 40, 195

Wm. Hardaway, 250, 515, 5000, 130, 1000
T. Long, 35, 260, 800, 75, 256
Jas. Coward, 40, 40, 800, 25, 402
M. J. Rogers, 135, 205, 4500, 100, 810
L. L. Jenkins, 80, 179, 2800, 100, 480
John Brown, 80, 126, 1648, 100, 578
Nelson Hough, 130, 257, 2700, 150, 1000
R. McIntire, 10, 22, 3000, 100, 155
Wm. S. Settles, 30, 74, 2000, 150, 870
D. F Graham, 30, 170, 1500, 135, 245
Wm. Sheets, 14, 100, 900, 10, 150
R. T. Vanmetre, 35, 45, 1600, 50, 400
A. Lewis, 180, 70, 4000, 175, 852
J. Downes (Dorones), 45, 63, 864, 80, 253
J. Shehan, 20, 40, 400, 60, 150
M. L. Hefley, 30, -, 400, 12, 150
Wm. Smith, 45, 226, 1500, 150, 1224
C. Hurd, 50, 80, 500, 15, 200
A. Downes, 20, 30, 300, 45, 270
Z. Downes, 80, 49, 500, 75, 460
H. Bennett, 100, 262, 2100, 75, 340
John Smith, 145, 162, 2100, 75, 340
C. Coward, 40, 69, 800, 60, 215
E. Pearman, 40, 69, 800, 60, 215
E. Ventrees, 40, 60, 700, 50, 560
Wm. B. Ventrees, 100, 50, 2000, 50, 545
Samuel Long, 250, 257, 8400, 200, 1200
Jas. Crutcher, 45, 45, 700, 50, 440
Geo. Watts, 120, 140, 4000, 120, 630
J. J. Horn, 75, 87, 1000, 100, 470
M. Scifres, 65, 55, 1200, 150, 415
P. Watts, 25, 83, 700, 10, 178
R. R. Peck, 200, 160, 3000, 150, 885
Jas. Mather, 60, 73, 800, 100, 415
T. Thomas,, 150, 160, 2500, 50, 788
Jas. Howey, 150, 166, 3000, 50, 583
W. Nall, 80, 42, 1000, 60, 782
J. Peck, 60, 21, 800, 20, 185
J. Smith, 50, 57, 800, 20, 382
A. Coward, 75, 75, 1500, 20, 245
E. J. Norris, 50, - 500, 15, 225
S. Howey, 100, 174, 2000, 715, 225
K. Howey, 50, -, 500, 10, 520
J. T. Enlow, 50, 129, 1000, 50, 290
C. A. Ringo, -, 100, 12, 50
W. Lawley, 40, 55, 700, 50, 230
A. Stovall, 200, 507, 5500, 250 11400
J. E. Crutcher, 200, 156, 6000, 500, 1165
Wm. Branham, 114, 250, 5000, 100, 960
M. Bibb, 75, 165, 2800, 55, 318
J. Nall, 100, 114, 1020, 100, 1050
L. S. Stith, 60, 203, 1800, 100, 616
D. Stith, 100, 100, 300, 350, 870
Wm. Stith, 20, 80, 800, 50, 225
Wm. C. Roberts, 25, 175, 1000, 75, 250
J. H. Aubry, 50, -, 300, 50, 185
Susan Padget, 29, 60, 400, -, 100
C. Howard, 55, 93, 750, 55, 210
Wm. Allen, 40, 13, 200, 35, 210
P. Hinton, 25, 25, 250, 10, 60
T. Devers, 50, 25, 500, 75, 737
S. Patterson, 40, 80, 600, 12, 230
Wm. P. Rogers, 180, 189, 2600, 100, 824
Jas. Bevers, 10, 20, 240, 10, 100
R. Richardson, 40, 25, 500, 25, 70
J. Gasway, 5, 20, 300, 10, 135
J. D. Gill, 50, 50, 500, 75, 133
Jas Shelton, 10, 65, 415, 50, 75
N. H. Shelton, 9, 9, 100, 100, 225
G. W. Shelton, 35, 25, 210, 20, 165
J. Shelton, 15, 19, 200, 20, 40
J. M. Shelton, 35, 56, 500, 20, 240
J. H. Bush, 70, 110, 1500, 100, 450
Wm. Deckard, 150, 150, 1600, 35, 639
Wm. T. Lewis, 40, 80, 1000, 20, 220

A. M. Hainey, 20, 30, 500, 10, 316
E. H. Arvin, 60, 180, 1500, 40, 450
J. Chenault, 100, 138, 1500, 75, 840
F. M. Patterson, 45, 35, 1000, 40, 250
S. Howell, 70, 180, 1000, 100, 406
J. A. Hayden, 100, 184, 2000, 50, 343
H. Hagwood, 40, 10, 500, 5, 95
T. Patton, 200, 400, 10000, 100, 1090
M. E. Parmile, 60, 50, 1500, 100, 265
John Kennedy, 50, 130, 1500, 100, 540
Benj. J. Egger, 25, -, 200, 75, 350
M. Egger, 120, 98, 4365, 150, 908
J. R. Gray, 100, 260, 6000, 135, 318
C. Chenault, 125, 89, 2500, 100, 510
C. Crow, 100, 120, 2500, 90, 590
Peter Crow, 50, 76, 800, 40, 372
T. Chenault, 50, 40, 800, 15, 430
J. Garwood, 45, 55, 500, 100, 600
Jas. Cofer, 45, 30, 375, 75, 195
H. Cofer, 55, 20, 500, 85, 260
Nash Cofer, 90, 164, 1300, 28, 297
Geo. Glasgow, 95, 135, 2000, 100, 415
Q. H. Duncan, 25, 300, 2500, 100, 635
A. Lewis, 85, 114, 1700, 100, 330
A. Morgan, 75, 75, 750, 75, 510
A. Elliott, 200, 175, 5500, 30, 200
John Edlin, 20, 12, 320, 60, 160
M. Scifres, 200, 100, 2400, 200, 800
H. Ringo, 25, -, 125, 40, 210
Ben Lacefield, 100, 100, 1200, 200, 880
Wm. L. Harnes, 200, 180, 4000, 250, 1250
S. L. Hodgen, 15, 25, 300, 15, 90
John Belton, 60, 40, 500, 70, 550
T. Florence, 75, 25, 3000, 50, 300
H. Cofee, 60, 96, 1000, 75, 475
Silas Smith, 250, 400, 6000, 750, 900

A. J. Patterson, 30, 55, 500, 20, 20
Cephis Smith, 100, 126, 1800, 100, 660
S. Irwin, 100, 60, 1600, 150, 625
J. F. Hobbs, 50, 70, 1000, 50, 395
D. K. Haycraft, 200, 217, 5000, 400, 1120
M. Cowley, 100, 150, 2000, 180, 718
Wm. Patterson, 60, 60, 800, 58, 430
H. Stovall, 100, 90, 1600, 100, 587
R. Shively, 80, 80, 500, 100, 255
Jas. Nichols, 40, 40, 1000, 60, 220
M. Stith, 300, 320, 10000, 50, 1280
W. Tarpley, 100, 54, 1000, 100, 810
R. Pu_be Murtry, 90, 310, 5000, 68, 720
J. K. Davis, 350, 550, 8000, 280, 2050
J. Bogard, 20, -, 200, 30, 115
T. G. Wise, 80, 95, 700, 50, 295
Wm. Cole, 40, 70, 2750, 6, 110
F. McBride, 40, 35, 300, 12, 224
T. Patterson, 150, 70, 2000, 75, 485
J. L. Jenkins, 50, 40, 900, 60, 180
D. Patterson, 75, 75, 1200, 75, 250
B. Carricco, 170, 300, 3000, 80, 850
A. Ray, 170, 130, 2400, 100, 900
M. Nall, 150, 100, 3000, 100, 365
Wm. Nall, 160, 100, 3000, 30, 255
C. J. Coombs, 73, 31, 220, 28, 325
R. Buckman, 60, 58, 1000, 125, 330
H. Howlett, 60, 140, 2000, 15, 250
John Dillard, 150, 80, 3500, 275, 1075
S. W. Hart, 70, 90, 1200, 70, 400
Silas Hart, 200, 100, 3000, 100, 1650
S. Blakely, 100, 84, 1500, 100, 580
Wm. Montgomery, 250, 200, 3600, 200, 1370
M. Clemison, 95, 105, 1000, 40, 2288
B. Wethers, 75, 125, 1000, 120, 615
Wm. Wilkinson, 60, 52, 900, 100, 425
D. Wethers, 90, 35, 1000, 72, 255

S. D. Winterbower, 200, 400, 6000, 250, 665
Jos. (Jas.) Peters, 35, 15, 400, 50, 220
R. W. Reed, 150, 250, 1800, 150, 890
Nors Fleecher, 70, 36, 600, 50, 420
J. G. Fisher, 40, 110, 1500, 50, 1100
Jas. Thornton, 60, -, 600, 20, 460
T. D. Geoghegan, 160, 80, 5000, 500, 1250
S. Applegate, 100, 30, 600, 250, 978
J. G. Guthrie, 100, 389, 8000, 400, 500
_. J. Hopkins, 300, 200, 8000, 50, 628
E. Jenkins, 60, 240, 2500, 100, 320
T. Thurston, 700, 190, 3300, 50, 750
_. Wethers, 120, 30, 2800, 250, 630
J. S. Young, 250, 50, 4500, 30, 775
A. G. Wethers, 50, 80, 1500, 125, 650
Jas. Triplett, 100, -, 2000, 20, 380
R. Scanland, 90, 90, 700, 100, 535
M. M. Morrison, 110, 155, 1325, 30, 270
G. W. Brown, 25, 176, 1000, 20, 150
A. Miller, 70, 130, 2000, 30, 415
Jas. Hawkins, 150, 120, 1600, 50, 875
C. Bogard, 70, 80, 1200, 100, 450
Eli Bogard, 75, 95, 350, 75, 315
John J. Hobbs, 80, 50, 1000, 50 700
A. N. Shelton, 70, 71, 1000, 50, 485
Wm. Gill, 50, 80, 500, 50, 400
John Howlett, 300, 270, 6725, 230, 725
Nancy Kindell, 30, 10, 250, 15, 275
H. Kindall, 50, 85, 1300, 50, 252
C. Fisher, 40, 40, 800, 40, 300
A. G. Torence, 120, 150, 3000, 50, 400
E. Munier, 40, 50, 900, 25, 380
M. G. Wigenton, 80, 45, 800, 10, 160
J. Grimes, 80, 120, 1000, 25, 450

C. Blevin, 15, -, 100, 5, 70
A. Harris, 15, -, 100, 5, 145
C. D. Shean, 250, 330, 15000, 300, 750
G. Walker, 100, 100, 2000, 25, 240
T. Kelly, 100, 50, 2500, 200, 815
L. C. Ditton, 200, 200, 4000, 150, 1150
G. J. Rilm, 50, 50, 1000, 15, 325
J. M. Rohm, 160, 40, 1500, 150, 925
S. J. Kelly, 6, 4, 100, 125, 120
G. Thompson, 10, 190, 1000, 8, 70
N. Blevins, 30, 120, 800, 18, 250
A. Chalfin, 12, -, 1200, 15, 180
John Parsis (Davis), 55, 192, 800, 100, 330
Wm. Stephens, 59, 102, 2500, 100, 800
John Hays, 150, 850, 1000, 75, 980
C. Claffy, 30, 70, 500, 12, 230
Jane Harris, 75, 25, 25, 35, 268
Wm. Kindall, 50, 50, 600, 50, 368
J. Johnson, 40, 60, 500, 50, 393
J. Branch, 75, 336, 2000, 30, 145
H. Triplette, 50, 85, 500, 20, 280
R. M. Govin, 50, 47, 1000, 30, 235
S. Ward, 30, 30, 150, 10, 190
Jas. Samuels, 75, 72, 1000, 100, 400
F. Stith, 50, 52, 1000, 100, 525
A. Carricco, 60, 60, 700, 15, 150
Jas. Preston, 45, 107, 800, 100, 400
A. Preston, 45, 37, 500, 15, 330
P. J. Yates, 60, 90, 600, 60, 269
L. D . Calvin, 100, 200, 3000, 50, 728
S. Gilmore, 2, 28, 180, 8, 140
H. Langley, 40, 260, 1000, 40, 375
A. Bennet, 50, 90, 550, 11, 310
A. Austin, 80, 320, 1400, 50, 615
D. Allen, 20, 50, 500, 50, 280
Wm. C. Pearman, 32, 78, 500, 15, 200
D. Howard, 35, 42, 700, 20, 728
Mrs. Hart, 100, 100, 1500, 100, 900
Wm. _. Cowley, 160, 335, 2500, 125, 925

A. Bogard, 15, 25, 240, 75, 340
M. L. Bogard, 40, 40, 640, 20, 450
Wm. Reezor, 20, -, 140, 10, 110
E. Atcher, 75, 175, 1000, 100, 300
Jas. Atcher, 80, 62, 800, 65, 275
Ben Lewtz, 40, 40, 800, 40, 370
A. J. Shelton, 4, 48, 300, 10, 35
Jas. Patterson, 50, 127, 750, 85, 525
John Cowley, 300, 400, 3500, 200, 1100
J. Cowley, 100, 125, 1800, 50, 700
John Stader, 60, 62, 1200, 80, 350
Eliza Bailey, 50, 122, 650, 80, 350
G. W. Ward, 50, -, 400, 15, 225
T. E. Young, 65, 46, 550, 125, 275
Wm. Shelton, 120, 84, 816, 100, 300
H. _. Patterson, 75, 67, 900, 100, 625
J. L. Carley, 150, 130, 2000, 100, 645
J. L. Patterson, 2, 65, 500, 60, 240
M. Smith, 25, 145, 1190, 18, 458
C. Lovelace, 75, 123, 2000, 10, 335
John Moore, 50, 95, 800, 100, 530
Ben Irwin, 40, 93, 1200, 20, 250
Wm. Smith, 90, 445, 3210, 750, 712
John Stovall, 300, 635, 5000, 240, 1100
Hugh Lee, 45, 104, 447, 75, 180
Jas. Dooley, 30, 81, 278, 10, 125
Thomas Peck, 50, 150, 700, 95, 430
D. Marlow, 70, 100, 1000, 10, 200
Wm. Gray, 35, 30, 650, 100, 390
E. Abuffett, 100, 93, 1000, 50, 430
E. Viers, 250, 410, 2400, 100, 915
Wm. McCallum, 90, 208, 1000, 150, 770
E. Viers, 100, 179, 12020, 10, 345
J. Artman, 100, 110, 600, 10, 150
D. Selvey, 100, 170, 1700, 100, 550
J. M. Pearl, 75, 55, 850, 50, 325
W. D. Carr, 75, 155, 1500, 25, 130
A. Middleton, 75, 75, 1500, 50, 420
S. Runner, 50, 50, 800, 25, 100
J. M. Lee, 25, 88, 700, 12, 300
A. Hargan, 60, 162, 2000, 60, 320
J. Hargan, 180, 270, 3800, 100, 715

J. Owens, 65, 67, 1300, 200, 800
J. Cowley, 90, 120, 1500, 20, 190
H. Stovall, 175, 85, 2000, 25, 1420
T. M. Ward, 16, 70, 200, 15, 50
J. Gray, 80, 100, 500, 65, 120
C. Atcher, 60, 40, 450, 10, 230
Wm. Choctaw, 50, 410, 3000, 100, 530
G. W. Harl (Hart), 25, 135, 500, 125, 330
Luther Stovall, 120, 185, 3000, 150, 1180
Wm. Brooks, 100, 300, 6000, 150, 800
H. Harrison, 100, 287, 2000, 100, 389
J. _. Shelton, 10, 570, 1200, 100, 250
J. H. Harrison, 18, 32, 300, 30, 240
Loyd Alsten, 75, 125, 800, 50, 330
Wm. Viers, 35, 115, 1200, 100, 300
H. Patterson, 20, 10, 100, 36, 205
M. B. Gentry, 40, 160, 1000, 100, 355
J. Ryan, 80, 120, 800, 50, 600
D. Carr, 70, 80, 1000, 65, 250
A. Triplett, 25, 115, 1100, 20, 110
John Buchanan, 100, 500, 5000, 100, 890
Jas. Hern, 20, 120, 1000, 150, 445
J. Funk, 60, 111, 51, 550, 410
J. A. Anderson, 45, 114, 500, 50, 200
D. Blakeley, 100, 197, 10000, 70, 335
E. Branch, 100, 190, 10000, 75, 340
S. McMurtry, 100, 184, 2600, 75, 600
K. Hays, 200, 250, 3000, 200, 730
F. Wise, 200, 250, 3500, 200, 1345
Wm. Broomfield, 100, 117, 3000, 100, 500
J. W. Hobbs, 15, 97, 300, 5, 247
L. Crannalls, 40, 60, 400, 70, 250
Sarah J. Rilm, 50, 50, 1000, 20, 340
B. Fromman, 75, 31, 5000, 100, 550
Wm. H. Hays, 600, 400, 10000, 250, 2700

W. Carlisle, 45, 85, 1400, 75, 470
Jas. Carlisle, 35, 171, 800, 12, 310
J. Fromman, 30, 70, 1000, 25, 240
J. D. N. Woolridge, 160, 240, 2500, 125, 380
S. Woolridge, 80, 120, 1800, 100, 1500
G. Stone, 65, 322, 2500, 50, 550
Wm. Hibbs, 40, 76, 800, 10, 210
L. English, 80, 180, 2175, 30, 390
Wm. Goldsmith, 60, 30, 900, 120, 495
Jas. Hargan, 80, 70, 1200, 75, 400
Patsey Lee, 65, 85, 1200, 50, 480
J. D. Viers, 65, 80, 2000, 20, 480
T. Pearl, 30, 45, 500, 60, 570
J. B. Viers, 175, 335, 4000, 125, 870
G. Crow, 20, 121, 300, 10, 290
Wm. Bevens, 400, 1600, 11975, 300, 8660
Wm. Daugherty, 35, 575, 800, 150, 700
B. Daugherty, 180, 771, 3000, 25, 595
Wm. Selvey, 150, 270, 3000, 100, 775
Wm. McMillen, 90, 210, 1500, 100, 300
Chas. Hibbs, 75, 46, 1000, 80, 580
J. Williams, 130, 110, 1500, 60, 1055
Sarah Thompson, 100, 68, 1200, 25, 383
_. Calbert, 100, 52, 800, 25, 350
L. Hillen, 135, 115, 2500, 100, 1650
K. A. Miller, 150, 210, 3600, 100, 620
Wm. Bush, 35, 125, 1400, 150, 753
P. Stader, 140, 220, 700, 75, 440
P. Booth, 190, 100, 2500, 75, 615
F. G. Fowler, 200, 300, 5000, 100, 520
L. Johnson, 250, 200, 4500, 50, 1245
J. Carlisle, 80, 500, 1400, 50, 235
J. McMullen, 130, 220, 1000, 150, 580

A. Sherrard, 43, 226, 850, 40, 140
B..Hough, 35, 95, 800, 5, 209
T. O. Lacefield, 200, 940, 4000, 100, 1000
J. H. Hart, 160, 810, 7000, 175, 2000
Jake Dugan, 75, 52, 1200, 75, 540
Wm. Hough, 45, 122, 1000, 70, 420
P. Pearl, 56, 53, 900, 50, 330
A. Booth, 70, 150, 1500, 80, 600
Wm. Dugan, 50, 100, 1000, 200, 492
Wm. Bryan, 80, 20, 1500, 100, 350
Wm. H. Kemp, 60, 50, 1000, 50, 225
Wm. W. Aaren (Raren), 80, 150, 3000, 50, 460
H. Spink, 100, 40, 3500, 125, 325
J. Hoskins, 60, 98, 1400, 70, 300
Jas. Crawford, 200, 600, 4000, 500, 2020
Wm. Cole, 6, 54, 500, -, 75
B. Alvey, 35, 8, 800, 50, 500
S. B. Cole, 40, 70, 1500, 50, 385
Geo. Miller, 36, -, 200, 40, 125
Geo. Larken, 40, 109, 500, 20, 120
J. Larkin, 14, 42, 200, 20, 162
Uriah Brewer, 40, 50, 750, 25, 310
Bish Fowler, 35, 43, 800, 15, 320
C. French, 100, -, 500, 2, 175
P. Stader, 35, 55, 1000, 150, 650
Jas. Fowler, 65, 185, 2500, 700, 780
P. Johnson, 85, 200, 1200, 50, 355
Wm. H. Fowler, 40, 85, 1200, 100, 665
A. Rilm, 60, 100, 1200, 150, 570
J. R. Ragan, 45, 75, 1000, 100, 625
H. M. Fowler, 60, 140, 1400, 100, 565
M. N. Parmile, 250, 100, 12250, 300, 760
M. H. Thomas, 175, 225, 4000, 200, 937
R. S. English, 12, -, 120, 50, 195
C. M. Patten, 130, 190, 4000, 150, 860
J. P. Peck, 70, 138, 1400, 10, 265
F. P. McMillen, 40, 40, 1000, 50, 250

H. Peck, 220, 380, 4450, 150, 800
E. Humphrey, 110, 200, 1800, 100, 400
L. Garner, 43, 7, 500, 15, 250
Wm. Johnston, 100, 170, 5400, 150, 550
J. French, 45, 110, 330, 15, 80
Wm. Stovall, 90, 200, 650, 100, 400
Wm. French, 100, 50, 650, 12, 275
N. French, 60, 67, 635, 20, 391
J. Bryan, 120, 156, 2670, 80, 755
G. Wise, 200, 500, 5000, 75, 1200
J. Stader, 75, 125, 600, 100, 620
Jas. Alvey, 70, 146, 5000, 15, 210
Sally Johnson, 100, 200, 3000, 60, 615
G. H. Collard, 60, 65, 450, 10, 250
A. Goodin, 35, 79, 800, 40, 298
B. R. Young, 300, 465, 19000, 150, 2225
Wm. Wright, 85, 115, 2000, 40, 265
Jacob Stader, 115, 205, 1000, 100, 470
Wm. Bard, 40, 140, 900, 125, 250
D. Miller, 50, 90, 650, 100, 475
W. Stader, 35, 11, 175, 5, 350
J. K. Ash, 19, -, 190, 50, 180
J. W. Fowler, 65, 109, 1200, 100, 410

Isaiah Miller, 140, 316, 3800, 50, 710
Hugh Ash, 65, 125, 1510, 75, 355
Thomas Cofer, 70, 70, 3500, 100, 800
Jas. McMillen, 140, 145, 2000, 75, 475
Jas. W. Hays, 200, 300, 5000, 100, 850
T. Bryan, 50, 200, 2000, 25, 220
Jas. Maples, 75, 125, 1000, 10, 155
Isaiah Vanmetre, 50, 123, 3216, 100, 660
D. Bush, 180, 490, 4000, 200, 1100
Wm. H. Buford, 150, 127, 2700, 150, 1400
W. Gwin, 100, 60, 3000, 200, 1044
R. Warfield, 50, 50, 2000, 25, 274
A. M. Brown, 35, 55, 1250, 100, 350
J. W. Larad, 100, 120, 3525, 100, 560
J. Morgan, 50, -, 500, 75, 420
S. B. Thomas, 900, 400, 50000, 500, 7200
John L. Helm, 900, 2100, 60000, 500, 3330
G. H. Gardiner, 150, 149, 3000, 75, 636

HARLAN COUNTY KENTUCKY
1860 AGRICULTURAL CENSUS

The Agricultural Census for Kentucky for 1860 was filmed for the University of North Carolina from originals held by the Duke University Library, Durham North Carolina.

There are some forty-six columns of information on each individual. Only the head of the household is addressed. I have chosen to use only six columns. These are shown below.

1. Owner
2. Acres of Improved Land
3. Acres of Unimproved Land
4. Cash Value of Farm
5. Value of Farm Implements and Machinery
13. Value of Livestock

Thus, the numbers following the names represent, 2, 3, 4, 5, 13.

The following symbol is used to maintain spacing: (-)

William Turner Sr., 1437, 30850, 20000, 100, 4480
G. B. Turner, -, -, -, 10, 400
John B. A. T. Mills, 74, 50, 50, 5, 375

The above is under the town of Mt. Pleasant,
below is with the county of Harlan.

Noble Smith, 300, 28000, 10000, 50, 955
M. G. Jones, 25, 250, 800, 25, 206
Wm. Middleton, 75, 1425, 2000, 30, 627
Davis S. Look, 1, 125, 150, 3, 21
John R. Pace, -, -, -, 5, 100
Wm. C. Farmer, 32, 968, 1300, 10, 295

Enos Hensley, 14, 36, 300, 6, 106
Benjamin Lankford Sr., -, -, -, 5, 10
Daniel Pace, -, -, -, 2, 15
Izrael Jenkins, 60, 840, 7200, 20, 250
Hiram Lewis, 10, 1190, 700, 35, 383
Ambrose Noe, -, -, -, 5, 80
Daniel Bailey, 75, 200, 1500, 20, 260
F. F. Napier, 10, 325, 500, 5, 80
Jesse B. Coldiron, 15, 185, 200, 4, 190
Giles W. French, -, -, -, -, 60
James C. Harvard, 50, 450, 1200, 10, 198
John Howard Jr., 35, 65, 500, 5, 132
Hugh Irvin, -, -, -, 4, 200
Henry Browning, -, -, -, 1, 20
Edmond Jones, -, -, -, 5, 135
Speed Jones, 33, 117, 550, 10, 331
John Ball, 25, 175, 350, 10, 331
Allen Sergent, 80, 400, 3000, 12, 50

George Blanton Jr., -, -, -, -, 21
Robert Jackson, 35, 865, 900, 20, 156
Isaac Huff Jr., 40, 50, 400, 20, 310
Samuel Estep, 75, 225, 350, 5, 75
Wm. Farler, 50, 250, 1000, 10, 300
Jonathan Bailey, 20, 30, 200, 5, 200
Wm. Clem Sr., 12, 188, 200, 5, -
Wm. Clem Jr., -, -, -, -, -
Lewis Scott, -, -, -, 5, 50
Nicholas Shell, 30, 130, 300, 10, 75
Benjamin Noe Sr., 30, 70, 1000, 5, 200
James G. Skidmore, 80, 1920, 1600, 5, 200
Robert Howard, -, -, -, 10, 350
Wm. T. Saylor, 50, 250, 600, 10, 62
Elisha Howard, 60, 200, 1400, 10, 200
Andrew Osborn, 6, 144, 150, 2, 25
Hiram C. Howard, 25, 700, 300, 5, 180
G. W. Hensley Sr., 100, 1300, 1200, 10, 400
Wiley Belcher, -, -, -, 3, 189
D. S. Fields, -, -, -, 2, 120
Preston Harris, 60, 1490, 1200, 50, 250
Shadrach Holton Jr., -, -, -, 8, 55
Henderson Howard, 50, 50, 1200, 7, 415
B. F. Hall, -, -, -, 2, 150
John Carter, 150, 850, 3000, 30, 80
George Eager, 170, 850, 4500, 75, 1100
Solomon Pope, 65, 600, 2000, 15, 410
Moses Ball, 100, 3000, 2000, 10, 300
Enoch Ball, 10, 65, 700, 10, 210
John K. Farley, -, -, -, 2, 10
Andrew Hensley, -, 300, 50, 7, 300
Wm. Osborn, -, 250, 200, 10, 25
G. W. Ball, 75, 425, 1500, 15, 489
Hiram Howard, 60, 100, 1100, 3, 307
Buford Noe, -, -, -, 5, 120
Abram L. Coldiron, 15, 150, 400, 8, 40
Joseph Nolen Jr., -, -, -, 3, 50
Preston Simpson, -, -, -, 2, 200
Hiram Fee, -, -, -, 10, 165
Luke Noe, 50, 200, 2000, 10, 120
Chadwell B. Howard, -, -, -, 5, 300
George W. Crider, 60, 180, 1200, 50, 340
Wm. Coldiron Sr., 100, 610, 2500, 25, 646
Jefferson Nance, 15, 35, 200, 6, 150
B. F. Cloud, 8, 22, 65, 5, 30
Wm. Hoskins, 250, 300, 150, 5, 100
John Bramet, 4, 150, 255, 5, 128
Alfred Hall, 30, 578, 450, 60, 100
Adam Howard, 100, 400, 2500, 58, 410
Joseph Thomas, 6, 44, 100, 5, 100
Sam Coldwell, 25, 375, 400, 10, 200
Jerry Brewer, -, -, -, 1, -
Wm. Thomas, 40, 760, 1500, 10, 150
Loyd Day, 20, 80, 300, 2, 150
Jacob Griffet, 20, 158, 400, -, 50
Letcher Bailey, -, -, -, -, 15
James Ledford, 30, 220, 800, 5, 150
Beaty Day, 20, 30, 300, 3, 150
Henry Farler, Jr., 64, 500 1300, 5, 250
Stephen Ledford,, 40, 100, 400, 5, 200
Andy Howard, 20, 100, 300, 10, 100
Wm. Day, 16, 84, 30, 5, 200
George Birchhart, 20, 530, 300, 4, 200
Benton Hensley, 5, 95, 450, 10, 100
Stephen Farmer, 20, 80, 300, 10, 100
Jesse Lewis, 4, 500, 200, 10, 30
James Napier, 25, 700, 500, 25, 300
Henderson Philips, -, -, -, 3, 25
John L. Turner, -, 300, 100, 15, 125
Felix Hendreson, -, -, -, -, 30
Andrew Yates, 20, 230, 150, 8, 100
Wm. Farler, -, -, -, 4, 35
James Farmer Jr., -, -, -, 5, 25

James C. Bailey, 20, 580, 500, 10, 200
John Gross, -, -, -, 5, 30
Edmond Gross Sr., 30, 170, 200, 10, 100
Richard Gross, -, -, -, 5, 30
John P. Asher, 70, 1300, 1000, 5, 700
John J. Wilson, 20, 560, 500, 6, 378
Isaiah Wilson, 50, 350, 400, 30, 420
Amor Brook, -, -, -, -, 30
Robert Hilton, 50, 1100, 1200, 25, 250
Hendrix Colwell, 6, 44, 200, 2, 38
George Colwell, 8, 70, 100, 3, 30
Jefferson Colwell, -, -, -, 2, -
Wm. Colwell, 20, 480, 250, 2, 150
Michael Howard, 100, 1000, 300, 20, 500
Jonathan Buckley, -, -, -, 8, 80
Wm. Slusher, -, -, -, 5, 100
Daniel Howard, 35, 250, 700, 4, 250
Benj. Howard, 60, 440, 500, -, 400
John Neil, 60, 940, 250, 10, 300
James Farmer, 40, 1100, 3000, 10, 300
Wm. Farmer Sr., -, -, -, 10, 50
John G. Saylor, 35, 115, 300, 10, 250
Valentine Vaughn, 25, 84, 125, 5, 160
Robert Nickels, 50, 250, 300, -, 400
Joel Henderson, 50, 150, 1000, 5, 150
Hiram Hoskins, 50, 1500, 1000, 10, 300
Madison Hoskins, 20, 130, 300, 8, 200
John Burns, -, 50, 25, 5, 40
Wm. Burns, 60, 255, 1500, 10, 300
George Johnson, 30, 320, 400, 7, 250
George Burns, 12, 88, 150, 13, 350
Levi Hoskins, 10, 40, 400, 7, 310
Sarah Lafevers, -, -, -, 4, 125
S D. M. Wax, -, 100, 25, 15, 105
Isaac Burns, 50, 150, 1000, 5, 10
Wm. R. Hoskins, 215, 400, 1000, 50, 250
Thom. Grubb, -, -, -, 5, 150
Alexander Lock, 50, 1300, 1150, 12, 400
James Neal, -, 100, 100, 6, 200
John S. Baker, 30, 20, 250, 10, 235
Joseph Baker, -, -, -, 5, 25
Iphram Lock, 17, 143, 100, 8, 160
Edward North, 75, 500, 1000, 50, 250
Andrew Baker, 8, 202, 300, 5, 40
Isaac Hampton, 28, 180, 150, 10, 58
Sam Woollin, 30, 45, 400, 8, 215
John Woolin, 18, 232, 500, 3, 370
Marearter North, 7, 30, 200, 5, 100
E. North, 8, 242, 250, 5, 146
Wm. Elliott, 60, 290, 550, 10, 12
Daniel Elliott, 12, 138, 300, 5, 10
Jno. M. Brand, 50, 200, 100, 25, 350
Anderson Ward, 30, 120, 300, -, 200
William North, 35, 425, 2500, 15, 425
James Ward, 25, 122, 300, 3, 175
Wm. York, -, -, -, 5, 40
James Fulso, 60, 500, 950, 7, 450
Samuel Collet, 6, 44, 75, 5, 100
Felix Miller, -, -, -, 3, 150
John North, 50, 350, 400 4, 200
Samuel Collett Sr., -, -, -, 4, 250
Win Hendrixson, 75, 235, 1000, 5, 200
Uriah York, -, -, -, 4, 100
Robert Bingham, 6, 300
John Hendrixson, 7, 173, 150, 5, 250
John Q. Rice, -, -, -, 3, 108
Izrael Woolum, 45, 280, 730, 5, 200
James York, 60, 550, 800, 10, 300
Abner H. Woollum, 3, 47, 100, 4, 28
Jacob Slusher, 50, 950, 1000, 5, 250
Mary Elliott, -, -, -, -, 32
Andrew Woollum, 45, 305, 350, 10, 115
Caleb Slusher, 15, 175, 200, 5, 200
Jackson Smith, 40, 110, 300, 5, 175
John Slusher, 40, 300, 700, 5, 230

Wilkinson Slusher, 30, 275, 750, 8, 650
Franklin Gambrel, 60, 2600, 500, 75, 525
Isaac S. Horn, -, 200, 200, 5, 150
Stephen Rice, 25, 875, 565, 5, 230
Wm. A. Rice, 10, 25, 300, 3, 114
John Bowls, 15, 85, 700, 8, 180
Wm. Wilson, -, -, -, 5, 25
James Culton, 65, 2025, 1800, 100, 800
James Bingham, 60, 145, 750, 14, -
Wm. Bingham, 170, 230, 800, 10, -
Moses Hutchins, 20, 95, 600, 5, 60
Hiram Collet, -, -, -, 3, 30
B. F. Rice, 50, 2800, 1500, 6, 175
Jacob Woollum, 20, 140, 250, 5, 250
Harrison Brashear, -, -, -, 5, 40
Foster Asher, 30, 70, 250, 7, 300
Parks Loch, -, -, -, 4, 50
James Miller, -, -, -, 4, 32
Elizabeth Gambrel, 25, 175, 200, 4, 100
Daniel Davis, 17, 133, 300, 3, 110
Hum McDowell, 20, 60, 150, 15, 93
Thomas Davis, 50, 400, 600, 10, 211
David Burns, 20, 90, 600, 5, 150
Wm. Do_ton, 50, 450, 300, 10, 300
Marshall Bracket, -, -, -, 2, 40
Nelson Durham, 11, 102, 250, 14, 160
John Chadwell, -, 150, 160, 5, 105
Wash Purcifull, 25, 75, 550, 10, 150
Wm. Baker, 12, 25, 250, 8, 60
George Johnston, -, -, -, 5, 80
Robert Burk, -, -, -, 15, 53
James Upton, 10, 50, 50, 5, 20
William Upton, 10, 50, 50, 50, 10
James Stewart, 30, 50, 600, 5, 184
Wilk Purciful, 75, 1325, 3000, 125, 325
Jolan Maricle, -, 50, 75, 5, 150
John A. Robins, 25, 75, 150, 10, 150
Wm. Purcifull, 75, 350, 1200, 30, 200
Wilkes Campbell, 40, 510, 1000, 20, 300
John M. Purcifull, 53, 300, 3000, 250, 600
Wm. Taylor, 4, 200, 150, 6, 100
Andrew Maricle, -, -, -, 6, 180
Wm. E. Burst, 25, 200, 200, 5, 250
Henry Lee, -, -, -, 8, 175
Henry Purcifull, 75, 500, 3000, 15, 400
Pearson Lee, -, 200, 100, 5, 150
Jesse Davis, 25, 175, 200, 10, 175
Cristopher Crawford, 110, 110, 200, 5, 100
Charlotte Crawford, -, -, -, 3, 50
Elijah F. Green, 100, 400, 400, 100, 125
John Crawford, 45, 51, 500, 10, 202
Thomas Doff, 17, 285, 500, 10, 210
Samuel Harris, 75, 375, 1000, 58, 50
George Vanbibber, 60, 500, 1200, 45, 500
John Hoskins, 25, 175, 225, 3, 58
Martin Hoskins, 10, 90, 150, 2, 32
Robert Johnson, 15, 500, 300, 5, 100
John Hurst, 68, 190, 700, 10, 400
Wm. J. C. Robins, -, -, -, 4, 50
Calloway Hurst, 20, 30, 250, 75, 380
Jackson Barnet, 60, 440, 800, 50, 225
James Marlow, 10, 140, 300, 10, 50
James Barnet Jr., -, -, -, 5, 125
Robt. Vanbibber, 35, 615, 1000, 50, 450
Lemuel Robins, 35, 1500, 500, 10, 350
Wm. Denny (Derry), 40, 160, 250, 10, 150
John Barnett, 5, 145, 400, 3, 70
Esom Perciful, 25, 275, 600, 150, 408
Fred Mar___, 75, 1225, 1000, 60, 185
Jacob Purciful, 35, 565, 400, 10, 300
James Robins, 60, 1554, 1350, 30, 125

Wm. A. Robins, -, -, -, 5, 195
Fielding Green, 30, 370, 600, 20, 400
Reuben Marlow, 20, 140, 300, 5, 40
James F. Green, 30, 50, 300, 10, 375
James Beatright, -, -, -, 4, 105
Joseph Pitman, 100,3 00, 301, 10, 300
George Hoskins, 40, 210, 310, 10, 280
Mount Purciful, 100, 1900, 2000, 100, 300
Robert Clrannsker (Chansker) Sr., -, -, -, 4, 125
Franklin Jackson, -, -, -, 5, 90
Hiram S. Hoskins, 80, 720, 1000, 150, 490
Barnett Green, 6, 44, 100, 3, 73
Barnet S. Ayett, 22, 78, 350, 8, 281
Silas Arnett, 60, 260, 800, 10, 405
James Green Sr., 60, 109, 500, 3, 280
Lewis H. Green, 15, 135, 250, 5, 100
Hiram Green, 15, 185, 500, 25, 150
J. N. Crawford, -, -, -, 7, 27
David McGeorge, -, -, -, 1, 170
Wm. Hoskins, 40, 460, 2200, 55, 810
James Hoskins, 65, 300, 1800, 60, 548
John S. Hoskins, 40, 260, 900, 100, 345
Wm. Lee, -, 100, 100, 4, 70
Joseph Wilder, 120, 580, 1500, 15, 500
Barnet Ayett Sr., 70, 595, 1000, 10, 365
Martin P. Wilder, 50, 250, 400, 5, 281
Lewis Green Sr., 20, 130, 100, 5, 176
Hiram Wilder, -, -, -, 25, 200
Joseph B. Wilder, -, -, -, 5, 233
W. M. Wilson, 80, 520, 600, 12, 481
James Cox, 30, 120, 300, 4, 250
John Lee, 50, 75, 150, 5, 130
Elisha Wilson, 12, 438, 150, 10, 175
Elijah Mari__, 35, 190, 400, -, 150
Henry Rinner, 60, 290, 950, 10, 405
Wm. Brower, 15, 35, 125, 5, 60
Calvin Fields, 4, 40, 100, 2, 15
Silas Mariele, 15, 800, 150, 3, 124
Samson Mariele, 30, 70, 250, 3, 730
Abraham Mariele, 25, 75, 250, 3, 78
James Mariele, 8, 47, 100, 1, 65
Geo. P. Thompson, 40, 60, 350, 5, 203
Wm. Bailey Sr., 20, 80, 1000, 5, 78
Coix Thompson, 15, 35, 200, 5, 150
Wm. Q. Mariele, 50, 350, 500, 15, 500
Brittain Lee, -, -, -, 5, 250
Philip Slusher, 50, 150, 2000, 5, 225
Elizabeth Slusher, -, -, -, 5, 200
Isaac Slusher, 25, 115, 140, 4, 20
Abraham Slusher, 40, 96, 1000, 5, 280
Samuel Creech, 110, 240, 4000, 10, 287
Rice Johnson, 60, 1632, 1000, 10, 672
John Parsons, 126, 1625, 3700, 50, 423
Josiah Hoskins, -, -, -, 15, 200
Daniel Wilson, -, -, -, 20, 200
C. J. Callaway, 75, 275, 2500, 75, 300
Enoch Parsons, -, -, -, 50, 150
Abraham Simpson, 50, 100, 400, 15, 100
Elijah Williams, -, -, -, 1, 30
Henderson Green, 40, 140, 800, 5, 260
Addison Leforce, -, -, -, 5, 300
Wm. Leforce, 14, 31, 100, 5, 250
Duane Leforce, 50, 270, 650, 165, 560
Robert Bingham, 35, 143, 500, 5, 395
David Green, -, -, -, 5, 155
Lewis Green, 45, 225, 1500, 5, 350
James McGeorge, -, -, -, 2, 14
Wm. Green, 50, 1450, 1500, 10, 300

Ezekiel Creech, -, -, -, 10, 100
Thomas Hatfield, 15, 485, 200, 5,4 0
John M. Green, 75, 25, 400, 10,3 00
Levi Hoskins, -, -, -, 4, 50
Elijah Green Jr., 40, 1460, 1600, 250, 560
Joshua Cox, 30, 10, 500, 5, 200
David Green, 13, 10, 350, 5, 400
Wm. G. Howard, 60, 15, 1000, 12, 300
John Wilson, 110, 310, 2500, 130, 500
Silas W. Saylor, -, -, -, 6, 150
John Saylor, -, -, -, 5, 150
Robert Green, -, -, -, 1, 25
Wm. S. Howard, 75, 165, 2000, 40, 270
Wm. Saylor, 50, 60, 900, 6, 152
Hiram Brock, 70, 80, 2000, 10, 175
Martin Saylor, 60, 358, 1000, 20, 78
Solomon Saylor, -, -, -, 5, 50
John Saylor Jr., 40, 210, 300, 10, 78
Franklin Hall, -, -, -, 3, 35
Alexander Losson, 10, 90, 65, 4, 25
Danl. Lossen, -, -, -, -, -
Sarah Losson, -, -, -, -, 20
John B. Saylor, 25, 575, 700, 10, 28
Hiram Osborn, 6, 44, 50, 5, 200
Jesse Coldiron Sr., 50, 775, 1000, 7, 150
Zachariah L. Wilson, -, -, -, 3, 140
Wm. B. Coldiron, 10, 40, 200, 5, 220
Lewis Blanton, 8, 92, 150, 2, 20
Jonathan Brock, -, -, -, 5, 40
James Osborn, 40, 110, 380, 10, 110
Ephraim Osborn, 30, 70, 300, 10, 200
Levi Osborn, 1, 49, 50, 3, 7
Samuel Simpson, 60, 840, 1500, 5, 430
John Simpson, 13, 25, 100, 2, 300
Jackson Blanton, 5, 45, 100, 5, 200
Leonard Simpson, 12, 42, 200, 5, 150
David Osborn, 25, 125, 250, 5, 80
Chresman Simpson, -, -, -, 3, 35
Calloway Simpson, -, -, -, 2, 60
Elisha Holton, -, -, -, 3, 20
George Blanton, 24, 776, 800, 7, 75
Wm. Blanton, 150, 450, 4000, 25, 920
Wm. Blanton Jr., -, -, -, 5, 200
Aaron Brock, 40, 135, 1000, 10, 188
Thos. Farler Sr., 12, 88, 100, 5, 30
Nathan Noe Sr., 40, 110, 1000, 10, 360
James Browning, -, 100, 100, 6, 102
Martha Spurlock, 60, 755, 1300, 10, 300
Wm. F. Miracle, 45, 100, 450, 10, 200
David Lee, 20, 210, 300, 5, 80
Wm. R. Taylor, 25, 75, 450, 5, 78
Isaac Bull, 16, 134, 800, 25, 250
John Hoskins, 25, 150, 350, 5, 140
John B. Cox, 65, 410, 1000, 10, 350
Irvin B. Ely, -, -, -, 2, 40
Mark D. Ely, 25, 250, 500, 10, 150
Andrew Wilder, 15, 235, 500, 25, 40
Moses Wilder, 30, 475, 500, 15, 82
Sampson Wilder, 40, 660, 800, 15, 268
Peter Miracle, 70, 680, 1000, 20, 275
Calvin Thompson, -, -, -, 4, 100
Isaac Ardin (Axdin), -, -, -, 5, 35
Robert Wilson, 60, 640, 700, 10, 175
Frederick Miracle, -, -, -, 10, 150
James C. Miracle, 50, 250, 500, 10, 300
John Miracle, 75, 325, 800, 10, 252
Ambrose Miracle, 45, 130, 500, 5, 100
Henry Wilson, 40, 320, 400, 10, 285
John Thompson, 10, 50, 100, 6, 128
Abraham Miracle, 90, 260, 700, 10,5 00
Robert Green, -, -, -, 3, 122
Elias Green, -, -, -, 1, 54
James Jackson, 40, 160, 500, 20, 250
James Wilson, 65, 1135, 5000, 10, 200
Jesse B. Bull, 18, 232, 300, 5, 31

Mildred Ely, 30, 120, 300, 4, 69
Wm. Eldridge, 25, 525, 600, 5, 142
Joseph Watkins, 8, 92, 150, 3, 70
Jesse Taylor, Sr., 30, 20, 200, 5, 198
Andrew J. Taylor, 20, 80, 300, 10, 165
Joseph Daniel, 30, 200, 600, 5, 44
Stephen Lee Sr., 30, 745, 600, 25, 116
Rachel Shackleford, -, -, -, 1, 78
Wm. Eldridge, 7, 33, 50, 1, 15
David Lee Sr., 20, 75, 150, 3, 50
A. J. Cheek, -, -, -, 10, 115
Wm. Short Sr., 40, 210, 100, 10, 70
Pearson Daniel Sr., 75, 575, 1000, 50, 450
Philip Daniel, 35, 465, 600, 20, 90
Hank Borome (Bowman), -, -, -, -, -
James Middleton, 200, 1250, 3000, 20, 500
John Pace, 30, 70, 375, 15, 74
John Daniel, 30, 420, 450, 2, 145
Abner Fee, -, -, -, 3, 42
John Fee, 30, 570, 500, 10, 100
Preston Fee, 10, 90, 100, 10, 63
B. F. Irvin, 15, 75, 200, 5, 175
Alvin Osborn, -, -, -, 2, 56
Elizabeth Irvin, -, -, -, 5, 100
Acles Wynn, 50, 400, 2000, 25, 500
Jonathan K. Bailey, 60, 255, 70, 15, 295
Hugh Smith, 100, 1400, 300, 10, 1200
Milton E. Howard, 90, 210, 2650, 12, 620
John Farmer, 55, 2945, 1800, 10, 458
John Dixon, 45, 105, 800, 10, 400
A. B. Bull, 80, 420, 2500, 5, 260
Elijah Bingham, 30, 98, 400, 15, 160
Elijah Saylor, -, -, -, 5, 240
Anderson Blanton, -, 200, 5, 3, 150
Burton Hensley, 30, 370, 400, 5, 350
John Chappell, 60, 156, 1200, 100, 600

Benj. F. Howard, 55, 25, 1000, 30, 334
John Helton, -, -, -, 6, 290
George Hopkins, -, -, -, 2, 16
Solomon C. Saylor, 150, 225, 1500, 30, 500
Joseph S. Saylor, 25, 25, 500, 3, 90
Jacob Bull, 15, 85, 350, 50, 100
David Turner, 85, 3215, 2000, 80, 300
John W. Howard, 40, 100, 1500, 10, 600
James Mitchel, -, -, -, 3, 75
Robert Turner, 100, 1475, 1000, 15, 170
James Taylor, 20, 60, 265, 15, 62
Zachariah Brock, 20, 130, 400, 5, 175
Jesse Helton, -, -, -, 5, 10
James Osborn, 50, 250, 500, 10, 100
Nehemiah Osborn, 20, 20, 150, 5, 117
William Gross, 25, 175, 300, 12, 150
Samuel Howard, 150, 1517, 3315, 35, 488
John Lewis Jr., 75, 450, 1300, 40, 400
James Lewis, 20, 630, 450, 10, 150
G. W. Hensley Jr., 25, 115, 1000, 5, 130
John McGeorge, 80, 1095, 1500, 10, 528
Jacob Browning Jr., 23, 27, 125, 5, 191
John B. Lyttle, 12, 388, 400, 5, 200
Stephen Daniel Sr., 12, 388, 400, 5, 200
Lewis D. Green, 55, 145, 1000, 7, 459
Wm. J. Taylor, 40, 200, 500, 15, 257
Rebecca Nance, 3, 197, 75, 5, 200
John Lewis, 10, 190, 300, 3, 24
Benjamin Taylor, 12, 63, 175, 5, 53
Elias H. Osborn, -, -, -, 10, 289
Luther Muney, 12, 300, 200, 15, 217

George W. Stuart, 7, 293, 300, 5, 304
Peter Wilson, 50, 250, 500, 10, 3 00
Thomas Farley, -, -, -, 10, 188
Wm. Turner Jr., 75, 725, 3000, 10, 373
Jonathan Short, -, -, -, 5, 100
Hiram Grills, -, -, -, 5, 80
Robert Napier, 175, 1125, 2500, 10, 734
Right Hall, -, -, -, 4, 135
William Irvin, -, -, -, 2, 80
Samuel Hensley Sr., 16, 284, 375, 5, 180
Samuel Howard Sr., 110, 540, 2000, 100, 500
Henry Farley, 75, 475, 3000, 60, 500
Wm. L. Coldiron,-, -, -, 7, -
Littleton Mervis, 25, 125, 500, 5, 110
Abind Lansdown, 50, 250, 1200, 10, 60
Lewis Long, -, -, -, 3, 80
Edmond H. Howard, -, -, -, 5, 85
Ruth Young, 25, 50, 500, -, 100
John Kizzee, -, -, -, 2, 30
Amos Johnson, -, -, -, 5, 95
James Saylor, 40, 135, 1500, 15, 250
Niven Saylor, 40, 130, 1200, 5, 150
James Helton, 40, 70, 600, 40, 100
Ephraim Osborn, 60, 40, 700, 5, 150
Martin Saylor, -, -, -, 3, 40
Jacob Howard, 80, 145, 1200, 15, 550
Jessie Osborn, 4, 146, 230, 5, 91
Josiah Saylor, -, 100, 125, 3, 125
John Saylor Sr., 40, 360, 800, 8, 360
Jessie Taylor, -, -, -, 1, 25
Jesse N. Saylor, 50, 63, 600, 5, 381
Robert Howard, 150, 2450, 2200, 185, 848
Wm. R. Howard, 150, 2850, 2000, 100, 700
Jefferson Bingham, -, -, -, 10, 200
Philip Howard, 100, 200, 600, 10, 350
Joshua Howard, 30, 120, 675, 5, 170
James Howard Sr., 200, 5000, 6000, 50, 1500
Gilbert Saylor, -, -, -, 5, 400
Larkin J. Howard, 35, 695, 1500, 3, 400
John Ely, -, -, -, 3, 100
Larkin Howard, -, -, -, 1, 250
Stephen Green, -, -, -, 5, 80
Levi Saylor, 200, 1400, 3500, 100, 848
Isaac N. Ely, -, -, -, 3, 25
Stephen Lee Jr., 40, 160, 500, 8, 200
James Howard, -, -, -, 5, 200
William B. Lewis, 40, 960, 500, 20, 200
Jeremiah French, 1, 49, 50, 5, 33
Samuel Nolen, 8, 342, 200, 15, 300
Henry M. Lewis, 80, 1520, 2000, 75, 841
Abner L. Pace, 25, 300, 400, 5, 150
William York, -, -, -, 10, 350
James York, -, -, -, 5, 200
Abner C. Turner, 45, 1730, 500, 50, 120
Joseph Nolen Sr., -, -, -, 8, 40
Wm. Turner Jr., 8, 117, 112, 5, 30
Solomon York, 80, 620, 550, 10, 405
Wm. Pennington, 18, 782, 100, 5, 150
James Pennington, 15, 135, 250, 5, 50
John York, 16, 84, 100, 4, 150
Robert Bailey, 15, 135, 150, 3, 35
Henry Gray, 5, 45, 100, 5, 100
Wm. Turner Sr., 20, 380, 500, 5, 250
Wm. Templeton, 50, 200, 250, 50, 250
Nancy Templeton, 30, 170, 250, 10, 250
Joseph Lewis, 8, 592, 130, 5, 100
David Thomas, 3, 247, 200, 3, 15
Preston Thomas, 10, 240, 200, 10, 100
Wm. Coots, 20, 230, 30, 5, 75
John Eldridge, 10, 140, 100, 5, 200

Stephy Cossy, 20, 180, 300, 3, 50
Bobbit Cossy, 15, 175, 325, 3, 4
Jesse Pensington, 9, 141, 150, 3, 40
James Miniard, 25, 225,, 350, 5, 228
Wm. Pace, 30, 370, 350, 5, 128
Andrew Baily, -, 50, 25, 5, 140
John Miniard, 50, 250, 1000, 10,1 50
Isaac Callihan, 12, 128, 300, 10,3 00
John Shell, 18, 507, 700, 10, 200
Henry C. Turner, -, -, -, 5, 178
Samuel Scott, 30, 120, 300, 5, 125
Joseph Miniard, 11, 239, 200, 2, 65
Wm. Miniard, 40, 560, 500, 10, 260
Adron Metcalf, 20, 130, 300, 10, 200
Wilson Howard, 50, 800, 1000, 30, 694
Eli Lewis, 50, 330, 1000, 15, 300
John Nolen, 24, 551, 350, 12, 150
Samuel Powell Jr., 50, 240, 800, 20,3 50
Hiram Powell, 100, 700, 2000, 350, 645
Wm. Dixon, 95, 751, 2200, 100, 580
Martha Dixon, 40, 110, 600, 5, 200
Solomon Shell, 60, -, -, 5, 400
Ebenezer Dixon, 30, 170, 500, 4, 275
Daniel Creech, 20, 160, 550, 5, 100
James Metcalf, 2, 298, 550, 4, 46
Thomas Creech, 70, 280, 1500, 80, 750
John E. Smith, 75, 1425, 2000, 30, 931
Elias Smith Jr., 55, 445, 1500, 10, 300
John Lewis Sr., 350, 11650, 10000, 200, 1995
Jesse Scott, 25, 375, 500, 5, 128
Elias Smith Sr., 20, 111, 300, 3, 130
Wm. Cornet, 70, 530, 1000, 200, 500
Elijah Baker, -, -, -, 80, 250
John Cornet, -, 400, 400, 12, 400
Jonathan Lewis, -, 333, 100, 72, 664
James J. Lewis, 20, 1955, 700, 95, 551
John H. Smith, 50, 1550, 1500, 10, 400
Right Kelly, -, -, -, 5, 285
Jonathan Cornet, -, -, -, 5, 213
Ambrose Powell, 50, 600, 900, 50, 225
Samuel Powell Sr., -, -, -, 10, 65
Willis Bagwell, -, -, -, 20, 214
Alexander Creech, 50, 40, 1000, 10, 600
Isaiah Creech, 50, 40, 100, 8, 300
Andy Sergent, 45, 755, 1500, 10, 400
James Coldiron, 75, 675, 1800, 40, 542
Alfred White, -, -, -, -, 13
Abraham Sergent, -, -, -, 4, 94
Abner Jenkins, 21, 179, 400, 8, 90
Jesse Jenkins, 200, 1065, 3000, 40, 485
Lafayette Riggs, -, -, -, 4, 25
Henry B. Creech, -, -, -, 10, 400
Joseph Creech, 35, 275, 1100, 5, 247
John Gilliam, 50, 572, 800, 15, 442
Lewis Singleton, -, -, -, 2, 13
Benjamin Blankenship, -, -, -, 80, 300
Charles McKnight, -, -, -, 5, 70
Mary McKnight, 30, 50, 150, 5, 70
Joseph McKnight, 30, 370, 400, 8, 100
Wm. McKnight, -, 50, 12, 3, 25
Elijah Creech, 80, 600, 2000, 150, 600
John Creech, 45, 155, 700, 20, 250
Ely Sturgeon, 20, 150, 500, 15, 178
Jonathan Creech, -, -, -, 12, 200
John Blair, 65, 600, 1250, 15, 500
Joseph Blair, 40, 100, 600, 25, 200
John Blair, 35, 300, 700, 7, 325
Wm. Creech, 75, 225, 1500, 25, 700
Charles Blair, 20, 200, 400, 6, 200
Robert Wells, -, -, -, 5, 65
Ira Stichan, -, -, -, 5, 60
Jacob Gilliam, 60, 740, 1200, 50, 600
James Nolen, 30, 70, 300, 10, 45
Moses Estep, -, -, -, 4, 125

Preston Hall, 45, 105, 500, -, 265
Hezekiah Branson, 80, 1645, 2000, 110, 956
Nimrod Branson, 30, 150, 500, 6,170
James McKnight, 20, 80, 300, 5, 50
Absolom Blair, 100, 500, 1000, 10, 350
Rolin Evensole, 50, 500, 700, 10, 225
Peeby Short, 35, 175, 450, 5, 250
Elisha Huff, 25, 305, 700, 10, 350
Joseph E. Branson, 30, 170, 500, 7, 260
John K. Morris, 20, 180, 225, 3, 182
Wm. Estep, 40, 460, 500, 32, 200
Samuel Estep, -, -, -, 3, 48
Absolom Creech, 40, 135, 500, 12, 550
Bennet Ball(Bull), 35, 335, 450, 7, 310
John Branson, 35, 215, 500, 10, 600
John Clarkston, -, -, -, 8, 200
Margaret Clarkston, -, -, -, 2, 70
Samuel Daugherty, 14, 186, 300, 5, 60
Harry Flanery, 6, 119, 200, 3, 75
Joel Reed, 10, 340, 350, 3, 100
George W. Barker, -, -, -, 5, 175
Wm. Huff, 70, 530, 1000, 10, 400
Isaac W. Huff, 80, 2000, 1000, 15, 369
Samuel Bailey, -, -, -, 2, 200
John L. Creech, 47, 253, 600, 10, 115
Hiram Huff, 10, 40, 75, 3, 20
Wesley Huff, 30, 170, 250, 5, 37
Thomas Huff, 50, 450, 80, 10, 126
John E. Holmes, 30, 270, 500, 5, 498
Elizabeth Short, 10, 40, 65, 4, 200
James Short, 40, 860, 800, 7, 662
Susan Short, -, -, -, 4, 163
John Short, 40, 360, 800, 3, 220
Henry Setser, -, -, -, 3, 110
John P. Kelly, 30, 670, 500, 10, 200
Isaac Kelly, 50, 950, 1000, 12, 400
Wm. P. Kelly, 60, 740, 500, 12, 128
John Brown, -, -, -, 5, 200
Champ Madden, 40, 235, 500, 6, 273
Samuel Gilbert, -, -, -, 5, 150
Elkanah Wynn, 60, 600, 1000, 10, 400
Joseph Wynn, 40, 620, 1000, 5, 500
Daniel M. Setser, -, -, -, 5, 82
Joel Parsons, 15, 485, 300, 8, 100
Martin Parker, 35, 65, 350, 6, 180
Samuel Parsons, -, -, -, 4, 60
Elisha Creech, 40, 350, 600, 10, 260
Jesse Bailey, 50, 780, 1400, 5, 450
Elisha Bailey, -, -, -, 3, 230
Isaac Creech, 95, 2245, 2500, 25, 300
Pleasant Kelly, -, -, -, 5, 70
Stephen Wells, -, -, -, 4, 30
Abner Fields, -, -, -, 5, 395
John Kelly, -, -, -, 8, 240
Jonathan Kelly, 150, 2350, 5000, 20, 680
Wright Bailey, 30, 970, 1000, 6, 900
Lanceford Fields, 15, 51, 250, 7, 256
Silas W. Kelly, -, -, -, 2, 150
Sarah Smith, 40, 60, 1000, 3, 231
James Turner, 75, 2425, 3500, 10, 250
John Farler, 12, 182, 100, 5, 100
Woodard P. King, -, -, -, 4, 122
Bird Kind (King), 2, 98, 215, 7, 150
Wm. Wynn, 85, 415, 3000, 100, 600
John Gilbert, 40, 325, 1000, 10, 500
Jesse Farler, 50, 250, 800, 5, 300
Hugh Eldridge, 30, 270, 500, 4, 154
Elizabeth Turner, -, -, -, 10, 760
Walter Middleton, -, -, -, 5, 410
Benj. Middleton, -, -, -, 3, 50
Wright Wynn, 30, 120, 1000, 10, 300
Stokely Belcher, -, -, -, 4, 150
Calvin Pace, -, -, -, 2, 80
Ephraim Sergent, 50, 758, 800, 10, 400
Martin Sergent, -, -, -, 5, 250
Jacob Browning Sr., 40, 280, 700, 20, 200

Aley Ledford, 60, 290, 1000, 15, 640
Acles Wynn, 60, 440, 2300, 5, 350
Jackson Green, 30, 120, 500, 10, 343
Rebecca Sergent, -, -, -, 5, 100
Elisha Green, -, -, -, 5, 40
Isaac Buckhart, -, -, -, 3, 95
Wm. Wilder, 10, 138, 325, 5, 150
Benjamin Harris, 150, 5350, 10000, 12, 914
Randolph Noe, -, -, -, 8, 80
Aaron Thomas, -, -, -, 5, -
James Powell, -, -, -, 5, 123
Peter Hedrick, 55, 445, 1000, -, 300
Thos. Grant, -, -, -, 2, 30
George Buckhart, 40, 160, 600, 15, 80
John Buckhart, -, -, -, 5, 125
Jacob Ledford, -, -, -, 1, 19
George W. Smith, 40, 160, 1000, 6, 460
Samuel Hall, -, -, -, 3, 32
Leander Skidmore, 150, 650, 3500, 85, 704
Ira Skidmore, 38, 762, 500, 5, 200
Abraham Skidmore, 50, 550, 1200, 10, 335
Aley Ledford, 100, 2225, 7500, 70, 500
John Skidmore, -, -, -, 5, 378
Henry Skidmore, 100, 25400, 3500, 20, 700
William Hall, 25, 175, 300, 4, 200
Frances Hall, 25, 125, 500, 4, 80
James Hall, 80, 260, 1200, 10, 345
John Caywood, 200, 2300, 6000, 75, 755
Jefferson Buckhart, -, -, -, 10, 185
Lames Lyttle, -, -, -, 4, 250
Isaac Noe, 60, 170, 1500, 10, -
Thomas _. Thomas (Thanes), 55, 745, 1000, 5, 235
Joiey Clem, -, -, -, 1, 24
Simon Penler (Pender), -, -, -, 4, 44
Hezekiah Hale, 55, 975, 2500, 27, 171
Stephen Coward, 130, 1370, 4000, 30, 1080
Urby Jones, -, -, -, 3, 50
Edmond Howard, 351, 365, 900, 6, 314
Joseph Blanton, 60, 690, 1500, 7, 868
Ephraim Johnson, 9, 91, 300, 10, 83
James Vaughn, 25, 975, 300, 15, 107
George Howard, 40, 160, 500, 5, 103
Benjamin F. Noe, 60, 240, 1500, 10, 215
George Long, -, -, -, 3, 40
Richard M. Jones, -, -, -, 8, 100
Daniel Garret, 30, 120, 250, 5, 80
Luke Jones, 40, 99, 800, 8, 352
Wilkinson Howard, 150, 600, 4000, 10, 1006
John A. Creech, 35, 240, 550, 5, 288
John Jones Sr., 120, 380, 2000, 10, 340
Wm. Day, -, -, -, 5, 155
Abner Lewis, 45, 555, 1500, 10, 544
Isaac Baker, 50, 350, 400, 8, 360
James Brittain, 100, 4095, 5000, 12, 987
Nathan Noe Jr., 10, 110, 300, 3, 15
Thomas H. Noe, 40, 60, 400, 10, 180
John C. Howard, 75, 3925, 2000, 50, 555
George Helton, -, -, -, 10, 175
John Blanton, 10, 140, 300, 6, 250
Elisha Helton, 60, 365, 1000, 6, 302
Larkin Howard, 35, 65, 400, 5, 265
Elijah Helton, 20, 30, 200, 20, 285
James Helton, 16, 134, 150, 5, 350
Robert Helton, 16, 34, 150, 7, 200
Shadrack Helton Sr., 250, 3100, 4000, 200, 1330
James Blanton, 30, 15, 400, 5, 150
Jonathan Smith, 60, 1190, 2000, 15, 460
John J. Howard, 40, 560, 800, 10, 200
Andrew J. Howard, 100, 1458, 1700, 100, 430

James Griffitts, 20, 55, 500, 5, 128
Hiram Jones, 100, 900, 4000, 75, 757
J. B. Spurlock, 18, 211, 950, 12, 300
Frances Hall, -, -, -, 3, 50
Jonathan Osborn, -, -, -, 4, 25
J. G. Howard, 60, 240, 2000, 20, 430
James B. Howard, 70, 643, 2300, 20, 400
George B. Howard, 60, 290, 1800, 25, 420
Samuel Howard Jr., -, -, -, 5, 180

John Upton, -, -, -, 2, 100
Richard Upton, -, -, -, 10, 15
James Shepherd, -, -, -, 3, 40
Benjamin Lankford Jr., -, -, -, 2, 222
Carr Brittain, 50, 250, 2000, 5, 130
Wm. T. Hall, -, -, -, 5, 228
Benjamin Posey, -, -, -, 10, 278
Jordan Gross, -, 50, 50, 6, 228
John W. Forrister, -, -, -, 5, 135
Carlo B. Brittain, 300,1 700, 4000, 125, 1800

Index

Aaren, 167
Abbet, 72
Abdon, 131
Abell, 144
Abell, 153
Abernathy, 56, 58
Able, 99
Abner, 52
Abrams, 132
Abuffet, 166
Ackman, 63
Acre, 32
Acres, 158
Acridge, 119
Across, 89
Acuss, 90
Adair, 92, 143
Adam, 92
Adams, 1, 3, 30, 43-45, 48-49, 62, 66, 68-69, 72, 75-78, 80, 91, 95, 128, 137-138, 140, 143, 149, 154, 156, 159,
Adkins, 162
Aken, 9
Akers, 10, 99, 145
Akin, 116
Akins, 93, 101
Albertson, 133
Albritton, 68-70, 75, 77
Aldridge, 19, 42, 145
Alexander, 8, 27-29, 31, 56, 58, 70-71, 85-86, 90, 130-132
Alford, 40, 44
Algee, 31
Allcock, 67, 69, 71, 78
Allen, 3-5, 7, 16, 18, 22-23, 29, 38-39, 45, 56, 68, 72, 104-105, 109, 111, 126, 130, 133, 140, 147, 160, 163, 165
Allevek, 73
Alley, 2, 10
Allison, 23, 31, 80, 155-156
Allman, 91
Almon, 101
Alphin, 37-38
Alsten, 166
Alverson, 100
Alvey, 104, 112, 153, 167-168
Alvy, 106
Ambrose, 38-39
Ament, 154
Amer, 157
Ames, 52

Ammes, 112
Anders, 94
Anderson, 16, 20, 35, 37, 39-41, 43-44, 46-48, 66, 69-70, 75-76, 86, 88, 91, 96-97, 103, 105, 114, 120, 122, 131, 133, 136, 166
Andres, 128
Andrew, 94
Andrews, 85
Anesmith, 34, 36
Anez, 4
Angel, 118
Angletine, 35
Anness, 50
Apperson, 26
Applegate, 165
Arbell, 28
Archery, 131
Ardin, 174
Armer, 157-158
Armes, 52, 110
Armistead, 66
Armstrong, 19-20, 83, 108, 157, 160-161
Arnett, 67, 71, 89, 123, 173
Arnold, 16, 20, 23, 38, 40-42, 44, 57, 91, 128, 152
Arnus, 104
Arrington, 28
Arterberry, 30
Arthur, 133
Artis, 131
Artman, 108, 166
Arvin, 164
Asball, 25, 28
Asberry, 123, 125-126
Ash, 149, 151, 168
Ashbrooks, 79
Ashcraft, 56, 60-62, 64
Asher, 171-172
Ashlech, 154-155, 161
Ashley, 96, 102, 111
Ashmore, 16
Askins, 47
Atcher, 166
Atha, 56
Athy, 39
Atkinson, 120
Atterberry, 109, 112
Atwell, 125
Atwood, 148
Aubry, 158-159, 162-163
Augustus, 138

Austin, 10, 42, 48, 67, 78, 86, 96, 156, 159, 165
Averill, 18
Avery, 119
Axdin, 174
Ayett, 173
Ayres, 136
Babb, 75-76
Babbett, 103
Babbit, 17
Backney, 90
Bacon, 15
Badget, 88
Bagby, 39, 122-123, 134
Bagwell, 177
Bahuan, 130
Bailey, 19-20, 23, 51, 82-83, 85, 162, 166, 169-171, 173, 175-176, 178
Baily, 88, 177
Baird, 48
Baker, 14, 21, 41, 48-49, 52, 62, 85-87, 106, 131-132, 139, 171-172, 177, 179
Baldree, 66, 69
Baldridge, 1-2, 4, 8, 26
Baldwin, 9, 15-16, 35
Bale, 125
Bales, 33-34, 119
Ball, 121, 169-170, 178
Ballard, 77
Ballclock, 41
Balldock, 41
Ballen, 49
Ballew, 49
Ballinger, 145, 150-151
Ballman, 139
Band, 35
Banks, 3, 141
Bannon, 9, 136
Barba, 108
Barber, 128, 132
Bard, 27, 29, 168
Barker, 58, 90, 136, 142, 178
Barkirk, 62
Barlow, 42, 92
Barnard, 93
Barner, 143
Barnes, 29-30, 51, 62, 81, 85
Barnet, 172
Barnett, 3-4, 25-26, 43, 54, 116, 119, 125-126, 136-137, 142, 160, 172
Barney, 127
Barnheart, 129
Barnhill, 32
Barns, 112, 150, 154, 160
Barr, 35, 136
Barret, 126

Barrett, 137
Barriger, 68
Bartley, 128
Barton, 40, 46, 49, 93, 105, 107
Basey, 140
Basford, 67, 79
Bass, 116, 118
Bateman, 78
Bates, 5, 87, 100, 104, 140
Batez, 37
Batly, 38
Batterton, 113
Batts, 80-81
Batty, 38
Baty, 123
Baum, 42
Baus, 8
Baxter, 51
Bays, 8
Bayse, 133
Beach, 58
Beadles, 80, 89
Beagle, 51, 56
Beale, 64
Beall, 33, 35
Beaman, 69
Beams, 119
Bean, 91
Beane, 71
Beard, 27, 35, 54, 58, 62, 89, 122, 160
Beasley, 71-72, 92
Beatle, 104
Beatright, 173
Beatty, 6, 54
Beaty, 100-101, 108
Beauchamp, 102-103, 110, 117, 119, 136, 138, 140
Beaumont, 49
Beazley, 41-43
Bedford, 13, 15
Beeler, 43, 101, 145, 151
Begly, 4
Belcher, 170, 178
Bell, 17, 29, 48, 116-117, 140, 145
Belliter, 61
Belton, 164
Bemaugh, 47
Bemly, 2
Benet, 130
Bennet, 115, 165
Bennett, 25, 53, 55-56, 60, 79, 81, 86-87, 94-95, 103, 135, 163
Benson, 60, 79
Bently, 5-6
Berkett, 162
Berkley, 56

Berkshire, 32, 34, 38
Bernard, 151
Bernie, 136
Berockett, 8
Berry, 73, 125, 139, 156, 160, 162
Berryman, 85
Best, 48, 161
Bets, 160
Bettus, 42
Bevens, 167
Beverley, 54, 56
Beverly, 54
Bevers, 163
Bevins, 132
Bewer, 121
Bibb, 114, 118, 163
Bickers, 53-54
Biddle, 64
Bierce, 19
Bigges, 124
Biggs, 68, 126, 129
Bilbiter, 61
Bilbten, 63
Bilbter, 63
Billeten, 62
Billiter, 64
Binford, 28-29
Bingham, 1, 171-173, 175-176
Bingo, 96
Binn, 59
Birch, 162
Birchhart, 170
Birckhart, 86
Bird, 30, 150
Birmingham, 85, 89
Bishop, 98, 125
Bittiser, 122
Bivins, 127
Black, 13, 44, 148
Blackaby, 42
Blackbored, 9
Blackburn, 53-54, 56, 61
Blackman, 26, 32, 121
Blades, 148
Blain, 67, 103
Blair, 28, 67, 112, 159, 177-178
Blakeley, 166
Blakely, 164
Blakeman, 115, 121-123
Blakemore, 18
Blalock, 82-83
Blanchard, 73
Bland, 40, 42, 94, 124, 144-145, 147, 153, 160
Blandford, 137, 141
Blanford, 140, 145

Blankenship, 10, 121-122, 126, 160-161, 177
Blanton, 16, 153, 170, 174-175, 179
Bledsoe, 34-35, 150-151
Blesset, 112
Blevin, 165
Blevins, 116, 165
Blew, 148
Blincoe, 140
Block, 138
Bloyd, 118
Bloyer, 117-118
Bloyre, 114
Blythe, 92
Board, 25
Boarman, 146
Boaz, 36, 73, 84, 90
Boaze, 27
Bobbit, 62
Bocook, 131
Bogard, 164-166
Bogarth, 102
Boggs, 33, 35-36
Bogorth, 100
Bogs, 128
Bogue, 145
Bohannon, 16
Boland, 5-6
Bolden, 14
Bolen, 86
Boles, 119
Bolin, 34, 144
Bolton, 46, 86
Bond, 54
Bonderbush, 27
Bondurant, 26
Boner, 44
Booker, 90, 126, 136
Books, 153
Boon, 88
Boone, 81, 99, 101-102
Boorman, 146
Booth, 167
Boothe, 10
Boozer, 92, 95
Borders, 162
Boren, 82-83
Borgorth, 142
Borome, 175
Bostick, 81, 89
Boston, 125-126
Boswell, 64, 70, 77, 88, 142
Bottomes, 124
Botts, 24
Boumes, 75
Bourland, 86

Bouz, 68
Bow, 124
Bowden, 80, 82, 87-88
Bowen, 16, 41, 95
Bowland, 73
Bowles, 73, 79, 85, 152
Bowling, 136
Bowls, 149, 172
Bowman, 47, 50, 135, 175
Bowmes, 75
Bown, 43
Box, 85
Boyd, 7, 68, 70-71, 88, 90-91, 95, 146
Boyer, 31, 38
Boyers, 64
Boyle, 42
Bozorth, 106
Bracket, 147, 172
Brackett, 146
Brackshire, 90
Bradfield, 135
Bradford, 81
Bradking, 35
Bradley, 3, 88-89, 95, 102, 110, 145
Bradly, 4, 11, 30, 89
Bradshaw, 9, 40, 72-74, 124, 137
Brady, 27, 43, 74
Bramback, 64
Brame, 81
Bramet, 170
Bramlett, 15
Brammal, 126
Branch, 165-166
Brand, 171
Brandon, 102
Branen, 36
Branham, 163
Branrud, 126
Branson, 178
Brashear, 146-147, 172
Brashears, 36
Braswell, 77
Bratcher, 100, 102-105, 107, 109-110
Bratten, 13
Braun, 156
Bravner, 21
Brawder, 27
Brawley, 70
Brawner, 22, 148
Brawshaw, 81
Bray, 104, 109
Brazier, 72, 107
Breckenridge, 79
Breeden, 33-34, 36
Breedon, 15, 34
Breedwell, 13

Bressie, 67
Brevard, 25
Brewer, 11, 21, 23-24, 118, 121, 126, 167, 170
Brice, 94
Brickell, 96
Brickhanan, 36
Brickneyh, 77
Bridgen, 132
Bridges, 92
Bridgewater, 121
Bridgforth, 92
Bridgman, 73, 83, 87
Bridivell, 150
Briggs, 80
Bright, 20, 33, 44, 47, 79, 131, 136
Brightwell, 17, 35
Brimson, 44
Brinegar, 56
Brink, 101
Briscoe, 14
Brissey, 51
Bristow, 16
Britt, 22, 36
Brittain, 179-180
Broaddus, 48-49
Brock, 13, 33-35, 44, 48, 174-175
Brockman, 85
Brogle, 47
Bromfield, 36
Brook, 171
Brooks, 3, 56, 70, 130, 166
Broomfield, 166
Brophy, 37
Broton, 133
Browder, 26-28
Brower, 173
Brown, 2-3, 6, 13, 17-18, 27-28, 30-31, 35, 39, 42, 45, 47, 49, 57, 59-60, 62, 67, 69, 83, 94-95, 111, 124, 126, 132-133, 136-137, 139, 145, 149-151, 158, 160-161, 163, 165, 168, 178
Browne, 87
Brownfield, 149
Browning, 169, 174-175, 178
Brownlee, 123
Bruce, 32, 34, 36, 42, 77
Bruck, 111
Brumback, 62
Bruner, 100-101, 105-106, 137-139, 142
Bryan, 27, 83, 129, 131, 167-168
Bryant, 5, 39, 77-78, 89, 106, 140, 152
Brydon, 14
Bryson, 130, 133
Bube, 139
Buch, 151, 163

Buchanan, 111, 166
Buchinhan, 73
Buckhanan, 35
Buckhard, 109
Buckhart, 87, 179
Buckingham, 90
Buckle, 144
Buckles, 145-146, 154
Buckley, 90, 171
Buckly, 16
Buckman, 164
Buckner, 115, 124, 126
Buffin, 15
Buford, 168
Bull, 174-175, 178
Bullion, 87
Bullock, 93
Bunger, 151
Bunnel, 162
Bunnell, 150
Bunten, 19
Buntly, 31
Buoy, 35
Burby, 147, 157
Burch, 49, 94, 128
Burchard, 66
Burchett, 8-10
Burdett, 41-42, 44, 46, 158
Burely, 2
Buren, 87
Burge, 85
Burgess, 53, 55
Burheart, 28-29
Burk, 172
Burke, 24, 33-34, 36-37
Burkett, 74, 162
Burkhead, 159
Burkley, 107
Burks, 109, 146
Burnett, 6, 27, 88, 90, 92, 95, 105-106, 139-140, 153
Burnham, 89
Burns, 54-55, 84-85, 89, 171-172
Burnside, 41, 43-45
Burnsides, 40
Buron, 48
Burroughs, 50, 52, 64
Burrows, 63, 124
Burrus, 26
Burst, 172
Burton, 38, 41-42, 48, 95
Busby, 157
Buscoe, 14
Bush, 90, 94, 114, 131, 140, 151, 167-168
Busroe, 111

Butler, 13, 56, 102, 105-106, 125-126, 138-139
Bybood, 77
Byers, 40, 44, 62, 102-103, 107
Byhood, 77
Bynam, 29
Bynum, 30, 40
Byrd, 67, 69
Byres, 106, 108
Byrne, 127
Cabe, 146
Cabell, 123
Cabin, 159
Caden, 147
Cafer, 84
Cagell, 27
Cagill, 27
Cagle, 87, 159
Cahoy, 143
Cain, 99, 105
Calahan, 127
Calary, 12
Calbert, 141, 167
Caldwell, 60-61, 64, 94, 121, 126
Calhoun, 114, 119
Call, 87
Callahan, 58, 128-129
Callaway, 173
Callihan, 58, 177
Calvert, 15, 17, 159
Calvin, 165
Cambers, 95, 138
Cameron, 145
Camey, 78
Campbell, 9, 26, 28-29, 31, 48, 62, 81-82, 90-93, 101, 103, 132, 142, 172
Campton, 9
Canada, 118
Canady, 3
Candler, 82
Caner, 25
Cann, 125, 156, 161
Cannon, 67, 75, 77, 79-80, 124
Cantrel, 117-118
Capps, 157
Carby, 108, 111
Carden, 146
Carder, 141
Cardwell, 17
Carey, 85
Cargill, 69, 75, 78-79
Carico, 79
Carieg, 77
Carioc, 79
Carley, 166
Carlile, 35, 120

Carlisle, 43, 167
Carlton, 36, 57
Carman, 77-78
Carnahan, 152
Carnahann, 162
Carney, 69, 76
Carpenter, 42, 48
Carr, 23, 27, 29, 148, 166
Carraway, 95
Carricco, 164-165
Carrico, 108
Carrington, 94
Carroll, 34, 87, 103, 107, 159
Carson, 73
Carter, 13-14, 17, 26, 33, 51, 61, 63-64, 67-68, 72, 78, 83-84, 86-87, 90-91, 94, 96, 98, 103-104, 106-109, 112, 118, 154, 159-161, 170
Cartwright, 70, 90, 96
Carver, 32-33, 35, 39
Case, 47
Casey, 38, 46, 89, 101-102
Cash, 144-145, 147, 155, 158-159
Cashion, 80
Caskie, 142
Casman, 75
Cason, 51, 60
Cassien, 83
Cassiew, 83
Cassner, 83
Castle, 5
Castleman, 36, 150
Caswell, 112
Catsinger, 77
Caudle, 6
Causby, 71, 74, 91
Cave, 101
Cavender, 79-80, 83, 140
Cavin, 114-115, 125
Cawley, 135-136
Cayton, 36-38
Caywood, 179
Ceager, 153
Cecil, 7, 9-10, 41, 43, 152, 157-158
Ceormer, 153
Ceron, 47
Cerry, 139
Chadd, 59
Chadom, 124-125
Chadwell, 172
Chadwick, 128
Chaffins, 4
Chalfin, 165
Chambers, 21, 39, 95, 136, 139
Champ, 49
Champayne, 52

Champion, 83
Chandler, 82, 84
Chandorm, 118
Chandorn, 116
Chaney, 82, 117-118
Chansker, 173
Chapman, 57, 63, 69, 72, 75-76, 89
Chappell, 175
Charlton, 89
Chase, 111
Chatman, 39
Cheaney, 18
Cheek, 175
Chelf, 118
Chenault, 164
Chenowith, 150
Cheny, 139
Chester, 73
Chewning, 121
Childers, 27, 45, 54-55, 60, 72, 116
Childs, 52
Chin, 13
Chinn, 129
Chipman, 53, 55
Chishold, 21
Chisler, 141
Chism, 22
Choctaw, 166
Chrisman, 54
Christiana, 10
Christie, 23
Christopher, 15, 47-48
Chriswell, 68, 90
Chum, 74
Chun, 13
Church, 13-15, 17
Cingleton, 74
Cinly, 73
Cisgen, 82
Cissen, 82
Clafford, 77
Claffy, 165
Claggett, 107, 155
Claiborne, 31
Clancy, 129
Clanton, 81
Clapp, 70, 82
Clark, 7-11, 13-15, 21, 26, 28-29, 31, 41, 44, 49, 54, 60-63, 63, 79, 81, 90, 99-101, 104, 106-108, 110, 121, 123, 127-128, 137-140, 152, 155-156
Clarkston, 178
Clater, 154
Claton, 68
Clawson, 101
Clay, 8, 15, 62-63

Clays, 25
Clayton, 15
Cleaver, 99, 145
Clem, 170, 179
Clemans, 112
Clement, 112, 138
Clements, 33, 37-38, 58, 77
Clemison, 164
Cleveland, 47
Click, 4, 7
Clide, 3
Clifford, 36, 38
Clinton, 43, 130, 132
Clitz, 127
Clopp, 70
Close, 115-116
Cloud, 170
Clove, 32
Clrannsker, 173
Clusterman, 77
Coak, 45
Coakley, 117-118
Coats, 96, 105-106
Cobb, 76
Cobourn, 5, 127
Cobourne, 4
Coburne, 4
Cochran, 48, 71, 91
Cocker, 149
Coddington, 17
Cofee, 164
Cofer, 121, 164, 168
Coffee, 122, 132
Coffman, 149, 156
Coffrey, 95
Cogdill, 119
Cogswell, 19
Coker, 31
Colbert, 140-143
Colder, 140
Coldiron, 169-170, 174, 176-177
Coldwell, 170
Cole, 164, 167
Colegrove, 127
Coleman, 22, 54, 66, 161
Coley, 93
Colier, 89
Coll, 87
Collard, 102, 168
Collet, 171-172
Colley, 71, 87, 91-92
Collier, 27, 44-47, 58, 87, 90
Collins & Welch, 96
Collins, 2, 5, 9, 18-19, 22, 52, 56, 60, 63, 65, 79, 84, 96, 101, 129, 132, 149, 160
Collinsworth, 11

Colwell, 171
Combs, 4, 31, 82, 104, 109, 140
Comley, 41
Compton, 9, 47
Conder, 104
Condor, 139
Conklin, 98, 105, 110
Conley, 38, 57
Conly, 2
Conn, 7, 41, 44, 54
Connell, 138
Connelly, 25
Conner, 27, 29, 72
Connor, 39
Conns, 73
Conrad, 61, 64
Consley, 141
Conway, 158
Conyers, 55, 57, 61
Cook, 28, 45, 48, 55, 94-95, 100, 102, 111, 125, 140, 145, 149
Cool, 80
Coombs, 148, 164
Coon, 136
Cooper, 71, 87, 143
Coots, 176
Coover, 87
Cope, 73-74, 96
Copeland, 71, 73-75, 86-86, 88-89
Coper, 132
Copland, 70, 85
Corbet, 56
Corby, 101
Corder, 103, 112-113
Cordle, 5-6
Corley, 27, 137-138
Cornet, 150, 177
Cornielison, 122
Cornwall, 86
Coroly, 3
Coruley, 41
Corum, 116, 121, 127
Cosby, 101, 108, 111
Cossy, 177
Cotter, 145
Cotton, 38, 45, 150
Coulter, 84, 88, 97
Couly, 4
Courtney, 36-37, 84
Cousby, 141
Cousley, 141
Couty, 139
Cover, 130
Covington, 85
Coward, 163, 179
Cowen, 39

Cowgill, 30
Cowherd, 114, 120
Cowley, 164-166
Cox, 14, 22, 34-36, 81, 87-88, 107, 115, 121, 154, 173-174
Coy, 107
Coyle, 151, 159
Craddock, 120
Crady, 150
Cragville, 34
Craig, 25, 27, 32-33, 57, 103, 106-107, 148
Craigen, 4
Craign, 102
Crail, 125
Cralle, 153, 158-159
Crammer, 64
Cranch, 32
Crane, 87, 149
Crannalls, 166
Craunch, 86
Cravens, 106-107
Crawford, 26, 28, 71, 74, 78, 81, 90, 100, 105, 108, 110, 167, 172-173
Craycraft, 130, 133
Creager, 154, 156, 161
Creason, 73
Creech, 173-174, 177-179
Creel, 121
Cribbage, 101
Cridel, 85
Crider, 8-9, 71, 95, 170
Crinch, 74
Crisp, 2
Criss, 2-3, 7
Criton, 91
Critor, 91
Crittenden, 74
Critton, 92
Croal, 122
Crockett, 17, 19, 21, 24
Croley, 67, 89-90
Cromwell, 21, 30, 73
Crook, 74
Crooks, 67
Cross, 73
Crossett, 129
Crosswhite, 53
Crostick, 30
Crouch, 32, 50, 52, 71, 90
Crow, 136, 139, 164, 167
Crowell, 86
Crown, 31
Cruce, 26
Cruev, 25
Crum, 6-7, 118
Crumbs, 159

Crume, 99
Crumm, 31
Crump, 132
Crunch, 33, 36
Cruse, 93
Crutcher, 12, 14-15, 17-18, 20, 35, 156, 163
Crutchfield, 27, 63, 80-82
Crutchford, 29
Culchalow, 102
Culp, 85-86
Culton, 172
Cummins, 98, 106, 108-109
Cundiff, 138, 154-155, 159, 161-162
Cunningham, 8, 44, 58, 86-88, 90, 109
Curd, 72
Curlier, 34
Curlin, 26
Curry, 116, 120, 122, 125-126, 132, 139, 146
Cushman, 157
D__en, 118
Dachesmith, 78
Dailey, 45, 60
Dails, 141
Daily, 15, 107
Dale, 42, 141
Dallas, 80, 95
Dalton, 99, 112
Damowan, 94
Damy, 41
Dancey, 35
Daniel, 21, 39, 175
Daniels, 62
Danley, 32
Darlin, 30
Darnell, 127, 154, 160
Dassey, 112
Daugherty, 51, 61-62, 148, 151-152, 154, 167, 178
Davenport, 89, 124, 162
Davidson, 9, 27, 44, 128, 138
Davie, 28, 30
Davies, 137
Davis, 5-6, 8, 11, 27, 29-31, 33, 36, 44-45, 48-49, 67, 72-73, 79, 81, 84, 87, 90, 94, 105, 107, 123, 126, 128, 137, 156, 160-161, 164-165, 172
Davison, 94, 103, 111, 137
Dawley, 38-39
Dawson, 1, 9, 68
Day, 60, 62, 82, 94-95, 98, 102-103, 106, 110-111, 170, 179
Deakins, 23
Dean, 33, 37
Deane, 108
Dearin, 159

Dearinger, 23
Deatherage, 34
Deavor, 151
Deckard, 109, 163
Decker, 98, 102, 108, 111, 144-145
Dedric, 73
Dedus, 107
Deeners, 1
Degernett, 142
DeHart, 56
Deihl, 141
Dejarnett, 55, 61
Dejous, 138
Delancy, 8
Delany, 91
Delehunty, 64
Delong, 8
Delph, 56
Demarr, 17
Demiers, 31
Denison, 101, 104, 106
Denney, 51
Dennis, 43
Dennison, 107
Denny, 40, 42, 49, 149, 172
Densfirth, 141
Densler, 38
Densmore, 142
Denton, 40, 102
Derous, 102
Derring, 110, 128
Derrington, 74, 85-86, 88
Derrossett, 7
Derry, 172
Despain, 116-119
Devers, 163
Dewees, 110
Deweese, 98
Dewies, 106
Dewitt, 146-147
Dick, 73, 94-95
Dickens, 58
Dickerson, 47, 59, 62
Dickinson, 17, 31, 86
Dickson, 31
Digams, 119
Digan, 119
Digarn, 119
Diggs, 128
Dill, 76, 140
Dillard, 152, 164
Dillion, 2
Dillon, 18, 57, 133
Dillow, 57
Dills, 61, 123, 128
Diney, 107

Dingean, 37
Dingus, 3, 7
Dinsy, 107
Dirvees, 109
Ditton, 165
Diwees, 109
Dixon, 2, 129, 175, 177
Do_ton, 172
Doan, 52
Dobson, 119, 125
Dodd, 30
Dodds, 41, 95
Dodge, 90
Dodson, 78, 84
Doff, 172
Doile, 31
Dolison, 86
Donan, 109, 159
Donner, 75
Dooley, 20-21, 166
Dooms, 86
Dorch, 134
Dorman, 36
Dorms, 86
Doroh, 133
Dorones, 163
Dorsey, 91, 148-149
Dorson, 125
Dortch, 130
Dorton, 20
Dosan, 95
Dosen, 95
Dotson, 3, 85, 91, 93
Doty, 42, 44, 46
Doud, 59
Dougherty, 12-14, 16, 21
Douglass, 30, 54, 128
Douthet, 13
Dove, 70, 73, 90
Dovons, 131
Dowden, 98
Dowdy, 70-71, 76-77
Downes, 163
Downey, 148
Downing, 47
Downs, 53, 105, 131
Dowthit, 136
Drain, 119, 162
Drake, 75, 90, 162
Drane, 101, 112, 155
Draper, 60, 70
Dravenstott, 128
Drew, 78
Drien, 119
Drierr, 119
Driskill, 142

Drone, 70
Drown, 95
Drugin, 22
Drury, 100, 155
Dryman, 92
Dublin, 92-95
Duckworth, 145
Dudgean, 38
Dudley, 17, 29
Dudus, 102-103
Duff, 77
Duffee, 158
Dugan, 167
Duggans, 106
Duggen, 93
Dugger, 74, 91-93
Duggins, 42, 98, 102, 105, 107, 112
Dugherty, 159
Duisenberry, 93
Duke, 95
Dulin, 21, 67, 140
Dunbar, 56, 88, 92-93
Duncan, 2, 4, 23, 36, 40, 63, 95, 98, 107, 111, 140-141, 144, 155, 157-158, 164
Dunlap, 55
Dunlop, 40
Dunn, 42-46, 50-51, 94, 98, 103, 105-106, 110, 136
Dunnin, 93
Dunning, 71
Dunnings, 92
Dupray, 35
Dupuy, 133, 138
Durbin, 104
Duren, 92
Durgen, 37
Durham, 2, 25, 119-120, 172
Durkon, 95
Durnt, 114
Durossett, 1
Durrett, 119
Durst, 99
Dusall, 16
Duvall, 13, 16, 22, 144, 146, 159
Duvin, 117
Duvrett, 119
Dvison, 139
Dyason, 116
Dyzard, 127
E_oors, 90
Eades, 49
Eads, 63
Eager, 51, 170
Eaglin, 37
Eaker, 82, 88, 96-97
Eals, 63

Eard, 140
Easley, 26, 31
Eason, 42
East, 44
Eastes, 116-117
Eastly, 16
Easton, 135
Eastwood, 70, 82
Eberly, 47
Ecklar, 60-61
Eckles, 122
Edens, 66, 72
Edgar, 51
Edlin, 98, 110, 164
Edmondson, 28, 41
Edmonson, 28, 52
Edward, 33, 48
Edwards, 30, 38, 51, 53, 70, 75, 83-84, 88, 109, 115-118, 123, 126, 141-142
Egger, 164
Eglen, 61
Egler, 61
Egloff, 136
El_ri__, 118
Elam, 131
Elder, 103, 107
Eldridge, 175-176, 178
Elkin, 117
Elkins, 40
Elliot, 51
Elliott, 19, 29, 40, 67, 71, 74, 77, 79, 91, 101, 143, 164, 171
Elliotte, 10
Ellis, 22, 35-36, 38-39, 74, 142
Ellison, 22, 83, 122
Elliston, 39, 56-57
Ellman, 118
Ellmore, 36, 116-118
Ellmun, 116
Ellot, 108
Ely, 174-176
Emberry, 105
Embry, 49, 124
Emerson, 87, 92, 94
Emmick, 140
England, 98, 109, 129-130
English, 149, 151-153, 157, 161-162, 167
Enlow, 163
Ennis, 123
Enoch, 71, 90
Entrican, 88
Esifers, 105
Eskridge, 111
Estep, 170, 177-178
Estess, 139
Estill, 49

Estin, 15
Estus, 139, 141-142
Etherton, 116-119, 151
Eubanks, 141
Eustes, 117
Evan, 143
Evans, 8, 41, 43, 51, 53, 55, 63, 81, 91, 101, 127-128
Evensole, 178
Everall, 148
Everet, 31
Everett, 31
Everman, 128
Exum, 19
Fagan, 83
Fagon, 87
Fahe, 139
Fairleigh, 151
Falbert, 154
Falkner, 123
Farlee, 44
Farler, 170, 174, 178
Farless, 92
Farley, 170, 176
Farmer, 18, 37, 63, 69, 72, 80, 86, 128, 169-171, 175
Farrer, 72
Farrish, 33
Farrless, 91
Farthing, 76
Fasless, 92
Fathergall, 35
Faulconer, 143
Faulkner, 50, 52, 89
Feagan, 73
Fearry, 112
Fears, 89
Featherston, 13
Fee, 170, 175
Felty, 128
Fenill, 46
Fentress, 107, 110-112
Fergerson, 127
Ferguson, 63-64
Fermell, 17
Fernel, 85
Ferrell, 27, 56, 58
Ferry, 106-107, 109
Feruso, 1
Fessels, 152
Fettz, 74
Fielding, 95
Fields, 27, 86, 161, 170, 173, 178
Fife, 158
Figg, 43, 151
Fightmaster, 51

Fightmasters, 15
Fiker, 73
Fillbeck, 143
Finch, 27-29
Finish, 27
Finley, 60, 62
Finn, 126
Finnett, 58
Finney, 78, 88
Fisher, 84, 127, 141, 149, 165
Fitch, 52
Fittz, 74
Fitzpatrick, 2-3, 8
Flack, 16, 34
Flanery, 4, 6, 178
Flannery, 42
Fleecher, 165
Fleming, 3
Flemming, 73
Fletcher, 88
Fleuirby, 13
Flinn, 59
Flint, 67
Flood, 75
Florence, 164
Flowers, 82
Floyd, 43, 45, 89, 132, 155
Foley, 34
Folks, 84
Fondien, 91
Fondolph, 90
Forbis, 125-126
Ford, 1, 34, 44, 57, 74, 82, 90, 103, 107, 119, 137, 154, 160
Fore, 89
Foree, 56-58
Forman, 98
Forn__, 91
Forrister, 180
Forrless, 91
Forsythe, 60
Foster, 74, 83, 87, 116, 128, 133, 145
Foulkes, 31
Fowler, 104, 151, 167-168
Fox 130, 139
Foy, 83
Fraim, 109
Fraly, 8-9
France, 127
Francis, 49
Frank, 37, 57, 103
Franklin, 55, 86, 94, 100, 158, 161
Franks, 54, 57-58
Frasier, 80, 85
Frazier, 3, 8, 10, 12, 16, 24, 45, 72, 80, 82, 86

Frederick, 11
Free, 80
Freeman, 8, 12, 28, 72, 87-88, 138
French, 12-13, 16, 31, 80, 153, 155, 159, 161, 167-169, 176
Frick, 71
Frields, 139
Friendsly, 85
Fristoe, 69
Fristre, 76
Frizell, 86
Fromman, 166-167
Frost, 81-82
Froyer, 115
Fry, 66, 78
Fryar, 116
Fryrear, 154
Fucks, 115-116
Fulgham, 67-68, 76
Fulkerson, 99-101, 104, 109
Fulkner, 63
Fulks, 115, 117
Fuller, 34-35, 83, 94, 103, 143
Fulliline, 156
Fullilive, 156
Fulmer, 135
Fulso, 171
Funk, 150, 166
Fuqua, 31, 136
Furgerson, 52
Furguson, 33, 127
Furman, 33
Furnel, 85
Furnish, 32-35, 37
Furrgate, 62
Futeston, 134
Futtle, 109
Fuzier, 85
Gabbert, 136, 139-141
Gaines, 14, 120-121
Gains, 16, 34-35
Gaither, 102, 148, 151, 153
Galbreath, 70
Galien, 150
Gallemires, 74
Galloway, 68, 87-88, 91, 104
Galton, 99
Gamblin, 88, 96
Gambrel, 172
Gamlin, 86
Gammon, 133-134
Gandell, 92
Ganor, 139
Gardiner, 168
Gardner, 27, 29, 33-34, 43, 66, 88, 146
Garland, 78

Garner, 168
Garret, 179
Garrett, 9
Garrison, 120
Garrot, 127
Garwood, 164
Gary, 82, 103, 105, 107
Gaskins, 30
Gasscock, 157
Gasway, 163
Gater, 154
Gates, 79
Gatewood, 14
Gatt, 38
Gatton, 145
Gaugh, 63
Gay, 15, 17
Gayle, 14
Gearheart, 4-6, 10
Geary, 110
Gee, 82
Geesling, 152
Gell, 41
Generell, 10
Generwatt, 109
Gentry, 166
George, 1, 8, 38, 48, 64, 70, 80, 95, 124, 152
Georghegan, 165
Germ, 115
Gettner, 62
Gettys, 60
Gex, 32
Ghiselin, 151
Gibbs, 19-20, 29, 45, 131, 138, 142
Gibson, 22, 24, 37, 39, 59, 70, 73-75, 79, 95, 113, 150, 155
Giffon, 25
Gilbert, 34, 68, 76, 94-95, 178
Giles, 69, 108
Gill, 41-42, 122, 163, 165
Gilla, 81
Gillam, 85
Gillespie, 46
Gilliam, 70, 78, 177
Gillmore, 72
Gillum, 16
Gilmore, 165
Gipson, 5
Gist, 139
Glasgow, 164
Glass, 71, 89
Glasscock, 30, 158
Glasshean, 158
Gleam, 35
Glenn, 33, 35
Glidewell, 89-90

Glore, 21
Glover, 95, 134, 138
Goach, 120
Goalden, 123
Goalder, 120
Gobble, 8-9
Goff, 103, 110, 119, 125
Goffs, 105
Goin, 19
Goins, 14, 34, 36, 68, 70, 76
Golden, 78
Goldsbery, 104
Goldsmith, 167
Gollady, 108
Golle___, 130
Gooch, 125
Good, 73, 84
Goode, 107
Gooden, 151
Goodheart, 31
Goodin, 150, 168
Goodlet, 87, 91-92
Goodman, 3, 5, 105, 145, 152, 158-159, 161-162
Goodwin, 93
Gorden, 22-23, 51, 94, 96
Gordon, 21, 48, 91, 94
Gore, 73, 87, 89
Gosnell, 98
Gossett, 53
Gotharn, 83
Gouge, 50, 52, 63-64
Gough, 96
Govin, 165
Gowan, 71
Grace, 75, 85
Gragston, 100-101
Graham, 14-15, 17, 26, 35, 40, 47, 116-118, 147, 155, 163
Graise, 113
Grambrel, 172
Granger, 95
Grant, 59, 69-72, 74, 90-91, 111, 140, 179
Graves, 13, 23, 26, 114
Gray, 53-55, 74, 79, 87, 113, 130-131, 138, 145, 147, 159, 162, 164, 166, 176
Grayham, 101
Grealy, 39
Greathouse, 140-141
Green, 10, 18, 22, 24, 35-37, 47, 55, 57, 71-72, 84, 88, 90, 96, 104, 109, 112, 131, 133, 172-176, 179
Greenlee, 51
Greenstate, 133
Greenup, 13
Greer, 10, 24, 71, 73-74, 84

Gregory, 64, 69-70, 80, 84, 159
Gridley, 32-33
Griffet, 170
Griffin, 35-36, 60, 68, 87, 109, 113, 120
Griffith, 130
Griffitts, 180
Grigg, 88
Grigsby, 33
Grills, 176
Grimes, 165
Grizzle, 2
Gross, 152, 171, 175, 180
Grove, 121
Groves, 51, 64
Grovill, 81
Grubb, 171
Grubbs, 37
Guens, 159
Guffy, 4
Gughegan, 156
Guier, 89
Guil, 96
Guin, 13
Guinn, 90
Gullett, 128
Gulley, 129
Gullian, 35-36
Gummings, 130
Gunnell, 52
Guns, 119
Gupton, 123-124
Guthrie, 71, 78, 165
Guyston, 78
Gwin, 143, 168
Gwinn, 85
Ha___, 5
Hack, 102
Hacket, 109
Hackett, 22, 36, 99
Hackley, 41, 105, 111
Hackworth, 2-3
Hagan, 150, 154, 161
Hagell, 115
Hager, 1, 8
Hagle, 16
Hagwood, 2, 4, 164
Hail, 89
Haines, 48
Hainey, 164
Hainline, 83
Halbrook, 75
Halbrooks, 75
Halcom, 49
Hale, 2, 7, 73, 86-87, 95, 136-137, 139, 143, 179
Haleeb, 90

Haleman, 152, 156
Hales, 21
Haley, 71
Hall, 2, 5-7, 10, 13-14, 17, 19, 48, 52, 67, 69, 74, 81, 87, 102, 118, 123, 129, 136, 142, 144, 148, 170, 174, 176, 178-180
Hamblett, 67-68, 74
Hamby, 30, 74
Hamelton, 110, 114
Hamer, 133, 138
Hames, 129
Hamilton, 2, 4, 6, 10, 20, 33-34, 37, 47-48, 84, 114, 116, 151
Hamlet, 86
Hammerly, 52
Hammons, 1, 6
Hampton, 13, 27, 64, 89, 171
Hams, 41
Hancock, 14-15, 17, 19, 121
Handbery, 26
Handley, 145-146
Handsbrough, 154
Handy, 124-125
Haney, 88, 149, 151
Hanley, 83
Hannon, 28
Hansbrough, 53, 153
Hanse, 36
Hansell, 10
Hanshoe, 3
Happy, 68
Hardaway, 155, 162-163
Harden, 49
Hardin, 11, 22, 42, 49, 143, 144, 149
Harding, 126
Hardwick, 127
Hare, 133, 151
Hargan, 166-167
Hargrove, 74
Harkinson, 160
Harkness, 146
Harl, 166
Harland, 143
Harley, 142
Harlow, 124
Harman, 7-8
Harmon, 43
Harnes, 164
Harnis, 131
Harp, 23
Harper, 72, 75-76, 79, 82, 90
Harpoal, 91
Harrel, 98-99, 102, 105-106, 110
Harrigan, 37
Harriger, 67
Harrington, 158-159

Harris, 1-3, 5, 9, 17, 28, 39, 43, 46, 80, 86, 92, 102-104, 107, 131, 147-148, 151, 159, 162, 165, 170, 172, 179
Harrison, 50, 63-64, 68, 89, 104, 106, 108, 112, 166
Harrod, 15, 21-24
Harrow, 29
Hart, 100-101, 104-105, 108-109, 140, 145, 155, 161, 164-167
Hartley, 131-132
Harvard, 36, 169
Harvell, 10
Hasell, 114
Haselwood, 118
Haselwoods, 118
Haskell, 96
Haskins, 122, 162
Haskinson, 138
Hatchell, 81-82
Hatcher, 7, 10, 70, 121-122, 126
Hatfield, 8, 108-109, 155, 157, 161, 174
Hathcock, 88
Hatsell, 59
Hatton, 16
Hausland, 2
Hausman, 90
Havell, 161
Havey, 128
Hawk, 108, 112, 124
Hawkins, 16, 18-19, 26-27, 31, 111, 159, 161, 165
Hawley, 89, 142
Hawood, 3
Hay, 93, 123
Haycraft, 98, 104, 164
Hayden, 67, 70, 75, 79, 81, 84, 140, 142, 152, 155, 164
Haydon, 15, 113
Hayes, 33, 67, 78
Haynes, 66, 78, 137, 139
Hays, 4-5, 121, 165-166, 168
Hayse, 102-103, 105, 107-108, 111, 113, 128-129
Haywood, 152
Hazelwood, 52, 74, 108
Hazle, 151
Hazlewood, 103-104
Head, 14, 66, 72
Heady, 35, 105, 107
Hearn, 17
Hearndon, 20
Heart, 108
Heathcock, 88
Heaton, 75
Heaven, 99
Hedge, 82

Hedger, 53, 55
Hedges, 117
Hedrick, 179
Hefley, 163
Heflin, 72, 96
Helfrey, 69
Hellough, 77
Helm, 116, 151, 168
Helton, 88, 175-176, 179
Hemming, 137
Henaman, 37
Henderson, 43-44, 49, 62, 109, 115, 123, 141, 171
Hendley, 71, 86, 88
Hendon, 92
Hendreson, 31, 170
Hendricks, 71, 121
Hendrix, 57, 162
Hendrixson, 171
Hendron, 36, 38, 148
Hendson, 114
Heninger, 106
Henley, 85
Henry, 26, 33, 44, 49, 54, 67, 114, 121
Hensley, 169-170, 175-176
Herald, 9
Hereford, 2
Hern, 12, 129, 166
Herndon, 42
Heron, 148
Herr, 128
Herran, 29
Herrel, 109
Herrin, 29, 54
Herring, 25, 42
Herry, 129
Hes, 66
Hess, 37
Hester, 67-68
Hestor, 98
Heyser, 101, 111
Hiatts, 41
Hibbs, 167
Hickman, 19, 66
Hicks, 3-4, 28-29, 35, 44, 52-53, 73-74, 79, 92, 100, 120, 149-150, 152, 156-158, 162
Hieronymus, 19
Higden, 106, 110
Higdon, 99, 101, 110-112, 141, 157
Higgason, 125
Higginbotham, 49
Higgins, 84
Higgs, 105
Highley, 134
Hightower, 107-108
Hilbert, 157

Hilderbrant, 128
Hildren, 156
Hiles, 52
Hilin, 2
Hill, 2, 18, 28, 43, 46, 52, 67, 77, 82, 86, 90, 99, 110-111, 130, 155-156
Hillen, 167
Hilliard, 126
Hilton, 149, 154, 171
Hinds, 124
Hinton, 7, 153, 163
Hitchcock, 133
Hite, 77, 115
Hitt, 4
Hixon, 33
Hizer, 121
Hoaglen, 34
Hobbs, 39, 77, 79, 89, 144, 164-166
Hobson, 67, 93, 126
Hockaday, 129
Hocker, 67
Hockersmith, 14, 16
Hodge, 64, 96
Hodgen, 164
Hodges, 15, 21, 52, 69, 111, 116, 118, 155
Hodlen, 61, 85
Hogan, 46, 64, 145
Hoggins, 34
Hogsett, 60
Hokins, 81
Holbert, 7, 158
Holbrook, 131
Holbrooks, 3
Holder, 15
Holderfield, 7
Holdren, 157, 160
Holeman, 48
Holifield, 71-72
Holland, 71, 87, 89, 114-115, 142, 156
Hollifield, 84-85
Hollister, 7
Holloway, 84
Holm, 160
Holmes, 48, 75, 86-87, 96, 138, 178
Holton, 13, 34, 37, 170, 174
Holtsclaw, 43, 47
Homer, 129
Hon, 38
Honaker, 127
Honeycut, 67, 96
Honeycutt, 90
Hoobbs, 74, 156
Hood, 45, 122
Hooper, 68
Hoover, 3, 146, 154, 161
Hopindell, 73

Hopkins, 34-35, 76, 93, 122, 148, 157, 175
Hopper, 98-99
Hord, 16
Horn, 10, 99, 133, 150, 162, 172
Hornback, 100-101, 103, 108
Hornbuckle, 129
Hornby, 30
Horne, 100
Horns, 163
Horrel, 111
Horrell, 103, 105, 113
Horsley, 132
Hoskins, 43-44, 160, 162, 167, 170-174
Hossindel, 73
Hostetler, 38
Hough, 163, 167
Houk, 112, 124
House, 38, 62, 103, 107, 110, 136, 140
Housman, 90, 96
Hovey, 128
Howard, 11, 86, 91, 94-95, 108, 143, 163, 165, 1169-171, 174-177, 179-180
Howe, 37, 131, 133
Howell, 10, 29, 117, 152, 155, 164
Howey, 163
Howland, 130
Howlett, 37, 39, 151, 164-165
Hoyle, 16
Hubbard, 2-3, 31
Huck, 108
Hudgens, 88, 116
Hudleston, 69, 76
Hudson, 13, 41, 47, 80, 116, 121
Hudspeth, 91-92
Huff, 5, 135-136, 170, 178
Huffman, 29, 42-43
Hughes, 18, 33, 37-38, 43, 76, 83, 139, 145
Hughlett, 79
Hughs, 5
Huitt, 39
Hulett, 20-21, 23
Humble, 159
Hume, 62, 64
Humes, 46
Humphrey, 61, 137, 168
Humphries, 72, 78
Hundley, 156
Hundly, 75
Hunford, 149
Hunsaker, 78
Hunt, 9, 101, 123, 133, 148
Hunter, 4, 7, 31, 92, 130
Hurd, 99, 163
Hurley, 142
Hurst, 18, 111, 172
Hurt, 43, 89, 96

Hussang, 36
Hussong, 34
Husten, 38
Huston, 37
Hutchason, 119
Hutchenson, 58
Hutcherson, 50
Hutcheson, 123
Hutchins, 172
Hutchinson, 60, 64, 87
Hutchison, 23-24, 28, 42
Hutton, 9, 55-56
Hyatt, 20
Hydon, 135
Ileff, 132
Ingram, 116, 123
Inman, 90
Innis, 16
Ireland, 13, 139
Irvin, 169, 175-176
Irvine, 40, 122-124
Irwin, 151, 164, 166
Isaacs, 6, 64
Isbell, 138
Isham, 48
Ishan, 47-48
Island, 47
Isome, 143
Ison, 44
Ivey, 72
Ivy, 86
Jackson, 11, 15-16, 20, 34, 36-38, 70, 75, 78, 80-85, 92, 94, 100-101, 110, 139, 159, 170, 173-174
Jacobs, 4, 33-34, 132, 158
Jacrug, 13
Jacsug, 13
Jagen, 143
Jager, 143
Jagess, 143
Jallagos, 7
James, 9, 13, 37, 46, 72, 77
Jameson, 53
Jarbo, 112
Jarboe, 139, 143
Jarrel, 7
Jarud, 141
Jarvis, 9, 119
Javis, 119
Jeffers, 63, 100
Jeffres, 125-126, 157
Jeffries, 123-124, 145, 147-149, 155
Jell, 17
Jem, 17
Jenett, 107

Jenkins, 19, 49, 78, 86, 93, 137, 146, 149, 153, 163-165, 169, 177
Jennings, 40-43, 46-47, 158
Jents, 77
Jerrett, 31
Jett, 19, 24, 137, 141
Jetton, 95
Jewett, 53, 77, 125
Jinnett, 110
Jleff, 132
Jnglish, 105
Job, 87
Johns, 9, 80
Johnson, 2-3, 6-8, 15-16, 18, 20, 22-23, 26, 28, 30, 37, 44-46, 49, 53, 55-56, 63, 73, 81-82, 84-85, 89, 92, 95, 98-99, 104, 106, 111-112, 117, 128, 132-133, 135-136, 139, 141, 143, 149, 158, 165, 167-168, 171-173, 176
Johnston, 104, 168, 172
Jolly, 88
Jones, 5, 10-11, 13, 17, 24, 26, 33, 39, 45, 49-50, 52, 56-57, 62-63, 67, 70-74, 76-77, 79, 81-83, 85, 88, 96, 99-100, 102, 104, 114, 120, 123, 130-131, 134, 142, 147-148, 152-154, 156, 169, 179-180
Jopkins, 165
Jordan, 89
Joseph, 4
Judd, 124-125
Jude, 11
Judy, 37, 39, 63
Julian, 19-20
Jump, 54-56, 59, 149
Justice, 3, 5-6, 9
Justis, 86
Kady, 160
Kaen, 88
Kallams, 138
Kaln, 88
Kartley, 119
Kasey, 160
Kasten, 150
Kavanaugh, 46
Keakey, 44
Keathe, 8
Keaton, 21
Kee, 106
Keebler, 88
Keelin, 83
Keeling, 74, 77
Keen, 123
Keenan, 19
Keene, 34
Keer, 100, 105
Kefauver, 104, 107-108
Keg, 77

Kege, 63
Kehoe, 130
Keith, 84
Kelion, 134
Kellein, 148
Keller, 99, 104
Kelley, 38, 123
Kelly, 11, 44, 95, 99, 103, 106, 108, 139, 161, 165, 177-178
Kemble, 69, 75
Kemp, 167
Kemper, 35, 40-41, 44, 54
Kendal, 58
Kendall, 60, 64, 138
Kendell, 148
Keneday, 37, 39
Kenedy, 75
Kennedy, 42, 48-49, 57, 84, 138, 150-151, 164
Kent, 55
Keown, 136
Kerby, 70, 145
Kerfoot, 157-158
Kerfort, 157
Kerns, 150
Kerrick, 151
Kesler, 23, 125
Kessic, 78
Kessie, 78
Kessler, 125
Kesterman, 86
Kesterson, 91, 93
Kesting, 73
Kettle, 30
Key, 72
Kid, 10
Kidd, 125, 131
Kidwell, 34-35, 51
Kierman, 53
Kiger, 84
Kilgore, 2
Kimberlin, 25
Kimble, 103-104
Kimbolen, 28
Kimbro, 28-29
Kime, 96
Kind, 178
Kindall, 133, 165
Kindell, 165
Kinder, 46
Kindred, 28
King, 5, 47, 54, 73, 76, 93-95, 101, 103, 107, 129, 133, 178
Kingkade, 138
Kinkade, 101, 111, 147
Kinkead, 36, 153, 161-162

Kinman, 54-55
Kinney, 23, 85, 88
Kinslaer, 61
Kiper, 100, 102, 104, 106, 144
Kippenberger, 38
Kirby, 32-33
Kird, 11
Kirk, 20, 28
Kirkendall, 49
Kirkendol, 143
Kirkpaliswake, 129
Kirpenberger, 37
Kirtz, 145
Kirvin, 36
Kitchen, 52
Kitt, 81
Kitts, 80
Kizer, 128
Kizzee, 176
Klaton, 128
Kling, 152
Klinglesmith, 100, 152, 154-156, 158, 161
Knight, 15-16, 75
Knox, 35
Kouns, 127, 132
Kouts, 129
Kuhm, 55
Kulks, 117
Kurtz, 149
La__der, 139
Labb, 126
Labrier, 88
Lacefield, 164, 167
Lackey, 47
Lafarty, 1, 7
Lafevers, 171
Laffoon, 81
Lahue, 106, 112
Lama, 142
Lamar, 139, 142-143
Lamb, 86, 94
Lambert, 58, 86, 91, 155
Lamm, 68
Lammis, 59
Lammon, 118
Lampton, 127, 145, 147
Land, 46, 64, 93
Land__son, 60
Landen, 78
Lander, 88
Landers, 126
Landran, 39
Landraw, 39
Landru, 50, 55
Landrum, 60, 62, 111
Lane, 40, 47, 84, 96, 100, 125, 135

Lanear, 138
Langby, 101
Langlegs, 3
Langley, 3, 8, 101-102, 104, 113, 159, 165
Langsdale, 36
Langston, 101
Lankford, 169, 180
Lansdown, 176
Lantz, 36
Larad, 168
Lard, 93
Larken, 167
Larkin, 107, 167
Larriman, 118
Larrman, 118
Larue, 150, 153, 155
Laslie, 102
Laster, 85, 93
Lasure, 46
Latta, 18
Lauter, 51
Lawler, 51
Lawley, 163
Lawrence, 52, 56, 60, 85, 91
Lawsen, 154
Lawson, 29, 42-43, 46, 130, 133-134, 138, 140, 142, 158-161
Lawter, 51
Layles, 58
Layman, 102-103, 105, 107-108, 112-113
Laymans, 110
Laymon, 105
Layne, 9-10
Lea, 20
Leach, 64, 82, 92
Lear, 42, 45, 48-49
Learman, 162
Leary, 39
Leathers, 37
Leavell, 40, 42, 45
Ledford, 170
Ledford, 179
Lee, 20, 23-24, 70, 94, 118-119, 123, 131, 145, 148, 150, 166-167, 172-176
Leek, 1
Leeshier, 106
Leforce, 173
Lemaster, 35
Lemeter, 76
Lemmon, 60-61, 64
Lemott, 84
Lenter, 129
Lenvin, 117
Leonard, 11, 33, 85
Lepard, 84
Lesley, 110

Leslie, 9
Lesner, 73
Letcher, 46
Letser, 8
Levell, 34
Levi, 141
LeVord, 11
Lewis, 9-10, 12, 16, 22, 28-30, 48, 106, 116-118, 120, 126, 140-142, 149, 155-156, 162-164, 169-170, 175-177, 179
Lewtz, 166
Leyton, 44, 48-49
Liggon, 96
Light, 117
Lightfoot, 136
Ligon, 44, 84, 92
Lile, 110
Lillard, 33, 39
Lillis, 17
Lilly, 34
Limbrake, 53
Limmerick, 51
Linair, 76
Lindan, 136
Linden, 27-28
Linder, 27-28, 157-158
Linderman, 82
Lindsay, 35, 37, 82, 137, 139
Lindsey, 62
Lingenfelter, 64
Linn, 66, 78
Linville, 118
Lisk, 7
Lisle, 122-124
Lissy, 153
Litsey, 101, 105-107, 112
Littell, 52
Litteral, 101
Litterall, 32, 34
Little, 6, 29-30, 81, 85
Lobb, 126
Loch, 172
Lock, 171
Lockridge, 95
Lofton, 86
Logan, 41, 46, 133
Logston, 113
Long, 15-16, 49, 55, 133, 141, 163, 176, 179
Longest, 138
Longfellow, 38
Longnecker, 64
Look, 169
Loomis, 59
Looney, 148
Loper, 129
Lopes, 129

Lossen, 174
Lossin, 157
Losson, 174
Lott, 136, 143
Love, 152, 157
Lovelace, 78, 166
Lowe, 62, 67, 126
Lowen, 20
Lowery, 140
Loyall, 117-118
Loyd, 110
Lucan, 38
Lucas, 38, 53, 62-64, 145, 147-148
Luck, 112
Luckett, 16
Luman, 49
Lumpton, 106
Lunsford, 30
Lurter, 129
Lusk, 7, 41-42
Luther, 87
Luton, 30
Lux, 30
Lyisg, 155
Lyisz, 155
Lyles, 58, 86
Lyman, 141
Lynam, 141
Lynch, 10, 28, 78, 105, 135
Lyner, 81
Lynes, 81
Lyon, 136, 143
Lyons, 13, 53, 59, 138
Lyttle, 38, 175, 179
Lywey, 162
Ma__thel, 93
Mabrey, 67
Mace, 7
Macey, 16
MacGill, 146
Macklin, 14, 17
Madden, 5, 140, 178
Maddersay, 157
Maddox, 28-30
Madgett, 81
Madin, 107
Madow, 130
Magoffin, 158
Magrew, 156
Mahan, 30, 67-68, 77
Major, 21
Majors, 89
Makin, 27
Manard, 8-9
Mangrum, 71
Mangum, 26

Mann, 59
Mantle, 78
Maples, 168
Mar___, 172
Marcum, 115-116
Marcund, 11
Marcus, 52
Marcy, 38
Maret, 41, 49
Margary, 131
Mari___, 173
Maricle, 172
Mariele, 173
Marksberry, 43, 45, 50-53, 63
Marlin, 128
Marlow, 166, 172-173
Marr, 95, 105
Marriott, 146, 148, 154
Marrs, 18, 115, 118
Marsh, 76, 133, 143
Marshal, 119
Marshall, 7, 24, 51, 64, 76-77, 114-115, 119-120, 126, 148, 151
Marthell, 92
Martin, 1, 4-6, 14, 16, 51, 62, 81, 85, 122, 126, 128, 132-133, 142, 150, 156-158, 160-161
Mason, 48, 67, 69, 71-73, 90, 138, 143-144
Massey, 58
Masterson, 62
Mastin, 16
Mather, 163
Mathers, 125
Mathews, 86, 135-136
Mathis, 153
Matingley, 155
Matthews, 136, 154
Mattingley, 152
Mattingly, 104, 109, 112-113, 148
Maurice, 30
Maxey, 138, 140
May, 2-3, 6, 46, 94, 145
Mayes, 68, 96
Mayfield, 46, 147
Mayhall, 19-20
Maynard, 60
Mays, 1, 9, 11, 16, 26, 28, 115, 121
Mazeo, 50
Mazo, 1
McAdams, 142
McAlister, 81, 84
McAllister, 128, 130, 132
McAtee, 54, 62-63
McBee, 57-58
McBride, 164
McCable, 74

McCaldwell, 61
McCall, 83
McCallum, 166
McCandlass, 38
McCandless, 126
McCanless, 146
McCarley, 40-41
McCarr__, 10
McCawro, 10
McClain, 51
McClane, 130
McClellan, 26
McClendon, 70
McCloys, 71
McClure, 57-58, 64, 73, 78, 90, 100, 103, 105-106, 110
McConnell, 28
McCormack, 49
McCorme, 129
McCoy, 7, 11, 54, 61
McCrady, 101
McCuen, 93-94
McCulloch, 58
McCully, 112
McCune, 80
McDamil, 16
McDanell, 34
McDaniel, 15-16, 29, 47, 59, 95, 103, 106, 109, 125, 137, 154
McDannil, 17
McDonald, 43, 88, 97, 141
McDowell, 172
McDowell, 61
McEl__ae, 26
McElley, 38
McElrath, 90
McElroy, 83
McEwins, 93
McFadden, 27
McFall, 80
McFarlin, 96
McFedden, 96
McFerran, 136
McGackey, 1
McGavock, 135
McGee, 72, 89
McGehee, 26
McGeorge, 173
McGeorge, 175
McGey, 2
McGill, 156
McGinnis, 38, 61, 63
McGinniss, 131
McGlason, 125
McGlasson, 53, 118
McGowen, 74

McGrew, 100, 102, 106, 111, 150
McGuin, 7, 93
McGuire, 11, 83, 87
McHutton, 52
Mcifee, 161
McIntire, 64, 107, 150, 156, 163
McKay, 156
McKearney, 39
McKeddedy, 10
McKee, 18, 129-130
McKey, 156
McKiney, 123
McKinley, 59, 64
McKinzie, 59
McKitrick, 35
McKnight, 177-178
McKoy, 133-134
McLane, 95
Mcleibbrus, 116
Mcleiberus, 115
Mcleubbires, 119
McLure, 151
McMahan, 122, 138
McMahon, 146
McMannis, 47
McMarry, 28
McMillen, 167-168
McMillion, 56
McMullen, 167
McMurtry, 47, 150, 166
McMurty, 61
McNabb, 66, 91
McNeal, 129
McNealy, 91
McNeeley, 80
McNeely, 85, 91
McNees, 56
McNeil, 68-69
McNeill, 72-73
McQueen, 21
McQuerry, 48
McQuillian, 133
McQuincy, 46
McQuon, 143
McReynolds, 69
McSherey, 107
McWhorter, 31
Meachem, 80
Mead, 6, 9-10, 129
Meadows, 82, 93, 96, 131
Means, 118
Mears, 117, 119
Medaw, 133
Medcale, 151
Meek, 130
Meland, 158

Melvin, 78
Menefee, 59-60
Mercer, 104-105, 157
Meredith, 84, 102
Merideth, 101-102, 104, 110-112
Meritt, 8
Merrell, 64
Merrill, 39
Merritt, 47
Mershon, 18
Mervin, 150
Mervis, 176
Mesamore, 86
Messer, 130
Messick, 34
Messman, 138
Metcalf, 59, 61, 177
Mett, 27
Mewton, 143
Meyers, 64
Michener, 69
Michenor, 84
Middleton, 19, 41, 151, 166, 169, 175, 178
Mifford, 14
Milam, 20
Milburn, 72
Milby, 114-117
Milbyonecye, 115
Miler, 71
Miles, 22, 25, 30, 38, 69
Milkins, 28
Mill, 100, 152
Miller, 36, 45, 69, 71, 73, 75-76, 96, 100-101, 104, 106, 108, 111-112, 120-121, 137-141, 144, 147, 149-150, 152-154, 157, 159-162, 165, 167-168, 171-172
Milley, 153
Millner, 60
Mills, 8, 55, 59, 69, 74-75, 88, 137, 141, 169
Milner, 28, 30, 99, 101, 104
Milton, 34, 93
Miner, 100
Mingus, 100
Miniard, 177
Minnan, 8
Minnett, 139
Minor, 18, 124
Minter, 73, 160
Miracle, 174
Misser, 128
Mitchel, 143, 175
Mitchell, 10, 12, 25, 38, 49, 72, 84-85, 117-118, 122, 124, 138, 142-143
Mitchem, 31, 89
Mitchum, 82
Mitts, 53

Mobberly, 150
Moberly, 162
Mobley, 81
Moize, 83
Moles, 1
Molton, 121
Moman, 137
Monarch, 141
Money, 116, 119
Monin, 143, 148
Monson, 72
Montgomery, 26, 35, 46, 56121-122, 124, 126, 129, 141-142, 158-159, 164
Moody, 79, 83, 126
Moon, 50
Mooney, 94-95
Moore, 4, 6-7, 10-11, 20-22, 24, 29, 35, 37-38, 50, 55, 69-71, 73, 75, 92, 104, 109, 121, 124, 131-132, 141, 145, 153, 159, 166
Moorman, 156, 160, 162
Moran, 46, 50, 126
Morefield, 96
Moren, 105
Morgan, 33, 46, 51-52, 80-81, 85, 87-88, 115-116, 119, 140, 142, 149, 157, 161, 164, 168
Morman, 103
Morrin, 149
Morris, 5, 15-17, 19, 20, 26, 30, 55, 71, 74-75, 83-84, 91-92, 94, 106-107, 115, 138, 140, 149, 151, 156, 160, 178
Morrison, 20, 95, 99, 105, 137, 146, 152-153, 155-157, 165
Morrow, 25, 39
Morse, 21, 73, 96
Morton, 130, 134
Mosier, 48
Mosley, 7
Mosly, 6
Moss, 14, 81, 117, 120-124
Motherel, 95
Motley, 123
Moulder, 130
Mount, 149
Mow, 2
Moxey, 74
Moxly, 25
Mozee, 50, 63
Muat, 80
Mudd, 104, 110-111
Mulholland, 20, 110
Mulins, 5-6
Muller, 104, 107
Mullhawl, 149
Mullin, 16-17
Mullins, 6-7, 45-46, 48, 80, 84, 89, 96, 127

Mullohan, 145
Muncy, 11
Muney, 175
Munier, 165
Munoy, 11
Murdock, 92, 95
Murphey, 69, 76
Murphy, 29, 49, 75, 138
Murram, 91
Murray, 145
Murrell, 87, 93
Murtry, 164
Music, 1
Musie, 1
Musleman, 63
Musselman, 53
Myatt, 82
Myers, 41, 44, 51, 58, 62, 70, 120, 123
Mylor, 35
Nahusion, 109
Nailer, 26
Nall, 14, 69, 150, 155-156, 163-164
Nally, 101
Namard, 14
Nance, 68-69, 71, 76, 79, 125, 170, 175
Nane__, 118
Naney, 71
Nanney, 73
Napier, 169-170, 176
Nash, 24, 29
Nave, 35, 46-47
Naylor, 30, 41, 43-44, 46
NcNanama, 65
Neafus, 154
Neagle, 124
Neal, 5, 28, 61, 89, 171
Needham, 154, 161
Neel, 84
Neeley, 80
Neff, 151, 153, 155-156
Neighbors, 112, 154
Neil, 79, 171
Nelson, 51, 80, 100, 107, 156, 160
Nervel, 135
Nesbit, 9
Nest, 38
Neumard, 14
Nevett, 153, 160
New, 51, 56, 74, 83
Newberry, 27
Newland, 48
Newman, 6, 138-139, 142-143
Newsom, 10
Newson, 31
Newton, 13-14, 28, 80, 135-136, 145
Nicheal, 93

Nichol, 29
Nicholas, 136
Nicholdson, 66
Nicholls, 81
Nichols, 27, 61, 99, 101, 105, 109, 127-128, 130, 140, 158, 160, 164
Nicholson, 49, 62
Nickels, 171
Nickles, 155
Nickls, 157
Nickolas, 143
Nienones, 41
Nieuvais, 41
Night, 76
Nix, 64
Noe, 115-116, 118, 158, 169-170, 174, 179
Noel, 13-14, 34
Noels, 75
Nolen, 170, 176-177
Norman, 27, 30
Norris, 45, 133, 163
North, 32-33, 129, 171
Northcutt, 59-60
Norton, 62
Norwood, 80
Nottingham, 161
Nowell, 42
Nugent, 104, 137
O'Bannon, 141
O'Bryan, 104
O'Conner, 75
O'Donald, 57
O'Kelly, 82
O'Neal, 35
Oaks, 30
Obannon, 100
Oberchain, 137
Oberhain, 137
Oder, 48, 50-52
Odom, 80
Odum, 80
Offal, 83
Ogden, 52
Ohara, 17
Oldham, 57, 104
Olive, 94
Oliver, 14, 16, 26-27, 89, 102-103, 160, 162
Oller, 99, 107
Onan, 22-23
Oney, 4
Orr, 33, 68, 70, 91, 126
Orten, 81
Osborn, 83, 139, 170, 174-176, 180
Osborne, 54-56, 154, 160
Osbourn, 4, 6-7
Osbourne, 2, 8

Osment, 70
Osmitz, 87
Osten, 81
Otey, 67
Ouslot, 42
Oustat, 42
Overall, 149
Overby, 68, 91
Overstreet, 47-48
Owen, 15
Owens, 14, 39, 84-85, 87, 92, 105, 140, 166
Owsley, 4, 7
Pace, 21, 150, 169, 175-177
Padget, 162-163
Paer, 154
Page, 17, 50, 63, 66, 68, 76, 78, 83, 87
Pakins, 67
Palmer, 129
Palsgrove, 96
Palwick, 67
Pane, 135
Panner, 43
Paraiot, 103
Parcell, 160
Parepoint, 153
Parish, 62
Park, 149
Parker, 4, 14, 18, 28, 72, 82, 115, 178
Parks, 45
Parmer, 42, 49
Parmile, 164, 167
Parrent, 19-20
Parris, 99
Parrish, 15
Parrott, 67
Parry, 39
Parsis, 165
Parsley, 11
Parson, 139
Parsons, 173, 178
Parton, 94
Pascall, 77
Paschal, 27, 93
Paschall, 78
Pate, 136, 140
Pathoff, 132
Patram, 122
Patrick, 4, 122, 129
Pattee, 59
Patten, 167
Patterson, 33, 41, 49, 67, 69, 72, 75, 82, 88-89, 92, 98, 102, 106, 108-110, 113, 124, 129, 140, 142, 145-147, 152, 63-164, 166
Pattie, 18, 20
Patton, 2-4, 103, 116, 129, 164
Paul, 161

Pauley, 153
Pauling, 152
Paxton, 18, 121-122
Payne, 18, 32, 39, 70, 84, 90, 96, 128, 145, 162
Paynter, 132
Payton, 24, 107, 109
Pea, 91
Peace, 115, 118
Peak, 36
Pearce, 86, 107, 112, 119, 124, 144
Pearl, 99-102, 111, 159, 166-167
Pearman, 112, 163, 165
Pearson, 158
Peck, 67, 163, 166-168
Pedicord, 100
Peebles, 77
Peery, 8
Peirce, 99
Peitte, 79
Pence, 101, 155, 158
Pender, 179
Pendleton, 146, 149, 160
Penick, 59, 120
Penler, 179
Penn, 16, 22
Pennington, 176
Penny, 15
Pensington, 177
Percifull, 150
Perkins, 20, 41, 49, 66, 79, 87, 115-119, 121, 141
Perron, 138
Perry, 69, 88, 93, 123, 148-151
Persell, 155
Peters, 162, 165
Petler, 162
Petre, 138
Petrie, 139-140
Pettiss, 55
Petty, 13, 153
Pewitt, 27
Peyton, 109, 146-147
Pheers, 24
Phelps, 85
Pherigo, 48
Philips, 22, 43, 52, 55, 91, 104, 145-147, 170
Phillip, 137
Phillips, 111, 122, 129, 136, 156
Pick, 95
Pickerell, 100, 108-109
Picket, 126
Pierce, 14, 21, 125, 155, 159
Piles, 74, 96
Piner, 59, 86

Pinkston, 34, 39
Pioof, 147
Piper, 16, 83
Pirtle, 80, 95, 99, 104
Pittman, 80, 82, 95, 173
Pitts, 2
Plaster, 20
Plumblee, 89
Plummer, 78
Plunket, 51
Plunkett, 39
Poage, 129
Poe, 2, 15-16
Poindexter, 15
Pointer, 12
Pol, 154
Poland, 36
Polders, 104
Polk, 18
Pollard, 40-42, 44, 46
Pollock, 15
Polsgrove, 20, 23-24
Pool, 103, 105, 154
Poole, 112
Poor, 47, 123
Poore, 47, 151
Pope, 170
Popham, 154
Poplin, 10, 87
Porre, 47
Porter, 1, 8, 50, 99, 107, 109, 111
Portia, 86
Portin, 86
Portman, 108
Ports, 76
Posey, 180
Poteet, 118
Pounts, 60
Pout, 73
Powell, 9, 29-30, 37, 53, 69, 75, 80, 87, 129, 177, 179
Powers, 20, 67, 73, 85, 136, 143
Prater, 2, 4-5
Prather, 28, 31, 45-46
Prator, 132
Pratt, 130
Prentis, 140
Presdon, 135
Pressio, 89
Preston, 7, 160, 165
Preuett, 11
Prewett, 28
Prewitt, 27, 84
Price, 12, 16, 43-44, 55, 59, 82-83, 114, 116-117, 128-129, 139, 150, 157
Priest, 9

Prince, 73, 84-85, 87, 89
Prinkard, 74
Pritchard, 83
Pritchett, 71
Probus, 102, 106
Procton, 16
Proctor, 16, 103, 112
Pruett, 78, 132
Prunty, 98, 104
Pryor, 69-71, 82-83, 85, 90, 103
Pugh, 129
Pullen, 91, 159
Puller, 159
Pulliam 22-24
Pullins, 45
Purce, 104
Purcell, 68, 88, 102-103, 154
Purciful, 172-173
Purcifull, 172
Purkins, 44, 47-48
Puryear, 68, 72, 77, 82
Puthoff, 128, 132
Putt, 105
Qnglish, 105
Quarles, 16
Quick, 110
Quiggins, 103, 111
Quigley, 151
Quillan, 135
Quillen, 12
Quin, 20
Quine, 22
Quinn, 22
Quire, 22
Quisenberry, 93
Quisenbery, 105, 118
Quishinberry, 143
R_ise, 59
Ra__id, 157
Ra_ns, 159
Rabb, 18
Raby, 27
Rades, 72
Raffrty, 116
Ragan, 167
Ragsdale, 73, 78, 85
Rake, 129
Ralston, 32
Ramsdale, 84
Ramsey, 43, 47, 106-107
Randall, 59
Raney, 38
Rankin, 62, 102
Rankins, 129
Raren, 167
Ratcliff, 60, 130-131, 133

Ratliff, 3, 8
Ray, 45-46, 49, 71, 105-106, 117, 132, 140-141, 164
Raynor, 104
Rayor, 104
Rea, 35
Read, 130, 145, 154, 162
Reading, 19
Reamer, 57
Reaves, 89, 93
Redaker, 16
Redd, 53
Reddish, 20
Redman, 55, 80, 96, 145, 155
Redwine, 86
Reece, 26
Reed, 27, 36, 53, 55, 59-60, 63, 67, 82, 85, 87-88, 101, 140, 165, 178
Reeder, 86
Reese, 20
Reeves, 67, 83, 94-95
Reezor, 166
Reid, 45, 49
Reives, 75
Remington, 33
Rend, 21
Renfroe, 108-110
Renfrow, 107
Renneckar, 54, 60-61
Reynolds, 6, 8, 10, 66, 71, 77, 89, 142
Rhea, 118
Rhey, 3
Rhodes, 61, 83, 88, 94, 96
Ribelin, 35
Rice, 9, 34, 44, 105, 136-137, 171-172
Richards, 38, 42, 84, 129-130, 135, 148, 162
Richardson, 3, 18, 44, 68, 92, 101, 117, 149, 155-159, 163
Riche, 142
Richerson, 142
Richey, 139
Richfield, 15
Richie, 139
Ricks, 5
Riddle, 14
Rider, 37
Ridgeway, 88
Riggs, 104, 127, 129-130, 177
Rigsby, 48
Riley, 30, 74, 77, 90, 132
Rilm, 162, 1654-167
Riner, 20
Riney, 153, 162
Ring, 29
Ringo, 38, 163-164
Rinner, 173

Risen, 63, 119
Risk, 12
Rison, 115, 119
Ritchey, 33
Ritchie, 140
Ritter, 70
River, 20, 37
Rives, 70
Rling, 152
Roach, 18, 23, 27, 30, 81, 84-85, 120
Roads, 72
Robbins, 37-38, 78, 89
Robers, 105, 110
Roberson, 7, 57
Robert, 29, 141
Roberts, 6-7, 19-20, 22, 27, 38, 72, 77, 79, 83, 93, 131, 141-142, 157, 163
Robertson, 14-15, 22, 100, 128, 142, 150
Robins, 172-173
Robinson, 1, 7, 18, 21, 31, 33, 35, 38-39, 41, 43-44, 47, 51-52, 58, 64, 75, 120, 125, 143, 160
Robson, 19
Rodennur, 52
Rodgers, 20-21, 67, 79, 82, 89-90, 93, 120, 123, 126, 128
Rodman, 70
Rogers, 18-19, 23, 30, 33, 51, 55-56, 59, 82-85, 89, 98, 100, 111, 147, 150, 157, 162-163
Roggett, 56
Rohm, 165
Rolison, 111
Rollins, 130, 156, 160
Roman, 78, 128
Romans, 42
Roof, 147
Roos, 9
Roper, 26, 28, 30
Roscoe, 29
Rose, 53-54, 79, 103, 128
Rosell, 22, 33-35
Roser, 73
Rosey, 129
Ross, 9, 34-35, 41, 44, 48, 143, 159
Rost, 37
Rothwell, 41, 48
Rout, 42
Rowland, 86
Royston, 41, 45, 49
Rozell, 82
Rozzell, 56
Rucker, 23, 122
Rudicell, 63
Ruland, 2
Rumley, 73
Runnels, 37

Runner, 166
Runyard, 9
Runyon, 48
Rupe, 20
Rupert, 139
Rusher, 136
Ruso, 59
Russe, 20
Russel, 125
Russell, 2, 19, 23, 27, 69, 81, 89, 124
Rust, 37, 66, 78
Rutherford, 11
Rutledge, 51
Ryan, 74, 83, 166
Ryburn, 72
Ryon, 52, 77
S__nadlier, 2
Saddler, 143, 159
Sadler, 43, 45, 47
Sale, 21
Salisberg, 6-7
Salleng, 102
Sallenz, 102
Sallie, 55
Salmon, 29
Salmons, 7
Salsman, 117, 119-120
Salter, 40, 45-46
Saltsman, 99, 111
Salyer, 4
Salyet, 4
Sames, 15
Samnet, 17
Samples, 20
Sams, 30
Samuels, 165
Sanders, 17, 19, 34, 93, 102, 112, 135-136, 139
Sanderson, 66, 70, 76, 96
Sandford, 62
Sandidge, 150
Sandridge, 124-125
Sands, 110
Santell, 154
Sapp. 107, 110
Sarcay, 48
Sartain, 81
Sasher, 50
Satchwell, 34
Saterwhite, 19
Satterwhite, 14
Saunders, 45-46, 48-49, 78, 82, 92
Savage, 129
Sawyer, 75
Sawyers, 78
Saxon, 82

Sayloe, 93
Saylor, 170-171, 174-176
Sayre, 33, 73
Scaggs, 68
Scanland, 19, 165
Scearce, 17
Schooler, 46
Scifres, 162, 164
Scipon, 37
Scipum, 33, 37
Scofield, 19, 79-80
Scott, 12-13, 15, 22, 46-47, 80-81, 103, 106, 115-119, 126, 133, 136, 142-143, 145, 155, 160, 170, 177
Scroggin, 18, 53-55
Scroggins, 78
Scutchfield, 8
Searce, 26
Searles, 34
Seat, 94, 161
Seaton, 129
Seay, 68, 83, 95
Sechrest, 53, 58, 60, 62
See, 34, 36
Sellards, 9
Sellars, 41, 68, 75-76, 79, 96
Selne, 13
Selvey, 166-167
Sepple, 53
Sergent, 19, 169, 177-178
Serrat, 86
Setser, 178
Settle, 16
Settles, 163
Setzer, 152, 157-158
Sevan, 95
Sewards, 55, 60
Sewsberry, 149
Seymour, 92
Shackelford, 20, 175
Shackleford, 175
Shaffer, 60, 73
Shain, 109
Shammel, 88
Shane, 106
Sharon, 162
Shaw, 26, 28, 31, 102, 109-110
Shawler, 108, 161
Shean, 165
Sheets, 14, 31, 38, 163
Shehan, 163
Shelby, 30
Shell, 170, 177
Sheller, 96
Shelton, 54, 84, 88-90, 96, 128, 157, 163, 165-166

Shelvy, 80
Shepard, 25, 27
Shephard, 71, 104, 113
Shepherd, 4-5, 180
Shereffs, 63
Sheridan, 71, 79, 92, 141-142
Sherill, 121, 123-124
Sherman, 91-92
Sherrard, 167
Sherrell, 82
Shetzer, 106
Shields, 63, 75, 125
Shiplet, 154
Shirley, 120
Shively, 111, 164
Shoemaker, 117-118
Shofner, 117
Short, 12, 85, 150, 175-176, 178
Shouse, 20
Shredder, 102
Shropshire, 45, 47
Shuck, 26, 30
Shuff, 29
Shuffet, 125
Shultz, 91
Shumate, 49
Shyer, 52
Siat, 94
Sidebottom, 115-116, 119
Sien, 90
Silerell, 132
Silevell, 132
Silland, 158
Simmons, 31, 36, 77, 82-83, 148
Simms, 63, 66, 94
Simons, 22, 139
Simpson, 24, 45-46, 53, 55, 59, 61, 69, 94, 107, 120, 125, 128, 170, 173-174
Sims, 67, 112
Sinclair, 107
Sindan, 136
Singleton, 49, 152, 177
Sinnett, 137
Sipple, 56
Sirles, 103
Sisson, 137
Sith, 140
Sizemore, 4, 6
Skaggs, 99-100, 104, 115-119, 122
Skeans, 3, 61
Skees, 111, 144-145
Skeeter, 161
Skeeters, 158
Skervin, 55
Skidmore, 170, 179
Skirvin, 36, 53

Slaples, 104
Slattery, 24
Slaughter, 74, 79, 87, 148, 155
Slavin, 43, 45
Slayden, 75
Slayton, 67
Sleet, 37
Slicker, 124
Slinker, 125
Slone, 2-3, 5, 10, 28, 130
Slous, 2
Slusher, 171-173
Smallwood, 154, 159, 162
Smawley, 37
Smilley, 91-92
Smith, 8, 14, 20, 22, 24, 27-28, 32, 34, 36-37, 42-44, 47, 52, 58-60, 65-66, 68, 70-71, 73-76, 79, 81. 85, 87-88, 90-91, 93, 96, 103, 112, 114, 116-122, 130-133, 136-137, 140-141, 146, 148, 153, 160, 163-164, 166, 169, 171, 175, 177-179
Smithers, 31
Smoot, 147
Sneed, 94
Snelling, 12, 17, 96
Snider, 73
Snook, 23
Snow, 24, 79, 82
Snyder, 105, 112, 139, 143, 145-146, 158
Solmans, 9
South, 159, 161
Southern, 105
Spalding, 102, 129
Spanslak, 7
Sparks, 8, 38
Speak, 48
Specters, 158
Spellman, 118
Spencer, 6, 34, 36, 101, 103, 111
Spi_er, 159
Spi_es, 159
Spicer, 14
Spillman, 37, 47, 120, 156
Spink, 167
Spradlin, 2-3, 67, 76, 129, 160
Spratt, 42
Spriggs, 144, 146
Spurier, 102, 110
Spurlock, 174, 180
Spurrer, 107
Spurrier, 147
Stack, 157
Stader, 166-168
Stafford, 75-76
Staggs, 127
Stagner, 45

Stahl, 37
Staks, 137
Stambush, 142
Standfield, 97
Standifort, 149
Stanfield, 83
Stanley, 129
Stanly, 2, 6
Stanton, 22, 48
Star, 80
Stark, 79-80, 82-83, 93, 127, 132, 146, 148-149
Starks, 162
Starnbush, 142
Stat, 149
Stations, 69
Stealey, 17
Stearman, 121
Stedman, 14-15
Steele, 12, 17, 38, 93, 95
Steers, 61
Steete, 38
Stegall, 48
Steger, 43
Stephen, 136
Stephens, 2-4, 12, 26, 30, 58, 77, 81, 92, 165
Stephenson, 8, 56, 106, 157
Steptor, 133
Sterett, 138-139, 142
Stermbo, 6
Stermbough, 6
Stess, 11
Stevens, 92
Stevenson, 58, 68, 102
Steward, 148, 155
Stewart, 37-38, 48, 53-54, 60, 82, 116, 128-129, 132, 142, 172
Stichan, 177
Stigers, 23
Stigger, 54
Stiles, 67, 154
Stillwell, 155
Stimpson, 93
Stinnett, 116-117
Stinson, 102-103, 106, 109
Stith, 144, 147, 156, 163-165
Stivers, 21
Stokes, 81, 91
Stone, 3, 5, 43, 51, 55, 93, 100, 104-106, 130, 142, 153-154, 167
Storms, 41, 43, 49, 99, 102
Story, 35, 95
Stout, 13, 18
Stovall, 163-164, 166, 168
Stover, 110
Stowe, 13

Straber, 26
Strader, 124-125
Strallan, 8
Strange, 20
Stratton, 9
Straub, 90
Strickler, 151
Strishley, 152
Stroud, 64, 86
Strudder, 114
Struder, 115
Stuart, 148, 154, 176
Stubblefield, 68, 79
Stubbs, 120-121
Stull, 12
Stunman, 119
Sturgeon, 10, 57-58, 62, 177
Sturgill, 9
Sturman, 115, 117
Stutersville, 111
Stutevill, 147
Suckett, 16
Sudduth, 21
Sugg, 95
Suires, 126
Suit, 84
Sulivan, 15, 90, 121, 143
Sullinger, 107
Sullivan, 13, 68, 75-77, 90, 122-123, 144, 146-147
Summers, 99
Summerville, 77
Sutherland, 129
Sutser, 157
Sutter, 16
Sutton, 5, 41-42, 44, 85, 89, 118
Swango, 32-34, 36
Swarengin, 132
Swearer, 139
Swearingen, 120
Swift, 103
Swigert, 17
Swigley, 115
Switzer, 14, 138
Swoff, 127
Swope, 38-39, 41, 45-46
Swoss, 127
Tabb, 144-145, 147-148, 150
Taber, 157, 160
Tackett, 7
Tade, 34
Talbolt, 14
Tams, 31
Tanner, 128, 159
Tantring, 76
Tapp, 19

Tarpley, 164
Tate, 74
Tatom, 42
Tayler, 8
Taylor, 13, 17, 20, 23, 33, 41, 45-47, 58-60, 67, 80, 82-83, 87, 93, 96, 102-104, 111, 115, 120, 126, 132, 141, 148, 160, 172, 174-176
Tearman, 33
Teater, 41, 47, 49
Telford, 98
Temple, 137
Templeman, 102, 106-107
Templeton, 176
Terrill, 46-47, 49, 119
Terry, 5, 19, 118
Thacker, 72
Thanes, 179
Tharp, 21
Tharpe, 84
Tharper, 84
Thasper, 84
Theobald, 24, 60-61
Thinton, 148
Tho__berg, 4
Thomas, 17, 19, 28, 31, 36, 47, 4, 61-62, 69-70, 75-75, 81, 83, 89, 93, 98, 131, 140, 147, 149-153, 161-163, 167-168, 170, 176, 179
Thomason, 71, 103
Thomasson, 17, 87
Thompson, 13, 27, 29, 34, 50-52, 61, 64, 67, 71, 74-75, 85-86, 88-89, 92, 97, 116-117, 120, 125, 130-134, 147, 149, 153, 165, 167, 173-174
Thorn, 129
Thornberg, 5
Thornberry, 144
Thornbery, 5
Thornhill, 54
Thornsbrough, 89
Thornsburg, 80
Thornton, 120, 137, 165
Thorp, 74
Thurman, 15, 102, 117
Thurston, 158, 165
Tibbs, 82-83, 93-94
Tichenor, 144
Tidwell, 76, 96
Tilford, 102
Tillerig, 3
Tillett, 45
Tilley, 36, 38, 68
Tilly, 66
Timmons, 129
Timons, 80
Tinder, 131, 139
Tinges, 131

Tinley, 33
Tinsley, 19
Tisdale, 84
Todd, 22, 87
Tody, 46
Tomlin, 14, 57
Tomlinson, 29, 47, 130
Tompkins, 35
Tompson, 8
Toon, 68, 74, 77
Torence, 165
Toriam, 86
Totton, 47
Trabat, 12
Tracey, 17
Tracy, 20-23, 47-48
Trainer, 146
Trasher, 4
Trauber, 75
Travis, 74
Traylor, 131
Tribble, 18, 83
Triplett, 4-5, 15, 165-166
Triplette, 165
Trout, 14
True, 80
Truell, 21
Truett, 130
Truman, 154
Tucker, 61, 64, 67, 70, 75-76, 78, 82, 85, 87, 89, 121, 124
Tudor, 45
Tully, 65
Tumer, 94
Tungate, 62
Turley, 33
Turly, 39
Turnbeau, 91
Turner, 169
Turner, 170
Turner, 175
Turner, 176
Turner, 176
Turner, 176
Turner, 178
Turner, 6, 32, 37, 40, 52, 71, 79-80, 87, 91, 122, 124, 169-170, 175-176, 178, 180
Turnham, 104
Turpin, 39, 45
Tussey, 2
Tussy, 3-4
Tuttle, 109
Twedell, 151
Tyler, 16, 26, 30-31
Tyre, 13
Tyree, 77

Uen, 149
Underwood, 26, 29, 117, 132
Upshaw, 30
Upton, 146-147, 172, 180
Urslue, 93
Utterback, 145
Utz, 50
Valence, 129
Van, 82
Van____, 155
Van____t, 157
Vanamandal, 17
VanBibber, 129, 131, 172
Vance, 5, 30, 63, 115, 124
Vanda, 84
Vandergriff, 96, 132
VanHunten, 37
Vanlandingham, 59
Vanmeter, 107, 139, 153, 157
Vanmetre, 147-150, 163, 168
Vanover, 5
Vanvactor, 142
Varner, 52, 56
Vaughan, 11, 17-18, 21, 41, 57, 64, 115, 118, 120, 124
Vaughn, 77, 80-81, 171, 179
Vaughters, 134
Veach, 29
Veech, 112
Ventrees, 163
Vernon, 150-151
Versels, 160
Versets, 160
Vertrar, 161
Vertrees, 161-162
Verttus, 155
Vesh, 57
Vest, 57
Vice, 60
Vicks, 152
Victor, 119
Viers, 166-167
Vinsoro, 145
Violett, 37
Virgin, 78
Viteloe, 105
Vitetoe, 105
Voiles, 137
Voris, 20
Wabbes, 162
Waddle, 31
Wade, 4, 27-28, 30, 57, 60, 88, 94, 116, 119
Wadkins, 2-3, 66, 72
Wadly, 81
Wafford, 73
Waganer, 33, 35

Waggoner, 71, 90
Waid, 145
Waits, 23
Wakefield, 121
Walker, 1, 28, 43, 45, 49, 58, 80, 116-117, 129, 133, 139, 149, 159, 162, 165
Wall, 25, 29, 48
Wallace, 3, 5, 21, 23, 50, 62, 72, 86-87, 125, 160
Wallen, 23
Waller, 8, 54
Wallingford, 147
Walls, 126
Walston, 4
Walter, 71
Wamock, 130-131
Ward, 69, 74, 78, 106, 114-116, 129, 158-159, 165-166, 171
Ware, 43, 45, 95, 134
Warfield, 21, 23, 168
Warford, 25
Waring, 117, 130, 133
Warner, 42, 45, 131, 133
Warning, 131
Warnock, 131-133
Warren, 22-23, 35-36, 80, 82, 115-119, 152
Washburn, 72
Washington, 86
Wasker, 151
Waters, 37, 86
Wathen, 105, 161
Wather, 158
Watkins, 3, 13, 101, 104, 175
Watson, 4, 7, 26, 29, 31, 67, 70, 82, 85, 104, 146, 151
Watt, 122
Watts, 72, 82-84, 156, 163
Wax, 1711
Wayland, 60
Weaks, 27
Weathers, 93
Weatherspoon, 29
Webb, 4, 7-8, 50-51, 59, 66, 80-81, 83, 88, 92, 124
Webber, 34, 36, 38
Webster, 15, 54, 56-59
Weedman, 103
Weeks, 80
Wel, 136
Weldon, 34
Welks, 127
Weller, 90, 150
Wells, 28, 177-178
Wesly, 6
West, 13-14, 16, 34, 41-42, 46, 62, 68, 72, 81, 85, 90-92, 96, 131, 151

Western, 84
Weston, 70
Wetherford, 83
Wethers, 132, 164-165
Whaley, 62
Wharf, 123
Wheat, 18, 118
Wheatley, 139, 152
Wheatly, 157
Whedler, 128
Wheeler, 82, 85, 92-94
Wheelis, 79
Wheller, 34
Whitaker, 4, 90
Whitass, 73
White, 18, 20-21, 26, 40, 42, 56, 59, 64, 84, 88, 96, 99-100, 102, 105, 108, 111, 120-121, 124, 126, 143-144, 155, 177
Whitely, 110
Whitenhill, 136
Whitfield, 109
Whitfild, 104
Whitfill, 104-105
Whitley, 70, 74
Whitlock, 120, 123-124
Whitlow, 68, 116, 119
Whitsee, 38
Whitsell, 27
Whitson, 38-39
Whitt, 4, 93, 131
Whitten, 99
Whittenmore, 78
Whittington, 31
Whitworth, 83, 93, 159
Wholberry, 108
Whright, 77
Wicken, 5
Wicker, 5
Wigenton, 165
Wiggin, 94
Wigginton, 19
Wiggs, 19, 110
Wilborn, 87
Wilburn, 72
Wilcox, 123
Wilcoxen, 123
Wilder, 173-174, 179
Wilds, 46
Wiles, 30, 137
Wiley, 16, 49, 80
Wilford, 79, 86
Wilfred, 92
Wilhelm, 111
Wilhight, 161
Wilifred, 92
Wilkerson, 13, 26, 68, 99, 109

Wilkins, 92
Wilkinson, 72, 90, 164
Will, 49
Willet, 148
Willett, 77, 79
Willhelm, 161
Willhite, 106
William, 19, 137-138
Williams, 9-10, 17, 27, 29, 36, 50, 53, 57, 63, 68, 71, 75, 79-80, 84-85, 87, 89, 93-95, 99, 103, 106, 108, 111, 115, 118-120, 129, 132, 137-138, 140, 143-144, 146-149, 151, 153-154, 156-158, 167, 173
Williamson, 12, 32, 44, 87, 149
Willifford, 37
Willingham, 81, 85, 95
Willis, 3, 98, 102, 108, 127-128, 130, 161
Willison, 108
Willitt, 77
Willson, 98, 102, 111-112
Willyard, 158
Wilmot, 20, 41
Wilmoth, 74
Wilmouth, 74, 154, 161
Wilson, 1, 12-13, 15, 18, 21, 23, 25, 31, 53055, 60, 62, 71, 74, 77, 81, 83-84, 87, 95, 103-105, 107, 121, 142, 148, 156, 158, 171-174, 176
Wilster, 15
Wiman, 74
Wimberly, 91
Winans, 52
Winchel, 103
Windsor, 94
Wingate, 13
Wingo, 81, 89
Winn, 33-34, 36
Winslow, 89
Winston, 29
Winter, 15
Winterbower, 165
Winters, 38
Wireman, 2, 8
Wise, 15-16, 102, 152, 161, 164, 166, 168
Wiseman, 152
Wish, 52
Witherspoon, 14
Witson, 95
Witten, 100
Woldridge, 128
Wolf, 51, 137
Womack, 127
Wood, 13-14, 53-54, 57, 112, 128, 147-148
Wooderd, 149
Woodring, 126, 149, 152-153, 155, 161
Woodrow, 131

Woodruff, 16
Woods, 40, 44, 48, 69, 71, 103
Woodson, 17, 79
Woodward, 69, 76, 124-125
Woodyard, 63, 149
Wool__ch, 155
Wooldbridge, 24
Wooldridge, 104, 108-109, 114, 119, 147
Woolf, 67
Woollin, 171
Woollum, 171-172
Woolridge, 158, 167
Woolum, 171
Woosley, 108
Wooster, 61-62
Wooten, 84
Workman, 5, 121-122
Worrell, 49
Worrill, 75
Wortham, 69, 80, 111
Worthan, 98, 144
Worthington, 127
Wossley, 107
Wright, 4, 18, 20, 27, 79, 83, 96, 117, 119, 125, 146, 151, 160, 168
Wroe, 142
Wryles, 87
Wurt, 129
Wurts, 128
Wyatt, 81-82
Wyman, 74
Wynn, 175, 178-179
Yakey, 46
Yandell, 92
Yarbrough, 92
Yater, 43
Yates, 1-2, 7, 21, 43, 80, 82, 156, 160, 165, 170
Yeager, 148-149
Yoriam, 86
York, 171, 176
Young, 16, 51, 78-79, 88, 95, 103, 109-111, 123, 135-136, 139, 143, 150, 154-155, 161, 165-166, 168, 176
Younger, 143
Yunt, 23
Zachary, 107
Zanger, 96
Zin

Other Heritage Books by Linda L. Green:

1890 Union Veterans Census: Special Enumeration Schedules Enumerating Union Veterans and Widows of the Civil War. Missouri Counties: Bollinger, Butler, Cape Girardeau, Carter, Dunklin, Iron, Madison, Mississippi, New Madrid, Oregon, Pemiscot, Petty, Reynolds, Ripley, St. Francois, St. Genevieve, Scott, Shannon, Stoddard, Washington, and Wayne

Alabama 1850 Agricultural and Manufacturing Census: Volume 1 for Dale, Dallas, Dekalb, Fayette, Franklin, Greene, Hancock, and Henry Counties

Alabama 1850 Agricultural and Manufacturing Census: Volume 2 for Jackson, Jefferson, Lawrence, Limestone, Lowndes, Macon, Madison, and Marengo Counties

Alabama 1850 Agricultural and Manufacturing Census: Volume 3 for Autauga, Baldwin, Barbour, Benton, Bibb, Blount, Butler, Chambers, Cherokee, Choctaw, Clarke, Coffee, Conecuh, Coosa, and Covington Counties

Alabama 1850 Agricultural and Manufacturing Census: Volume 4 for Marion, Marshall, Mobile, Monroe, Montgomery, Morgan, Perry, Pickens, Pike, Randolph, Russell, St. Clair, Shelby, Sumter, Talladega, Tallapoosa, Tuscaloosa, Walker, Washington, and Wilcox Counties

Alabama 1860 Agricultural and Manufacturing Census: Volume 1 for Dekalb, Fayette, Franklin, Greene, Henry, Jackson, Jefferson, Lawrence, Lauderdale, and Limestone Counties

Alabama 1860 Agricultural and Manufacturing Census: Volume 2 for Lowndes, Madison, Marengo, Marion, Marshall, Macon, Mobile, Montgomery, Monroe, and Morgan Counties

Alabama 1860 Agricultural and Manufacturing Census: Volume 3 for Autauga, Baldwin, Barbour, Bibb, Blount, Butler, Calhoun, Chambers, Cherokee, Choctaw, Clarke, Coffee, Conecuh, Coosa, Covington, Dale, and Dallas Counties

Alabama 1860 Agricultural and Manufacturing Census: Volume 4 for Perry, Pickens, Pike, Randolph, Russell, Shelby, St. Clair, Sumter, Tallapoosa, Talladega, Tuscaloosa, Walker, Washington, Wilcox, and Winston Counties

Delaware 1850–1860 Agricultural Census, Volume 1

Delaware 1870–1880 Agricultural Census, Volume 2

Delaware Mortality Schedules, 1850–1880; Delaware Insanity Schedule, 1880 Only

Dunklin County, Missouri Marriage Records: Volume 1, 1903–1916

Dunklin County, Missouri Marriage Records: Volume 2, 1916–1927

Florida 1850 Agricultural Census

Florida 1860 Agricultural Census

Georgia 1860 Agricultural Census: Volume 1 Comprises the Counties of Appling, Baker, Baldwin, Banks, Berrien, Bibb, Brooks, Bryan, Bullock, Burke, Butts, Calhoun, Camden, Campbell, Carroll, Cass, Catoosa, Chatham, Charlton, Chattahooche, Chattooga, and Cherokee

Georgia 1860 Agricultural Census: Volume 2 Comprises the Counties of Clark, Clay, Clayton, Clinch, Cobb, Colquitt, Coffee, Columbia, Coweta, Crawford, Dade, Dawson, Decatur, Dekalb, Dooly, Dougherty, Early, Echols, Effingham, Elbert, Emanuel, Fannin, and Fayette

Kentucky 1850 Agricultural Census for Letcher, Lewis, Lincoln, Livingston, Logan, McCracken, Madison, Marion, Marshall, Mason, Meade, Mercer, Monroe, Montgomery, Morgan, Muhlenburg, and Nelson Counties

Kentucky 1860 Agricultural Census: Volume 1 for Floyd, Franklin, Fulton, Gallatin, Garrard, Grant, Graves, Grayson, Green, Greenup, Hancock, Hardin, and Harlin Counties

Kentucky 1860 Agricultural Census: Volume 2 for Harrison, Hart, Henderson, Henry, Hickman, Hopkins, Jackson, Jefferson, Jessamine, Johnson, Morgan, Muhlenburg, Nelson, and Nicholas Counties

Kentucky 1860 Agricultural Census: Volume 3 for Kenton, Knox, Larue, Laurel, Lawrence, Letcher, Lewis, Lincoln, Livingston, Logan, Lyon, and Madison Counties

Kentucky 1860 Agricultural Census: Volume 4 for Mason, Marion, Magoffin, McCracken, McLean, Marshall, Meade, Mercer, Metcalfe, Monroe and Montgomery Counties

Louisiana 1860 Agricultural Census: Volume 1 Covers Parishes: Ascension, Assumption, Avoyelles, East Baton Rouge, West Baton Rouge, Boosier, Caddo, Calcasieu, Caldwell, Carroll, Catahoula, Clairborne, Concordia, Desoto, East Feliciana, West Feliciana, Franklin, Iberville, Jackson, Jefferson, Lafayette, Lafourche, Livingston, and Madison

Louisiana 1860 Agricultural Census: Volume 2

Maryland 1860 Agricultural Census: Volumes 1 and 2

Mississippi 1850 Agricultural Census: Volumes 1–3

Mississippi 1860 Agricultural Census: Volume 1 Comprises the Following Counties: Lowndes, Madison, Marion, Marshall, Monroe, Neshoba, Newton, Noxubee, Oktibbeha, Panola, Perry, Pike, and Pontotoc

Mississippi 1860 Agricultural Census: Volume 2 Comprises the Following Counties: Rankin, Scott, Simpson, Smith, Tallahatchie, Tippah, Tishomingo, Tunica, Warren, Wayne, Winston, Yalobusha, and Yazoo

Missouri 1850 Agricultural Census: Volumes 1–5

Montgomery County, Tennessee 1850 Agricultural Census

New Madrid County, Missouri Marriage Records, 1899–1924

North Carolina 1850 Agricultural Census: Volumes 1–4

Pemiscot County, Missouri Marriage Records, January 26, 1898 to September 20, 1912: Volume 1

Pemiscot County, Missouri Marriage Records, November 1, 1911 to December 6, 1922: Volume 2

South Carolina 1860 Agricultural Census: Volumes 1–3
Tennessee 1850 Agricultural Census: Volumes 1–5
Tennessee 1860 Agricultural Census: Volumes 1 and 2
Texas 1850 Agricultural Census, Volume 1: Anderson through Hunt Counties
Texas 1850 Agricultural Census, Volume 2: Jackson through Williamson Counties
Texas 1860 Agricultural Census, Volumes 1–5
Virginia 1850 Agricultural Census, Volumes 1–5
Virginia 1860 Agricultural Census, Volumes 1–4
West Virginia 1850 Agricultural Census, Volumes 1 and 2
West Virginia 1860 Agricultural Census, Volume 1–4